Im Spiegel der Vergangenheit

Im Spiegel der Vergangenheit

Erinnerungen von Thea Theilig

bearbeitet, kommentiert und herausgegeben
von Stephan Theilig

(= Schriftenreihe des Instituts für Caucasica-, Tatarica- und Turkestan-Studien (ICATAT), Band 10, Edition Selbstzeugnisse und Mentalitätsgeschichte I)

Herausgeber: Dr. Stephan Theilig
Urtext: Thea Theilig (†)
Digitalisierung: Lena und Maike Scheel
Redaktion, Layout und Gestaltung: Dr. Stephan Theilig
Umschlagfoto: Thea Theilig, Collage mit Zeichnungen von Sonya Nitsch, Jana Perko, Emma Nork-Mähl und Maja Stenemann

Bibliografische Information der Deutschen Nationalbibliothek: Die Deutsche Nationalbibliothek verzeichnet diese Publikation in der Deutschen Nationalbibliografie; detaillierte bibliografische Daten sind im Internet über http://dnb.dnb.de abrufbar.

Verlag: Institut für Caucasica-, Tatarica- und Turkestan-Studien (ICATAT), Magdeburg
Herstellung und Vertrieb: Books on Demand, Norderstedt

ISBN: 978-3-9819118-5-5

Inhaltsverzeichnis

Vorwort...7

„Die Königin von Saba“ (1925 bis 1933)..........................11

„Die braune Flut“ (1933 bis 1939)......................................37

„Wer Hitler wählt, wählt den Krieg“ (1939 bis 1941)......87

„Der Mann ihres Lebens“ (1942 bis 1943)......................139

„Inmitten des Krieges“ (1944 bis 1945)..........................201

„Die kleine Sylvia“ (1945 bis 1949)................................261

„Auferstanden aus Ruinen“ (1949 bis 1959)..................380

„Ein Refugium in Hummelshain“.....................................463

„Von Krankheit gezeichnet“ (1979 bis 1999)..................473

Anmerkungen...483

Mit diesen Erinnerungen hoffe ich, meinen Kindern
ein Denkmal zu hinterlassen.

Thea Theilig, geb. Krauss
(30. Januar 1925 – 26. Mai 1999)

Es ist der Lebensweg einer Generation, die den Faschismus erlebte, den Zweiten Weltkrieg und die schweren Jahre der Nachkriegszeit. Es waren Jahre der Not, des Hungers und der Hoffnung.

Günther Erich Theilig
(26. Mai 1919 – 28. Mai 2007)

Menschen verschwinden erst, wenn man ihre Geschichten nicht mehr erzählt und ihre Namen verblassen.

Dr. Stephan Theilig, verh. Drewnowski
(Bernau bei Berlin im Sommer 2023)

Vorwort

Die Erinnerungen an ihr Leben verfasste Thea Theilig zuletzt schwer krank und im Rollstuhl sitzend teilweise handschriftlich, teilweise mit einer Schreibmaschine, teilweise diktierte sie ihrem Mann, Günther Theilig. Nach ihrem Tod 1999 brachte er alle Aufzeichnungen zusammen und fertigte von dem Manuskript einige wenige gebundene Kopien an. Am 6. Januar 2000 überreichte er mir eines dieser Bücher. Es war eine Kleinstausgabe von nur zehn Exemplaren, zudem nicht einmal im Buchhandel gelistet. Wenige Jahre nach Günthers Tod erhielt ich von ihren Kindern die Erlaubnis, diese Erinnerungen zu überarbeiten, gegebenenfalls zu kommentieren und zu veröffentlichen. Dass dieses Vorhaben nunmehr so viele Jahre gedauert hat, hing mit vielerlei persönlichen und beruflichen Umständen zusammen. Als Vater von fünf Kindern, von denen eines bei einem Verkehrsunfall im Mutterleib starb, kann ich mir heute den Verlust, die Arbeit und Zeitlosigkeit von Thea vorstellen, die als siebenfache Mutter während und nach dem Zweiten Weltkrieg vor großen Herausforderungen stand und ihre Tochter Sylvia im Kleinkindalter verlor. Theas niedergeschriebene Erinnerungen reichen von ihrer Kindheit bis zum Tod ihres Sohnes Andreas 1984. Ihr weiteres Leben hielt sie nicht fest. Vielleicht hing es mit ihrem Gesundheitszustand zusammen, der dies nicht mehr erlaubte, vielleicht wollte sie aber auch ein Denkmal einer starken und nicht hilflosen Frau hinterlassen. Thea wurde 1925 in Leipzig geboren. Die Beziehung zu ihrer Mutter kann nur als schwierig gesehen werden, ihren Brüdern, um die sie sich kümmerte, war sie jedoch liebevoll zugetan. Politisch interessiert bekam sie früh mit, was in und mit Deutschland ab den späten 1920er und frühen 1930er Jahren passierte.

Die nationalsozialistische Diktatur war für sie eine einschneidende Erfahrung. Ihr Vater wurde mehrfach inhaftiert, den Straßenterror, der die populistische Propaganda begleitete, erlebte sie hautnah mit. Daneben erarbeitete sie sich eine gewisse Bekanntheit als Ballerina im Leipziger Opernhaus, wo sie bereits mit jungen Jahren Auftritte hatte und sich so eine finanzielle Unabhängigkeit, zum Missfallen ihrer Mutter, ertanzte.

Dies änderte sich mit dem Kennenlernen von Günther Theilig, ihrem späteren Mann, den sie 17jährig heiratete. Kind folgte auf Kind. Derweil Günther seinem Dienst in Uniform nachging, kümmerte sich Thea um die Kinder. Sie erlebte die Bombenangriffe auf Mitteldeutschland, die Zerstörungen Leipzigs und Jenas und musste viele überlebensnotwendige Herausforderungen meistern, auch besonders nach dem Krieg. Die schwierige Nachkriegszeit sowie die Gründung der DDR erlebte sie mit. Wilhelm Pieck, der damalige Präsident der DDR, wurde Pate von Kind Nummer sieben. Mit Günther, der sich zum Lehrer umschulen ließ bzw. studierte, baute sie sich eine neue Existenz auf, die sie ab 1959 nach Hummelshain, unweit von Kahla, führte. Dort erlebte ich in den 80er und 90er Jahren meine Großeltern, verbrachte die Ferien, lauschte gespannt ihren Erzählungen, erlebte eigene kleine Abenteuer. Zunehmend politisch interessiert diskutierten wir miteinander, lösten Kreuzworträtsel, sahen fern oder einfach nur in den Garten. Und manchmal kamen alle Familienmitglieder, meine Onkels und Tanten, meine Cousinen und Cousins nach Hummelshain. Wir grillten, machten Späße und kleine Ausflüge. Nach meinem Abitur ging ich zur Bundeswehr. Von dem Tod meiner Großmutter im Mai 1999 erfuhr ich während meiner Vorausbildung zu meinem ersten Auslandseinsatz. Mit Sonderurlaub ausgestattet fuhr ich nach Hummelshain. Am Grab wurde das Lied gespielt: „Davon geht die Welt nicht unter“, ihr Lebensmotto bis zuletzt.

Trotzdem sind Erinnerungen, wie die in diesem Buch, eine individuelle Sichtweise auf die Vergangenheit. Sie zeugen von einem persönlichen Geschichtsbild. Sie sind die mentale Fähigkeit eines Menschen, vergangene Ereignisse, Erfahrungen, Emotionen und Informationen abzurufen und wieder zu erleben. Sie sind eine zentrale Komponente unseres Gedächtnisses und ermöglichen es uns, unser Leben zu reflektieren, unsere Identität zu formen und auf vergangene Erfahrungen aufzubauen. Erinnerungen sind aber auch dynamisch und können sich im Laufe der Zeit verändern. Sie sind anfällig für Verzerrungen, die durch verschiedene Faktoren wie persönliche Interpretationen, Einfluss von anderen Menschen oder andere Erinnerungen beeinflusst werden können. In meiner Berufswahl folgte ich Günthers Leidenschaft für Geschichte und wurde Historiker. Als Enkel von Thea Theilig denke ich beim Lesen ihrer Erinnerungen zunächst an meine liebevolle Großmutter, lese und höre ihre Worte, sehe vor meinen Augen die Geschichte meiner Familie. Als Historiker ist es jedoch nicht so einfach, solche Erinnerungen und zugleich Zeitzeugenberichte unhinterfragt und unkommentiert zu lassen. Gleichsam sind manche Schilderungen, so manche Wortwahl und so manche Perspektive für den heutigen Leser schwer verständlich, kann eine geschriebene Erinnerung sogar ungewollt falsch verstanden werden. Daher ist eine Kommentierung und zeitliche Einordnung mit zunehmenden zeitlichen Abstand unerlässlich. Im Anhang sind daher einzelne Geschehnisse, Zusammenhänge und Erklärungen aufgeführt, die das Verständnis erleichtern sollen. Denn es war der Wunsch von Thea, ihr Lebensbild für die nachfolgenden Generationen unserer Familie, aber auch für interessierte Leser und Wissenschaftler lebendig zu halten, als Denkmal ihrer Zeit.

Dr. Stephan Theilig (verh. Drewnowski)

„Die Königin von Saba“ (1925 bis 1933)

Wie sah mein Weg in diese Welt aus? Nach den Erzählungen meiner Eltern, stelle ich es mir so vor: In einer kalten Januarnacht im Jahre 1925 schlüpfte ich aus dem Schoß meiner Mutter, weder schrie noch atmete ich. Ohne mich zu fragen, nahm mich die Klinikhebamme an den Fußgelenken. Wie ein Jäger seine Beute, so hielt und schlug sie mich mit kurzen Schlägen auf den Po. Danach schrie ich heftig und rötete mich. Meine Augen wurden zu Spalten, gleichsam verzog sich mein Mund ganz breit. Zahnlos war ich auch noch. Meine Hände ballte ich zu Fäusten. Die Welt empfing mich gar nicht freundlich. Auf Erden war es mir viel zu hell und zu kalt. Vor Wut schrie ich immer noch. Erst nachdem ich sauber und hygienisch einwandfrei als Bündel auf einen Wagen kam und man mich zudeckte, verschwand auch mein Zorn.

Unter meinem Bettchen war es warm und ich hatte meine Ruhe. So konnte ich einschlafen mit dem Daumen im Mund. Meine Eltern freuten sich, dass ich ein Mädchen war. Vor mir kamen bereits zwei Brüder, aber sie waren schon zwei- und einjährig, das richtige Alter, um eine zweiundzwanzig jährige Mutter in Schach zu halten.[1.] Die Tage vergingen mit Schlafen und Trinken, jedoch ich gedieh schlecht. Mein Gewicht erlangte dürftige vier Pfund und das bei 46cm Länge, aber mein Vater empfing mich mit viel Freude. Immer wieder packte er mich aus, um ganz sicher zu sein, dass ich auch wirklich ein Mädchen sei.

Doch meine Eltern und Verwandten sahen mich immer elender werden. Unser Hausarzt winkte nur ab und meinte: „Nicht lebensfähig!“ Meine Mutter gab mir sofort die Flasche und ich wurde größer. Eine Mieterin schenkte meiner Mutter eine Mütze von der Puppe ihrer Tochter, welche mir nicht ins Gesicht rutschte. Spaßeshalber legte mich mein Vater in einen Schuhkarton. Alle, die mich sahen, lachten. Nach den Aussagen meiner Mutter und Großeltern muss ich komisch darin ausgesehen haben.

***

Mit zweieinhalb Jahren nahm mich meine Tante mit zum Eis essen in ein Gartenlokal. Sie sagte mir später, sie hätte mit mir viele Chancen bei der Männerwelt gehabt. Na ja, ich hatte mich gemausert. Mein Haar fiel über meine mageren Schultern wie ein goldener Schirm. Mit meiner lustigen Tante ging ich auch später noch allzu gern, nicht nur wegen dem Eis, ihre Geduld kannte keine Grenzen. Mit dreieinhalb Jahren lief ich mit ihr durch eine Eisenbahnunterführung. Erst leicht abwärts, zuletzt wieder aufwärts. Die Tante zog mich, dabei hüpften meine Schlangenlocken auf und ab. Mit einem roten Mäntelchen und langen weißen Strümpfen bekleidet, schlenderten wir an diesem sonnigen Herbsttag dahin. Eines Tages entdeckte meine Mutter jedoch, dass ich Läuse hatte. Ich weiß noch, wie Frau Böhm mit einer Petroleumlampe in der Hand, wir hatten noch kein elektrisches Licht, zu uns kam. Damit die beiden Frauen besser sahen, musste ich mich auf unseren „Allerweltstisch" setzen und meine Mutter durchwühlte mein Haar, dabei weinte sie sehr. „Ella, Ella, was soll ich nur machen, das schöne Haar!" Frau Böhm war eine ganz einfache und gute Frau. Sie gab meiner verzweifelten Mutter den Rat, mein Haar kurz zu schneiden und dann Petroleum über den Kopf zu gießen. Da weinte meine Mutter noch heftiger. „Das schöne Haar, Ella!" Frau Böhm nahm die Schere und schnitt resolut mein Haar ab. Ich saß da wie ein gerupftes Huhn. Zu guter Letzt bekam ich noch einen Turban auf wie die „Königin von Saba“.

***

Meine Eltern „schenkten“ mir noch zwei weitere Brüder. Wir waren nun fünf Kinder.[2.] Als meine Mutter den Jüngsten stillte, stand ich in der Nähe. „Komm Thea, trink einmal.“ Jedoch ich schüttelte mich so sehr, dass ich rückwärts in sicherem Abstand lief.

***

Die Gersten-, Weizen- und Haferernte war schon vorüber; Kartoffeln mussten gerodet werden. Den „Armen“ und „arbeitslosen Vätern“ wies der Großgrundbesitzer verbilligten Kartoffelacker zu, auch meinem Vater. Die Turmuhr vom Rathaus hatte schon längst Mittag geschlagen. Man sah den Turm ein wenig vom Feld aus. Das war schon eine stattliche Erscheinung, das „alte Rathaus“ in Leipzig-Wahren. In seinem Schatten war es kühl. Anders als auf dem Feld! An einem heißen Tag fuhr meine Mutter auf dem Weg zu meinem Vater in Rage den Kinderwagen über ein Stoppelfeld mit ihrem Jüngsten darin. Mein Bruder Manfred, der selbst noch klein war, saß unter der Kinderwagenwanne auf den gekreuzten Stäben, die zu den Kinderwagenachsen führten. Es war sehr heiß an diesem Tag. Mit mehreren Leuten rodete mein Vater Kartoffeln. Mit der linken Hand trug ich einen Krug ohne Deckel, mit der rechten Hand sollte ich mich artig am Kinderwagengriff festhalten. Barfuß versuchte ich in den Furchen zu laufen. Meine Mutter nahm aber keine Rücksicht auf mich und fuhr sowohl erhitzt als auch wütend darauf los. Ich begann auch noch zu weinen, die Stoppeln an meinen Füßen schmerzten. Daraufhin bekam ich einen Klaps auf meinen Hinterkopf und schwups schwappte Kakao aus dem Krug heraus. Zur Strafe, dass ich lauter weinte, bekam ich noch einen Klaps, der war schon etwas handfester. „Du dumme Suse, musst du den Kakao verschütten, sei nicht so empfindlich!“ schimpfte meine Mutter. Mein jüngster Bruder im Wagen schlief und mein Bruder Manfred unter der Wagenwanne mit dem Daumen im Mund verhielt sich still. Meine zwei älteren Brüder, fünf- und vierjährig, vergnügten sich derweil beim „Murmeln spielen“ in unserem Hof. Schließlich erreichten wir das Kartoffelfeld, meine Füße erholten sich im Kartoffelkraut. Von weitem sah ich meinen Vater. „Papa, Papa!“ rief ich. Mein Vater kam uns ein Stück entgegen. Er nahm mich auf den Arm und fragte mich: „Meine kleine Puppi, warum weinst du denn?“ Ich sagte darauf: „Ich weine doch nur durch die Nase.“ Die anderen Leute dort lebten ebenfalls wie wir in Armut. Mein Vater ermahnte meine Mutter: „Aber Erni, warum kommst du denn so spät, Mittag ist längst vorbei.“ Es lag ein kleiner Vorwurf darin. Die kleinen Feldparzellen waren genau abgesteckt, jeder bekam seinen bezahlten Anteil. Als mein Vater aß und von dem wenigen Kakao trank, warf ein großer Reiter plötzlich seinen Schatten über uns, wir schauten erschreckt auf. Ich hatte Angst vor dem großen Pferd, es tänzelte mit seinen vier Beinen direkt an mir vorbei. Der Reiter war der Inspektor vom Großgrundbesitzer und trieb die Leute an. „Leute, ihr müsst heute noch fertig werden, morgen roden wir den ganzen Schlag.“ Er nahm seine Gerte und spornte das Pferd an. Ich schaute dem Reiter lange nach. Mein Vater hatte die letzten Krumen aufgegessen, auch uns Kinder vergaß er nicht dabei. Wir liefen wieder heimwärts, während mein Vater seine Arbeit wieder aufnahm. Als er am Abend heimkam, stellte er die Kartoffelsäcke erst einmal in den Hof und fuhr den großen Handwagen von Frau Glück sogleich unter ihr Küchenfenster. Es war so eine Art offene Nische, nach dem Hof hin mit einem Gatter versehen, welches stets verschlossen war. Am anderen Tag, die Sonne stand fast im Zenit, begutachteten wir die Kartoffeln. Während mein Vater sie zum Abtrocknen auf den Boden legte, bemerkte er lakonisch: „die Kartoffeln haben zwar eine rote Schale, aber sie sind trotzdem gut". Wir Kinder krabbelten über die ausgebreiteten Kartoffeln und drehten sie um. Das gab einen Heidenspaß.

***

An einem Wintertag trug meine Mutter ein paar Zeitschriften aus. Wir fünf Kinder blieben allein. Sie verschloss sogar das Wohnzimmer in dem wir Kinder uns aufhielten. Es war der Ort aller Geschehnisse. Einer fing an: „Ich muss einmal!" Gerhard, mein ältester Bruder, beschwichtigte und lenkte uns ab. Er war für uns der „Oberhirte". Bald musste der Zweite auch, der Dritte meldete sich zu Wort. Na ja, es mussten eben alle mal nötig und die Tür blieb doch für uns verschlossen. Hintereinander liefen wir um unseren großen Esstisch, so wie es unser „Oberhirte" befahl. Die kleinen Geschwister mussten rennen. Umso mehr wir schrien und lachten, desto mehr bedrängte uns die Notdurft. Wir schrien: „Bleib drinne, bleib drinne!" Gerhard sann nach Abhilfe. Er legte eine große Zeitung auf den Fußboden und befahl wir sollten „alle" unsere Notdurft darauf fallen lassen. Wir taten gehorsam, was uns befohlen wurde. Der Gestank war grässlich. Wir machten die Augen zu. Während unser Bruder die ausgebreitete Zeitung an den Ecken zusammen legte, danach ein großes Paket daraus formte und zwischen Wand und einem großen weißen Kachelofen dazwischen schob, glaubten wir alle, die verpestete Luft mit rudernden Armen zu verbessern.

***

Ein Spiel von uns war damals das Folgende. Niemand wusste, wer auf die Idee kam, vom Treppenfenster in unserem Haus hinauszusteigen. Mit zwei großen Sprüngen sollte der „Mutigste" anschließend ausgezeichnet werden. Alle dreizehn Kinder des Hauses sprangen durch das Treppenfenster von Frau Thiele, einer ganz alten Frau, wie mir schien, denn sie lief wie ein wandelndes Fragezeichen. Dann sprang ich auch und konnte nicht mehr zurück, der Höhe wegen. Auf dem Toilettendach stand ich verloren da, wo ich doch die „Mutigste" sein wollte. Das Toilettendach war erst neu mit Dachpappe gedeckt und mit Ziegelsteinen beschwert worden. Mein ältester Bruder, unser „Oberhirte", schrie mit ausgestrecktem Arm und Zeigefinger auf mich richtend: „Geh sofort zurück, du brichst dir die Beine!" Was sollte ich tun? Zum Treppenfenster hoch kam ich nicht wieder und allein hinunter auf den Boden kam ich auch nicht. „Wirst du hören, du freche Kröte!" schrie er noch heftiger. Ich bettelte: „Helft mir doch!" Ein Ziegelstein war der Beweis meiner Wut. Ich nahm ihn auf und warf ihn hinunter. Ach du dicker Vater! Muss denn mein Bruder den Kopf hinhalten? Er wurde ganz blass und taumelte. Vor Aufregung sprang ich doch vom Toilettendach auf den Erdboden.

Danach erhielt ich einen Zettel, der mit einem Kinderstempel - Konsum - versehen wurde, und der mich zum Beweis der bestandenen Mutprobe berechtigte, jedoch danach fühlte ich keine Ehre mehr. Gerhard saß auf den Steinstufen von Frau Böhm, inzwischen lief ich in das Haus und setzte mich zu meinem

Bruder. Er weinte sehr, dann lehnte er seinen Kopf vor Schmerz an die Wand. Meine Besorgnis um meinen Bruder war groß, immer wieder sagte ich zu ihm: „Mein lieber Getlet, ich tue alles für dich, du darfst mich auch in das Gesicht schlagen, aber sage bitte nichts der Mama.“ Ich bettelte so sehr und streichelte und küsste ihn auf seine rechte Wange, auf seine Arme und Stirn. Nach einer Stunde hopste er wieder mit uns im Hof herum.

***

Mit nur vier Jahren zog ich meine kleinen Brüder an, wenn es notwendig wurde. Da begann ich auch zu tanzen und mich akrobatisch zu ertüchtigen. Dazu verhalf mir mein Vater, ferner Frau Ölschicht, eine einstige Solotänzerin, welche mich auch später noch förderte und bekannt machte. Ihr hatte ich viel zu verdanken. Nicht allein, dass sie mir Schrittkombinationen zeigte, auch Spreizsprünge und Pirouetten erlernte sie mir. Kostüme lieh sie mir teilweise. Mit fünf Jahren stand ich zum ersten Mal auf der Bühne. Niemand konnte mir helfen, da musste ich wohl allein durch:

Angstschweiß tritt mir aus allen Poren,
so steh ich auf der Bühne allein verloren,
rupfe und zupfe am Röckchen hier und da,
bis sich der Vorhang öffnet zum Saal.
Musik erklingt mein Tanz beginnt,
oh und ach mein Ohr nicht mehr vernimmt,
vergessen ist Angst und Schweiß,
beweisen muss ich mein Können
und mein Fleiß.

Eine „große Tänzerin“ wollte ich werden; nach dem ersten Auftritt wurde ich gelobt und die hinter den Kulissen standen, küssten und drückten mich, danach bekam ich mächtigen Hunger. Meine Mutter sagte mir jedoch: „Ein gut erzogenes Mädchen spricht nicht vom Hunger“, für mich eine ungelöste Definition, jedoch der Tadel blieb. Künftig nahm ich mir ein trockenes Brötchen mit. Der Sparsamkeitsfimmel beherrschte mich, seitdem mein Naumann-Großvater mir das Rechnen mit kleinen Zahlen beibrachte. Nach einem Auftritt in Leipzig verkürzte ich einmal meinen Heimweg durch Rosental. Doch der Weg wurde länger und länger, zumal ich in der einen Hand das Köfferchen, mit der anderen Hand die Blumen und Geschenke hielt. Im Busch musste ich jedenfalls nicht schlafen, von fern hörte ich die Straßenbahn fahren, das Quietschen ihrer Räder. Den „Groschen“, den ich von meiner Mutter zur Heimfahrt bekam, wollte ich sparen. Es war inzwischen dunkel geworden, überall sah ich böse Männer mit Messern auf mich lauern. Meine Kräfte versagten mir, letztendlich erreichte ich die Straßenbahnhaltestelle doch, somit war mein Groschen dahin.

***

Einmal lief ich frühmorgens die Fuchs-Nordhoff-Straße allein entlang. Rechts vorn an der Ecke hatte ein Gemüsehandel sein Geschäft. Gegenüber stand ein kleines Häuschen mit einem Vorgarten. Eine sich anschließende hohe Mauer verbarg der „Gräfin“ ihr Domizil. An der rechten Seite der Häuser meinte es die Sonne gut, deshalb lief ich an der Mauer entlang, um mich vor ihr zu schützen. Der Weg war ja nicht gepflastert für die „Zweibeiner“, die „Vierbeiner“ durften sich darauf tummeln. Ungefähr in der Mitte des langen Weges unterbrach ein großes Eisentor und ein Pförtlein die hohe Mauer. Neugier trieb mich, meine schmutzigen Hände an den Gitterstäben zu halten und hindurch zu sehen. Mein Blick fiel auf ein graues, altes Gebäude, von vielen Bäumen und Büschen umgeben, soweit das Auge sehen konnte. Das Herrschaftshaus mit der alten Gräfin sah ich nicht. Es wäre keine große Ehre gewesen, die Gräfin und all ihr Gesinde zu sehen. Es war für mich der sagenumwobene Nimbus, der geheimnisvoll hinter jedem Busch sich zu verstecken schien. Am Vorabend gab es ein Wärmegewitter. Der aufgeweichte Erdboden hob sichtbar die Pferdespuren hervor. Alles war still an diesem Ort, barfuß lief ich unbefriedigt weiter.

***

Für mich unbekannte Leute riefen mich manchmal, „kleine Mutter Kraußen". Später klärte sich der Ruf von allein auf; mein kindliches Alter gab der Mütterlichen Fürsorge zu meinen jüngeren Brüdern jenen Namen. Nie konnte ich Unsauberkeit leiden, darum handelte es sich doch. Meine Mutter vergaß gewiss häufiger die Zeit. Mit Frau Böhm blabberte sie die lange vormittägliche Zeit. Mein Bruder Manfred und mein jüngster Bruder Günter liefen noch immer im Nachthemdchen herum. Wir hatten in der Küche noch einen alten Küchenofen. Unten am Boden gehörte eigentlich ein Kohlenkasten. Es war aber keiner da, nur eine Öffnung war dafür vorgesehen. Meine Mutter warf den Müll, Papier und Tüten darunter. In ihrer Abwesenheit stopfte ich Papier in das Feuerloch und brannte das Papier an. Es war an diesem Tage warm und Sonne knallte auf den Schornstein. Das Feuer brannte zwar, aber aus der Herdstelle sowie allen Ritzen des Ofens brach der Qualm aus. Dieser lässt sich nur mit Bohnerwachs beseitigen, dachte ich. Ein wenig nahm ich dann und die Flammen dankten es mir. Meine Schürze brannte plötzlich. Schnell lief ich zum Wasser, Zeit blieb mir nicht. Ein Handtuch musste herhalten, indem ich es nass machte und es tüchtig an meine Schürze schlug. Es gelang mir nicht ganz, deshalb nahm ich die Schürze ab und versteckte dieses Indiz der Verbote vor meiner Mutter, indem ich es zwischen Küchenschrank und Holzwand verbarg. Ich hörte sie heraufkommen im Sauseschritt. Ein großes Loch in der Wand zeugte von meiner Tat. „Thea, geh zum Bäcker und hole Brötchen", und brummte vor sich hin: „solch ein Rauch heute wieder". Ich hüpfte zum Bäcker, froh zu sein, so glimpflich davon gekommen zu sein. Beim Bäcker standen viele Leute. Als ich an der Reihe war und meinen Vers aufsagte, schämte ich mich, da wiederum Leute herumstanden, die meine Bitte mit anhörten. Mussten auch Fremde mit anhören, dass ich kein Geld hatte und bat anzuschreiben? Meine Brötchen hatte ich und war mit Gott und der Welt zufrieden. Als ich in der Wohnung ankam, wir wohnten im zweiten Stockwerk, und weiter ging es nicht, nahm meine Mutter sogleich über ihr Knie und schlug auf mich ein. „ Du alte Kokelliese", zankte sie. Ich zappelte mit den Beinen und sagte jammernd: „Mama, ich werde nie mehr kokeln, hör auf, du bist auch meine Liebste, ich mach es nie, nie mehr wieder!" Danach hatte ich keinen Appetit mehr. – Das Leben ging weiter, mal hoch, mal tief. Mit dem Schalk im Nacken überwand ich sowohl Unerfreuliches als auch Erfreuliches.

***

Meine Mutter nahm sich von Mittag bis Abend ein Kindermädchen. Es war ein junges unerfahrenes Ding, das wir gern ärgerten, weder Ermahnungen noch Drohungen halfen. Eine „ Teufelsbrut" nannte unsere noch junge Mutter uns, und ihre Ohrfeigen unterstrichen ihre resolute Art. Lebenslustig schnappte sie nach jedem Happen, wenn es darum ging, neue Bekanntschaften zu machen, und meine Eltern hatten viele Bekannte und Freunde, das kostete nicht nur Zeit, sondern auch Geld. Meine Mutter nahm mich nachmittags einmal mit in das Kaufhaus „Woolworth". Dort kaufte sie billig, unter anderen auch Ohrclips für sich. Heimwärts fuhren wir mit der Straßenbahn, die sich ab Hauptbahnhof mit Leuten füllte. Während meine Mutter einen Platz ergatterte, stand ich daneben. Eine Haltestelle nach der anderen huschte an uns vorüber. Noch bevor wir ausstiegen, sah ich das weinende Kindermädchen, ohne meinen Bruder Rolf. Ich sagte es meiner Mutter, sie war gleich die erste, die an der Haltestelle ausstieg. Günter lag im Wagen, Manfred saß wie immer unter der Kinderwagenwanne und nur Gerhard, an der linken Seite vom Kinderwagen, lief nebenher. Tränen rannen ihm über die Wangen. Herta Eichler hatte rote Augen vom vielen Weinen, auch ein ganz weißes Gesicht. Unter Stottern und Weinen erklärte sie meiner Mutter, dass Rolf, durch einen schweren Unfall verletzt, in das Jakob- Krankenhaus eingeliefert worden war. Meine Mutter bat Herta, noch für kurze Zeit auf die drei anderen Kinder aufzupassen. Wir fuhren sofort wieder stadteinwärts.

Wie aber staunte ich, als meine Mutter mit mir ausstieg und wir zu ihrer Mutter gingen. Großmutter war sehr besorgt, Großvater kam dazu, auch er zeigte große Bestürzung. Nach meiner Beobachtung ließ sich meine Mutter gern bemitleiden. Sie schreckte nicht zurück, das Unglück noch zu beweihräuchern. Immer wieder ermahnte meine Großmutter meine Mutter, doch zum Rolf in die Klinik zu fahren und zu sehen, wie es mit ihm bestellt sei, von einem Arzt sich besser aufklären zu lassen. Ich war selbst in großer Sorge um den fünfjährigen Rolf. Aber nein, meine Mutter zog mich noch zur Krauß- Großmutter und zu Tante Trudchen. Das theatralische Gerede begann aufs Neue. Großmutter schlug die Hände über den Kopf und rief: „O Gott, o Gott!" Auch Großvater zeigte große Betroffenheit. Sie ermahnten meine Mutter, doch erst einmal zum Rolf in die Klinik zu fahren. Wir fuhren bis zum Leihhaus, dort stiegen wir in eine andere Straßenbahn um und näherten uns dem Park mit den mehreren Krankengebäuden. Keinen Arzt oder Krankenschwester sahen wir in dem Saal für Neueinweisungen. Wir rannten wieder raus und stießen auf eine Schwester. Nachdem meine Mutter sich nach Rolf erkundigte, holte die Schwester einen Arzt herbei. Er sagte ihr, dass Rolf schwerverletzt eingeliefert wäre, aber durchkäme, mehr konnte er noch nicht sagen. Uns wurde gezeigt, wo Rolf lag. Dort waren wir schon einmal gewesen, wir hatten ihn bloß nicht erkannt. Meine Mutter zeigte ihren Schmerz ungewöhnlich deutlich, sie warf sich über sein Bett und klagte. Ich weinte auch und sagte immerzu: „mein armer, guter Rolf! Mein armer guter Rolf!" Sein verbundener Kopf und Gesicht, die nur von Seh-, Nasen- und Mundöffnung versehen waren sowie ein vergipster Arm, der hoch gebunden an einem Gestänge, der andere an einem Tropf hing, ferner lag ein vergipstes Bein auf einem Kasten. Er ähnelte mehr einer Mumie, als einem kleinen Jungen. Eine wachende Schwester hinderte meine Mutter, unter die Bettdecke zu sehen. Er lag noch in Narkose, wir merkten es, denn durch die Augenschlitze nahmen wir keinerlei Reaktionen war, wir konnten für ihn nichts machen und verließen ihn wieder. Meine Mutter ergab sich in Tränen, sie weinte schrecklich. Als wir heim kamen, saß Herta, mit dem schreienden Günter im Wagen auf der Stufe zur Eingangstür vor dem Haus. Meine Mutter erzählte, was wir vorgefunden hatten. Herta weinte, ohne das Gesicht zu verziehen. Rolf blieb lange im Krankenhaus.

Acht Tage nach seiner Entlassung tummelten wir Kinder uns im Hof. In der seitlichen Mauer vom Waschhaus befand sich ein Haken für die Wäscheleine, darüber hing ein fauliger Teppichbalken. Natürlich musste es Fredi sein, der einmal das Spiel vorschlug: Sieger wäre derjenige, welcher freihändig über den Balken laufen könne. Erst schaute ich zu, aber nach kurzer Zeit informierte ich meine Mutter, nicht etwa um zu petzen. Kaum unterrichtete ich meine Mutter von dem waghalsigen Unternehmen, so rief Rolf im Treppenhaus: „Mama, schau nur!" Rolf zeigte seinen Arm vor. O weh, so etwas hatte ich vorher nicht gesehen. Die Fleischwunde klaffte weit auf, ich sah seinen Knochen. Inzwischen verfärbte sich der Unterarm weiß. Der Balken hatte sein Gewicht nicht stand gehalten und war gebrochen. Damit Rolf nicht fiel, ließ er sich an der Waschhauswand mit erhobenen Armen herab gleiten. Ein Glück im Unglück zeigte, dass ein Wäschehaken direkt neben der Pulsader neben den Sehnen des Unterarmes das Fleisch von der Handwurzel bis zur Armbeuge aufriss. Meine Mutter meinte: „Gleich zum Arzt!" Sie lehnte in sich in ihrer Schürze an der Hauswand vom Vorderhaus; die herbeigeeilten Frauen nahmen Anteil an diesem Unglück. Schürze und Hausschuhe sollte meine Mutter belassen, um zum Arzt zu laufen. Unser Hausarzt hatte diese große Wunde nur desinfiziert und provisorisch verbinden können. Er sagte zu meiner Mutter: „Fahren sie sofort, Eile ist geboten! Einen Krankenwagen erst anfordern würde zu lange dauern!" Doktor Krämer gab meiner Mutter ein Fünfzig-Pfennig-Stück, damit sie abermals in das Krankenhaus fahren konnte. Rolf musste dort wieder bleiben, Katzensehne setzten die Operateure ein, damit sein Arm nicht steif blieb. Die Äußerungen bekannter Patienten blieben im Geflecht seines Lebens hängen: „Na Rolf, was hast de wieder gemacht?"

***

Abgesehen von meinen häufigen Aufenthalten über längere Zeit bei meinen Großeltern (mütterlicherseits), galt ihnen auch unser regelmäßiger Nachmittagsbesuch. Mit dem Wissen, ein schönes Kleid zu tragen, lief ich auch mit dementsprechender Haltung. Dem duftigen Material sowie den fünfreihigen Falben, widmete meine Mutter besondere Beachtung. Durch die gestärkten und gebügelten Falben stand mein Röckchen so weit ab, dass ich nicht mit meinen Armen ihnen ins Gehege kommen wollte und sie weit genug von mir hielt, so wie ein wandelndes Diwanpüppchen. Meine Mutter trug Manfred auf ihren Armen und klingelte an der Eingangspforte meiner Großeltern. Großvater schaute vom Balkon herunter, ich breitete meine Arme aus und rief in sein bärtiges, Pfeife rauchendes Gesicht: „Großvater, mein lieber Großvater!" Schnell lief ich ins Haus und die Treppe hinauf. Oben angelangt, erwarteten uns unsere Großeltern. Sie küssten und herzten mich, artig begrüßte auch ich sie. Nach dieser Begrüßungszeremonie blieben wir auf dem Balkon. Es war ein schöner, warmer Sommertag. Rolf drückte sich noch im Krankenhaus herum und Herta fuhr Günter aus, daneben lief Gerhard. Ich war gern bei den Großeltern. Immer gab es pünktlich Mahlzeiten, die für mich zu einem lukullischen Fest wurden. Nach dem Kaffee und Kuchen drückte mich Großvater toll, da sagte ich ungehalten: „Großvater, du nitterst mich!" Ich schlängelte mich von ihm los und sagte: „Aber Goßvater, siehst du nicht mein schönes Kleid?" Dabei glättete ich mein Kleidchen und drehte mich langsam um. Meine Großmutter fragte ich heimlich, ob sie wieder Milchhaut für mich hätte. Sie gab mir, von einem Löffel gehalten, die Milchhaut und fragte mich: „Hat denn deine Mama keine Milchhaut?" „Nein, da ist keine drauf." Meine Großmutter verlangte von mir, ich sollte doch einmal sagen „darauf". Ich aber sagte „drauf" und lachte. Einmal hatte Opa Richard in seinem Kloß eine Apfelsinenschale. Das kam daher, weil er an dem einen Ende der Küche stand und ich am anderen Ende, meine Großmutter mit dem Kloßteig in der Mitte wirkte. Opa Richard warf lausbübig Apfelsinenschalen auf mich, ich gab sie wieder zurück. Das war ein Spaß! Kurze Zeit später kam Rolf aus dem Krankenhaus mit einer langen Narbe am Arm. Wir freuten uns sehr, daß er wieder zu Hause war. Doch dann kam der Tag, den ich nicht vergessen werde. Meine Mutter schwatzte wieder bei Frau Böhm. Nie mochte ich unabgeräumte Esstische leiden, darum trug ich Geschirr und sonstiges Frühstückszubehör in die Küche. Danach suchte ich einen spitzen Gegenstand, der mir bei dem unbeobachteten Vorhaben dienen sollte. An unserer Esstischplatte befand sich eine Abschlussleiste, um den Esstisch zu verschönern. Zwischen der Leiste und der Platte sammelte sich Schmutz an. Eine dünne Häkelnadel lag sowieso nur überflüssig darin, sie häkelte ja doch nicht, dachte ich. Die Häkelnadel schob ich zwischen die Leiste und die Platte, was mir mein Vorhaben erschwerte, letztendlich doch half, viel Schmutz herauszuholen. Ich weiß nicht, wie es kam, plötzlich steckte die Nadel in meinem Daumen. Schmerzen hatte ich vorerst nicht, „ätsch, ich kann zaubern." Mit dem Schmerz nahte der Ernst. Allein die Nadel aus dem Daumen zu ziehen war für mich schwer und schmerzte arg. Mir blieb gar nichts weiter übrig, als zu meiner Mutter zu laufen. „Mama, sie nur mal!" Meine Mutter wollte die Häkelnadel aus dem Daumen herausziehen, aber ich schrie heftig, „au, au!" Frau Böhm riet meiner Mutter: „Erna, geh mit Thea zum Arzt, das ist besser." Wir liefen schnell zu unserem Hausarzt. Dieser sprach mich sogar mit „Fräuleinchen" an. Mit einer Betäubungsspritze begann der Zauber. Als die Spritze ihre Wirkung tat, begann der zweite Akt, der blutiger verlief. Der Doktor schnitt mit dem Skalpell eine kleine

Öffnung und nahm erst einmal die Nadel weg. Er nähte die Wunde zu und verband den Daumen. „Wenn es weiter nichts ist", sagte ich zu meinen Brüdern.

***

Für uns war 1930 ein Thema von besonderer Bedeutung: die Masern. Diese traten damals noch böse auf. Diese Krankheit löste starkes Fieber aus und legte sich in manchen Fällen auf das Sehvermögen. Auch die Lungen waren gefährdet. Die pockenartigen Ausschläge am ganzen Körper verursachten meistens ein starkes Jucken. Davon wurde auch ich befallen. Ein hohes Fieber schüttelte meinen ganzen Körper. Ich schrie und wachte auf. Mein Vater kam und machte Licht. Wir hatten inzwischen elektrisches Licht bekommen. „Aber meine Kleine, was ist denn?" fragte er. Seinen Hals suchte ich und schlug die Arme um ihn. „Viele Männer wollen mich mit Scherben bewerfen." „Aber nein, mein Dummerchen." Darauf hatte ich auch eine Antwort: „Aber Papa, wenn du schneller gekommen wärst, hättest du sie selber gesehen." Mein Vater erwiderte ganz logisch, dabei zog er die Vorhänge zurück und öffnete das Fenster: „Du fieberst sehr stark. Siehst du nun, dass keine Männer vor dem Fenster sind?" „Mein liebster Papa, verlass mich nicht!" Wieder schlief ich ein, der neue Tag brachte mir mehr Gesundheit. Es dauerte nicht lange, bis ich wieder gesund wurde und mein jüngerer Bruder Manfred musste abermals in das Krankenhaus, diesmal in die Abteilung für Innere Medizin. Manchmal besserte sich seine Lungenentzündung, dann wurde seine Erkrankung wieder schlechter. Wir besuchten Manfred, meine Mutter nahm mich einmal mit zu ihm. Wir liefen gerade durch das eiserne Tor, da sahen wir eine Schwester einen Kinderwagen in die Sonne fahren. Manfred saß sonst, doch jetzt konnte er nur liegen. Er war so eingepackt, dass ich nichts sehen konnte. Das Federbettchen wollte ich ein wenig herunter drücken, die Schwester schob mich vom Wagen weg. Sie konnte uns nichts Bestimmtes sagen. Den Glauben für Manfreds Genesung mussten wir behalten und ihn nicht aufgeben. Wir Kraussens begriffen sehr wohl, dass Manfred schwer erkrankt war und verhielten uns danach. Wenig später erhielten wir die Nachricht vom Krankenhaus, Manfred kann abgeholt werden. Meine Mutter holte Manfred aus dem Krankenhaus ab. Naumanns Großeltern kauften ihm ein Mäntelchen, eine dicke bunte Mütze und einen passenden Schal. Als meine Mutter mit Manfred auf ihrem Arm über den Hof lief, begegnete sie Frau Seifert aus dem Vorderhaus. Sie äußerte: „Den einen holen sie aus dem Krankenhaus und den anderen können sie hinbringen."

Mein Vater hatte es gut gemeint, er hatte nämlich einen Kuchen im alten Ofen gebacken. Den angefüllten glühenden Aschekasten stellte er auf den Fußboden. War es ein Wunder, dass der einjährige Günter hineinfasste und glaubte, es seien Perlen, zumal er raus und rein rannte? Ich höre jetzt noch die Schreie. Schnell lief mein Vater zu unserem Hausarzt. Nach der Behandlung legten wir ihn erst einmal in Mutters Bett. Frau Böhm kam danach, um nach Günter zu sehen. Er lag da, mit verbundenen Händchen und dicke Tränen rannen über sein Gesicht. Wir Kinder schliefen sonst auf der anderen Seite vom Wohnzimmer. Fünf Kindern mussten zwei Betten genügen. Manfred und Günter schliefen zusammen in einem Bett und ich am Fußende. Rolf und Gerhard schliefen zusammen im zweiten Bett. Erwarteten wir Besuch, so schlief ich erst in Mutters Bett, dann im Wohnzimmer auf einem alten, sagenhaften Liegesofa. Meine Mutter sollte entscheiden, wo der kleine Günter mit seinen verbundenen Händchen schlafen sollte. Wir waren nicht nur arm, sondern auch viel verletzt und krank. Als Günters Hand wieder geheilt war, fuhr meine Mutter beruhigt in Erholung nach Frauenwald. An einem Sonntag zog ich meine zwei kleinen Brüder an und lief mit ihnen nach Gohlis. Da der Weg so weit war entschloss ich mich für die Breitenfelder Straße, um meine Großeltern zu besuchen. Großmutter war nicht da und Großvater wusste mit uns nichts anzufangen. Er forderte mich auf: „Geh doch in die Kommode, im ersten Fach, da liegen Spiele drin, holt sie euch." Manfred und Günter sahen neugierig hinein. Großmutter kam nicht, wir spielten ein wenig mit „Mensch ärgere dich nicht", danach verabschiedeten wir uns und gingen. Ich kommandierte mit meinen fünf Jahren schon ziemlich gut. Rechts und links meine kleinen Brüder an der Hand, plagte mich das schlechte Gewissen. Unbemerkt von ihnen hatte ich aus der Kommode eine Uhr meiner Großmutter herausgenommen. Krampfhaft überlegte ich, wie ich ihnen die Herkunft der gestohlenen Uhr glaubhaft erklären könnte. Die Uhr legte ich auf die Straße und fragte meine Brüder: „Was liegt denn da? Schaut einmal was es ist!" Manfred und Günter suchten nicht lange, dann brachten sie die Uhr. Die Zeugen hatte ich! – So raffiniert und erst fünfjährig. – Mein Vater bestaunte sie und murmelte: „Die Uhr bringe ich zum Uhrmacher und schenke sie der Mama." „Nein Papa, die Uhr gehört mir, die darfst du nicht weiter verschenken", erwiderte ich. Mich musste wohl der Teufel verhext haben! Mir wurde mal heiß und mal kalt. So etwas hatte ich noch nie getan und sollte es auch in Zukunft nicht tun. Ach, könnte ich doch alles wieder ungeschehen machen, dachte ich. Mir war nicht wohl in meiner Haut. Still und artig half ich meinem Vater. Auch für die „Großen" kam die Zeit, dass wir uns zum Schlafen hinlegten. Als alles ruhig und dunkel war, schwor ich, niemals jemand etwas zu stehlen. Am anderen Tag, ich wollte gerade abtrocknen und ging zu diesem Zweck ins Wohnzimmer, im Vertiko lagen frische Geschirrtücher, da sah ich meine Krauss Großmutter kommen. Ich ahnte Unheilvolles. Schnell stieg ich auf einen Stuhl vor dem Küchenschrank. Großmutter war so schnell da, das hätte ich ihr gar nicht zugetraut. Sie begrüßte mich und fragte zugleich nach meinem Papa. Nicht lange danach kam mein Papa in die Küche, er sah mich wild an und zerrte mich vom Stuhl. Ich Leichtgewicht fiel auf den Boden vor dem Ofen und sah, wie mein Vater seinen Hosenriemen ablegte und mich damit schlug. Wehrlos ertrug ich diese Schläge. Großmutter lief schnell wieder weg, meine Entschuldigung konnte ich nicht mehr aussprechen. Mein Vater schlug mich nur dies eine Mal. Die Hölle hatte es mir auf Erden gebracht. Ich wurde kleinlaut und folgsam.

***

Als das Ende für die erholsamen Tage meiner Mutter nahte und ihr Zug sie dampfend und keuchend mit jeder Haltestelle ihrem Ziel näher brachte, wusch ich meine kleinen Brüder und kämmte ihr Haar. Danach liefen Manfred und Günter links und rechts an meiner Hand. Die Treppen bestreuten wir als Willkommensgruß mit Blumen. Papa hatte alle Zimmer gestrichen, auch die Türen bekamen ein neues Aussehen. Mein Vater trug mir ausdrücklich auf: „Geh die Fuchs-Nordhoff-Straße, die Mama kommt die übernächste Querstraße entlang." Ich wusste nicht, warum ich diesen Umweg machen sollte, erfuhr es aber in den nächsten Jahren. Plötzlich stand unsere Mutter vor uns. Sie drückte und küsste zuerst Günter, dann Manfred. Zu mir wandte sie sich und sagte: „Dir Diebin gebe ich keine Hand. Papa hat mir alles geschrieben." Manfred lief an ihrer schwer tragenden Seite, Günter hielt sie mit ihrer anderen Hand fest. Ein paar Schritte hinter ihr lief ich, barfüßig und still vor mich hinweinend. Sie drehte sich mit kaltem Blick um und sagte: „Deine Tränen können mich nicht erweichen." Die Blumen auf der Treppe und die Erneuerung der gesamten Wohnung schienen meiner Mutter nicht so recht zu behagen. Sie hatte überall etwas auszusetzen. Das alte Milieu war schnell wieder hergestellt.

Meine Mutter war zweifelsfrei eine hübsche, kräftige Frau. Sie sächselte sehr, dabei hatte sie eine gute Gesangsstimme und sang gelegentlich in der Kirche. Ihren Weg zur Sängerin verbaute sie sich selbst. Das Ergebnis ihrer falschen Erziehung - verzogen und kritiklos - formte aus ihr einen egozentrischen Menschen. Enttäuscht von ihr, stellten meine Großeltern ihre Tochter vor die Wahl, meinen Vater zu heiraten oder ihre Ausbildung zu finanzieren. Sie standen meinem Vater feindlich gegenüber und das blieb so bis an ihr Lebensende. Dennoch liebte ich meine Großeltern und sie mich. Ich kann mich an eine Begebenheit mit „Zigeunern" recht gut erinnern. Alle Familienmitglieder saßen schon am Esstisch, ich stand schmutzig und zerzaust in der Wohnzimmertür. Mein Vater drehte sich um und fragte: „Wo kommst du denn her?" Alle sahen mich an. Innerlich probierte ich „Zigeuner" zu sagen, jedoch gelang es nicht. Ich sah die drohenden Augen meiner Mutter und hörte sie sagen: „Na, wird es bald?" Immer wieder sagte ich mir leise Zigeuner vor, doch ich brachte es nicht fertig es auch laut zu sagen. Auf meine Zehen schaute ich hinunter, als läge der Schlüssel zu dem vermaledeiten Wort dort. Vormals verlieh mir der Satz meiner Mutter, „die Zischeiner sind wider da", einen exotischen Klang. Sie lachten plötzlich, offenbar bemerkten sie, dass ich tollpatschig an der Tür stand und mit dem Wort kämpfte. Allen zum Trotz presste ich unter Weinen und Stottern hervor - „bei den Huheinern!" - Diese Affäre lag hinter mir, doch ich vergaß sie nie.

Zu dieser Zeit war mein Vater arbeitslos, wir hatten kaum Geld. Ein Heer von Arbeitslosen gab es. Scharenweise meldeten sie sich auf den Arbeitsämtern Deutschlands. Viele junge Männer gingen zur Polizei oder anderen Verbänden, die aber meist feindlich der kommunistischen Partei gegenüber standen. Mein Vater sprach viel von den früheren Jahren, von seinen Geschwistern. Bis in ihr hohes Lebensalter nannte er seine Eltern „Mama" und „Papa". So war sein großer Bruder, der sein Abitur gemacht und studiert hatte, nur ein „feiner Pinkel'" für ihn, sein dritter Bruder ebenfalls. Der zweite Bruder war „ein armer Teufel", er hatte im ersten Weltkrieg im Trommelfeuer vor Verdun sein linkes Bein verloren. Er nahm sich eine tüchtige Frau und sie brachten es zu neun Kindern und einem Haus. Von seiner Schwester sagte er „das arme Luder". Von meinem Vater erfuhr ich aber auch so manches politische, dass ich noch nicht wirklich verstand, das mich aber forthin begleiten sollte. Einmal erzählte er mir von Rosa Luxemburg, einer talentierten Frau, die mit Karl Liebknecht zusammen ermordet wurde. Ihre politischen Ansichten behagten nicht der rechtsgerichteten Partei. Sie hatte 1890 bis 1897 in Zürich Naturwissenschaft, Staatswissenschaft und National-Ökonomie studiert. 1915 gehörte Rosa Luxemburg zu den Mitbegründern der „Gruppe International". Mit Karl Liebknecht verfasste sie die Leitsätze der späteren „Spartakusgruppe". Mutig arbeitete sie gegen den imperialistischen Krieg. Auch stand sie in enger Verbindung mit marxistischen Emigranten. Gemeinsam mit Karl Liebknecht, Clara Zetkin, Franz Mehring u.a. trat sie als Führerin des linken Flügels der Sozialdemokratie auf. Ihre Klugheit und ihren Kampfeswillen gegen den räuberischen Imperialismus zwang die Reaktion nicht in die Knie, bis man sie schließlich im Januar 1919 gemeinsam mit Karl Liebknecht bestialisch ermordete und somit mundtot machte. Die braune, gewalttätige Macht fasste Fuß und überfiel in der Folge andere Länder in kriegerischer Absicht, aus der ein unermessliches Inferno entstand.

***

Im Frühjahr 1931 wurde ich eingeschult. Das war erst eine verpatzte Schuleinführung! Im dunkelroten Samtkleid und weißen Strümpfen saß ich auf dem Sofa, dabei zog ich ein Bein hoch, die Hände lagen vor mir und ich wartete auf etwas Unvorhergesehenes. Die Uhrzeit von einer Uhr ablesen brachte mir mein Neumann-Großvater bei. Die Schuleinführung fand um 14 Uhr in der Aula statt. Das Schulgebäude besaß zwei Eingänge. Rechts für Jungen, links für Mädchen. Links vor dem großen Gebäude stand ein Neubau, der zweckdienlich Mädchentoiletten und Waschräume vorbehalten blieb. Eine schmale Treppe führte nach oben in die Fachkabinette. Rechts vom Schulgebäude standen das Wohnhaus vom Schuldiener und daneben die Toilette für die Jungen.

Meine Mutter, noch nicht umgezogen, stand am Fenster und unterhielt sich in aller Ruhe mit Frau Seifert. Sogar die Zuckertüte musste sie noch zeigen. Ungeduldig schielte ich zur Uhr. Unbarmherzig drehte sich der Zeiger. Er rückte weiter und weiter. Unruhig rutschte ich hin und her. Ein hoher spitzer Ton drang an mein Ohr. Natürlich - der Osterhase auf der Zuckertüte musste noch herunterfallen und demzufolge zersplitterte er auf dem Fußboden. Die gesamten Stücke warf meine Mutter in die Zuckertüte und band eine wunderschöne Schleife obenauf. Dann schloss sie das Fenster und der Frau Seifert im Vorderhaus gab sie zu verstehen, dass es höchste Zeit wäre. In der Tat, es wurde höchste Zeit zum Aufbruch. Meine Mutter hielt nie die rechte Zeit ein, dafür hielt sie sich unnötig auf. Als sie endlich fertig war, zog auch ich meinen dunkelblauen Mantel an, der jedoch einen Fleck aufwies. Meine Mutter schimpfte auf mich mit derben Worten, die ich nie aussprechen durfte. Sie holte einen tiefen Teller mit etwas Kaffee und mit der darin eingetauchten Kleiderbürste, so rieb sie am Mantel eilig herum. Die Bürste sauste rauf und runter, man hätte meinen können, die Bürste hätte Beine. Gefährlich kam sie meinem Kinn nahe, dann wurde es hin und wieder auch poliert. Zärtlich konnte man das nicht nennen. Wir rannten mehr die Treppe herunter, als das wir liefen. Quer über den Hof, dann die Fuchs-Nordhoff-Straße entlang. Im Schulgebäude war es still. Wir hasteten zwei Stockwerke hoch. Meine Mutter öffnete leise die Aulatür und winkte mir mit den Fingern zu. Sogleich kam der Schuldiener und wies meiner Mutter einen Stehplatz zu. Die letzten Reihen waren mit Bänken zugestopft und dienten unerwarteten Besuchern als Höflichkeitsbezeigung. Ein Herr rückte ein wenig nach links und es fand ich noch eine Ecke für mich. Wie ich später erfuhr, sprach gerade der Schulleiter. Er sprach so hochtrabend, dass ich seine Rede nicht verstand, welche er sicherlich den anwesenden Erwachsenen darbot. Lehrerinnen und Lehrer riefen danach die Kinder auf, die sie künftig unterrichteten. Mein Lehrer sollte ein gütiger alter Herr werden, zudem bekam ich eine Menge neuer Freundinnen. Eine blieb mir bis zur letzten Stunde treu, Elvira. Sie hatte mich aus vielen Kindern erwählt.

Sie war das dritte Kind ihrer Eltern. Maria, ihre große Schwester, verkörperte für mich das Abbild einer jungen Dame, welche noch ein Jahr das Lyzeum besuchte, obschon sie gebildet und sich mit guten Manieren auszeichnete.

Im Jahr 1932 kehrte Elviras Schwester Toni aus der Schweiz für immer zurück. Sie trug orthopädische Schuhe mit Schienen an einem Bein. Aus Unfug war sie von einem mit Heu beladenen Pferdewagen gesprungen, der ihr zum Verhängnis wurde.

Frau Beijde, Elviras Mutter, stammte aus einer Bauernfamilie. Es war nicht abwegig, dass die Kinder gern zu ihren Großeltern auf dessen Anwesen gingen. Herr Beijde, ein gebürtiger Jugoslawe, Musik studiert und erlernte Gesang in Deutschland. Er heiratete Elviras Mutter. Die Verwandten von Herrn Beijde in Jugoslawien trugen viel dazu bei, dass die kleine Toni ein Schweizer Sanatorium aufsuchen konnte, um sich behandeln zu lassen. Ihre gebrochenen Beine wurden in Deutschland geheilt, jedoch ihre Lähmungserscheinungen nicht. Toni lebte fünf Jahre in der Schweiz. Sie wurde übrigens später Schauspielerin und nicht einmal eine schlechte.

***

1932 nahm ich zum ersten Mal mein Köfferchen mit Ballettschuhen und einem Ballettkleidchen. Nebenan bat ich den Bäcker Köhler um eine „Schnecke" oder einen „Amerikaner" zum Anschreiben. Frau Böhm gab mir für Hin- und Heimfahrt für die Straßenbahn Geld.

Mein Ausflug sollte belohnt werden. Bis zum damaligen Königsplatz musste ich mit der Straßenbahn fahren. Dann lief ich durch die Petersstraße in das Indanthrenhaus[3]. In jeder Etage befand sich links eine große Tür, rechts ein Fahrstuhl. Mit dem Lift wusste ich nichts anzufangen, darum lief ich die Treppe hinauf.

Die zweite Klasse besuchte ich schon und las die Schilder an jeder Tür. Im dritten Stockwerk begegnete mir ein gut gekleideter Herr. Er fragte mich, wo ich denn hin wollte. „Ich möchte gern zum Ballett." Der Herr öffnete eine Glastür und wies mir den Weg. „Über das Glasdach soll ich laufen? Ich bin doch nicht lebensmüde!", dachte ich. Das Dach besah ich mit Misstrauen und lief leichtfüßig darüber hinweg. Die staatlich geprüfte Ballettmeisterin hieß Fräulein Brumme, sie tanzte ehemals als Solotänzerin. Mehr klein als groß und zierlich erteilte sie Unterricht. Eine lange weite Hose und ein dunkler Pulli unterstrichen ihre Strenge. Ein Pianist gab den Takt an. Sie stellte mich weit hinten an die Stange und los ging es mit den Exerzitien. So trainierten wir vielleicht eine Stunde lang. Nie gab sie mir einen Tadel, denn ich arbeitete tüchtig mit, bis der Schweiß rann. Linksseitig saßen und standen Elternteile. Nach kurzer Pause übten wir Schrittkombinationen. Schon am ersten Tag rief sie mich vor: „Nun seht einmal Thea an, sie kann es schon!" Nach jeder Schulung ermahnte Fräulein Brumme mich, dass ein Erziehungsberechtigter seine Unterschrift leisten müsste und den Beitrag zahlen sollte. Meine Mutter war vorerst Feuer und Flamme.

Als es jedoch unabwendbar wurde, meldeten sich bei ihr Misstöne: „Du musst doch einen Vogel haben, kurz vor Weihnachten! Du mit deiner Tanzerei!"

Ein sechstes Mal versuchte ich es nach Weihnachten wieder. Leider verlief ich mich in dem großen Haus und pochte mit der Faust an einer großen, schweren Tür. Ich war in eine andere Ballettschule geraten. Eine Dame lies mich eintreten und wies mir einen Platz an, um erst einmal zuzuschauen. Sie schimpfte mit der mehr als fünf Jahre älteren Inge Ölschicht: „Und du willst einmal Tänzerin werden?" Sofort erkannte ich die Tochter von Frau Ölschicht wieder. Die Meisterin schien mir sehr energisch zu sein. Inzwischen hatte ich mich umgezogen und wurde von ihr an die Stange gestellt. Sie wunderte sich, welche Fähigkeiten ich bereits besaß. Mein Ausflug in eine mir fremde Ballettschule blieb jedoch bei dem einen Mal.

***

„Die braune Flut“ (1933 bis 1939)

Im Frühjahr 1933, ich war acht Jahre alt, ergoss sich die „braune Flut“ der Nationalsozialisten schon über ganz Deutschland. Eine Genossin meines Vaters, deren kleine Schwester eine Freundin von mir war, kam oft zu uns und sprach leise mit meinem Vater in der Küche. Wegen der Neugier von uns Kindern hielt uns unsere Mutter fest und sang mit uns. Die Genossin kam später zu uns herein und mein Vater lief immer sogleich ins Schlafzimmer. Die Geheimniskrämerei erriet ich doch. Die kommunistische Partei arbeitete noch.[4.] Mein Vater ging zu einer Versammlung, selbst meine Mutter blieb in Unkenntnis, wo die Versammlung stattfand. Die Nazis stöberten sie dennoch auf und verhafteten einige Genossen. Die anderen verteilten sich in alle Winde. Eine Treibjagd begann. Mein Vater blieb vor einem Elektro-Geschäft stehen und zündete sich eine Zigarette an. Die Kaltblütigkeit bewahrte ihn vor einer Festnahme an diesem Abend. Seit November 1932 stand mein Vater wieder in Arbeit und Lohn, wenn auch artfremd, so verdiente er aber doch Geld. Seine Stellung gefährdete er durch politische Arbeit, wo unsere Mutter froh war, Geld zu besitzen, um es wieder ausgeben zu können. Jedem Fahrgast legte mein Vater ein Flugblatt auf den Schoß. Es nannte sich der „Rote Straßenbahner“. Wochenlang verlief alles gut. Danach, im Januar 1933, wurde er fristlos entlassen. Da nützte ihm weder Mut noch Leugnen etwas. Nach und nach zerfielen die kommunistischen Versammlungen, die immer gefährlicher wurden. Eines Abends verschwand mein Vater und versprach, bald wiederzukommen. Wir warteten und warteten. Wir drei „Großen“ pressten unsere Nasen an die Fensterscheiben, um die Vorgänge auf der Fuchs-

Nordhoff-Straße zu verfolgen. Unser Hinterhaus stand schräg zum Vorderhaus und so war die Einsicht zur Straße gut. Mutter stand hinter uns und weinte. Die gelöschte Petroleumlampe gab der Situation ein gespenstisches Aussehen.

Plötzlich hörten wir Schüsse, die uns sehr nahe klangen. Angst und Schrecken krochen an uns heran, die meine Mutter noch schürte. „Nein, unser Papa, muss er sich immer noch in die Politik einmischen? Er denkt wohl gar nicht an seine Familie?" meine Nase presste sich platt an die Fensterscheibe, um noch besser sehen zu können. Die Schüsse machten mir doch Angst. Eine Vorahnung erfasste mich. Die Schüsse galten bestimmt Papa, dachte ich und zitterte. Plötzlich traten zwei laufende Schatten vor das geschlossene Gattertor. Einen dunklen Schatten trugen sie in der Mitte und riefen unterdrückt: „Frau Krauss!" Meine Mutter öffnete. Die Männer schleppten meinen Vater hoch und legten ihn auf das Liegesofa. Der eine Mann sagte zu meiner Mutter: „Frau Krauss, es muss sofort ein Arzt her!" „Können sie es denn nicht erledigen?" fragte sie ihn. „Nein, wir müssen sehen, dass wir unbemerkt wegkommen." Die beiden Männer kamen und gingen wie der Wind. Unsere Mutter ersparte unserem Vater keine Vorwürfe und tat erst nichts, um ihm Erleichterung zum Atmen zu geben. Lange danach machte sie sich fertig, um Dr. Krämer zu holen. Er entfernte die Kugel aus Vaters Arm und stützte ihm seine Rippen, denn zwei hatte er sich gebrochen. Dr. Krämer betonte: „Ich weiß von nichts, morgen komme ich wieder." Die heimlichen Treffs wurden immer seltener. Bis heute frage ich mich, wie konnte es geschehen? So viele Jasager! Die SPD hatte wieder versagt, wie ich hörte. Ihre Direktiven passten sich der bürgerlichen „Freiheit" wohl mehr an, als der kommunistischen Ideologie.

Als achtjähriges Mädchen blieb ich nicht davor verschont, die Festnahme einer ganzen Familie anzusehen. Erst musste der Mann mit erhobenen Händen aus dem Haus gehen, nicht ohne mit dem Schlagstock geschlagen zu werden. Dann taumelte ein zwölfjähriger Junge erschrocken mit erhobenen Händen aus dem Haus, er wurde ebenfalls geschlagen. Eine Frau kam in einer Schürze weinend aus dem Haus hinterher. Natürlich musste auch bei ihr der Schlagstock auf dem Rücken tanzen. Noch lange Zeit sah ich die Geschehnisse vor mir. Das volle Ausmaß jedoch blieb unermessbar für mich. Nach diesen Geschehnissen wusch und kämmte ich mich zu Hause und ging danach zwei Häuser weiter zum Friseur, der mir schon seit mehreren Jahren mein Haar kostenlos verschnitt. In jedem Vierteljahr wechselte er seine ausgehängten Bilder oder Fotos. Statt einem Vorgarten stellte er ein großes Gestell mit auswechselbaren Bildern hin. Eine schön frisierte Dame, einen gut aussehenden Herrn und unten in der Mitte ein Kind und dieses Kind war ich. Das geschehene Unrecht mit der abgeholten Familie brannte jedoch wie eine Fackel in mir. Niemandem erzählte ich davon, auch nicht meinem Vater. Diese würdelose Verhaftung vergaß ich nicht.

Eine Zeit kam, da nannte mein Vater Männer mit vollem Namen und meinte, „Er ist ein Arbeiterverräter!" An einem Tag fuhr ein Überfallkommando, auf dem bewaffnete SA-Männer saßen, in unsere Straße und hielten an unserem Haus. SA-Männer sprangen schnell von ihrem Wagen. Eine Trillerpfeife erklang gespenstisch laut und herrisch an meinem Ohr. Manfred verstand es meisterhaft, als sechsjähriger Junge zu reagieren. Als er die Trillerpfeife hörte, lief er schnell an die Flurtür und verschloss sie. Danach zog er den Schlüssel aus dem Schloss. Er setzte sich unter das Fenster im Wohnzimmer. Für eine schnelle politische Aktion schlugen uns die SA-Leute nicht die Haustür ein. Eine junge Frau aus dem Vorderhaus, deren Mann Mitglied der SA war, machte eine Bemerkung zu den weggehenden SA-Leuten. „Es muss doch jemand da sein, ich habe die Gardine wackeln sehen!" Sie hatte sich bestimmt nur anbiedern wollen. Andere Frauen, die sich zu einem Schwätzchen aufhielten, erklärten bestimmt: „Da ist niemand da!" Die braunen Machthaber hatten es eilig und setzten sich wieder auf ihren Mannschaftswagen, einem neuen Ziel der enthemmten Macht entgegen.

Zwei Häuser weiter fanden sie, was sie wollten. In einer Hausnische hatte ich alles mit angesehen. Mein nächster Gedanke war, meinen Vater zu warnen. So schnell ich konnte, lief ich zur Straßenbahnhaltestelle, um ihn abzupassen. Auf einer Treppe vom Malergeschäft setzte ich mich und wartete eine Straßenbahn nach der anderen ab, bis er endlich kam. Voller Aufregung erzählte ich ihm was sich zugetragen hatte. „Es darf keiner erfahren, wohin ich gehe, außer Mama! Verbrennt alles, was in der weißen Kommode ist und die Fahne auch." Er eilte zur Straßenbahn, die ihn stadteinwärts wieder mitnahm zu seiner „Mama" und seinem „Papa". Noch immer wartete ich bis wieder Ruhe in unserer Straße war.

Kurze Zeit nach den umwälzenden Ereignissen fiel mein Vater doch den braunen Häschern in die Hände. „Schutzhaft" nannten sie es. Es fragte sich, wer vor wem geschützt werden sollte. Meine Mutter besuchte ihn mit mir einmal. In einem Reihen-Hinterhofhaus wurde mein Vater mit vielen anderen Verhafteten in „Schutzhaft" festgehalten. Wir liefen durch einen Hausflur, deren hintere Haustür noch verschlossen war. Viele Frauen füllten den Hausflur nach uns. Wir standen vorn und verließen unseren Platz auch nicht. Die hinter uns stehenden Frauen schrien nach ihren Männern. Es erwies sich als vorteilhaft, dass ein SA-Mann die Tür öffnete. Wie überkochender Brei quoll der überfüllte Hausflur von Frauen zu der Hintertür hinaus, doch wies man uns in die Schranken zurück. Ein zweiter SA-Mann nahm mich bei der Hand und stellte mich erst einmal an die Seite. Die beiden SA-Männer drängten die Frauen mit dem Hinweis zurück: „Frauen, Frauen, ihr könnt noch alle eure Männer sehen!" Der eine SA-Mann stellte mich wieder in die Flucht. Mein Vater schaute über drei Inhaftierte und winkte mir zu. „Erni macht euch keine Sorgen, mir geht es gut!" rief mein Vater. Plötzlich vernahm ich furchtbares Schreien und harte Schläge im rechten Gebäude. Wir mussten weg. Andere Frauen warteten schon längst auf unseren Platz. Mein Vater hatte uns wenigstens gesehen, es gab ihm wieder Kraft. Nach fünfwöchigem „Gastspiel" bei den braunen Machthabern verlor er seine politische Zuverlässigkeit. Mit einer blauen Karte auf dem Arbeitsamt wurde er weitergeführt. Sowie mein Vater die Schutzhaft verlassen durfte, widmete er sich wieder seiner Malerei zu, um seine Familie nicht hungern zu lassen. Außerdem arbeitete er an Blumengestellen und erneuerte Rohrstühle. Meine Mutter wusch anderen Leuten schmutzige Wäsche. Heutige junge Frauen vermögen es wahrscheinlich nicht nachzuvollziehen, was es hieß, Wäsche auf einem Rumpelbrett willig für ein Paar Mark zu waschen.

***

Zu dieser Zeit erregte ein Verbrechen großes Aufsehen. Ein Mörder trieb frei sein Unwesen. Der vorhergehende Wohnungsvermieter von Böhms, Herr Kaiser, lud meinen Bruder Rolf und mich zum zweiten Weihnachtsfeiertag ein. Uns Kinder bewegte natürlich der Weg zu ihm außerordentlich. Sollten wir den weiteren oder den kürzeren Weg laufen? Diese Frage überließen wir dem Pfennig, der mit seiner Prägung Kopf oder Zahl über unser Schicksal entscheiden sollte. Es entschied über die Abkürzung, sie führte uns durch das Viadukt in Leipzig-Wahren, der längsten Brücke Europas, wie meine Mutter sagte. Danach betraten wir einen gleichen schmalen wie langen Pfad am Bahndamm entlang, gerade dort, wo der Mörder sein Opfer umgebracht hatte. Schulter an Schulter, Hand in Hand liefen wir mit kurzen schnellen Schritten, ängstlich wie Hänsel und Gretel unserem Ziel entgegen. Am Ende des Pfades, der mit einem kurzen Hügel endete, kam uns ein Mann in Eisenbahnuniform entgegen. Mit seinem flatternden Umhang ähnelte er einer Fledermaus. Umso näher wir ihm kamen, desto heftiger schlug mein Herz. Eine Brille saß auf seiner langen Nase, überhaupt sah er aus wie ein Mörder, an dem wir vorbei laufen mussten. Noch enger und schneller liefen wir. Mit gesenkten Augen ließen wie ihn hinter uns, doch sobald wir ihm nachsahen, so tat er es ebenfalls. Mein Bruder flüsterte: „Das war bestimmt der Mörder.“ Als ein Jahr älterer Bruder musste er es wohl wissen. Nach der Episode langten wir bei Kaisers gut an und vergaßen sie als solche, zumal ein kerzenbeleuchteter Weihnachtsbaum und Geschenke auf uns warteten. Erfreut und überrascht zugleich sperrten wir Augen und Mund auf. Mit einem Knicks, Rolf mit einer tiefen Verbeugung, bedankten wir uns. Herr Kaiser spaßte mit uns, während seine Frau das Mittagessen bereitete. Einige Monate später starb er. Ein Stück Erinnerung an uns nahm er mit ins Grab. Anderntags hatte ich Verbotenes getan, wofür mich meine Mutter bestrafen wollte. Schnell kroch ich unter das Liegesofa. Sie bekam mich aber zu fassen. Gerhard saß auf einem Stuhl am Fenster und holte mich nicht vor. Meine Mutter drohte mir, sogar den Besen schob sie unter das Liegesofa - ich hielt ihn fest. Dann hörte ich wie sie Gerhard aufforderte: „Gerhard heb mit an!“ Meine Ohren spitzte ich. „Jetzt wird es ernst!“ Mit einem Mal hob sich das Liegesofa und sank in der Mitte des Zimmers wieder runter. Immer wenn meine Mutter nach mir griff, schlängelte ich mich von ihr weg. Gerhard hätte mich vorziehen können, aber er tat es nicht. Meine Mutter musste selber mit Gerhard lachen über die komische Posse. Das Liegesofa stellten beide wieder an seinen vorherigen Platz. „Mach keinen Unsinn Thea und komm jetzt vor!" sagte meine Mutter. Voller Misstrauen fragte ich sie: „Bekomme ich auch keine Haue, meine liebe Mama?" „Nein, aber jetzt komm endlich vor!" „Bekomme ich auch wirklich keine Haue meine liebste Mama?" „Ja, komm vor!" beteuerte meine Mutter. „Du musst erst schwören, Mama!" „Ja ich schwöre, dass du keine Haue bekommst!" sagt sie. Dann kam ich unter der Liege vor, mir kann ja nichts passieren, dachte ich, sie hat es geschworen. Sowie ich neben ihr stand, nahm sie mich über ihr Knie und bestrafte mich mit Schlägen auf meinen Po. Sie ließ von mir ab und ging zur Tagesordnung über. Nach einer Weile sagte ich zu ihr: „Mama, du hast es mir geschworen. Nun glaube ich dir nicht mehr." Von da an beobachte ich meine Mutter bei jeder Gelegenheit. Ich hatte kein Vertrauen mehr zu ihr.

***

Der hiesige Ortsgruppenführer der NSDAP, Herr Kipping, wohnte zwei Häuser weiter als wir. Er lief nur in seiner SA-Uniform herum. Man konnte glauben, er hätte gar keine andere Garderobe. Unser Weg führte an ihm vorbei. Zackig und nicht ohne Ironie grüßte er mit erhobenem Arm: „Heil Hitler, Krauß!" Ich grüßte natürlich wie mein Vater mit „Guten Abend". Bei besonderen politischen Anlässen wehten Fahnen über Fahnen in unserer Straße. Der Propagandaminister forderte die Volksmassen dazu auf, dem „Führer" auf diese Weise den Dank auszudrücken.[5.] Er zeigte Talent, hinsichtlich seiner

Reden und Verdummung der Volksmassen. Er wurde von meinem Vater „Goebbels- Schnauze" genannt. So eine Verherrlichung erzeugte nur Macht und Gewalt. Der Führer befahl und die Lämmer folgten ihm, so sagte mein Vater. In der Schule lernten wir Kinder: „Auf - hinsetzen!"- „Auf - hinsetzen!" Hatte man Pech, dann lehrte uns ein volkstreuer, ideologisch gebildeter junger Lehrer. Doch wir hatten Glück, niemals verirrte sich ein solcher Lehrer in unsere Klasse. Preußens Gloria hatte schon Geschichte gemacht! Oftmals vernahm ich Streitigkeiten zwischen meinen Eltern. Meine Mutter erklärte meinem Vater: „Siehst du denn nicht, Walter, dass es aufwärts geht? Alle sollen Arbeit bekommen und somit wird die Armut sowie die Not bekämpft!" „Auf diese Massenverdummung fällst du herein? Mit der Autobahn beginnt es und mit dem Tod hört es auf. Diesen Leuten glaubst du? Zeugnis legt doch ihre Brutalität und Menschenfeindlichkeit gegen alles und jeden ab, die sich den Braunen in den Weg stellen, doch sie breiten sich aus wie eine Epidemie." „Aber Walter, du bist verbittert - auch muss ich dir sagen, dich überzeugt nur dein Lenin - du unverbesserlicher Narr!" Mein Vater erwiderte darauf: „Das sagst du zu deinem Mann? Du wirst noch viele Tränen weinen, die Hitler für dich bereithält." Damit beendete er sein Gespräch, das ohnehin in verwirrte Ohren drang. Ein andermal stritten sie ebenfalls über die Autobahn: „Aber Erni, die Autobahnen sind doch für einen kommenden Krieg gedacht. Wer Hitler wählt, wählt den Krieg!"

***

Etwa im Dezember 1934 bekam mein Vater kurzfristig Arbeit, im „Alten Theater", als Kulissenbauer und Maler. Kurz vor Weihnachten brachte er vier Freikarten mit nach Hause, für die Aufführung „Schneeweißchen und Rosenrot“. Wir verspäteten uns natürlich beträchtlich. Im Foyer des Alten Theaters standen livrierte Theaterdiener tatenlos herum – der richtige Posten für ältere Herren. Einer von ihnen unterrichtete meine Mutter, dass der zweite Akt schon begonnen hätte. „Weshalb kommen sie auch so spät?“ fragte er. Schnippisch antwortete Sie: „Schließlich habe ich fünf Kinder, das machen sie mir erst einmal nach!“ Der Verweis auf das biologische „Wunder“ blieb unbeantwortet im Dschungel der Gesetzmäßigkeiten und dem Wirrwarr in den Köpfen einiger alter Theaterdiener, dennoch ließ uns der Angesprochene leise in den Zuschauerraum eintreten und wies uns Plätze an. Beeindruckt von dem Märchenspiel und der uns umgebenden Atmosphäre, fuhren wir danach mit der Straßenbahn nach Hause. Meine Gedanken schweiften hin zu der termingemäßen Verabredung mit dem Ballettmeister, der mich ausbilden wollte, im Alten Theater. Einige Tage später wurde mein Vater entlassen.

Dem Direktor täte es leid, wie er sagt, aber die blaue Karte vom Arbeitsamt lief ihm hinterher: „Krauss, ich bedauere aufrichtig.“ Das war alles, was er äußerte. Die Angst und Furcht vor Repressalien waren größer, als das bewusste soziale Handeln. Die fristlose Entlassung meines Vaters kurz vor Weihnachten war ein Schlag für uns alle, besonders für meine Eltern. Wie ließen sich die begeisterten Massen hinreißen von Hitlers missbrauchter Machtbesessenheit, die er sich mit Ellenbogenfreiheit und unvorstellbarer Grausamkeit verschaffte. Was sich ihm in den Weg stellte, ließ er vernichten - wie nach 1945 bekannt wurde, in einer bis da noch nie dagewesenen Größenordnung, die ihn und seine Helfershelfer bis in alle Ewigkeit mit Schande bedecken werden, wie seine „Arbeitslager“ für Mörder, Diebe und arbeitsscheue Elemente.

Die Verbrechen, die in seinem Namen und durch seine Gewährsleute geschahen, blieben getarnt und verborgen. Diese Art der Geheimnishaltung war so perfekt, dass der blutbefleckte und grausame Gürtel, der sie umgab, seine Wahrheiten vor jedem aufrechten Menschen verbergen musste.[6.]

***

In der vierten Klasse bekamen wir wöchentlich nachmittags einmal zusätzlichen Unterricht. Zu diesem Zweck stellten wir uns geräuschlos in einer Reihe vor der Schulhaustür auf, bis unser Lehrer uns in unseren Klassenraum führte. Um pünktlich zu erscheinen, rannte ich zum Unterricht, was nicht ungewöhnlich für mich war. Kurz vor dem Viadukt, auf der gegenüberliegenden Seite der Fuchs-Nordhoff-Straße, schaute Herr Sander, der Vater einer Mitschülerin zum Fenster hinaus. „Kleine Kraussen" rief er und winkte mich zu sich. Über die Straße springend hielt ich meine Arme halb in die Höhe und schlenkerte meinen Kopf hin und her, nichts ahnend was mich in den nächsten Minuten erwartete. Harmlos glaubte ich an eine Entschuldigung für Rita, die ich dem Lehrer vorweisen sollte. Doch als er die Wohnungstür öffnete, schnappte er mich mit großen groben Händen an meinem Kleiderausschnitt und trug mich ins Wohnzimmer. Dort ließ er mich stehen und sah mich böse an, dass es mir kalt über den Rücken rieselte. Nach einer langen Pause fragte er mich: „Die Namen will ich wissen, von denen, die über mein Privatleben gesprochen haben." Es dämmerte bei mir, die Art wie er mich behandelte, ließen keine Zweifel aufkommen, dass er ein politischer Verräter war. Soviel Urteilsvermögen mahnte mich zur Vorsicht. Störrisch erwiderte ich: „Nein, die Namen sage ich Ihnen nicht!" Darauf hin versuchte er mich einzuschüchtern und zerrte mich ans Fenster. Er sprach

schnell und laut: „Du kommst hier nicht mehr raus, bevor du nicht die Namen nennst.“ Mir wurde klar, dass ich einem Spitzel gegenüberstand.
Trotzig wiederholte ich: „Nein, ich nenne die Namen nicht!“
„Du willst also nicht? Na warte, du wirst es noch sagen, ich ziehe jetzt andere Seiten auf!“ Mit wutverzerrtem Gesicht schlug er mich mit seinen großen Händen, mehrmals auf meine Wangen. „Sprichst du jetzt?“ brüllte er. „Nein“, erwiderte ich. Darauf hin schlug er mich abermals mit einer Wucht, dass ich schwankte und ich hörte mich sagen: „Nein!“ Sein angestrebtes Ziel, aus mir herauszukriegen was ihm genehm war, stand er ergebnislos gegenüber. Seine Wut wurde durch mein Schweigen angestachelt. Er würgte mich und warf mich mit den Worten „altes Grobzeug“ in sein Wohnzimmer, dass ich der Länge nach an die Tür schlitterte und mir am Oberschenkel einen Holzsplitter einzog. Die breiten Holzdielen waren weder mit Farbe noch mit Bohnerwachs bearbeitet. Er stieß mich mit seinen Stiefeln in den Leib und auf die Hüften, als wäre ich ein Spielball für ihn. Seine Frau kam herein und sah mich auf dem Fußboden liegen. „Artur, lass ab von dem Kind, sie hat genug, mach dich nicht unglücklich.“ Frau Sanders übergroße Länge verbarg nicht ihre breiten Hüften, ebenso trugen ihre vorstehenden Zähne zur Schönheit nicht bei. Herr Sander zog mich am Kleiderausschnitt wieder auf die Füße, würgte mich erneut und schlug hart zu. Mit zusammengekniffenen Augen beschimpfte er mich: „Du freches Balg, du Ausgeburt eines ‚Roten‘, sagst du mir jetzt die Namen?“ „Und wenn sie mich totschlagen, ich sag sie nicht!“ Frau Sander öffnete die Wohnungstür, offensichtlich um ihrem Mann Einhalt zu gebieten. Bevor ich ging, hielt er mich fest und bedrohte mich: Wenn du zu dieser Tür hindurch und zur Schule gehst, gehe ich zur Polizei und zeige dich an. Noch hast du Gelegenheit mir die Namen zu sa-

gen.“ Die Tür zum Treppenhaus stand so weit auf, dass ich hoffte, es hörten weitere Leute mit, was hier vor sich ging. Ich drehte an der Wohnungstür meinen Kopf herum und sagte hörbar für jedermann: „Sie Arbeiterverräter!“ Als ich die Treppen abwärts lief, stürzte ich fast. Meine Knie versagten – überhaupt fühlte ich meine Beine wie weiche Wachskerzen. Im Hausflur schüttelte mich die Nervenanspannung derartig, dass ich lautlos weinte und meinen schmerzenden Kopf und mein Gesicht im Unterrock verbarg. Nach dem unerwarteten Erlebnis lief ich in die Schule.

Gleich zu Beginn des Unterrichts fragte mich mein Lehrer besorgt: „Du siehst blass und verquollen zugleich aus, fehlt dir etwas?“ Er legte seine Hand auf meine Stirn: „Du fieberst ja!“ Er schickte mich nach Hause und wünschte mir gute Besserung. Rita Sander erlaubte sich die dumme Bemerkung: „Das schadet dir gar nichts.“

Verstört kam ich nach Hause. Frau Kirchhoff – Mutters Freundin – saß am Tisch. Gerhard, ihr sechsjähriger Sohn, tobte mit meinen jüngeren Brüdern Manfred und Günter herum. Nach der Begrüßung setzte ich mich auf eine Ecke des Sofas und verhielt mich still. Nichts desto weniger vergrößerte sich mein Unwohlsein. Als es dunkelte verabschiedete ich mich von Frau Kirchhoff und legte mich einstweilen in meiner Mutters Bett. Im Elternschlafzimmer stand ein Fenster auf, so dass ich die gesamten Geräusche hörte. Meine Mutter schloss ihr die Holzgattertür auf, um sie hinaus zu lassen. Zum gleichen Zeitpunkt begegneten sie meinem Vater. Frau Kirchhoff bat ihn dringlich: „Walter, eure Thea ist krank, sie doch mal zu ihr.“ Er suchte mich gleich auf. Ermutigt durch seine Anwesenheit umklammerte ich hilfesuchend seinen Hals und schluchzte unartikuliert meinen Kummer. Er fragte mich: „Was ist denn mit dir Puppi? Sprich dich aus bei deinem Papa, aber langsam – schön ruhig, eines nach dem anderen." „Ich habe etwas Schlimmes getan, Papa, die Polizei wird mich bald abholen." „Nein, Kinder holt sie nicht.", erwiderte er. Mit eigenen Augen hatte ich doch gesehen, wie auch Kinder verhaftet wurden. Niemals werde ich diese menschenunwürdige Verhaftung vergessen. Ich vertraute meinem Vater meine bedrückenden Gedanken und Erlebnisse an. Diese Pein, der damaligen über mich hereingebrochenen Not, waren durch „Sauerkraut und Eisbein" verursacht, meine Tarnnamen für die Sanders. Dies kam so: Frau Lindaus Äußerungen zu Frau Böhm und meine Mutter: „Für Sauerkraut und Eisbein haben Sanders im Gartenverein jede Woche Geld!" Für einen Schulwandertag standen Rita Sander keine zwei Groschen zur Verfügung.

Mich empörte die all zu sehr zur Schau getragene Armut, dass ich die vernommenen Worte meiner Mitschülerin wiederholte. Daraus entstand in Windeseile ein Brand, der nicht zu löschen war. Frau Lindaus Güte zu mir, erwies sich ausnahmslos gleich bleibend. Niemals hätte ich sie verraten, zumal ihr Mann ebenfalls der kommunistischen Partei angehört hatte. Doktor Krämer kannte mich schon als Säugling. Er untersuchte mich und ordnete Bettruhe an. Danach lief meine Mutter in die Schule, um mich bei meinem Lehrer zu entschuldigen. Er wäre sehr empört gewesen, gleichviel gab mein Lehrer ihr den Rat, Herrn Sander polizeilich anzuzeigen. Jedoch verkörperte die Polizei als Machtinstrument die Staatsinteressen. Zu jener Zeit überrollten die Ereignisse mich in meinem noch jungen Alter. Wie noch bedrohte Herr Sander mich am vorherigen Tag? „Ich zeige dich polizeilich an, die arbeiten mit anderen Methoden als ich."

Hörte ich im Treppenhaus fremde Schritte heraufkommen, versteckte ich mich im Kleiderschrank und hielt die Tür mit meinen Händen zu. Meine Mutter ließ mich einige Tage so gewähren, später schimpfte sie lachend über mich, dennoch suchte ich Schutz unter einem Bett. Nach vierzehn Tagen besuchte ich den Unterricht wieder, doch mit Rita Sander gab ich mich nicht mehr ab. Hingegen meine Freundin Elvira versuchte, mit Kapriolen in mir böse Erinnerungen zu verdrängen, was ihr auch allmählich gelang.

***

Besuchten wir Elviras Großmutter, warnte diese uns stets: „Geht nicht auf den Heuboden!" Gehorsam antwortete Elvira: „Ja, Großmutter." Über dem wassergefüllten Fass in ihrem Garten fraß ein Tier ein Loch in die Rückwand vom Heuboden. Wie Diebe vergrößerten wir es, gleichsam erschwerte uns das darunter stehende vollgefüllte Fass unser Vorhaben. Für den Umfang eines schlanken Kinderkörpers genügte die Öffnung. Elvira stieg auf den Rand des Wasserfasses und kroch als erste hindurch, dabei schob ich sie am Hintern und den Beinen. Der schwerste Teil stand mir bevor, denn mich schob niemand. In gegenseitiger Hilfestellung zog mich Elvira an meinen Händen auf den Scheunenboden. Der Einsicht wegen verstopften wir die Öffnung mit Heu. Geräuschlos kletterten wir auf eine Leiter auf den Heuboden und bauten uns einen türlosen Rundbau, dem wir nur zum Durchschlüpfen ein offenes, kleines Loch zubilligten, das ebenfalls mit Heu verstopft wurde. Nach der Fertigstellung des „denkwürdigen Monumentes", der einem Iglu ähnelte, verließen wir ihn. Auf dem gleichen Weg, den wir vorher nahmen, führte er uns abermals in den Garten. Die Strafe der Ungehorsamkeit ließ mich dabei in das Wasserfass fallen. Obwohl uns Herr Beijde ein sehr großes Puppenhaus aus gebrauchten Fenstern gebaut hatten, zogen wir das Abenteuer vor. Auf die schrägen Fenster des Puppenhauses legten wir stattdessen meine ausgewrungene Kleidung aus, dafür genügte es.

***

Eva Grosse kam wegen Wohnungswechsel in unsere Klasse. Als ein „Tunichtgut“ nahmen wir sie in unserem Bund auf. Es erwies sich für uns aber weniger erzieherisch, ihrem Einfluss zu unterliegen, denn ihre Streiche standen weit über den unseren. Meine Freizeit jedoch, gemessen an Elviras, nahm keinen Schaden an Evas Eulenspiegeleien.
Fast täglich in den Unterrichtspausen hingen wir zusammen wie die Kletten. Wieder standen wir vor Elviras Großmutter. Auf ihre unverkennbare Art bat sie: „Großmutter, dürfen wir in den Garten?“ „Ja“, erlaubte sie es mürrisch, während sie auf einer Holzbank vor ihrem Haus saß. Unter ihrem Kopftuch schaute schneeweißes Haar hervor und über ihrer halben, dunkel gestreiften Schürze lagen ihre abgearbeiteten Hände. Elvira steuerte auf ihr Ziel los und bettelte sie Herz zerbrechend an: „Großmutter, bitte gib mir einen Groschen!“ „Du Bettelmarie, du leierst mir noch den letzten Groschen aus meinem Kreuz“, letztlich gab sie ihn ihr doch. Einen Groschen bekam sie schon von ihrer Mutter, aber der genügte ihr nicht.

Elviras Handeln legte für uns drei Gören Zeugnis ab von der Abhängigkeit zu den Erwachsenen, die in der Mitte oder am Ende ihres Lebens standen und ihre finanzielle Lage besser überschauten.

Wir liefen lustig schwatzend zur schmalen Holztür hindurch und die Linkelstraße hoch. In einem Delikatessengeschäft kauften wir für zwei Groschen Sauerkraut oder manchmal auch saure Gurken. Anschließend liefen wir wieder zurück und überstiegen einen Bretterzaun zu dem Garten und schlichen hin zum Scheunenloch. Unseren Durchbruch begleitete Elvira mit dem Warnruf: „Psst, psst!" Die Leiter hinauf in unsere Burg war eine Kleinigkeit. Eva erweckte (mit ihrer Kicherei) die Aufmerksamkeit der Großmutter. Die Strafe folgte auf dem Fuß. Unser Ungehrosam erzürnte Elviras Großmutter so sehr, dass sie immerzu weinerlich ausrief: „Nun fressen die Tiere das Heu nicht mehr!" Dann schrie sie: „Komm raus, du verflixter Rotkopf!" Elviras Haar fiel weder rot noch grün auf, doch ihre Strickjacke umso mehr.

Mit einer Heugabel stach ihre Großmutter in unsere Burg. Um der Gefährlichkeit gestochen zu werden auszuweichen, unternahm Elvira einen effektvollen Ausbruchsversuch. Sie zerstörte die vordere Heuwand und glitt die Leiter hinunter. Ihre Großmutter verblüffte diese Entschiedenheit sehr. Da Eva und ich gleichzeitig an der Leiter standen und sie immer nur für einen benutzbar war, ließ ich Eva vor mir hinab, schnell kletterte ich ihr nach, leider zu spät.

Elviras Großmutter zeigte im geeigneten Moment, wer Herr im Hause war. Schimpfend nahm sie eine Pferdepeitsche von der Wand und rief hinterher: „Verflixter Rotkopf, dir werde ich es zeigen!" Sie ließ die Peitschen knallen und traf dabei meine Schulter. Ich zuckte vor Schmerz zusammen, das Malheur wurde sichtbar. Sowohl meine Unterwäsche als auch mein Kleid rieben an der Wunde.

Elvira versicherte mir, dass ihre Mutter den Peitschenhieb der Großmutter gewiss missbilligte, sie zeigte ihr meine Schulter. Frau Beijde zog mir behutsam das Kleid aus, sobald sie den blutverschmierten Hemdträger sah, stotterte sie entsetzt: „Oh, G-Gott!" Besonders nach Tonis Unfall – und wenn ihre Kinder sie ärgerten – stotterte Elviras Mutter. Trotzdem war ihre Schönheit nicht zu übersehen und ihr Stottern verlor sich allmählich völlig.

Sie wusch und desinfizierte mir meine Schulter, danach klebte sie ein Wundpflaster darauf. Auch meinen Hemdträger reinigte sie sowie mein Kleid. Nebenbei fragte sie: „Was habt ihr wieder bei Großmutter angestellt?“ „Nichts“, erwiderte Elvira. Meine Mutter schimpfte mich aus, als ich nach Hause kam: „Na du Rumtreiberin, kommst du wenigstens abends pünktlich nach Hause? Morgen trägst du mit Gerhard und Rolf Kinoprogramm-Zettel aus!“ Am anderen Tag besuchten wir zuvor den Schulunterricht. Elvira fiel durch ihre Körperhaltung auf. Die gestellten Fragen an sie beantwortete sie teils richtig, teils falsch. Jedes mal hielt sie sich beim Aufstehen an der Bank fest und zappelte mit ihren Beinen. Unser Lehrer ermahnte sie: „Die Bank brauchst du nicht festzuhalten, tritt zur Seite und bleibe ruhig stehen.“ Elvira trat puterrot zur Seite und zappelte weiterhin mit ihren Beinen. Nach dem Unterricht fragte sie mich, ob ich nach den Hausaufgaben zu ihr käme. „Ich bedauere, heute werde ich baldigst erwartet. An welchem Tage es mir möglich wird, sage ich dir noch. Schade, nicht?“ Wer mich erwartete verschwieg ich schamvoll meiner besten Freundin.

***

Mit Mittagessen besorgen begann meine Pflicht nach dem Schulunterricht. Weder Hitze noch Kälte, noch Regen, noch Schnee bewahrten mich davor. In Begleitung von Frau Böhm liefen wir gemeinsam in eine Leipziger Kaserne. Dort standen bereits viele Leute, die wie wir warmes Mittagessen abholten. Mit einem Passierschein wiesen wir uns aus und kamen in den Vorraum der Küche. Das Geschubse und die Drängelei der vielen Menschen ließen mich schon als Kind über Armut und Not nachdenken. Persönlich konfrontiert mit ihr erschienen meine Augen älter als sie waren. Immer wieder versuchte ich mein

Schamgefühl nieder zu drücken, doch mit dem Zusehen einiger Soldaten, die sich über uns würdelos belustigten, stieg mein Stolz immer höher. Hemmungslos rief einer schmachvoll: „Sieh nur die armen Schweine an, fressen was wir ihnen übrig lassen!" Ich hätte davonlaufen mögen. Aus welchem Milieu kamen sie denn? Das war die Frage der Wahrheit, die unvermittelt im Raum stand und die ich auf kindliche Weise selbst löste. Um der Arbeitslosigkeit zu entgehen verdingten sich viele deutsche Männer in der faschistischen Armee, die es unbestritten gab und manche Karriere ihretwegen auf dem Rücken anderer Menschen ausgetragen wurde.

Unvermutet stand ich mit Frau Böhm am geöffneten Fenster der Essensausgabe. Der Koch fragte mich: „Wie viele Personen?" „Sieben", antwortete ich leise. Im gesetzten Alter verhielt sich der Koch passiv gegen uns, er füllte mein Fünf-Liter-Eimerchen mit heißer Linsensuppe. Ich rückte zur Seite und schloss ihn mit einem Topfdeckel. Fortwährend schauten uns die Soldaten beleidigend zu. Mein Zorn darüber wuchs, unbeherrscht rief ich: „Glotzt nicht so blöd!" Dem Echo folgte ein Gelächter. Frau Böhm zog mich schleunigst hinaus. „Merke dir", belehrte sie mich, „von der Ehrwürdigkeit allein wird man nicht satt und von Frechheit gleich gar nicht. Einmal sind die dran, dann wir. Das Leben ist sehr wechselvoll, entweder sie wissen es nicht oder wollen es nicht mehr wissen." Zu Hause fielen samt und sonders die Familienmitglieder hungrig über die Linsen her.

Etwa gegen fünfzehn Uhr lief ich mit meinem Bruder Rolf den weiten Weg nach Leipzig-Eutritsch, um Kinoprogramm-Zettel auszutragen. Rolf und ich legten je ein Bündel über unseren linken Arm – so ermöglichte uns der rechte Bewegungsfreiheit zur Zusammenfaltung der Programmzettel und ihre Ablage in die Briefkästen. Wir richteten uns nach der Weisung unserer Mutter, welche im Allgemeinen die Villenviertel übernahm. Mein Bruder Gerhard bekam auch seinen Teil zugewiesen, jedoch Rolf und ich übernahmen die Häuser vom Leihhaus bis zum Jakob-Krankenhaus, die beiderseitig vier- und fünfstöckige Reihen- und Hinterhäuser aufwiesen. Einmal reichte mir das Mittagessen scheinbar nicht, denn mein Magen begann zu knurren, er verlangte erneut sein Recht. Unser Weg führte an einem Backwarengeschäft vorüber, der nicht nur Brot und Brötchen herstellte, sondern auch Kleingebäck und leckere Torten. Mit einer Kundin verließ zugleich ein appetitanregender Duft das Geschäft. Mein Magen schlug Purzelbäume, dagegen verursachte mir mein Geschmackssinn lustvolle Schwelgerei, die mittellos eine Träumerei blieb.

Rolf und ich erreichten die letzten verschlossenen Häuser. Eine Windböe riss mir die übrig gebliebenen Programmzettel vom Arm. Sie flogen mit ihr spielend auf und davon, die Fahrbahn entlang. Mit flinken Beinen lief ich auf die belebte Verkehrsstraße, ohne sie näher zu betrachten. Umso mehr widmete ich meine Aufmerksamkeit den Programmzetteln, die beim Erfassen immer wieder davon flogen. Ich hastete ihnen nach. Und so kam es, wie es kommen musste - ich lief vor ein Auto, dass eine Vollbremsung unternahm, um mich nicht zu überfahren.

Meiner unberechenbaren Handlung entgegenwirkend, schimpfte Rolf auf mich, als ich neben ihm stand. Er gab mir eine Ohrfeige und schimpfte. „Du läufst mir unbedacht nicht wieder auf die Fahrbahn - mir solche Angst einzujagen, nur wegen der kontrollierenden Krähe!“ Dem Stichwort gleich, fuhr genau diese gemeinte damen im rot lackierten offenen Auto vorbei. Ihr wasserstoffoxydgebleichtes hellblondes Haar sowie ihr übermäßig auffällig geschminktes Gesicht, als auch ihr arrogantes Verhalten, verstießen gegen die modischen Gepflogenheiten und erregten damit allgemeine Missbilligung. Auf kapitalistischem System beruhenden Stichproben unserer Arbeit stellte sie ihre Forderungen, zahlte jedoch nicht den Lohn dafür. Als Zehnjährige unterhielt ich mich (auf dem kilometerweitem Heimweg) mit meinem elfjährigem Bruder Rolf über unsere ungleich große Arbeit einerseits, an der sich zwei Erwachsene und drei Kinder beteiligten sowie dem Lohn von 3,75 Mark anderseits. Dieser unrentablen Arbeit fielen mehr Schuhsohlen, Energie und Ausdauer zum Opfer, als sie hervorbrachte. Danach mieden wir hohe Etagen und legten auf die Treppe des zweiten Stockwerkes für die oberen Hausbewohner Kinoprogramm-Zettel nieder. Wenn gleich Rolf und ich vor unserer Mutter Stillschweigen bewahrten, wurde sie dennoch unterrichtet. Wegen mangelhafter Arbeitsmoral bedrohte die kontrollierende hellblonde Dame meine Mutter mit dem Entzug der Arbeit. Demütig jammerte und klagte sie ihr Leid der, wie wir später erfuhren, faschistischen Mitläuferin. Die Haltung meiner Mutter missfiel mir umso mehr, je deutlicher das Zweckverhalten ihrer Arbeitgeberin sich mit Ausbeutung paarte. Die daraufhin erfolgen Ohrfeigen für Rolf und mich verfehlten ihr Ziel geradezu, denn unserer Mutter ihre ökonomische Wirtschaftlichkeit bezweifelten wir. Als Bürgerstochter und jüngstes Kind hatten ihre Eltern vor ihr Armut und sämtliche Widerwärtigkeiten der Gesellschaft verborgen gehalten. Demagogische, aber auch prinzipienfeste, christliche Belehrungen umgaben sie in ihrem häuslichen Milieu, nicht aber lebensnahe Praktiken.

Neuerlich trugen wir unsere reparaturbedürftigen Schuhe zu einem Schuhmacher nach Leipzig-Gohlis. Vor Eintritt des Winters musste Rolf, der größte Reißteufel aller Zeit – wie meine Mutter sagte, Schuhe an seine Füße bekommen. Für die Annahme und Ausgabe der Schuhe trug verantwortungsvoll die Schuhmachersfrau bei. Bevor sie Rolfs Schuhe annahm, stutzte sie: „Was, diese abgelederten Schuhe sollen wir reparieren.

Weshalb haben sie nicht schon früher daran gedacht sie uns zu bringen? Na, ich frage erst einmal." Sie lief in die Werkstatt und fragte, ob sie die kaputten Schuhe annehmen soll. Die Brandsohle hing mit dem Rand lose am hohen Schuh und in ihm lag das zerrissene Fersenfutter. Nach längerer Zeit betrat die Schuhmachersfrau das Geschäft wieder und bereitete die Annahme vor, dabei beobachtete ich sie. Ihre schlanke – ja fast zierliche Gestalt verhüllte ein schwarzer Satin-Arbeitskittel. Ihr dunkelbraunes, gescheiteltes Haar trug sie zu einem Knoten. Aus ihrem ovalen Gesicht blickten zwei braune Augen. Unwillkürlich vermischte sich ihr Antlitz in jenes, was ich kurz zuvor als Bildnis gesehen hatte.

Rolf wurde sehr streitsüchtig und er lehnte sich gegen unsere Eltern auf. An einem Nachmittag brach ein mächtiger Krach zwischen meinem Vater und Rolf aus. Mit dem Waschhausschlauch schlug er Rolf nieder. Ohne die Schläge zu beachten beugte ich mich zum gestürzten Rolf nieder und hielt meine Arme schützend um ihn. „Mein armer Rolf!" „Wenn du zuschlägst, schlägst du mich!", wandte ich mich an meinen Vater. „Gehst du weg, du freches Ding." Sein Versuch mich von Rolf wegzuziehen misslang, denn ich gab nicht auf, gleichviel erzeugte mein Widerstand in ihm einen noch größeren Zornesausbruch, so dass ich mich an Rolfs Jacke festhalten musste, um nicht letztlich doch noch weggezogen zu werden. Ein Tauziehen besonderer Art begann. Mein Vater versuchte mich an den Beinen von Rolf zu lösen, jedoch meine Finger gruben sich umso tiefer in seine Jacke hinein. Diese dramatisch-komische Szene reizte meinen Vater zum Lachen. Damit glaubte ich, dass einer friedfertigen Auseinandersetzung nichts mehr im Wege stand. Rolf half ich auf die Beine, obwohl er meine Hilfe nicht benötigte. Danach setzte ich mich auf das Sofa und hörte meinem Vater zu: „Tausendmal ermahnte ich dich zu Gehorsamkeit und Achtung zu deinen Eltern, die gewiss leiden müssen", sprach er zu Rolf. Systematisch von den nationalistischen Propaganda-Ideen infiziert, wagte Rolf meinem Vater seine bisherige Parteiarbeit vorzuwerfen. „Du unverbesserlicher Kommunist", beschimpfte er ihn, ohne jedoch die Zusammenhänge der nationalistischen Machtergreifung im Einzelnen als Kind zu verstehen und die Verknüpfung der intensiven Rüstung für den zweiten Weltkrieg altersmäßig zu erfassen, wie ich einige Jahre später im Nachhinein beurteilte und erlebte.

Der Vorwurf sowie die Beschimpfung von Rolf ließen in meinem Vater keinen Zweifel aufkommen, dass er in Gefahr schwebte. Verärgert erhob er seine Hand gegen Rolf, der diese ergriff und unbeabsichtigt ihm den Daumen brach. Dieses unerfreuliche Missgeschick vollzog sich in derartig schneller Wechselwirkung, dass ein knackender Laut hörbar im Wohnzimmer hängen blieb, dessen ungeachtet fügte er freimütig hinzu: „Du schlägst mich nicht wieder!" Rolfs stahlblaue Augen erschienen dabei härter als bei Kindern seines Alters.

Mein Vater lief zu Dr. Krämer, um seine Hilfe in Anspruch zu nehmen. Während Rolf und ich wortlos hinter der Gardine im Wohnzimmer standen. Mit einem geschienten und verbundenen Daumen kehrte mein Vater vom Arzt zurück. Beim Anblick seines Vaters wurde es Rolf bewusst, war er angerichtet hatte. Er bedauerte zwar den herben Ausgang, doch die schmachvollen Schläge vergaß er nicht; sie machten ihn blind gegen die Agitation seines gesellschaftlichen Bewusstseins. Der Ordnung halber entschuldigte er sich wegen des gebrochenen Daumens, wie er betonte. Auf das Lippenbekenntnis erklang mürrisch die Antwort meines Vaters: „Das muss man sich als Vater gefallen lassen!" „Kinder schlägt man nicht, Papa", antwortete ich. „Halt deinen Mund du kleine Katze." „Aber Papa!" Meine Mutter sprach er mit verniedlichtem Namen, Erni oder

Mausi an und mich bezeichnete er als kleine Katze. Vor meiner kindlichen Beurteilung fand das Wort „Mäuschen“ keine Gnade.

***

Herr Sander besuchte meinen Vater in schikanöser Weise. Weder traute ich ihm, noch wollte ich ihm gegenüberstehen. Sofort suchte ich das Zimmer meiner Brüder auf. Bevor ich mich auf das Bett setzte, verschloss ich die Tür und sperrte außerdem einen klobigen, aber dennoch haltbaren Riegel vor. Vor dem Weihnachtsabend im letzten Jahr bohrte Rolf ein Loch in die Tür, das uns fortan als „Spion“ diente. Ein Auge kniff ich zu, das zweite sah durch das kleine Loch hindurch. Die gesamten Vorgänge im Wohnzimmer nahm ich wahr. Mein Vater stellte das Radio ab und veränderte die Wellenlänge auf der Skala. Nach einer kühlen Begrüßung folgte sogleich die Frage: „Was hattest du meiner Tochter angetan?“ Weder beantwortete Herr Sander sie, noch erweckte diese Frage eine sichtbare Regung in ihm. Er winkte sie als Lappalie ab und steuerte zielstrebig eine Gegenfrage an. „Wollen wir mal einen Auslandssender anpeilen?“ er stellte das Radio an, mein Vater schaltete es wieder ab. „Was erwartest du von einem kleinen Apparat, Arthur? Zudem ist das, was du anstrebst verboten.“ Ihm entging die hinterlistige Frage ebenso wenig, wie die gestellte Falle. Sander verließ uns darauf. „Soll ihn der Teufel holen!“ dachte ich.

***

Einige Tage später beauftragte mich meine Mutter, Zeitschriften in Leipzig-Möckern auszutragen und gleichzeitig dem

Abonnentenpreis zu kassieren. Im düsteren Licht in einem Hausflur zankten sich zwei Frauen. Die eingetretene Stille unterbrach eine alte Frau: „Bring sie mal herein!“ Unvermutet stand ich vor einer weißhaarigen, gehbehinderten Frau, die sichtlich verärgert mich fragte: „Siehst du wenigstens ein, dass du ungerechtfertigt von mir Geld für vier Zeitschriften forderst und drei davon bekam ich nur?“ Sie schaute mich mit ihren grauen Augen strafend an. Um Tränen zu vermeiden, schlug ich meine Augenlider auf und nieder, hin und wieder mal kurzzeitig an die Zimmerdecke oder in die Luft. Ferner fragte sie: „Wer schickt dich um diese Zeit noch auf die Straße?“ Die Antwort blieb ich ihr schuldig – stattdessen bat ich sie um die gesamte Monatszahlung und ich versprach, regelmäßig die Zeitschriften zu bringen. Mit zittriger Stimme offenbarte ich ihr, dass mein Vater schon langjährig arbeitslos sei, davon nur einige Tage Kurz- und einige Tage Notstandsarbeit sowie vierzehn Tage als Kulissenbauer im alten Theater verrichtete. „Na ja, ich zahle dir den gesamten monatlichen Beitrag und will dir glauben“, sprach die alte Dame, der ich meinen Dank versicherte. Als ich den Hausflur wiederbetrat, begegnete mir wieder die zänkische Frau, eilig lief ich in die dunkle Nacht, die ich so fürchtete.

***

Mit den öffentlichen Tanzauftritten in Leipzig und seinen Stadtteilen erwarb ich mir das Wohlwollen einiger Tanzmeister und Choreographen. Viele Tänze beinhalteten sowohl volkstümliche als auch klassische Elemente. Frau Oelschicht studierte mir kostenlos einen klassischen Rokokotanz ein (für eine bevorstehende Aufführung) und stellte mir das dazugehörige Kostüm und Perücke zur Verfügung.

Zu diesen uneigennützigen Tanzpädagogen gehörte zweifelsohne auch das Ehepaar Pommer-Engelhardt, die gemeinsam eine staatlich geprüfte Tanzschule leiteten. Als ehemalige Solo- und Meistertänzerin nahm Frau Pommer-Engelhardt Anteil an meiner Entwicklung. Sie sprach mit meinen Eltern, während der Pause einer Aufführung, die mit ihren Freunden anwesend waren. Frau Pommer-Engelhardt bestellte mich zu einem festgelegten Termin.

Nach einem Auftritt brachte mich Frau Kirchhoff, Mutters Freundin, sogleich in ihre nahe gelegene Wohnung und legte mich mit ihrem vier Jahre jüngeren Sohn Gerhard in ein Ehebett. Nachdem sie uns allein ließ, nahm ich einen Teil aus dem Geschenkkorb heraus, der neben Blumen besonders mit Schokolade, Pralinen, Obst sowie mit weiteren Genüsslichkeiten verlockte. Husch, husch – und sie verschwanden stückweise in unserem Mund. Wir aßen und aßen bis uns übel wurde. Im angeschmuddelten Bettzeug schliefen wir ein. Tags darauf brachte mich Herr Kirchhoff mit Koffer und dem Rest des Geschenkkorbes an die Haltestelle der Straßenbahn.

Zu Hause erwarteten mich die Familienmitglieder teils neugierig, teils spannend. Mein Vater begab sich auf den Weg zur Straßenbahnhaltestelle, um den abgestellten Koffer abzuholen, den eine ältere Dame zur Aufbewahrung an sich genommen hatte.

Bevor ich aus dem Geschenkkorb verteilen durfte, besah sich ihn meine Mutter genau. Unfreundlich kritisierte sie: „Was, soviel hast du mit Gerhard vernascht? Als Einzelkind bekommt er doch wirklich genug!“ Unterdessen nahm der Inhalt des Korbes unversehens ab. Der Appetit von uns „siebenköpfigen Raupen“, wie meine Mutter sagte, nahm ihren vergleichbaren Fortgang in der Fresslust.

Wenige Tage später begleitete mich meine Mutter zu den ersten anberaumten Probestunden. Wie vielen Menschen quälte auch mich ein Husten. Frau Pommer-Engelhardt beauftragte ihre Hausangestellte Milch zu erhitzen und „Bullrich Salz" hineinzurühren. Wenn man der Reklame glaubte, nahm dieses Mittel den Kampf auf gegen Erkältungserscheinungen. Auch schenkte sie mir Stoff mit dem nötigen Beiwerk, für zwei Ballettkleider und dazu dunkelblaue Seide mit rosa Seidensamt für ein festliches Kinderkleid. Ihrem ausdrücklichen Wunsch gemäß, sollten die Kleider baldigst gearbeitet werden. Die Herstellungskosten dafür wollte sie übernehmen; doch meine Mutter bemerkte, dass sie selbst schneidere. Weshalb? Nur der Wind kannte dies Märchen! Fortan lief ich zur Anprobe zur Schneiderin, welcher ich den Nahmen „Germanin" gab. Als Witwe fristete sie ihre Leben geschickt mit sparsamen Mitteln, denn sie bezahlte ihrem Sohn das Studium. Mit ihrer hohen, wuchtigen Gestalt verbreitete sie einen Knoblauchgeruch, der unverkennbar ihren Gesundheitseifer ins rechte Licht rückte.

Während der letzten Probestunden kratzte der Hund von Pommer-Engelhardts winselnd an die Tür. Nach der Aufforderung hereinzukommen, öffnete er sie mit seinen vorderen Pfoten und schloss sie auch wieder. Seine hünenhafte Größe ängstigte mich, obwohl sich sein Charakter lammfromm auszeichnete. Auf das Geheiß hin legte er sich gehorsam und befriedigt unter das Klavier.

Bevor jedoch die beiden einstudierten Balletttänze im Kristallpalast sicher zur Aufführung gelangten, tanzte ich sie zu kleineren Anlässen. Frau Pommer-Engelhardt spielte am Klavier die Begleitmusik dazu und beobachtete mich kritisch. Jeder Schritt fügte sich ins Ganze, jede Armbewegung folgte einer strengen Regel.

***

Zu einer allzu früh anberaumten Zeit am Tag vor meinem Auftritt überraschten mich Pommer-Engelhardts mit vorbereiteten Geschenken. Anschließend tranken wir Kaffee und aßen Kuchen. Unbarmherzig drehten die Zeiger ihre Kreise. Mit der neuen, weißen Angora-Baskenmütze, Schal und schwarzen Lackschuhen, überhaupt neu in jeder Beziehung, lief ich zwischen ihnen an ihrer Hand. Mir gefiel die Verwöhnung sehr, die aus mir langsam ein gespaltetes „Ich" formte, dem ich nicht zu entrinnen vermochte. Frau Pommer-Engelhardt bereitete mich zum Auftritt selbst vor. Das Herz klopfte mir bis zum Hals und die Hände wurden mir nass. Dieses Gefühl kannte ich bereits, doch stand ich ihm machtlos gegenüber. Erst während meines Auftrittes wurde ich vom eisernen Zwang befreit, der mich gefangen hielt.

Mittlerweile saß ich bereits umgezogen am Tisch und ein Sprecher rief meinen Namen als Fräulein auf. Darauf reagierte ich nicht, denn ein Fräulein war ich wahrhaftig noch nicht. Frau Pommer-Engelhardt redete mir zu: „Ich würde doch lieber mal hingehen." Verwirrt versuchte ich ihr zu erklären, dass ich noch kein Fräulein sei. „Das macht doch nichts." meinte sie. „Nun aber los, hopp!" Ich stieg die seitlichen Treppen zur Bühne hinauf und durchquerte sie. Plötzlich vernahm ich tosenden Beifall, der mich auf glühenden Kohlen laufen ließ. Blumen erwarten mich sowie ein überdimensionales großes flaches Paket, das ich vor Aufregung fallen ließ. Auf dem Rückweg trug man mir das Paket und einen Teil der Blumen, den anderen Teil hielt ich krampfhaft fest in meinen Händen. „Na siehst du, dein Weg verlief nicht vergebens", sagte Frau Pommer-Engelhardt. Das Paket entpuppte sich nämlich als Bonbonniere, wie ich sie zuvor niemals sah. Überwältigt von der Größe brachte ich keinen Ton hervor.

Ein junger Mann brachte meinen Redefluss wieder in Gang. Er bat mich, einige Schritte abseits von den Besuchern mit ihm zu gehen. Dort erwarteten mich noch drei Herren mit einer wunderschönen großen Puppe. Einer von ihnen beugte sich herab zu mir und sprach im Namen aller: „Du erfreutest uns sehr, deshalb soll dich diese Puppe an den heutigen Tag erinnern. Der Kopf ist von jenem Herrn, der Rumpf von diesem, die Arme von dem Herrn und die Beine sind von mir. Du wirst sicher einmal eine große Ballerina!" Sie küssten mich auf meine Wangen und streichelten mir über den Kopf. Danach führte mich der gleiche Herr wieder an meinen Platz. Die Puppe behielt ich im Arm, sie ließ ich nicht mehr los.

Die Plätze meiner Eltern blieben an diesem Abend leer. Mein Vater besaß keinen Abendanzug und meine Mutter kein Abendkleid. Dennoch erschien auch meine Mutter noch später. Offenbar fühlte sie sich der Gesellschaft nicht zugehörig, obwohl ich sie hübsch fand. Sie sprach mit Frau Pommer-Engelhardt über Dinge, die ich nicht verstand.

An diesem Abend schlief ich im Bett meiner Großmutter in Leipzig-Gohlis. Kurze Zeit später bekam ich Fotografien zugeschickt, welche mich im Spreizsprung mit hoch aufgerissenen Armen zeigte und eine Pirouette drehend auf einem weiteren Bild sowie eine auf Spitzen getanzte Einführungsszene aus einem Ausschnitt der einstudierten Tänze. Im gleißenden Licht und Dekoration erkannte ich mich kaum wieder.

Meine gesamten Bilddokumente von damals verwehte der Wind in unbekannte Gefilde oder sie landeten in ausländischen, tief vergrabenen Schubladen, denn im zweiten Weltkrieg prahlten damit meine zwei älteren Brüder.

***

Als ein junger Mann mich einmal tanzen sah, versuchte er durch die tänzerische Ausbildung seiner Cousine, bei dem damaligen berühmten Ballettmeister Ernst Witow, eine Aufnahmeprüfung für mich zu erreichen und eine kostenlose Ausbildung zu erwirken. Daraufhin bekam ich einen bindenden Termin. Indessen stand meine Mutter meiner Entwicklung unentschlossen und wenn, dann eher ablehnend gegenüber. Der junge Mann holte mich zeitgemäß ab, aber dennoch versuchte sie mit allerlei Vorwänden ihn an seinem gutgemeinten Vorhaben zu hindern. Sogar ein verwachsener Mantel wurde als Verwand ihrer Ausrede benutzt. Seine Geduld stellte sie auf eine harte Probe; kurzerhand nahm er eine Jacke vom Garderobenhaken und zog sie mir an. „Das Kind hat doch etwas auf seinem Schulweg anzuziehen! Und was ist das?“ fragte er triumphierend meine Mutter, er wies auf meine Jacke. Sie bestand aus schwarzem Seidenplüsch, der von hellbraunem langhaarigen Pelz verbrämt, die lange Jacke wertvoller hervorhob. In der zu klein gewordenen Kleidung meiner Cousine verhüllte ich gleichsam die Armut in der ich lebte. „Hopp, hopp! Wenn ich bitten darf, wir dürfen nicht zu spät kommen!“

Wir fuhren mit meiner Mutter mit der Straßenbahn zum Augustus-Platz. Weiter liefen wir die Fußgängerzone entlang. Sie wimmelte von Menschen, die scheinbar heillos durcheinander liefen und dennoch vor, hinter und neben uns, wie wir, einem bestimmten Ziel entgegenstrebten.

In einem großen Haus mit leicht bogigem, breitem Treppenaufgang und einem schmiedeeisernen Geländer, klingelten wir an einer Eichenholztür. Mit pochendem Herzen warte ich. Ein junges Mädchen in Dienstkleidung öffnete und führte uns in einen Saal, der mich beeindruckte. Plötzlich stand ein noch junger Mann in Dress und Turnschuhen vor mir. „Ist das die Kleine, die schon öffentlich tanzt?“ fragte er. Seine Frau gesellte sich zu uns, währenddessen mir ein Umkleideraum zugewiesen wurde. Danach stellte mich Herr Ernst Witow an eine Übungsstange und forderte mich mit den Worten auf: „Nun zeig mal, was du kannst.“ Er ließ mich vorerst gewähren, danach jedoch führte er mich an. Meine Sprungfähigkeit sah er sich an, wie auch die Dehnbarkeit meines Körpers, der sich willig seinen Händen unterwarf. Allerlei Fragen stellte er an mich und meine Mutter. Seine Frau, die eine einstige Solotänzerin war, schaute interessiert zu. „Dieses Kind verdient ausgebildet zu werden, was ich übernehme“, sagte er. Der Ballettmeister füllte ein Formular aus, das meine Mutter mit treuherzigem Blick unterschrieb. Wir liefen abermals zum Augustus-Platz zur Straßenbahnhaltestelle. Unentwegt schnatterte ich überglücklich. Meine vorherige Schweigsamkeit verlor sich mit der Entlastung meiner vom Fachmann erfolgten Prüfung, die bei allen eine Zufriedenheit auslöste. Durch ihre Unterschrift gab meine Mutter ihre Zustimmung und zugleich ihre Verpflichtung zur Zahlung von einer monatlichen Versicherung von 4,50 M für mich. Nach Tagen darauf begann sie zu murren und tadelte mich bei jeder Kleinigkeit, aber ich dachte: „Murre ruhig, ich gehe doch meinen Weg!“ Weder die Zukunft meiner Brüder, noch die meinige, lagen wohlerwogen vor uns, trotzdem hoffte ich auf ein Wunder.

Meine Eltern arbeiteten neben der Arbeitslosenunterstützung ein paar Mark hinzu, wobei wir Kinder dabei mithalfen. Über unser Wohl und Wehe sprach ich nur zwangsläufig. Mit zunehmendem Alter ließ ich auch meine Freundinnen im Unklaren. Armut ist das Erzeugnis der Gesellschaft, in der man lebt. Sie ist deshalb keine Schande für den Betroffenen, aber sie schmerzt und hinterlässt Narben, die unheilbar bleiben.

Der Termin vom Ballettmeister Witow nahte heran. Die Unterrichtsstunden erwartete ich ungeduldig wie ein kleines Kind auf den Weihnachtsmann. Vorzeitig legte ich sowohl meinen Dress als auch meine Ballett- und Turnschuhe in mein Köfferchen hinein. Endlich war es soweit. Als ich vor Witows Tür stand, eilte eine junge gepflegte Dame die breiten Stufen herauf. „Ich bin beim Ballettmeister Witow bestellt", antwortete ich. „Er ist mit seiner Frau weggefahren." Daraufhin sagte ich kleinlaut erneut, dass ich doch bestellt sei. „Ja, das glaube ich dir, aber der Meister kommt nicht wieder". Tränen traten in meine Augen. „Er vergisst mich bestimmt nicht!" Die Dame zog mich zwei Stufen hinunter und legte ihren Zeigefinger an ihren geschminkten Mund. „Hör mal Kleine, frag nicht mehr nach dem Namen, besser du vergisst ihn." Sie zog mich an sich und tuschelte mir in mein Ohr: „Es ist heute nun mal so, später wirst du die Zusammenhänge verstehen." Nochmals presste sie mich an sich, dann lief ich die breiten Stufen enttäuscht hinunter. Wohin ist er mit seiner Frau gefahren? Diese Frage beschäftigte mich sehr, dennoch glaubte ich zu wissen, dass die neuen Machthaber dahinter steckten.

***

Nach einem späteren Auftritt wurden wundervolle Rosen in Zellodinpapier für mich abgegeben. Aus ihnen entnahm ich eine Karte, die von meinen Naumann-Großeltern stammte. Am gleichen Aufführungstag versicherte eine Dame meinen Eltern in der Pause ihre Unterstützung für eine Ausbildungsmöglichkeit im „Neuen Theater" für mich zu ermöglichen. Wie wir erfuhren, erwirkte sie einen Termin bei der international bekannten Solotänzerin Erna Abendroth, welche von der Stadt Leipzig als Ballettmeisterin angestellt war.[7] Ihr Bruder, Hermann Abendroth, wirkte nach dem Krieg als Generalmusikdirektor am „Neuen Theater". Das „Neue Theater" lag inmitten der Stadt am Augustus-Platz. Breite Steinstufen führten zu den Eingängen hinauf. Mehrere runde Pfeiler verzierten die vordere Seite des Theaters und stützten ihr Dach zugleich. Unser Weg führte uns aber an ihm vorbei zum seitlichen Bühneneingang, den ein Pförtner in seiner Loge bewachte. Er fragte nach unserem Begehr. Die Dame nannte sowohl ihren Namen als auch die bestellte Uhrzeit. Mit ihrer Aussage fand der Pförtner deckungsgleich seine aufgeschriebenen Daten. Er wies uns den Weg zur „Meisterin", wie er sie nannte. Eine große, gewichtige Dame mit kurzem rotem Haar kam uns schon entgegen. Bei ihrem Anblick wurde mir Angst und Bange, als wir ihr gegenüber standen und ich ihre tiefe Stimme hörte um so mehr. Ihre scheinbare Strenge verblasste mit meinem zunehmenden Vertrauen. Sie legte ihren Arm um meine Schulter und sprach mich an: „Du bist also die Thea." Wir betraten einen großen Raum, der ein Podium aufwies, das einen Flügel sichtbar hervorhob. Ein Kontrollspiegel fiel mir besonders irritierend an der breiten Stirnseite des Raumes auf. Hinter einer spanischen Wand zog ich mich um, der für jeden einen leichten Zugang gewährte. Die Meisterin spielte am Flügel unterschiedliche Melodien, die zielbewusst meinen Rhythmus betreffend das Taktmaß angeben sollte. Meine Pirouetten fügten sich siegesbewusst ein, denn ich beherrschte sie wie einen aufgezogener Brummkreisel, auch Spreizsprünge folgten, die mit einem Spagat endeten. Meine Füße und Beckenknochen wurden zum Schauobjekt einer Leibesvisitation, die ich über mich ergehen ließ. Entschuldigend wandte sich die Meisterin an meine Begleiterin: „Das muss ich kontrollieren, denn es gibt Schülerinnen, deren Breite wegen sie das Tanzen aufgeben müssen." Sie gab mir einen Klaps auf meinen Allerwertesten und danach durfte ich mich wieder ankleiden. Hinter der spanischen Wand vernahm ich jedes Wort. „Um dieses Talent wäre es schade, wenn es verkümmert. Thea ist hochbegabt und biegsam, es wäre eine Sünde, sie nicht zu fördern. Noch heute schreib ich an den Oberbürgermeister, von dem ich an diesem Haus auch nur angestellt bin." Nach diesen Worten jubilierte mein Herz. Meinen Eltern riet ich zuvor: „Wenn ich die Treppe langsam hinauf steige, bin ich durch die Aufnahmeprüfung gefallen, lauf ich schnell, bestand ich sie." Dem fügte ich nichts hinzu, denn ich war mir mit einem guten Ausgang sicher. Indessen glaubte ich alle Hürden überwunden zu haben, die mir im Weg standen. Ich lief nicht schnell die Treppe hinauf, sondern rannte sie glücklich hinauf. Als ich meinen Eltern gegenüber stand, rief ich übermütig aus: „Juchhe!" Meine Mutter und Brüder schauten mich erwartungsvoll und neugierig zugleich an. „Ich habe die Aufnahmeprüfung bestanden!"

Nach vierzehn Tagen untersuchten tatsächlich zwei Angestellte vom Rat des Kreises Leipzig unsere soziale Lage. Wiederum vergingen vierzehn Tage ohne Bescheid. Am achtzehnten Tag lag ein amtlicher Brief in unserem Briefkasten. Mein Vater öffnete ihn. Ohne Anrede wurde ihm mitgeteilt, dass unsere Notlage nicht groß genug wäre, um einem Ballettstipendium zuzustimmen. Mit dieser ablehnenden, mit wenigen Worten geschriebenen Mitteilung, sah ich meine Laufbahn dahinschmelzen, denn ein leicht bekleidetes Tanzgirl oder gar eine massenweise Hupfdohle wollte ich nicht werden. Meine Wunschvorstellung zerbrach in hundert Splitter und ich warf mich auf die Chaiselounge. Dort legte ich mein Gesicht in die Arme und weinte über mein vermiestes Schicksal. Ich hörte meinen Vater sagen: „Diese Schweine haben meine blaue Karte gelesen!" Er zerriss die Mitteilung in kleinste Teile und warf sie in den Ofen, dann kam er trostbringend zu mir. Nach einigen Tagen offenbarte mir meine Mutter ihre Gedankengänge. „Wer weiß, für was die Absage gut ist. Du musst elegant gekleidet sein und das bezahlen die Liebhaber." Unverhofft kommt selten allein, sagt ein Sprichwort und so vernahm mein Vater was er nicht hören sollte. „Aber Erni, was bringst du der Kleinen bei!" „Na, es ist doch wahr", verteidigte sie sich. „Lass das Kind in Ruhe, das rat ich dir!" Drohend klangen seine Worte, die mich ermunterten ihm nachzulaufen. „Papa, ist der Oberbürgermeister auch ein Faschist?" „Natürlich!" „Ich glaubte, die Mitarbeiter vom Neuen Theater könnten alleinige Entscheidungen treffen." „Das glaubte ich auch erst", antwortete er mir.

Nach ein paar Tagen stand ich auf dem Perron der Straßenbahn, als eine Dame nach dem Ausruf der Haltestelle das Wagenabteil verließ und sich neben mich stellte. Überrascht fragte sie mich: „Bist du die kleine Thea, die so schön tanzt?" „Ja", sagte ich und trat von ihr etwas zurück. Sie tätschelte mir die Wangen und küsste sie. Sobald die Straßenbahn anhielt, stieg sie aus, unauffällig wischte ich mir die Wange ab. Häufig bemerkte ich, dass fremde Leute mir nachschauten. Manchmal hörte ich ungeachtet der Geheimniskrämerei: „Das war doch das Kind ohne Knochen!" Sie sprachen, um zu sprechen.

***

Mein Vater bekam 1937 Arbeit in einem privaten Kleinbetrieb. Ihm schrieben die faschistischen Behörden vor, wo und was er arbeiten durfte. Nach siebenjähriger Arbeitslosigkeit arbeitete er in einem Zweimann-Betrieb für Turngeräte als gelernter Möbeltischler. Seine wenigen Feierabendstunden verbrachte er sowohl mit Malen als auch mit Mathematik und selbsterdachten

humoristischen Rezitationen aus Gedichten von bekannten Dichtern, die er besonders mochte.
Er verstand es, aus einer seichten Plauderei einen heiteren Abend zu gestalten. Seinen literarischen Geschmack kannte ich bereits. Der Grafen und Prinzen Liebesabenteuer interessierten ihn nicht, umso mehr Erzählungen, Berichte und Gedichte.
Eines Tages fragte ich ihn: „Papa, weshalb verkehrt ihr nicht mehr mit euren Freunden, den Brocknes?" „Das verstehst du später besser, aber frag nicht mehr nach ihnen, du bringst mich und sie in Teufels Küche", wich er mir aus. Ich antwortete kumpelhaft: „Dann warte ich noch so lange, du kannst dich auf mich verlassen!"

***

Es herrschte sowohl im öffentlichen Leben als auch im schulischen Bereich ´Zucht und Ordnung´, wie die faschistische Propaganda systematisch verbreitete. Hitler bekannte sich in seinem Buch „Mein Kampf" zu seinen Ideen, Zielen und menschenverachtenden Würdelosigkeiten. Die Furcht, verhaftet zu werden, ließ aber die Bürger schweigen. Schließlich ängstigten sie sich vor den unmenschlichen Verhören, wie heimlich bekannt wurde. Diese Verhöre endeten meist irgendwo und niemand sah die Verhafteten jemals wieder. Während der Olympiade 1936 mischten sich hunderte faschistischer Spitzel unter die sportbegeisterten Anhänger. Unauffällig mehrten sich die Verhaftungen und verhalfen der Gestapo zu einem fetten Fang. Einigen wenigen gelang es mit Hilfe von zuverlässigen Genossen, sich aus dem fein gesponnenen Netz zu befreien. Erst nach dem Ende des zweiten Weltkrieges und der Befreiung vom Faschismus erfuhr ich, dass Genossen und Freunde meiner Eltern sowohl ihre Wohnung als auch ihre gefährliche Untergrundarbeit zur Verfügung gestellt hatten. Für größere Familien wie uns musste jegliches Risiko vermieden werden, um im Schatten der Nacht gegen den Faschismus kämpfen zu können.

***

1936 brach in Spanien ein blutiger Bürgerkrieg aus, als General Franco und seine faschistische Armee gegen die Regierung kämpften. Zuvor hatten die Republikaner die Parlamentswahlen gewonnen und zwangen Alfons XII. zur Flucht, aber mit der Gründung der II. Spanischen Republik 1931 begannen auch Konflikte innerhalb der Regierung. Die Unzufriedenheit mit der Cortesverfassung und mangelnde soziale Reformen führten zu Massenprotesten, darunter die Autonomiebewegungen in Katalonien und im Baskenland. Die politische Krise eskalierte zwischen 1934 und 1936, als die feindlichen Kräfte, darunter die Spanische Konföderation der autonomen Rechten unter Führung von Robles, sich organisierten. 1936 führte dies zum Militäraufstand gegen die Regierung. In den ersten Jahren befanden sich Madrid, Barcelona und viele Provinzen fest in den Händen der linksgerichteten Republikaner, die unter dem Namen „Aufständische Volksfront" bekannt wurden.

Gegenüber der sogenannten Nichteinmischung in die inneren Angelegenheiten Spaniens durch Frankreich und Großbritannien wuchs die Militärhilfe aus dem faschistischen Deutschland und Italien umso gewaltiger. Hitler erprobte damit gleichzeitig seine Waffen für den geplanten Krieg, wie ich von meinem Vater hörte. Hingegen unterstützte die UdSSR die spanischen Freiheitskämpfer aktiv in jeder Form, Aus etwa fünfzig Ländern eilten „Freiwillige" zu der spanischen „Aufständischen Volksfront", die sich durch die Angehörigen der vielen Staaten in der „Internationalen Brigade" einen Namen machten.

Im südwestlichen Gebiet an Frankreichs Grenzen lagen zurückgehaltene gestapelte Verteidigungsmaterialien, die der „Aufständischen Volksfront“ unweigerlich zum Siege verholfen hätten. Mit zehnfachem Übergewicht an militärischen Ausrüstungen bekam General Franco jedoch ungehinderten Zutritt zu diesem ungleich großen Potential, vor allem an Flugzeugen vom faschistischen Deutschland und Italien, die zur Niederlage des heldenhaft kämpfenden spanischen Volkes beitragen sollten. Insbesondere gehörten die unrühmlichen faschistischen deutschen Interventionstruppen der „Legion Condor“ dazu, die den Franco-Putsch unterstützten. Zum Ausgang der verheerenden Auseinandersetzung zwischen Francos übermächtigen Armeen und der Aufständischen Volksfront krallten sich diese mit leeren Händen in die spanische Erde, dennoch mussten sie dem massiven Druck des Gegners weichen. Somit erstickte Franco gewaltsam den Kampf des unterdrückten spanischen Volkes. Nach grausamem Terror war die Staatsform wieder hergestellt.

Die faschistische Zensur vernichtete das gesamte Material von Bildberichterstattern und Journalisten, um in Deutschland Ruhe zu bewahren. Die Wahrheit über all die Gräuel und die Schreie gequälter Menschen in Spanien, durften der Öffentlichkeit in Deutschland nicht bekannt werden. Die deutsche Propaganda verbreiteet schamlos in Presse und Funk Falschmeldungen und inszenierte Hörspiele, die zur Ablenkung von tiefgreifenden kommenden Ereignissen für die gesamte Welt Auswirkungen in sich bargen, jedoch die schaute weg und hielt sich die Ohren zu. Aber warum schreibe ich das alles?

Auf unerklärbarer Weise erhielt ich meine letzten Briefe, die ich zäh und beharrlich in lateinischer Schrift an Marcelle-Marie schrieb, von der deutsch-französischen Grenze wieder zurück. Sie studierte 1929 und 1930 in Deutschland. Meine Mutter wusch ihre Wäsche, welche ich ihr sauber und gebügelt brachte. An ihrer Hand lief ich mit in ihr Schlafzimmer, um für mich etwas Süßes zu holen, wie sie sagte. Vor ihrem Bett blieb ich stehen und fragte: „Schläfst du in dem Bett allein?“ Mit einer Selbstverständlichkeit antwortete sie: „Ja, natürlich.“ Darüber sehr erstaunt antwortete ich: „Na, ich schlafe mit meinen jüngsten Brüdern Manfred und Günter gemeinsam in einem Bett.“ In der Luft hing ein wohlriechender Duft, der sich in dem großen vorderen Raum intensiv verbreitete. Er diente ihr als Arbeits-, Empfangs- und Aufenthaltsraum zugleich. Trotz meines Alters entließ sie mich nie ohne weiteres. In ihrer Gegenwart spürte ich ihre Zuneigung. Über ihr fremdartiges Deutsch belustigten wir uns beide und doch umgab sie ein ungewöhnliches Fluidum, das durch ihre Herrenfrisur ihre knabenhafte Gestalt hervorhob. Im Winter 1930/31 verließ sie Deutschland und schrieb hin und wieder eine Karte an uns, die meine Mutter beantwortete. Danach hörten wir längere Zeit nichts mehr von ihr bis uns im Sommer 1934 ein Brief – mit mehreren Stempeln versehen – erreichte. Sie teilte uns mit, dass sie nach dem Tod ihrer Mutter den Haushalt ihres Vaters führte.[8.] Ferner erkundigte sie sich nach unserem Wohlergehen und bat um eine derzeitige Fotografie von mir. Im folgenden Brief brachte sie ihre Verwunderung zum Ausdruck, dass sie mich blond und nicht dunkelhaarig in Erinnerung hätte, dennoch trübe es nicht ihre Empfindung. Ihr augenscheinliches Interesse galt offensichtlich mir, weshalb? Das sollte ich bald erfahren. Von da an lernte ich lateinische Schrift. Ich schrieb auf Zeitungsrändern, Häuserwände, wo immer es mir einfiel.

Bis zur Perfektion meiner lateinischen Schriftzüge (denn nur deutsche Schrift lernten wir in der Schule), schrieb meine Mutter an sie. Marcelle-Marie schickte mir unter anderem ein Buch, das auf dem Einband einen fliegenden Teppich zeigte, auf dem ein kleiner Junge in orientalischer Kleidung saß und einen Turban trug. Mit meiner Kinderhandschrift schilderte ich ihr meine Blütenträume, den steinigen Weg mit seinen unüberwindlichen Felsen, der mir das verbaute, was ich so heiß ersehnte. Daraufhin bat sie meine Eltern, ich solle nach meiner schulischen Entlassung zu ihr nach Frankreich kommen, für mich und meine weitere tänzerische Ausbildung würde sie sorgen. Ein Hoffnungsschimmer gaukelte mir, wie ein Glühwürmchen in der Nacht, vor meinem geistigen Auge herum, ohne es je zu fangen. Einige Briefe wechselten wir noch, sie schrieb stets: „Deine große Schwester Marcelle-Marie und Vater". Mit der Arbeitseinstellung meines Vaters 1937 brach zu gleicher Zeit auch meine Briefverbindung mit ihr ab. Nie wieder fanden sich unsere gedanklichen Niederschriften zu einander.

***

Zwölfjährig verstand ich genau, was ich sagen durfte und was nicht. Als eine von drei Mädchen in meiner Klasse fand ich eine stichhaltige Begründung, die Mitgliedschaft zum nazistischen Bund der deutschen Mädchen (BDM) zu unterlaufen. Der größere Teil der Mädchen trat aus den unterschiedlichsten Erwägungen der faschistischen Organisation bei und auf den Rest wirkte sich die Angst ihrer Eltern vor Repressalien hemmend aus. Als ich einmal beauftragt wurde, Wäscheknöpfe zu kaufen, lagen SA-Hemden vor mir auf dem Ladentisch, die mich sowohl verdeckten als auch unbemerkt ließen. Jahrzehntelang verlor ich ihren abstoßenden Geruch nicht mehr. Mein Bewusstsein wurde fixiert durch mehrere Träger von Erlebnissen, Ein- und Auswirkungen sowie gesehenen Geschehnissen, das der Manipulation der Macht sich widersetzte, welche die Zeit unlösbar mir erscheinen ließ. Im gleichen Alter nahm eine Frau meine Arbeitskraft für eine Mark wöchentlich in Anspruch.

Den Unmut meiner Mutter forderte es keineswegs heraus. Aus ihr hatte die Not im Kleinen wie im Großen das Herz verengt. Sie war hinter dem Geld her wie der Teufel hinter der Seele. Auch sagte sie zu mir: „Dir vergehen noch deine Flausen, wart nur, dich bekomme ich noch klein!" Diese Drohungen blieben leeres Gerede, sie vergingen, wie der Donner nach einem Gewitter.
Ohne Beanstandungen versah ich meinen insgesamt nur halbjährigen Dienst tagaus, tagein nach dem Schulunterricht. Dann löste sich die verknüpfte Willkür an meinem Schicksal von selbst auf. Meine Vorliebe für den Gartenverein trieb mich mit dem mir anvertrauten Kleinkind im Kinderwagen zu ihm. Die Kleine schien zufrieden zu sein. Von einem Gartenpächter bekam ich große, saftige Birnen. Eine von ihnen schälte und zerkleinerte er, die steckte ich dem Kind in den Mund. Die Sonne sandte ihre Strahlen auf Dächer, Plätze und durch das Geäst der Bäume, darum glaubte ich es wäre nachmittägliche Zeit. Nachdem die Kleine ihr Gesichtchen verzog, legte ich sie nieder und sie schlief ein.

Kein größeres Kind besaß zu jener Zeit eine Uhr, nicht einmal jeder Gartenpächter. Ich lief deshalb in die Kantine und sah an den Zeigern der Wanduhr, dass die mir beauftragte Wiederkehr überschritten war. Mehr an das Kind denkend als an die Eltern, strebte ich eilig mit dem Kinderwagen dem Ausgang des Gartenvereins zu.

Auf der „Hallischen Straße" herrschte noch Hochbetrieb, die Sonnendächer aus Markise schützten die Schaufenster vor der sengenden Sonne. Ich nahm das Kinderdeckbettchen etwas zurück und schloss die Wagenplane. Aus heiterem Himmel sah ich den Vater des Kindes auf mich zukommen, obwohl ich meinen Finger an den Mund legte, kanzelte er mich ab und beschimpfte mich. Meine Aufsässigkeit lief über. „In jener Hinsicht, die das Kind betrifft, lag das Recht auf meiner Seite, aber beschimpfen lass ich mich nicht!" sagte ich. Des Kindes wegen fuhr ich den Kinderwagen wortlos bis vor seine Haustür, um es der Mutter zu übergeben, doch mir wurde deutlich gemacht, dass meine Hilfe nicht mehr nötig war. Ich eilte nach Hause, unwissend, was mich erwartete. Mit einer Ohrfeige begegnete mir meine Mutter, die mit der Frage nach meinem Verbleib endete. Auf mein Zögern hin zeigte sie mir ihr bösestes Gesicht, mittlerweile gestand ich ihr meinen Aufenthalt im Gartenverein sowie meine Entlassung ein. Ihren Rückschlag auf mich wehrte mein Vater ab und gebot ihr, mich nicht weiterhin zu schlagen. Die Verspätung erläuterte ich wahrheitsgemäß: „Ich besitze doch keine Uhr und die anderen Kinder ebenfalls nicht." Mit einer einfachen Rechnung wies mein Vater auf mein Alter hin und fragte: „Nun sag nur, dass du das Kind zur Arbeit schickst?" Ihre Auseinandersetzung benutzte ich für die Erledigung meiner Hausaufgaben im Wohnzimmer. Dort traf ich meine beiden jüngeren Brüder Manfred und Günter an, die sich mit einem Drachen beschäftigten. Die Debatte meiner Eltern vernahmen wir ungenau für einige Zeit, jedoch blieb es nicht bei der Lautstärke. Sie erhöhte sich mit den Worten meines Vaters: „Gib endlich Ruhe, Schluss - aus! Schämen solltest du dich als Mutter, derartiges zuzulassen." Damit hing der Haussegen schief, er gab Anlass, dass meine Brüder in ihr kleines Zimmer flüchteten und ich in meiner Mutters Bett. Weder beendete ich meine Hausaufgaben noch fand ich Gelegenheit, meine tänzerischen Exerzitien durchzuführen, noch bekam ich Abendbrot von ihr. Um das Schlechtwetter-Barometer meiner Mutter nicht noch zu vertiefen, ließ mein Vater (in Zeitungspapier eingewickelt) eine belegte Schnitte in das Bett fallen, die ich mit dankbarem Blick unter das Deckbett verschwinden ließ.

Am nächsten Tag beendete ich vor dem Schulunterricht meine Hausaufgaben, die meine Mutter wenig interessierten. Ihre bürgerlich-christliche Erziehung befähigte sie nicht zu einer hohen persönlichen Verantwortung, die ihre soziale Lage als einen profilierten, richtungweisenden Weg befruchtet hätten. Trotzdem blieb sie unsere Mutter. Nach dem Schulunterricht klingelte ich zur gewohnten Zeit an der Wohnungstür meiner ehemaligen Herrschaft. Die Frau öffnete und sagte freundlich zu mir: „Ach, das ist schön, dass du kommst. Da kannst du gleich den Staub im Schlafzimmer entfernen." „Nein, ihr Mann hat mich doch entlassen", erwiderte ich. Weiterhin bat ich sie um meinen gesparten Lohn, den sie mir auszahlte. Mit dem eilte ich in „Günters Wäsche- und Kurzwarengeschäft". Dort fragte ich nach einer Küchengarnitur mit vorgezeichnetem Kreuzstichmuster, da ich diese Stickerei zuvor in der Schule gelernt hatte. „Stickst du das selbst?" wurde ich gefragt. Mit gutgemeinten Ratschlägen, einer fünfteiligen Küchengarnitur mit dazugehörigen Stickgarn und einen Stickrahmen verließ ich das Geschäft. Meinen gesamten verdienten Lohn handelte ich dafür ein. Zu Hause fragte mich meine Mutter nach dem verdienten Geld: „Dafür kaufte ich dir ein Geschenk", antwortete ich.

***

Seit Jahren lief ich mit meinen zwei jüngeren Brüdern in Bäcker Köhlers Backstube. Jeder trug eine Schüssel von uns, die in der einen den Teig, in der anderen geschnittenes Obst und in der letzten Schüssel weitere Zutaten beinhaltete. Bäcker Köhler rollte uns den Teig auf ein großes Kuchenblech und wir Kinder belegten ihn. Zuvor wuschen wir uns die Hände, wie es unsere Mutter uns lehrte. Gleichmäßig legten wir die Obststückchen neben- sowie untereinander. Die anwesenden Hausfrauen

schauten uns verwundert zu, dabei vermehrten wir ihren Gesprächsstoff. Ich verstand nur Wortfetzen wie „Misere", aber den Sinn verstand ich noch nicht. Es musste etwas schlimmes sein, so sagten es mir die mitleidigen Blicke der Hausfrauen. Überhaupt, was ging das sie an? In den späteren Jahren beantworteten all die Fragen erfahrungsgemäß das Leben mir selbst und bestimmten meinen Werdegang. Feierlich beging ich zum ersten Mal meinen Geburtstag 1938, ich war 13 Jahre alt geworden. Der eigens dazu gebackene Pflaumenkuchen wurde zum Objekt meiner Begierde, von dem ich eine Frucht probierte, eine weitere folgte, darauf verdrehte ich genusssüchtig meine Augen und vergaß Anstand und die Folgen. Auf die Frage meiner Mutter: „Wer war das?" antwortete niemand im Raum. „Na, sag es schon!" Kleinlaut gestand ich meine Unart ein. „Lauter!" „Ich war es", wiederholte ich. Der Ohrfeige zu entrinnen, gelang mir nicht, denn ihr Brandzeichen auf meiner Wange hinterließ spürbar bereits ein Mal. „Sei froh, dass du heute Geburtstag feierst, sonst würde ich dich vermöbeln, dass die Hören und Sehen vergeht, du ungehorsamer Wanst", fuhr meine Mutter zornig fort.
Etwas später empfing ich meine Freundinnen Elvira und Eva, nach ihnen kam Anita aus dem Nachbarhaus. Warum zum Kuckuck Anita? Diese Frage beschäftigte mich, denn ich war weder mit ihr befreundet noch lud ich sie ein. Aus unergründlichen Ratschlüssen, die nur meine Mutter kannte, spielte ihr Mundwerk sicher eine zielstrebige Rolle dabei. Mit dem Besuch änderte sich schlagartig die Atmosphäre im Raum, da durch den Spaß meiner Brüder die Langeweile keinen Platz fand. Mein Vater schenkte mir gegen Abend fünf Stangen Pfefferminz und gratulierte mir auf seine Art.

Anderen Tages besuchten wir meine Naumann-Großeltern. Ich saß an dem einen und Großmutter an dem anderen Ende neben dem Fenster in ihrem Wohnzimmer. Sie schaute über die Brille, die sie auf ihrer Nasenspitze trug und mich dabei ansprach: „Das große Loch im Strumpf passt aber nicht zu dir." „Siehst du", stellte Großvater scherzend fest, „Großmutter sieht alles." Meine Mutter stellte sich jedoch unwissend: „Na eben, wie peinlich!" Zu Hause noch drückte sie Kleid und Mantel an meine Knie, um die Unsichtbarkeit zu prüfen. Wie auch immer – das Loch blieb nicht verborgen. Auf Geheiß meiner Großmutter zog ich den kaputten Strumpf aus und sie stopfte ihn.

***

Beim Überqueren der Fahrbahn lief ich vormittags unachtsam in ein fahrendes Motorrad. Der Fahrer stürzte mit seinem Fahrzeug gleichzeitig mit mir zu Boden. Er rief einige Meter entfernt von mir: „Na Kleine, verlief der Unfall schadlos?" Weinerlich bestätigte ich es. Er wiederholte seine Frage mehrmals. Die Hautabschürfungen im Gesicht, Arm und anderswo spürte ich erst in der Toilette, nachdem mein vom Weinen geschüttelter Körper vom Schock befreit war. Ich säuberte mich, so gut ich es vermochte, dabei fielen mir die verschmutzten, hellen Strümpfe und das zerrissene Loch auf. Die Strümpfe zog ich links rum an, aber das Loch blieb als Wahrzeichen meiner Unachtsamkeit im Straßenverkehr. Unvorhergesehen kündigte meine Mutter nach dem Essen einen Besuch bei den Naumann-Großeltern an. Mir blieb weder Gelegenheit das Loch zu stopfen noch die Strümpfe heimlich zu waschen. Meine Brüder waren zu Hause geblieben, denn nur ein Kind zur Artigkeit zu dressieren verlief für meine Mutter unbeschwerter.

***

Meine behördlich anerkannte Arbeit wuchs zu einer Wirtschafterin heran, die zugleich ein „Mädchen für alles“ ersetzte. Niemals zuvor gehörten Ordnung und Sauberkeit in diesen Haushalt, dessen bisherige Oberfläche eine stumpfe Mattigkeit bedeckte, die neben den Geldsorgen auch die Unordnung verbarg.

Aufgeräumte Kästen, pünktliche Mahlzeiten, die gleichviel Einkäufe einschlossen, gehörten mit zu meinen Aufgaben. Manfred und Günter, meine noch schulpflichtigen Brüder, passten sich wohlgefällig in den mir übertragenen Haushalt ein, der wie ich meinte, erbmäßig meiner aus Schlesien stammenden Naumann-Großmutter immer mehr ähnelte. Aber die tariflich festgelegte Entschädigung von fünf Mark monatlich missachtete meine Mutter. An Stelle dessen verschwieg ich, dass ich neuerdings für einen Ballettauftritt dreimal mehr Gage bezog, als sie in einer Woche verdiente. Zu den Veranstaltungen in und um Leipzig sangen und unterhielten bekannte Sängerinnen und Sänger, Imitatoren, Artisten sowie Zauberer, zu denen ich wenig oder gar kein Kontakt bekam, das Publikum. Als halbes Kind noch verließ ich nach meinem Ballettauftritt die Veranstaltung mit halb abgeschminktem Gesicht und allein.

Mein Berufsschullehrer, ein netter älterer Herr und zugleich Namensvetter, riet mir mit meiner besonderen Problematik der Berufswahl wegen - die gewiss ohne Hilfe schwierig verlief - zu einem Kursus für Schreibmaschinentechnik. Er war ein Mann der Tat, der ohne viel Federlesen mich zu dem Lehrer verwies, der den Kursus leitete. Am Ende der Unterredung mit Herrn Dr. Braun trug ich mich auch für Kurzschrift in eine Liste ein. Der Kursus betrug je 26 Mark, welche ich von meinen Gagen bezahlte und die sich nach dem zweimaligen wöchentlichen Unterricht anschlossen. Ballettunterricht nahm ich auch wieder auf, der diesmal in der Heinestraße von 13Uhr bis 19 Uhr (für Fortgeschrittene) unabhängig vom Schulunterricht stattfand. Unerwartet stand ich meiner früheren Ballettmeisterin Fräulein Brumme gegenüber. Ob sie mich wiedererkannte? Diese Frage blieb für mich ein leeres Blatt, sie ließ sich zumindest nichts anmerken.

Ein Bild an der Wand erregte meine Aufmerksamkeit, das ein junges Mädchen auf einem großen Ball zeigte, mit kleinen Bällen jonglierend. Als eine ehemalige Ballettschülerin erkannte ich sie wieder. Einstmals riet ihr Fräulein Brumme ab - ihrer zu dünnen Fesseln wegen - eine Tänzerinnenlaufbahn einzuschlagen. Einige Jahre älter als ich erntete sie in Holland Erfolge, die von ihren Eltern (vor allem ihren ehrgeizigen Vater) zu dem werden ließ, was sie nun war.

Meinen Ballettunterricht zahlte ich von der Gage vierteljährig im Voraus. Vom Theater-Kostümverleih und Verkauf erwarb ich neue Ballettschuhe sowie Stepp-Platten, das restliche Geld versteckte ich unter dem Einlegepapier meines Kommodenkastens.

Eines Tages überraschte mich das Bild der Verwüstung. Meine gesamte Wäsche lag verstreut auf dem Fußboden. Zornig darüber schaute ich unter das Einlegepapier. Einige Mark fehlten! Betroffen nahm ich das wahr. Mich zu beschweren verbot mir meine Geheimniskrämerei um die Gage, zumal meine Mutter niemals danach fragte. Hilflos stand sie sowohl meiner Zukunft als auch die meiner Brüder gegenüber.

***

Als Geschenk bekam mein Bruder Gerhard einmal von seinem Chef eine verschließbare eiserne Kassette. Darin verbarg er wichtige Papiere, Geld und sein Sparbuch. Er liebte Ordnung und stets vorrätige Wäsche und Strümpfe, für die ich sorgte. Nach jenem missbräuchlichen Vorfall montierte er ein Vorhängeschloss an seinen Kasten, den dazugehörigen Schlüssel trug er an einer Schnur um seinen Hals. Ich suchte mir ein neues, sicheres Versteck für meine „Geheimnisse". Aus dem unteren Kasten meines Bruders Rolf ragte eine Wasserwaage, Lineal und weiteres sperriges Zeug heraus, das wie verkommene Kraut- und Rübenbeete aussah. Ordnung war für ihn ein Fremdwort. So wie Gerhard seine kleinen Schätze hütete und sicherte, konstruierte auch ich mein heimliches Versteck. Vor Böhms Keller stand hochkantig eine unbrauchbare Kastenmatratze. Aus ihr schnitt ich mir ein kleines Stück grobes Gurtband heraus. Mit einer Stopfnadel und dünnem Bindfaden nähte ich einen Geldbeutel zusammen. Eine Kombizange half mir, die Stopfnadel aus dem Gewebe zu ziehen. Sobald der kleine, grobe Geldbeutel vor mir lag, band ich einen Bindfaden um sein oberes Ende, dass ich an einer Sprungfeder unter das Chaiselounge meiner Schlafstatt festband und auf ein breites Gurtband legte. Das Versteck erwies sich als perfektes Geheimnis.

Bei Tisch ließ ich mir nichts anmerken. Alle sahen auf ihren Teller und aßen, nur Rolf blinzelte mich mit seinen stahlblauen Augen oftmals an. Meine bewusst zur Schau getragene Gleichgültigkeit lenkte vom Durchstöbern meiner Wäsche und des Diebstahls ab. Im Geheimen stellte ich mir das dumme Gesicht jener vor, die meinen Kasten als offenes Buch betrachteten, aber mein getarntes Versteck nicht kannten.

Einige Tage später fragte uns unsere Mutter: „Wer hat vom Pudding genascht?" Niemand meldete sich, daraufhin wurde sie böse und befragte uns fünf Kinder einzeln, dennoch löste sie nicht das Rätsel. Sie entschied: „So, in eurem Zimmer könnt ihr beraten wer es war!" Wir rammelten am Sonntagnachmittag dahin, wohin wir beordert wurden. Im Kreis standen wir eng beisammen und tuschelten miteinander. Gerhard riet uns, wenn es einer war, dann sollte er es besser sagen. Keiner hatte genascht, so sagten es wenigstens alle. Die erlösenden Worte sprach für längere Zeit niemand. Mit einer Geste des Opferlamms trat Rolf in das Wohnzimmer und wir hörten: „Na, wenn es niemand war, dann war ich es!“ „So“, sagte meine Mutter, „das fällt dir jetzt ein?“ Wegen einem halben Teelöffel voll Pudding bekam er seine Strafe, danach sahen wir ihn in unserer Runde, wie einen blätterlosen Baum wieder.

Kaufmännisches Denken sowie schnelles Handeln lernte Gerhard durch die Börsenmakler neben Herrn Zeitler, seinem Chef, kennen. „Wer den Pfennig nicht ehrt, ist den Taler nicht wert“, wurde zum Schlagwort an das er sich hielt.

Stand zeitlich meine letzte Unterrichtsstunde einer wichtigen Ballettprobe im Weg, befreite mich mein Lehrer mit der Bemerkung: „Verwechsle deine Beinchen nicht!“ „Noch kann ich rechts von links unterscheiden!“, lachend entließ er mich.

Inzwischen drehte sich die Weltpolitik weiter und Abkommen wurden unterzeichnet, die wertlos auf den diplomatischen Noten standen. Hitler bereitete den Überfall auf Polen vor. Um sich doppelt zu sichern, verhandelten heimlich Großbritannien und Frankreich mit Hitler-Deutschland, gleichzeitig jedoch mit der UdSSR offenkundig.[9]

***

„Wer Hitler wählt, wählt den Krieg"
(1939 bis 1941)

Am 1. September 1939 begann mit dem Ziel der Eroberung Polens der zweite Weltkrieg. Hitlers Rechtfertigung vor dem deutschen Volk und der Weltöffentlichkeit war der fingierte Überfall auf den Sender Gleiwitz, den er zum Anlass nahm. Er schrie in das Mikrofon: „Seit heute früh um fünf Uhr fünfundvierzig wird zurückgeschossen!" Die Menschen jubelten ihm zu und glaubten ihm, dennoch arbeiteten im Untergrund Menschen, die sich gegen Hitler und den wieder erstarktem Militarismus widersetzten und sogar ihr Leben gefährdeten. Erschrocken einerseits und anderseits unerfahren, was Krieg für viele Völker bedeutet, hörte ich mir seine Rede an. Also bewahrheiteten sich die vormaligen Parolen „Wer Hitler wählt, wählt den Krieg!"

Wenn ich glaubte, diese Nachricht verbreitete Unsicherheit unter den Menschen, so sah ich mich getäuscht. Überall wo sich Menschen trafen sprachen sie gleichförmig: „Wir haben Krieg – hinten herum hab ich noch ein Brot bekommen." Mit vierzehneinhalb Jahren kannte ich noch nicht das wahre Grauen des Krieges. Hätte mein Großvater diesen Kriegsbeginn vernommen, dann wären dogmatische Antworten erfolgt: „Alles liegt in Gottes Hand … Kriege gab es schon immer." Die Tatsache, dass mit der Bekanntgabe des Krieges auch gleichzeitig Millionen Lebensmittelkarten zur Verteilung gelangten, ließen eindeutig die Lüge von der „Verteidigung" platzen.[10.]

Am 3. September 1939 erklärten sowohl England als auch Frankreich Deutschland den Krieg, aber dennoch blieb Polen ohne ihre Hilfe. Die deutsche Aggression überrannte Polen mit einem Handstreich und besetzte es. Millionen polnische Familien verloren ihr Hab und Gut oder sogar ihr Leben. Die Folgeerscheinungen ließen nicht lange auf sich warten und junge, gesunde polnische Arbeitskräfte wurden im Herbst 1939 nach Deutschland verschleppt, um in den verschiedensten Bereichen als Zwangsarbeiter zu dienen.

Im April 1940 überfielen deutsche Truppen Dänemark und Norwegen. Einen Monat später bereits okkupierten sie Holland, Belgien und Luxemburg. Die Befestigungslinie Deutschlands, als „Westwall“ bekannt, von den Westmächten als „Siegfriedlinie“ bezeichnet, war bereits 1938 in Vorbereitung des Krieges gegen Frankreich errichtet worden und ließ die deutsche aggressive faschistische Politik erkennen.

Nach dem Hitler-Deutschland 1940 Frankreich nach kurzen Kampfhandlungen zur Kapitulation zwang und weite Teile besetzte, unterlag Südfrankreich der profaschistischen Vichy-Regierung, die für die Bevölkerung unter Kontrolle der deutschen Besatzungsmacht stand. Unsicherheit wurde zum Übel, vor allem für die vielen Flüchtlinge, die ohne Visa ein anderes Land nicht erreichten. Bestechungsgelder sowie Wertgegenstände vervollständigten das traurige Bild, das nackte Leben zu retten.

Mit dem Beginn des zweiten Weltkrieges trat nicht allein die Lebensmittelrationierung in Kraft, auch Bezugsscheine für Textilien aller Art sowie Schuhwerk oder sonstige Haushaltswaren wurden rationiert. Es gab buchstäblich nichts ohne Punktekarte, Bezugsscheine, Heiratsurkunden oder Umsiedlerbescheinigungen, die sich später auf Ausgebombte ausdehnten. Sämtliche Rohstoffe, wie z.B. Holz für den Möbelbau unterlagen der staatlichen Kontrolle. Jeder, ob Kind oder Erwachsener, bekam eine Gasmaske. Pflichtgemäß stand auf jeder Etage ein Sandeimer mit Schaufel. Für die Undurchlässigkeit der Verdunkelung sorgte ein ernannter Luftschutzwart, welcher exakt jeden Lichtschimmer beanstandete. Die Notwendigkeit dieser Maßnahmen erkannte ich in vollem Umfang noch nicht. Alle als Luftschutzraum ausgeschriebenen Orte oblagen dem Luftschutzwart, wie auch ihre mit Pfeilen markierte Kennzeichnung. In der Schule übten wir den raschen Laufschritt zum Luftschutzraum, der in allen behördlichen Einrichtungen bereitgestellt wurde.

Ich beendete mein Pflichtjahr.[11.] Den bisherigen Drohungen meiner Mutter zufolge, schnellstens Geld zu verdienen, kam ich zuvor. Während sie mit meinem Vater im „Lunapark" spazieren ging, spielten meine Brüder Fußball. Das Alleinsein kam mir nur entgegen. Nachdem ich ihr Waschwasser, Frottiertuch und sonstige Hinterlassenschaften beseitigt hatte, stellte ich im Wohnzimmer Stühle und Tisch zur Seite. Damit gewann ich Raum zum Üben von Exerzitien, Sprüngen sowie von kombinierten Tanzschritten. Nach einer kurzen Pause sollte Akrobatik folgen. Doch es kam anders! Neben Gefallenenanzeigen, die ausnahmslos mit den Worten „In stolzer Trauer" unterzeichnet waren, las ich die Anzeige einer Firma, die eine versierte Kontorangestellte suchte. Alles andere als „versiert" bewarb ich mich trotzdem um diese Arbeit. Den Brief trug ich sofort in den Briefkasten. Zu niemandem sprach ich darüber. Noch war es verfrüht.

Am Vorabend tanzte ich zwei Tänze als Ballettsolistin zu einem bunten Abend, so wurden diese damals genannt. Dieses einmalige Engagement vermittelte mir mein Bruder Rolf durch seine Firma.

Nach meiner Darbietung überraschten mich wundervolle Nelken und Rosen in dem einfachen Garderoberaum, der fünf Steinstufen höher lag als die Bühne. Ein Kuvert mit zwei Fünfzigmarkscheinen lag auf dem Toilettentisch, dass ich freudig an mich nahm und im Mantelfutter versteckte, mit der Absicht, zu Hause in sichere Verwahrung zu hinterlegen. Unklar blieb mir, ob Rolf davon wusste.

Abseits vom Trubel der Gäste saß mein Bruder gemeinsam mit einem Kollegen an einem kleinen Tisch. Unbemerkt nahm ich bei ihnen Platz. Kurz darauf trat ein junger Mann an mich heran und bat um die Ehre, mich seiner Verlobten und Freunden bekannt zu machen. Sowie ich mich erhob, runzelte mein Bruder seine Stirn und maß mir zehn Minuten zu. Ich lief mit an den Tisch des jungen Mannes. Nach unserer Bekanntmachung erzählten sich die Paare und seine Verlobte feuchtfröhliche Witze, die ich nicht verstand. Als ich ein Glas Sekt angeboten bekam, löste mein Widerspruch, „ich trinke doch nur Most oder Limonade", heiteres Gelächter aus. Ein Ober servierte mir daraufhin ein Glas Most. Mein Begleiter führte mich zurück, dabei fielen viele neugierige Augen auf mich oder es ergriffen fremde Hände die meinen. Verantwortungsbewusst nahm mein Bruder das Zepter in seine Hand und verließ mit mir die Veranstaltung.

***

Puder und Schminke kaufe ich in der Petersstraße, obwohl diese Ware schon unregelmäßig zum Verkauf gelangte, hinterließ sie in meinem Portemonnaie ein tiefes Loch. Demnach stand das Einkommen meiner Eltern im Widerspruch zu meinen luxuriösen Berufswünschen, die hypothetisch blieben. Meine Nebeneinkünfte schluckten die notwendigen Ausgaben, zumal Deutschland eine kriegführende Wirtschaft betrieb.

Zehn Tage nach meiner Bewerbung fuhr mich ein älterer livrierter Chauffeur in einer schwarzen Limousine zur Maschinenfabrik meiner zukünftigen Arbeit. Die erste Bekanntschaft mit dem Personalchef, Herrn Wolf, wie er sich vorstellte, verlief in freundlicher Atmosphäre. Durch ihn erfuhr ich, dass er etwa zweihundert Bewerbungen bearbeitete und dass so ein junges, unerfahrenes Mädchen wie ich, sich nicht unter ihnen befand. Wie ich darauf kam, fuhr er weiter fort, mich auf diese Annonce hin zu melden. „Ja, ohne viel Federlesen bot sie sich mir geradezu an", antwortete ich. „Na, Ihr Mut gefällt mir." Mit dieser Bemerkung kaufte er nicht etwa die Katze im Sack. Nein, an Stelle dessen gab er mir einen Stenoblock mit einem Bleistift und diktierte mir einige Sätze. Im Nebenzimmer arbeitete die Buchhaltung, die auch Schreibmaschinen besaß. Herr Wolf machte mich mit den dortigen Angestellten bekannt, bevor ich auf einer Schreibmaschine die mir diktierten Sätze schrieb. Im Besucherzimmer nahm ich in einem weichen Ledersessel wieder Platz. Mit anfänglichen 45 Mark im Monat wurde ich eingestellt.

Mein geheimnisvolles Verschwinden von zu Hause bereitete meiner Mutter sorgenvolle Rätsel, die mit ungelösten Fragen endeten. Hausbewohner beruhigten sie mit wohlgemeinten Ratschlägen und ihren gewonnenen Eindrücken. „Bleiben Sie ruhig, bald wird es sich aufklären."

Im Schulentlassungskleid und in meinen ersten damenhaften Schuhen stieg ich triumphierend die Stufen zu unserer Wohnung hinauf. Mit der Frage: „Woher kommst du?" erschien vor mir meine Mutter. „Mama, das wirst du nicht erraten", dabei schüttelte ich mir den Aprilregen aus dem Haar. „Eine Arbeit habe ich!" Freudig drehte ich Pirouetten. „Schone deine Schuhe! Sage mir lieber, wo du arbeiten und was du verdienen wirst", fragte sie. Meine vergangenen Erlebnisse begann ich mit „Es war einmal" und endeten mit der Bitte, um eine Unterschrift eines Erziehungsberechtigten.

Während in Deutschland die Blitzkriege bis zur Selbstverherrlichung propagiert und gefeiert wurden, begann meine Arbeit im Büro der Maschinenfabrik. Die meisten deutschen Menschen verhielten sich indifferent, doch in Familien- oder Freundeskreisen lauteten ihre Maxime so: „Ich gebe mich nicht mit politischen Meinungen oder gar Aktivitäten ab“, die sich die Hitlerregierung schon längst zu Eigen gemacht hatte. Den Widerstand gegen diese aggressive Militärgewalt erschwerte ihn nicht nur, sondern forderte die Untergrundbewegung geradezu heraus.

Als jüngste Büroangestellte verkörperte ich einen fünfzehnjährigen Figaro, der zugleich überall und nirgendwo zur richtigen Zeit am richtigen Ort zu finden war, denn die Telefonate erreichten weder die Meister noch den Obermeister. Sie musste ich mit Sauseschritt selber im Betrieb auffinden. In kurzer Zeit lernte ich letztendlich mein Ressort kennen. Das Wesentliche vom Unwesentlichen zu trennen war die eine Seite, mich unterzuordnen die Kehrseite. Zum Frühstück brühte ich den Malzkaffee für die Herren Direktoren, Doktoren und Prokuristen auf. Das kochende Wasser spendete ein sehr großer Boiler, der für jeden zugänglich im Erdgeschoss installiert war.

Im Auftrag von Herrn Wolf arbeitete der Tischlermeister ein rotlackiertes Gebilde, das sowohl einem Tablett als auch einem Henkelkorb ähnelte, wie immer man es betrachtete. Die anwesenden Büroangestellten lachten spontan über den originellen Erfindergeist, der den Bauch einiger älterer Herren in Bewegung brachte und den Spaß mit der Bemerkung ins Lächerliche zogen: „Ein Schleifchen würde den Reiz bemerkenswert hervorheben.“

Tagaus, tagein begann meine Arbeit früh um halb sechs mit fünf Proviantpaketen, je dreimal fünf Doppelschnitten für meinen Vater, Gerhard und Rolf, zweimal Doppelschnitten für die noch schulpflichtigen jüngeren Brüder Manfred sowie Günter. Damit war die Tagesration verbraucht. Ich schnitt mir 20 Gramm Kuchenmarken ab, um meinen Hunger mit einem wässrigen Stück Torte zu stillen. Wegen Zeitmangel stülpte ich meinen modischen Herrenhut auf den Kopf und eilte zur Straßenbahn. Die Büroangestellten arbeiteten allesamt bereits, als ich eintraf. Noch in der Straßenkleidung entnahm ich aus meiner Tasche einen Schlüsselbund und öffnete die Aktenschränke und meinen Schreibtisch. Den Zweitschlüssel verwahrte Herr Wolf im Tresor auf, sein Arbeitsbeginn erfolgte nach dem unsrigen. Hinter mir vernahm ich leise Heiterkeit. Zum Umkleiden hinderte mich die fortwährende Klingelei des Telefons. So hetzte ich zwischen Aktenschränkeöffnen und Telefonaten hin und her, bis sich schließlich die Gelegenheit bot, mich umzuziehen und mein Haar zu kämmen. Mein Erscheinen am Schreibtisch missbilligte nur ein älteres Fräulein mit der Bemerkung: „Als Jüngste kommen sie zu spät!"

Über die bereits im Arbeitsverhältnis stehenden Frauen, welche keine Kinder unter acht Jahren mehr zu betreuen hatten, verfügte der faschistische Staat folgendermaßen: Um die für „Führer, Volk und Vaterland" kämpfenden Soldaten hinterlassenen Arbeitsplätze mit Frauen zu belegen, erforderte es eine Umbesetzung. Diese rechtsverdreherische Formulierung sollte in Wirklichkeit von den geschlagenen Lücken gefallener Soldaten ablenken. Hitler brauchte sehr viele wehrpflichtige Männer. So wurde auch meine Mutter von ihrer Arbeit abberufen und zur Straßenbahnschaffnerin umfunktioniert. Damit überließ sie mir zugleich fast die gesamte Hausarbeit neben meinem Beruf und dem Training. Nach ihrer Meinung maß sie ihrem Beruf mehr Aktivität zu, als dem meinen, bei dem ich täglich nur den Sessel drückte, wie sie sagte. Außerdem hielt sie mir vor: „Du besitzt jüngere Beine als ich. Also bitte, bewege dich!"

Wiederholt verspätete ich mich am Arbeitsplatz. Das Geflüster „ihren Lockenkranz hat sie ausgebürstet" entging mir nicht. Ebenso wenig wie „Haben Sie unsere Kleine schon mal lachen sehen?"

Seit ich im kaufmännischen Beruf arbeitete, wechselte ich die Schule, in der ich einige Schülerinnen, insbesondere meine Schulfreundin Leni, in meiner Klasse wiederfand. Der wöchentlich zweimalige Schulunterricht, der von 13 bis 18 Uhr währte, stahl mir viel Zeit. Um die nun einmal an mich gestellten Aufgaben zu verwirklichen, unterbrach ich zeitweilig den Ballettunterricht und tauschte ihn mit einem Stepp-Kursus für Fortgeschrittene ein. So geschah es, dass ich mich zu Hause in Windeseile der Zubereitung des warmen Abendmahls widmete, während mein Vater die Wohnung um halb sieben mit den Worten betrat: „Ach du meine Güte, jetzt beginnst du erst zu kochen? Ich habe so einen Knast!" „Aber Papa, ich bin auch erst kurz vor dir eingetroffen." Er fragte mich: „Was macht denn Mama außer ihrem Dienst?" Diese Frage überhörte ich wissentlich. Die unordentliche Wohnung wirkte auf mich deprimierend, statt anheimelnd. Deshalb maß ich dem Wohnzimmer größere Bedeutung zu. Inzwischen war unsere Krautsuppe mit Kartoffelstückchen fertig gekocht und wir aßen. Anschließend sammelte ich Geschirr und Löffel ein. Jeder ging seiner Beschäftigung nach, nur nicht der Hauswirtschaft, denn die stellte noch immer eine weibliche Domäne dar.

Ein paar Wochen später beklagte sich Rolf, dass er seine markenmäßige Zuteilung nicht erhielt, er müsste hungern. Weiter warf er meiner Mutter vor: „Du belegst deine Schnitten dick mit unserer Jugendbutter und Wurst, die beanspruche ich nunmehr!" Damit löste er ein Wortgefecht aus, das ihren Zorn nur schürte. Sie beschimpfte ihn: „Du verdammter Hund, wirfst deiner Mutter das bisschen Fressen vor!" Rolf suchte das Wohnzimmer auf, er fühlte sich im Recht. Um die hinterlassene Erregung in ihr zu mildern bat ich sie: „Bitte Mama, reg dich nicht so auf. Rolf meint es bestimmt nicht böse." Er arbeitet viel an der frischen Luft und die regt besonders seinen Appetit an.

Ein gefülltes Glas mit Kartoffelsalat, Pudding oder anderem hungerstillenden Brei würde Wunder bewirkten." (Dies sah ich bei meinen anderen Kollegen) „Na, dann koch nur", antwortete sie auf meinen Vorschlag. „Aber auch von seiner jugendlichen Zusatzbutter und Wurst sollte er anteilmäßig bekommen." „Du beginnst wohl ebenfalls gegen mich zu opponieren?" fragte sie mich erbost. Daraufhin überlegte ich mir meine Antwort recht gut. „Nein, ich opponiere nicht, nur weise ich auf eine gerechte Verteilung hin und bitte dich, um mehr Zuteilung, die auch für mich Proviant gewährleistet." „Ach, dann schneidest du dir also die Kuchenmarken ab?" fragte sie mich. „Na ja, von der Luft kann ich nicht leben!" Strafend sah mich meine Mutter an, sie hob ihren Arm und unterstrich mit ihrem Zeigefinger: „Geh mir aus den Augen!" Gleichfalls betrat ich das Wohnzimmer. Gerhard putzte seine Radfahrklingel auf Hochglanz, dabei stellte er uns die Frage: „Mama hat wohl schlechte Laune?"

Bevor ich ihm antwortete, hörte ich sie meinen Namen rufen. „Säubere besser die Treppe, ehe du herumgammelst!" „Aber Mama, ich gammle nicht! Gerade wollte ich mich auf den morgigen Schulunterricht vorbereiten!" „Für was soll das gut sein?" fragte sie mich. „Na, der Unterricht verwirklicht die Voraussetzungen ...", sie unterbrach mich und antwortete mir: „Merke dir, nur die Praxis beweist die Theorie." „Die Theorie verhilft aber erst der Praxis zur Verwirklichung ihrer Vorhaben", setzte ich ihr entgegen. „Sei nicht so vorlaut! Willst du mich belehren?"

Darauf schwieg ich und kramte mir all das zusammen, was ich zur Reinigung der Treppe benötigte. Mich verwunderte ihre Anwesenheit. „Es beginnt doch bald dein Dienst?" „Heute hab ich dienstfrei, weshalb willst du das wissen?" „Ach, nur so." Sie spornte mich an: „Spute dich, Papa kommt bald." „ja, ich beeile mich."

***

Den Stepp-Kursus beendete ich, an Stelle dessen besuchte ich den Ballettunterricht wieder, aber in einer anderen Gruppe. Die schweren Kautschukakte probte ich täglich, bis ich sie mühelos beherrschte. Den Salto lernten wir ehemals in der Ballettschule an einem sicheren Haltegurt, der uns vor Stürzen bewahren sollte, trotzdem fiel ich dabei anfänglich (außerschulisch) zuweilen auf meinen Kopf. Die täglichen Belastungen sowie die häuslichen Verpflichtungen zerbrachen mit der unzureichenden Ernährung und dem mangelndem Schlaf allmählich meine Widerstandskraft. Im Büro legte ich unsachgemäß Objektvorgänge von einer Firma zur anderen ab: Müller zu Schulz, Otto zu Worms ... Telefonate, welche ich namentlich sowie mit den Wünschen des Anrufers dem zuständigen Prokuristen vermittelte, entstand darauf manchmal eine Suchaktion nach vermissten Briefen. Schließlich schlief ich auch in der Straßenbahn regelmäßig nach dem Ballettunterricht ein. An der Endstation rüttelte mich dann der Schaffner wach: „Fräuleinchen, hier können sie nicht übernachten." Verzweifelt und übermüdet lief ich dann zwei Haltestellen zurück. Auf einer Stufe, die in ein Geschäft führte, setzte ich mich nieder. Mein junges Leben sah ich vor mir, als einen langen verworrenen Faden, der fragwürdig vor mir lag und dem ich nicht entkam. Die letzte Wegstrecke heimwärts gestaltete sich zur Qual für die Füße und Arme. In unserem Wohnzimmer sank ich auf meine Schlafliege und schlief sofort ein, bevor ich den Zettel meiner Mutter las, der für mich einige aufgetragene Pflichten beinhaltete.

***

Zu dieser Zeit durchleuchtete Herr Wolf das abgegrenzte Terrain meiner Bürofreizeit. Er beobachtete seit langem, wie er sagte, dass ich die von ihm ausgestellten Passierscheine vor der Mittagszeit für den Kauf von wertlosen Kuchen benutzte. Väterlich senkte er seine Stimme und fügte hinzu: „Mit dieser Nahrung unterbinden sie ihr entwicklungsfähiges Wachstum, das nur ihren Magen füllt, nicht aber stärkt." Diskret fragte er mich: „Haben sie einen Freund?" „Nein Herr Wolf!" „Wann gehen sie denn schlafen?" „Vor 24 Uhr niemals." Verwundert sah er kurz auf. „So, da muss ich mit ihrer Frau Mutter mal sprechen, bitten sie sie in den nächsten Tagen zu mir. Wenn sie Hilfe benötigen, wenden sie sich an mich!" Heimwärts überdachte ich das Gespräch mit Herrn Wolf. Trotz meiner Bitten vergingen Wochen, bevor meine Mutter mit ihm sprach. Unvorhergesehen empfing ich sie und meldete Herrn Wolf ihren Besuch an. Ohne zu zögern stand er vom Schreibtischsessel auf und führte sie in ein Zimmer, dessen Tür sich hinter ihnen schloss.

Als ich nach der Arbeitszeit unsere Wohnung betrat, erwarteten mich handfeste Ohrfeigen, die mich neben die Gasuhr warfen. Mein Hut rutschte dabei zur Seite, meine Tasche fiel mir aus der Hand. Durch die effektvolle Überraschung hielt ich mich am Besenstiel fest, dem ich seinen Platz streitig machte. In dieser grotesken Haltung saß ich auf meinem Po, aber nicht am Fluss Italiens, nein – im Korridor von Kraußens. „Du verflixtes Luder! Deinen Spleen Tänzerin zu werden, treibe ich dir aus, du wirst einen anständigen Beruf ausüben." „Was habe ich denn getan? Sprach Herr Wolf über mein Missgeschick der falsch abgelegten postalischen Vorgänge?" „Nein, aber er forderte mich auf, dir mehr Schlaf zuzubilligen und auf die Wertigkeit deiner Nahrung zu achten", verriet sie mir. Inzwischen stand ich wieder auf und zog mir meine Straßenkleidung aus. Abermals begann meine Mutter: „Das würde mir noch fehlen, ohne Frage, schließlich seit ihr alt genug, um euch selber darum zu kümmern. Sowohl ich als auch du leisten zusätzliche hauswirtschaftliche Arbeiten, dafür sind wir „Frauen", also beklage dich nicht."

Weiterhin bat ich Herrn Wolf um einen Passierschein. Er schob ihn mir mit einer eingewickelten Schnitte und der Frage zu: „Wann sind sie schlafen gegangen?" Meine Antwort lautete wahrheitsgemäß: „Um 22 Uhr, Herr Wolf." Des Öfteren erhielt ich auch von einem älteren Herrn eine Schnitte mit der Bemerkung: „Hier, sie halbes Pfund, bestimmt sind sie hungrig." Seitdem ich mein Schlaflager kurz vor 22 Uhr im Wohnzimmer bereitete und mich zur Nachtruhe begab, fielen gleichzeitig meine Augenlider herunter. Ich flüchtete in das Nichts, bis vergessene Träume mir die Realität nahe brachten.

***

Siebzehnjährig meldete sich mein Bruder Gerhard als Freiwilliger zur Marine. So, wie meine Großeltern und die Naumann-Großmutter empfand auch ich seine allzu frühe Einberufung befremdlich. Auf meine Frage: „Weshalb meldest du dich freiwillig, statt deine Einberufung abzuwarten?" antwortete er mir – kaum, dass er den Kopf hob: „Das verstehst du nicht. Als Freiwilliger kann ich selbst die Formation wählen, wie auch immer – weder in der Luft noch im Meer gibt es Balken, aber als Sandlatscher ist es mir zu schmutzig." Das war auch eine Antwort! Nach ein paar Tagen nahmen wir Abschied von ihm. Kaum den Kinderschuhen entwachsen, marschierte er in einen Krieg, der keine Balken kannte.

***

Nach den Unterrichtsstunden, die gewöhnlich spätere Mahlzeiten nach sich zogen, entwickelte sich zwischen meinem Vater und uns Kindern eine hitzige Debatte, die durch den Freund meines Bruders Rolf unterbrochen wurde. Ohne dies bereiteten sich meine jüngeren Brüder für die Nachtruhe vor, welche sich zwar wuschen, aber ihre Füße vergaßen. Sie boten sich nach dem Fußballspiel nicht gerade zum Ablecken an. Die unterbrochene Debatte endete in unauslöschbaren Erinnerungen, die lebensnah vor uns aufstiegen. Neben mir saß bisher mein Bruder Gerhard, sein Platz blieb leer - ob wir ihn wiedersehen? - fragte ich mich. Jüngere Menschen, die noch keinen Krieg am eigenen Leib erlebten, schauten weniger düster in die Zukunft. Mit Hurra liefen junge, verführte Männer in den Krieg und viele kehrten nie mehr wieder.

***

Im April 1941 erklang aus dem Radio ein bekanntes Fanfarensignal mit einer anschließenden Sondermeldung an unser Ohr. Nach Mitteilung des Oberkommandos der deutschen Wehrmacht wurden Griechenland und Jugoslawien nach ihrer Kapitulation besetzt, sie unterschlugen allerdings ihren vorherigen faschistischen Überfall. Partisanen aus besetzten Ländern wuchsen wie Pilze aus dem Boden, deren Kampfmethoden von ihren Feinden verachtet und zugleich gefürchtet wurden. Umso grausamer erfolgten Repressalien gegen die Bevölkerung, die ihnen Unterschlupf oder Nahrung gewährten.

***

Mein Bruder Rolf glaubte, damit wäre der Krieg bald zu Ende. Als siebzehnjähriger Bursche meldete er sich nach seiner Lehre zu einer „sauberen" Formation, wie er sagte. Auch ihn lockten das weite Meer und tausend ungekannte Gefahren, die für ihn noch im Dunkeln lagen. Unsere Mutter sagte dazu verbittert: „Wieder ein Fresser weniger." Die Ernsthaftigkeit ihrer Worte stellte ich in Zweifel. An unserem Tisch lichteten sich die Plätze, aber keiner wagte sich auf die frei gewordenen Stühle zu setzen. Sie hinterließen Erinnerungen, die nichts auszulöschen vermochte.

***

Mit der erlittenen Erniedrigung wiederholte ich meinem Vater: „Papa, Herr Süß erteilte mir heute den Auftrag, dich an deinen Zigarettenverbrauch der letzten Woche zu erinnern." Erstaunt lehnte er sich auf dem Stuhl zurück und schob die alleinige Verantwortung meiner Mutter mit den Worten zu: „Ich dachte, Mama hat sie bezahlt? Sie versprach, sie an meiner Stelle zu begleichen." Während ich auf dem Vertiko Staub entfernte, äugte ich zu meinem Vater, um zu sehen, wie weit ich den Bogen seiner Autorität spannen durfte. Um meine folgenden Worte zu mildern, legte ich die Arme um seine Schultern: „Aber Papa, du müsstest doch Mama kennen, dass sie nie Schulden bezahlt, außerdem rauchst du die Zigaretten und dir obliegt die vereinbarte Begleichung." Er riss meine Arme von sich und befahl mir: „Sei still, du Naseweis! Was verstehst du schon!" „Mehr als du denkst!" In Anbetracht der Rationierung unterlagen ihr auch Zigaretten, die für Frauen ab 26 Jahren zugebilligt wurden. Ein starker Raucher wurde so zum „Kippenklau", wie wir sagten. Die breite Masse der Frauen gehörte den Nichtrauchern an, denn diese schickten sie ihren Verlobten, Ehemännern, Brüdern oder Vätern, als „Liebesgabe-Päckchen".

***

Eines Nachts rüttelte mich jemand aus dem Schlaf und rief meinen Namen: „Wach endlich auf!" Ich blinzelte in ein grelles Licht und nahm eine Hin- und Herrennerei wahr. Aus der Tiefe meines Bewusstseins schwoll ein schrilles Sirenengeheul – begleitet von feindlichen Flugzeuggebrumm an.[12.] Diese Geräusche brachten mich hurtig auf die Beine. Nur notdürftig bekleidet rannte ich mit den anderen in den Luftschutzkeller. Die Detonationen der Bomben verursachten spürbare Druckwellen, die mich klein machten. Zum ersten Mal erlebte ich einen Luftangriff, dessen Zentrum in der Stadtmitte lag, aber dennoch fielen einige Bomben in die Vorstadtorte. Als unerschrocken vor Gefahren erwies sich Frau Böhm, der wir wortlos gehorchten. So löschten wir die Kellerlichter, um Sauerstoff zu sparen. Ein feindliches Geschwader flog über Leipzig und warf seine Bombenlast (vor allem in Wohn- und Geschäftsgebieten) ab. Ich zitterte ängstlich vor den Einschlägen und Druckwellen, die ich hörte und spürte, aber nicht sah. Vieles überdachte ich, auch dass deutsche faschistische Armeen in Namen Hitlers fremde Länder überfielen und ausplünderten. Nun erlebten wir die Gegenwehr. Wie sah es tatsächlich an den Fronten aus? Die Wahrheit darüber hielten uns selbst die Bildberichterstatter zurück, denn ihr Material unterlag einer willkürlichen Zensur, die zielgerichtet das Volk im Unklaren ließ und dabei ihre schmutzigen Spuren verwischen wollte. So, wie mir die Angst während des ersten Luftangriffes die Kehle zudrückte, mussten Millionen Menschen sie überwinden. Auch meine Brüder Gerhard und Rolf, die auf der falschen Seite standen und gewiss keine Patrioten waren, zogen mir durch den Sinn. Das Gebrumm über uns hörte endlich auf, es wurde still. Ein langgezogener Sirenenton bekundete die Entwarnung. Noch unter dem ersten

Eindruck der Todesangst stehend verließen wir den Luftschutzkeller. Für ein paar Stunden krochen wir in unsere Betten und vergaßen im Schlaf die vergangenen Erlebnisse. Für den herrschsüchtigen Faschismus gab es kein Halten mehr, dafür sorgte die unrühmliche Goebbelsche Propaganda.
Am Morgen standen viele Menschen an der Straßenbahnhaltestelle, um zu ihrer Arbeit zu fahren. Als einziges Verkehrsmittel fuhren überfüllte Bahnen an uns vorüber. Erst nach längerer Zeit hielt eine an, jedoch nahm sie nur eine begrenzte Zahl von Fahrgästen auf und führ danach weiter. Über die letzte Nacht sprach wohlweislich keiner, aber in ihren Gesichtern stand noch der überstandene Schrecken, der angesichts des überraschenden Bombardements kaum verwunderte. Die letzte Station an diesem Morgen war am Leihhaus und stellte den Wendepunkt für die Straßenbahnen dar. Deprimiert lief ich beim Anblick der Schutthaufen, Glassplitter und des aufgetürmten Gerölls weiter. Je näher ich mich dem Hauptbahnhof näherte, desto öfter sah ich Aufräumtrupps. Binnen weniger Sekunden verloren Menschen ihr Leben und allzu viele ihre Wohnungen. Oberleitungen der Straßenbahn hingen zerrissen am Boden. Als größter Hauptbahnhof Europas gepriesen stand er enthauptet und mit zwei gesperrten An- und Abfahrtsgleisen erstaunlicherweise noch an seinem Platz. Dagegen herrschte im Kern der Altstadt absolutes Chaos. Sämtliche öffentliche Uhren fielen entweder den Bomben zum Opfer oder sie zeigten ein unterschiedliches Zeitmaß an.

An diesem Morgen nahmen die Arbeitnehmer ihre Arbeit mehr oder weniger pünktlich auf. Leise sprachen die Büroangestellten untereinander. Entrüstet äußerten sie sich über die feindliche psychologische Kriegsführung, die der taktischen widersprächen. Ferner glaubten sie „Ein deutscher Stab würde so eine Order nicht erteilen". Betroffen über diesen Unsinn begab

ich mich auf die Toilette. Dort kühlte ich im Waschbecken meinen heftig schlagenden Puls.
Im Zusammenhang mit den vielen Toten und den umjubelten Siegen von überfallenden Ländern, Zwangsverschleppten sowie verjagten Menschen von Haus und Hof zeigte die faschistische Diktatur ihr wahres Gesicht. Ihre Strategie stützte sich besonders auf den überraschenden Überfall auf andere Länder und die grausame Durchsetzung ihrer Ziele. Feindliche Gegenmaßnahmen stifteten Verwirrung unter der deutschen Bevölkerung, die ihnen die Härte des Krieges kenntlich darlegte.

Nach Arbeitsschluss verwunderte mich zu meiner Zufriedenheit die Räumungsarbeiten vor dem Hauptbahnhof und Straßenbahngleisen sehr, denn sie stellten sich wieder als befahrbar ein. In der Altstadt allerdings arbeiteten die Aufräumungstrupps noch fieberhaft. Fremde Leute oder Verwandte stellten für die „Ausgebombten" Wohnraum zur Verfügung, was sich für beide Teile nicht immer als beste Lösung erwies.

Mit dem verlorenen Hab und Gut veränderte sich auch gleichviel die Gesinnung, die zum Aufbegehren zu wenig Stärke bot und zum Stillhalten die nazistische Propaganda für Ablenkung sorgte. In meinem jugendlichen Alter grub sich besonders das täglich geleistete Pensum an Arbeit, die furchterregende Nacht tief in meine Seele ein.

Von dieser Zeit stieg mein Misstrauen zu jedem, insbesondere zu den „Wehrbeauftragten", die in einem geheimen, abgeschlossenen Raum militärische Erzeugnisse überwachten. In jedem zivilen deutschen Betrieb wurde eine bestimmte Stückzahl militärischer Waffenteile hergestellt.

Auf diese Weise verschleierten die Nazis mit der Art der Herstellung gleichzeitig auch die Menge. Das Rüstungsmonopol verdiente am Krieg Unsummen, die auf dem Rücken des Volkes ausgetragen wurden.

***

Um den aktenkundigen Schriftverkehr von 1939 mit den Werken Blom & Voss, Junkers und Messerschmidt sowie den Siemenswerken aus dem Archivraum herauszusuchen, benötigte ich die dafür vorgesehene Leiter.

Eine Stille umgab diesen Raum, der Aktenberge einschläferte bis zur weiteren Verwendung. Die leise geöffnete Tür von einem jungen Ingenieur überhörte ich. Erst als seine Gestalt an der Leiter lehnte und mir unter den Rock sah, nahm ich ihn erschrocken wahr. Empört stieg ich von der Leiter und forderte ihn auf: „Hinaus! Schämen sie sich denn gar nicht, als verheirateter Mann?"

„Was ist schon dabei – außerdem möchte ich sie, kleine Wildkatze!" Er wollte sich mir nähern, aber ich wich ihm aus. Durch seine Frechheit ermutigt, zwang er mich in eine Ecke. An diesem „Katz- und Mausspiel" fand ich keinen Gefallen. In meiner Bedrängnis wies ich ihm abermals die Tür: „Bitte, verlassen sie diesen Raum! Ich bin doch keine Kokotte!" Diese Bezeichnung lag zwar nicht in meinem Sprachgebrauch, aber ich hörte ihn ein paar Mal. An der Tür drehte er sich um und entschuldigte sich. Für derartige Kinkerlitzchen mangelte es mir an Reife und an Zeit. Auch entsprach mein Prinzip nicht dem des jungen, leichtsinnigen Ehemannes.

Die Ehe betrachtete ich als unverletzliche Lebensgemeinschaft, die nur durch den Tod eines Ehepartners ihr Tabu verlor. Entrüstet teilte ich mein Erlebnis einer acht Jahre älteren Kollegin mit, die mir schon öfter hilfreich zur Seite stand und ich ihr uneingeschränkt vertraute. Mein Verhalten billigte sie voll und ganz, dabei sah sie mich mit ihren hellen großen Augen aufrichtig an, unbestreitbar beeinflussten mich ihre freundschaftlichen Ratschläge in meinem weiteren Leben.

Nach diesem ersten Zusammenstoss mit einem Mann bemerkte ich, dass mir fast alle nachsahen. Umso größere Freude empfand ich, wenn ich mal unbeobachtet blieb. Diese Herren stufte ich als „anständig" ein. Das raffinierte Spiel zwischen beiden Geschlechtern kannte ich noch nicht. Erst später las ich betroffen in Büchern, was ich glaubte als junge Ehefrau teils selbst zu erleben, teils mir unverständlich blieb. Fragen überhäuften mich, die das Leben selbst löste.

***

Während einer Pause in der Ballettschule entwickelte sich ein Gespräch zwischen einer älteren Kollegin und mir. Sie bat mich, gemeinsam mit ihr einen grotesken Tanz aufzuführen. Meiner Leichtigkeit und akrobatischen Elastizität wegen fiel mir die Rolle der Schlenkerpuppe zu. Sie tanzte außerdem noch einen ungarischen Nationaltanz, der „ohne Paprika" eine Fehlentscheidung ihrerseits war. Ein schwungvoller, klassischer Walzer sollte von mir folgen. Nur eine Probe genügte, um das gesamte Programm reibungslos den verwundeten Soldaten vorzuführen. Meine Kollegin und ich wählten zwar gemeinsam sowohl die Kostüme für den grotesken Tanz als auch das Musikstück dazu aus, aber alles andere erledigte sie. Allein schon durch ihr Alter meisterte sie die organisatorischen Notwendigkeiten.

Fast die halbe Belegschaft aus dem Betrieb meines Arbeitgebers füllte überraschend den Saal. Durch das Guckloch im Bühnenvorhang sah ich auch meine Mutter sitzen. Das Stimmengewirr im überfüllten Saal verstummte und der Vorhang öffnete sich für die erste Darbietung, der ich nicht beiwohnte, sondern mich in der Garderobe vorbereitete.

Der Sonnabendnachmittag verlief für die Beteiligten der Aufführung sehr glücklich und die Gäste verließen in heiterer Stimmung den Saal. Mit der Wiederaufnahme der Arbeit überraschten mich auf meinem Schreibtisch rote Rosen, die im Kreis angeordnet lagen und mit einer Zeichnung von Richard Wagner mir den stillen Verehrer verriet.

Vor dem nächsten Ballettunterricht präsentierte mir meine Kollegin einen Brief vom Propagandaministerium. Es wurde darauf hingewiesen, dass die Begleitmusik von einem semitischen Komponisten nicht erwünscht sei und wir künftig nur bei arischer Musik die Erlaubnis zur Aufführung unseres grotesken Tanzes bekämen. Mich verblüffte der Inhalt des Briefes umso mehr, weil niemand vorherige Bedenken ankündigt hatte. Er blieb mit seiner Begleitmusik bestehen, nur führten wir ihn nicht mehr auf. Überdies gerieten meine aufgestellten Pläne ins Wanken. Je älter ich wurde, desto öfter fragte ich mich: „Unterlagen die vielen Zersplitterungen - mal dies, mal das zu tun - nicht einem Trugbild?" Unter der Hitler-Regierung blieb mir ein ordentliches Ballettstudium versagt und eine wirksame Unterstützung erschwerte mir ohnehin mein Dasein. Nach Ansicht meiner Mutter gehörte der Beruf eines Schauspielers, Sängers, Tänzers - überhaupt eines Unterhaltungskünstlers aus welchem Metier auch immer - zu den „unanständigen" Berufen. Obwohl sie selbst gern Sängerin geworden wäre, billigte sie es ihren Kindern ebenfalls nicht zu.

***

Wider besseren Wissens entfernte mich meine Mutter zum Hausputz aus dem Unterricht der kaufmännischen Schule. Dagegen aufbegehren brachte mir einige Ohrfeigen ein, zumal sie mich an dem Tag kontrollierte. Türen säubern, Fenster putzen, gewaschene Baumwollgardinen zum Spannen bringen, wobei ich wortlos die Bemerkung zur Kenntnis nahm: „So nass natürlich nicht!“ Um Zeit zu sparen, verband ich gleichzeitig den unentbehrlichen Einkauf. Zu den knappen, rationierten Lebensmitteln erhielt man pro Person monatlich für einen aufgerufenen Sonderabschnitt, der mit einem großen „S“ versehen war, entweder Gemüse oder Obst, manchmal Salzheringe. Schmalhans Küchenmeister regierte täglich in den Kochtöpfen.[13.] Gegen Abend erzählte ich meinen Eltern von dem Brief des Propagandaministeriums. Meine Mutter fragte mich bestürzt: „Willst du uns ins Unglück stürzen? Ich sagte dir schon einmal, dass du einen einflussreichen Kerl benötigst, der nicht für umsonst die Kohlen aus dem Feuer holt!“ Mein Vater sprang drohend vom Stuhl auf und verbot ihr jedes weitere Wort. „Ich verbiete dir, zu unserer Tochter in einer so schmutzigen Weise zu sprechen!“ Mir war zumute, als lag ein Zankapfel zwischen uns, dessen Mittelpunkt ich bildete. Die alleinigen Worte meines Vaters scheuten allenfalls einen Hund, aber nicht meine Mutter.

Zu einem späteren Zeitpunkt erwähnte ich nebenbei, dass ich an Stelle des kaufmännischen Unterrichtes häusliche Arbeiten verrichtete. „Verlangt das Mama schon öfter von dir?“ „Ja, Papa.“ „Halte du Petze deinen Mund!“ wies mich meine Mutter zurecht. Des versäumten Unterrichts wegen war mein Vater sehr aufgebracht, jedoch meine Mutter versuchte ihn mit allerlei Redereien zu überzeugen, dass ich bei ihr auch etwas lernte. Er fragte sie: „Und mit was begründest du die Versäumnisse?“ Sie zog ungewiss die Schultern hoch.

In der Nacht erwachte ich vom Sirenengeheul. Mit einem Satz sprang ich von meiner Liege. Feindliche Flugzeuge überflogen Leipzig. Mit dem Mantel und den Schuhen in der Hand rannte ich verängstigt den anderen Hausbewohnern nach. Meine Mutter rief: „Deine Tasche!“ Es blieb aber keine Zeit mehr, weder sie zu holen noch Geld an mich zu nehmen. Dieses Mal griff der Feind Leuna an, dennoch ließ er einige Bomben über Leipzig fallen. Unbeweglich saßen wir in unserem „Mauseloch" und lauschten auf die Geräusche. Bald umgab uns Stille, die täuschte.

Danach kehrte die feindliche Staffel von Leuna zurück und überflog Leipzig abermals, nicht ohne ein paar Bomben auch über dieser Stadt abgeworfen zu haben. Wir warteten noch lange, bis letztendlich die Sirene uns die Entwarnung verkündete. Was sich am Himmel abspielte, sah im Keller niemand.

***

Von meinen Brüdern Gerhard und Rolf erhielten wir nur spärliche Nachrichten. Ihr Leben gestaltete sich für mich rätselhaft und tief wie das Meer, das sie befuhren. Mal näher, mal weiter entfernt von einem deutschen Hafen, lernten wir unterschiedliche Erfahrungen kennen, die uns für immer prägten.

Eines Tages besuchte ein Soldat, von der Insel Kreta kommend, den Betrieb und somit auch uns im Büro. Wie ich hörte, hatte er hier gelernt und insgesamt zehn Jahre bis zu seiner Einberufung gearbeitet. Seine Erzählungen stützten sich besonders auf schöne, exotisch wirkende Frauen, welche unnahbar und sehr scheu seien. Hingegen die Partisanen, erzählte er weiter, wären überall und nirgends. Ihre Kampfmethode würde Furcht und Schrecken verbreiten, weil sie mal hier, mal da angriffen und sich dann wieder unauffindbar in ihren Schlupflöchern verkrochen, jedoch ihre Vergeltungsmaßnahmen seien auch nicht von Pappe. Über den faschistischen Überfall schien er nicht orientiert zu sein, dabei war er durchschaubar und es lag klar auf der Hand. Sämtliche Turkvölker wurden so in seinen Augen Opferlämmer der Nazis.

Aus einem Ferngespräch mit einem „Wehrbeauftragten" von Siemens entwickelte sich zwischen ihm und mir ein verdrießliches Gespräch. „Darf ich um ihren Namen bitten?" fragte ich. Er nannte ihn mir sehr undeutlich, daraufhin bat ich erneut um seinen Namen. Grob antwortete er: „Sie lesen wohl keine Zeitung?" „Wenn ich Zeit finde, lese ich besonders genau die Gefallenenanzeigen, denen sie noch nicht angehören dürften …" Ein älterer Kollege riss mir den Telefonhörer aus der Hand und meldete sich, aber auch er verstand den Namen des Anrufers nicht. Indessen erregte das Ferngespräch Aufsehen unter den Angestellten, von denen sich einige ebenfalls ergebnislos meldeten. Nach der abgelaufenen Zeit trennte und verband das Fräulein vom Amt es wieder. Daraus ergab sich die Gelegenheit für mich, das Ringelspiel neu zu beginnen. Die Anfänge begannen gleichförmig und ohne Umschweife, doch sein Name blieb nach wie vor verwaschen. „Na schön! Wenn sie ihn mir nicht verraten wollen, kann ich sie auch nicht weiter verbinden!", damit legte ich den Hörer auf. Von Seiten einiger Kollegen traten bange Zweifel auf: „Das können sie doch nicht machen! Schließlich ist es ein Ferngespräch." „Na und? Durch die Strippe sehen kann nicht", sagte ich.

Nach geraumer Zeit vermittelte das Fernamt mich abermals mit dem namenlosen Sprecher, was für ihn mit einer Bauchlandung bei mir sein Ende fand. Den Verdacht der Kontrolle nämlich schloss ich nicht aus. Zeit und Geld kosteten jedenfalls seine kapriziös durchgeführten Anrufe. Nach einigen Tagen stand er plötzlich lachend vor mir, als gesprächiger Kunde. Jedoch seine Jovialität, die er im Ledermantel mit unverfänglichem Eindruck vermitteln wollte, roch mir zu sehr nach „geheimer Mission". Erhöhte Abschlüsse von Rüstungsaufträgen bestätigten Mitte Juni 1941 mein Misstrauen.

Den betriebseigenen Werbebeauftragten bat ich aus dem geheimnisvoll isolierten Raum zum Telefon, denn er besaß keinen öffentlichen Anschluss. Zuvor öffnete ich zu diesem Raum die eiserne Tür mit einem Sonderschlüssel. Er lief mir nach und zitierte aus einem Gedicht einen Vers: „… errötend folgt er ihren Spuren …“ Seine Lächerlichkeit umgab ihn mit hausbackener Wichtigkeit, die seine Position hervorheben sollte. Schwungvoll nahm er den Telefonhörer und meldete sich, doch seine deplazierte Art ließ er bald fallen und antwortete nur noch unterwürfig: „Jawohl – jawohl – jawohl!“

Am gleichen Tag nach Arbeitsschluss besuchte ich die Ballettschule, dort führte uns der Zufall einen Artisten zu. Er suchte zwei geeignete Kräfte, mit denen er seine zerstörte Nummer am Trapez wieder aufbauen konnte. Seine Auslese fiel auf meine Kollegin Gretel und mich, doch ohne schriftliche Einwilligung eines meiner Erziehungsberechtigten hätte es dem Artisten angelastet werden können. So entstand ein neues Problem, das ich mit und ohne den Willen meiner Mutter – wie immer auch die häusliche Wetterfahne wehen möchte – lösen musste. Unter Ausnutzung ihrer Abwesenheit legte ich meinem Vater eine vorgeschriebene Einwilligungserklärung (in Schreibmaschinenschrift) wortreich auf den Tisch. „Papa, neuerdings trainiere ich nach dem Ballettunterricht mit meiner Kollegin und einem Artisten gemeinsam, damit erschließt sich für mich ein neues Metier, das meine weitere Entwicklung vielleicht beeinflusst.“ Unschlüssig sagte er: „Aber du weißt doch, dass Mama ungern dieses Thema aufgeschlossen zuhört - mitten im Krieg kannst du dir keinen Lorbeerkranz umhängen.“ „Vor dem Krieg auch nicht“, antwortete ich bissig, „zu früh oder zu spät bin ich geboren.“ Mein Vater las wieder in einem Buch, dann bemerkte er: „Dem Hitler und seinem Faschismus ist nicht zu trauen, denke an meine Worte!“ „Bald wird auch dieser Krieg zu Ende sein und ich werde fliegen, fliegen, fliegen ..." Wie ein Keulenschlag traf mich die Frage meines Vaters: „Und wie stellst du dir das Kriegsende vor? Abgesehen von politischen Intrigen oder raffinierten Schachzügen, die im Verborgenen ausgeheckt werden, erkennst du das Ränkespiel viel weniger als ich." „Verzeih Papa, aber so weit dachte ich nicht, jedoch die viel verzweigten Rüstungsaufträge weisen auf Pulverfässer hin, die für das faschistische Militär bestimmt sind. Vermehrten Zwangsarbeitern begegne ich frühmorgens ebenso wie im Betrieb."

Nachdenklich nahm sich mein Vater eine Zigarette und zündete sie an, genussvoll zog er den Rauch ein, dann wies er mit dem Zeigefinger auf mich und sagte warnend: „Lass die Finger von diesem heißen Eisen, du verbrennst sie dir, weder bist du ausgebildet noch altersmäßig reif genug, vor allem hüte deine Zunge!"

Nach einer Pause bat ich abermals: „Bitte Papa, verbaue mir nicht die Chance, die sowieso an einem Fädchen hängt, an denen weitere Leute ziehen und entscheiden werden." Bevor mein Vater die Einwilligungserklärung unterschrieb, fragte er mich: „Was wird aus der Arbeit und Schule?" „Die beende ich und dann sehen wir weiter", sagte ich. Danach unterschrieb er.

Seine Unterschrift erwies sich als ein Schlag ins Wasser, denn schon nach dem sechsten Training erhielt der Artist – nach mehrmaliger Freistellung – seinen Einberufungsbefehl. Die Erkundigung meiner Eltern nach seinem Alter erreichte für mich eine Dimension, die an das Altertum erinnerte, aber gleichzeitig würdigte ich seine vierfache Vaterschaft. Das erlittene Fiasko enttäuschte mich sehr, dessen Ausgang meine Kollegin nicht entmutigte.

Unsere Ballettmeisterin stellte uns eine sehr gute Beurteilung aus, welche meine Kollegin – zur weiteren Verwendung – an sich nahm. Mit ihren Schlagwörtern: „Lass mich nur machen!“ erweckte sie wage Hoffnungen in mir.

***

Während dieser Zeit überstürzten sich die Kriegsereignisse, so dass ich kaum Zeit fand, meine Belange ernsthaft zu erwägen. Mit der redlichen Absicht meiner Kollegin (aus der Ballettschule) uns zu einem Engagement durch das Fronttheater zu verpflichten, begann eine heftige Auseinandersetzung mit ihr. „Gretel, das Fronttheater dient im Besonderen zur Durchhaltetaktik und der Ablenkung des derzeitigen Kriegsgeschehens ...“. „Das geht mich nichts an, darum kümmere ich mich nicht“, unterbrach sie mich. „Nicht um jeden Preis kannst du eine Karriere aufbauen!“ Sie fragte hitzig, ob das der Lohn für ihre Bemühungen wäre? Hingegen warf ich ihr vor: „Du brachtest mich schon einmal in eine verhängnisvolle Situation, denke wenigstens daran, dass ich mich noch in der praktischen und schulischen Ausbildung befinde.“ „An was ich alles denken soll! Bin ich vielleicht dein Kindermädchen?“ „Nein, das bist du glücklicherweise nicht, dessen ungeachtet, ist dein Koffer schneller gepackt als meiner!“ Wir standen uns wie Streithähne gegenüber. Unerwartet stellte sie an mich die Frage: „Wolltest du unbedingt Tänzerin werden oder nicht?“ „Äußere Faktoren bremsten meine Chancen, Gretel, die du weder kennst noch nachempfinden wirst, noch im Mittelpunkt meines Bewusstseins rücksichtslos über Grenzen hinaus nutzbringend anzuwenden verstehst!“ Der Unterricht trennte unser Gespräch, dennoch vernahm ich ihr zischendes Schlusswort: „Das ist der Dank, wenn man sich mit einem Kind liiert!“

Mit der Benachrichtigung vom Fronttheater, dass nach ihrer Aussage hin meiner Kollegin zu einem Engagement verhalf –

hingegen ich noch dem Jugendschutzgesetz unterlag – trennten sich unsere Wege für immer. Der Tod im Krieg unterdessen zerschnitt das Jugendschutzgesetz in zwei Teile, wonach er hohnlächelnd eine Sense über tausende Jünglinge schwang, während ihre Väter teils überzeugt, teils missbraucht mit ihren Knobelbechern fremde Länder zerstampften und ausraubten.

Der Krieg öffnete aber auch Tür und Tor einer unmoralischen Lebensweise, die die bestehenden Normen sowie erworbenen Werte in Frage stellten. Als Straßenbahnschaffnerin erweiterte meine Mutter zugleich ihren Freundeskreis, von denen eine reife Frau sie besonders häufig besuchte. Als geschiedene Ehefrau mit einem Schulkind und einer Mutter, welche ihr die Lasten des Haushaltes abnahm, vertraute sie meiner Mutter ihre intimsten Liebesverhältnisse an. Weder schön, noch hässlich verkörperte sie ein Durchschnittsgesicht, mit dem sie ihre Freier an den verwundbarsten Stellen berührte. In einer Art Torschlusspanik nahm sie alles, was ihr zwischen die Finger geriet. Eines Nachts hörte ich meinen Vater sagen: „Erni, diese unmoralische Person verweigere ich unsere Wohnung, denn sie gefährdet womöglich unsere Kinder!" „Aber Walter, wie stellst du dir das vor? Ich kann ihr doch nicht die Tür vor der Nase zuwerfen!" „Dann berufe dich auf meinen ausdrücklichen Wunsch!" „So verdorben ist sie auch wieder nicht, Walter", widersprach meine Mutter. „Und wie nennst du ihren liederlichen Lebenswandel, der sogar Ehegemeinschaften entzweit?" Darauf erfolgte keine Antwort mehr und ich schlief ein.

Am Tag darauf besuchte ich den kaufmännischen Unterricht, in dem mir eine blamable Geschichte passierte. Durch den Ausfall einer Lehrkraft wurden wir gemeinsam mit der Parallelklasse in Schreibmaschinenunterricht unterwiesen. Den Schreibvorgang setzte ein eingelegter Briefbogen mit Pausbogen und Durchschlag voraus, deren Reihenfolge ich unbedachtsam – für

Sekunden – verwechselte. Noch bevor ich den Fehler berichtigt hatte, tobte bereits unsere vorbeilaufende Lehrerin. Sie befahl mir, vor die Klasse zu treten und brüllte: „Seht euch dieses Mädchen an, sie sieht zwar intelligent aus, aber begeht so einen schweren Fehler!“ Trotz meiner Entschuldigung beschwichtigte ich sie nicht. Ihre Nervosität verglich ich mit einer älteren Dame, welche im Expresszug saß und ihre Fahrkarte suchte. Plötzlich besann sie sich ihres angemessenen Tones als Lehrerin. Sie sagte zu mir: „Setzen Sie sich!“ Auf dem Weg dorthin musste ich an Leni (meiner liebsten Schulfreundin) vorbei laufen. Mitleidig drückte sie mir die Hand und sah mich dabei mit treuen „Hundeaugen“ an. Mir fiel die „Notbremse“ ein: aha, dachte ich: „Dieser Blamage trete ich mit einer Begleichung ihrer Lehrmethode entgegen, zumal nach meinem versehentlichen Fehler unverkennbar die Richtigstellung folgte.“ Nach dem Unterricht (während der Pause) strömten die Schülerinnen in den großen Schulhof. Nur Leni und ich versteckten uns in dem großen Gebäude wie Diebe, die eine Missetat verbargen. Stille umgab uns, jeder Laut verursachte eine vielfach stärkere Wiedergabe. Leise schlichen wir an die Tür, hinter der wir Unterricht erhielten, geräuschlos öffnete ich sie und sah, wie unsere Lehrerin am hinteren Schrank kniend sich zu schaffen machte. So wie ich die Tür öffnete, schloss ich sie wieder und drehte den Schlüssel um. Leni hielt dabei Wache. Eingehakelt mischten wir uns unbemerkt unter die Mitschülerinnen. Die etwaigen unabsehbaren Folgen bei einer älteren Lehrerin zog ich nicht in Betracht. Sechzehnjährig spürte ich weder Herz noch Magen noch andere Organe, geschweige denn einen erhöhten Blutdruck. In der vierten Stunde kam unerwartet der Schulleiter in unser Klassenzimmer. Er fragte nach der Täterin, welche die ältliche Lehrerin eingeschlossen und sie somit ihrer Freiheit beraubt hätte. Ihr Wummern an der Tür war erst spät vernommen worden. Dadurch geriet sie in eine starke Erregbarkeit, wie er sagte. Mein vorschnelles Handeln tat mir wahrhaftig leid, jedoch weder mein Zugeständnis hätten eine Änderung herbeigeführt, noch war die vermeintliche Farce einem Trauerspiel erlegen. Unverrichteter Dinge verließ uns der Schulleiter wieder. Nachdem unser Lehrer den Sachverhalt erfuhr, sagte er: „Mädchen, wenn ihr einen Jux beabsichtigt, dann sucht euch dafür jüngere Lehrerinnen aus – nicht so ein spätes Mädchen."

***

Eines Tages überraschte mich meine Mutter mit einem Sportjackett und schwarzen Lederhandschuhen. Nach ihrer Meinung sah das (schwarz, grau, grün) gestrickte Sportjackett „prima" aus, was sich auch in ihrem Gesicht freudestrahlend widerspiegelte. Ihre vielen Fragen, wo ich die Einkäufe erledigte, wie viel Punkte und Geldscheine ich dafür hinblätterte, blieben offen. Ich zog mich sogleich für die Hausarbeit um. Meinen Vater erwarteten wir bald von seiner Arbeit und das Abendessen war noch nicht einmal vorbereitet, gleich gar nicht gekocht. Eine halb geschälte Kartoffel warf meine Mutter wieder zurück ins Wasser und wandte sich mit den Worten an mich: „Ich muss zum Dienst – mach nur, Kleine!" Damit bewies sie einmal mehr, dass ich sie tatkräftig unterstützte. In Gedanken erlaubte ich mir, ihren Dienst und Tagesablauf zu rekonstruieren, doch die übrige Zeit hing an einem fragwürdigen Faden, der unbegreiflich mein Leben lenkte.

Meine Mutter trat ihren Dienst an und mein Vater kam von seiner Tagearbeit. Seine erste Frage lautete stets: „Ist die Mama da?" Als er sah, dass ich die Kartoffeln schälte, sagte er wiedermal ungehalten: „Ach du grüne Neune! Ich habe solchen Knast, das wisst ihr doch." „Aber Papa, ich bin ebenfalls noch nicht lange da." Er fragte mich: „Mit was beschäftigt sich Mama außerdem?" „Das entzieht sich meiner Kenntnis. Frag sie doch selber!" Zerknirscht lief er auf und ab, bis das Essen fertig war. Der Zeitplan einer berufstätigen Frau brachte, besonders in Kriegszeiten, Probleme mit sich, der nach einer strengen Regel aufgegliedert, Ordnung und Pünktlichkeit gewährleistete. Aber nur acht Stunden Dienst ableisten, das zehrte auch an meiner Substanz - welche die männlichen Familienmitglieder nicht beurteilten und ihre eigene häusliche Unfähigkeit dazu keine Debatten auslösten. Noch war Krieg und der fraß jeglichen Fortschritt.

***

Die Freunde meiner Eltern verließen unsere Stadt schon lange vor dem Krieg. Der Einstellung ins Zeisswerk wegen übernahm ein Schwager die Bürgschaft für seine Anverwandten. Massenweise trat ein plötzlicher Sinneswandel von ehemaligen kommunistischen Parteianhängern, die sich aus Rücksicht auf ihre Familien letztlich nazistischen Versprechungen unterwarfen und somit zu Mitläufern einer faschistischen Ära wurden.

Mit dem Überfall auf Russland am 22. Juni 1941 brachen der Nichtangriffspakt und die Wirtschaftsabkommen zwischen Russland und dem faschistischen Deutschland zusammen. Damit band sich die Hitlerregierung die Schlinge selbst um den Hals. In einer Anheizungsrede des Propagandaministers Goebbels, der - wie kein anderer so verlogen - dem deutschen Volk vermittelte:
„... Wir wollen uns auch einmal satt essen, an der größten Kornkammer der Welt ...!"[14.] Zynischer hätte er den Überfall auf die Ukraine nicht formulieren können, der unvergleichbare Folgen auslöste. Als sechszehnjähriges Mädchen schätzte ich

noch nicht die deutsch-faschistischen Kriegserfahrungen ein, welche ihnen vorerst zu Erfolgen verhalfen. Die Bildberichterstattung und Kommentare über die slawischen Gefangenen in der Wochenschau nahmen an Hetzerei zu, hingegen gehörten deutsche Soldaten faschistischer Armeen zu den „auserwählten Herrenmenschen", wie propagandistisch verbreitet wurde. Es entstand eine deutsche Überheblichkeit, deren Rassendiskriminierung nicht zu überbieten war.

Die Aggression Deutschlands auf ein riesiges Land, auf dessen räumliche Größe Deutschland wie ein Spatz auf dem Dach wirkte, hätte vernünftigerweise von den Machthabern vermieden werden sollen. Doch der aggressive, faschistische Militarismus streckte seine habgierigen Krallen in fremde Länder und hinterließ blutige Spuren.

Meine Zukunft versank in einem tiefen schwarzen Loch, aus dem ich keine Hoffnung schöpfte. Auch erlahmte meine Widerstandsfähigkeit an all den vielen Verpflichtungen, denen ich ausgesetzt war. Sie blieben meinen Kollegen nicht verborgen. Ihre Meinung begründeten sie damit: „Sie müssen unbedingt einmal ausspannen, allen Ballast abwerfen und an einem alarmfreien Ort sich erholen." Obwohl ich als jüngste keinen Anspruch besaß, meinen Urlaub vorrangig zu regeln, verschoben sie ihren. Eine Kollegin suchte mit mir gemeinsam die Telefonnummern von mehreren Gasthöfen in Thüringen heraus. Meine Wahl fiel auf den Gasthof am Saalestrand in Jena. Der, wie ich vernahm, mit halber oder voller Pension vermietete. Zu dieser Zeit hielten die gesamten Schulen ihren „Dornröschenschlaf", so dass es mir eine sorgenfreie Reise ermöglichte. Allerdings, die Hürde meiner Eltern ihre Zustimmung, übersah ich dabei. Während des Abendessens unterbreitete ich meinem Vater den schon perfekten Urlaubsplan. Mit vielen Wenn und Aber entschied er letztendlich, mit dem Hinweis, dass auch das Wort meiner Mutter bedeutsam wäre. Mit dem Nachweis einer Begleiterin bekam ich schließlich die Erlaubnis. Ein Nachbarmädchen, welches bereits Urlaub hatte, sagte zu. Ihren schönen Vornamen beachtete ihr Bruder nicht und nannte sie missbräuchlich nur „Zulukaffer", was sie nicht störte, gleich gar nicht ihre Eltern. Mein gepackter Koffer stand zur Abfahrt bereit. Am Abend vor unserer Reise zeigte meine Begleiterin mir die brieflich mitgeteilte Einladung ihrer Großeltern aus Rückmarsdorf bei Leipzig, die sie am Wochenende erwarteten.

Sie wäre lieber mit mir verreist, um die Stadt Jena und ihre bergig-abenteuerlich wirkende Umgebung kennenzulernen. Sie fuhr mit mir am nächsten Morgen bis Rückmarsdorf, wo ihr Großvater am Bahnhof bereits auf sie wartete. Ich fuhr weiter bis nach Jena. Im Lärm der vielen Reisenden überhörte ich meine eigenen Schritte. Eilige Menschen und weniger eilige strömten zum Bahnhofsausgang, wo sie danach in alle Himmelsrichtungen ihrem Ziel zustrebten.

In dem Gasthof „Zum Saalestrand" bewohnte ich ein großes, schönes Zimmer, das mein Selbstbewusstsein hob. Am Tag meiner Ankunft besuchte ich Frau Kirchhoff (Mutters Freundin). Meine unangenehme Überraschung stand in ihrem Gesicht geschrieben, als ich ihr unerwartet gegenüber stand. Doch der Inhalt des Briefes meiner Mutter löste offensichtlich ihr Problem.

Zur gleichen Zeit trafen sich am 19.7.1941 die Hitlerjugend Deutschlands zu einem großen Treffen, das zugleich ihr letztes wurde. Die Übernachtungen stellte die Jenaer Bevölkerung zur Verfügung. Nur wenige traten die Reise nach Jena an.

Nach der Aufklärung über meiner Unterkunft, die sich unweit von Kirchhoffs Wohnung befand, verlief unser Gespräch freundlich. Mit dem Hinweis, dass ich doch Musik liebe, sollte ich nicht versäumen, mir den Film „Johann Sebastian Bach" an-

zusehen. Leider war er für Tage ausverkauft. Ein glücklicher Zufall führte mich in die Nähe eines älteren Herrn, der fünf Karten - aus welchem Grund auch immer - wieder verkaufte. Wie warme Semmeln riss man sie ihm aus den Händen und ich bekam auch eine davon. In meiner Unterkunft bemerkte ich jedoch, dass die Karten für 20 Uhr ausgewiesen waren. „Für Jugendliche unter 18 Jahren ist der Aufenthalt nach 21 Uhr in Vergnügungsstätten verboten", so lautete die Bestimmung. Auch gefährdete eine Jugendliche ihre Sicherheit, die allerdings im Widerspruch zu ihrer Heiratsfähigkeit - ab 16 Jahren - stand. Abgesehen von den Gesetzen und ihren eingebauten Fallstricken, ängstigte ich mich sowohl in der Dunkelheit als auch vor Alarm. Mit der Verlockung, mir den Film unbedingt anzusehen, überwand ich sie. Zeitgerecht besuchte ich das Lichtspieltheater, das von Menschen überquoll. Am Eingang zum Theater drängelten und schubsten die Besucher durch die Tür. Der Kriegszeit angepasste Beleuchtung erinnerte auch hier an die Verdunkelung. Im Theaterraum selbst, der abgeschirmt von der Außenwelt lag, erhellte gedämpftes Licht die Plätze. Um 21 Uhr wies eine in großer Schrift auf der Leinwand daraufhin, dass Jugendliche unter 18 Jahren die Veranstaltung zu verlassen hätten. Dieser Aufforderung widersetzte ich mich, nach einiger Zeit verdunkelte sich der Raum abermals und einem störungsfreien Ablauf des Filmes stand nichts mehr im Wege.
Nach der Filmvorführung verließen die Besucher und ich, vorbei an stark markierten Pfeilen für Luftschutzräume, wieder das Theater. Schon längere Zeit fühlte ich „Argusaugen" auf mir ruhen. Leichtfüßig lief ich hinaus auf die verdunkelte Straße, die sich für mich zu einem Alptraum entwickelte. Beunruhigt über die Dunkelheit lief ich eine Abkürzung. Hinter mir hörte ich Schritte, meine Angst wuchs und Fantastereien narrten mich. Von abgemurksten Frauen las ich in den Zeitungen,

darum beschleunigte ich meinen Lauf, jedoch passten sich die fremden Schritte meinen an. Es beginnt kriminell zu werden, sagte ich mir und rannte drauflos. Unerwartet befand ich mich in einer Sackgasse, aus der es kein Entrinnen gab. Die mit Sandsäcken und mit Brettern vernagelte Eisenbahnunterführung sollte sie vor Bombeneinschlägen bewahren, jedoch versperrte sie mir den Zugang zur Paradiesbrücke. Weder ein Stock, noch eine andere Verteidigungsmöglichkeit bot sich mir. Viele Gedanken umkreisten das Wort „Hilfe!" Bevor ich rief, fragte hinter mir eine Stimme: „Na Fräulein, sie stammen wohl nicht von hier?" Der Klang der Stimme weckte mein Vertrauen. Ich drehte mich um und antwortete: „Nein!" Der junge Mann fragte mich: „Von wo stammen sie denn?" „Von Leipzig", sagte ich. Seine Überraschung darüber erwies sich als kleine Sensation, zumal wir im gleichen Zug gefahren waren. Und so geriet ich in die Fänge eines jungen Mannes, der sein Netz über mich warf und mich nicht wieder losließ.

Aus unserer ungeschickten Konversation entnahm ich, dass er als Soldat bei einer Luftnachrichteneinheit in Leipzig seinen Dienst versah. Ungläubig schaute ich auf seine Kleidung, die er als Zivilist trug. Er begleitete mich ohne jedwede Annäherungsversuche sicher durch die dunkle Nacht in meine Pension. Sein Angebot, täglich zu wandern und mir dabei die Umgebung Jenas näher zu bringen, nahm ich an. Tags darauf weckte mich ein junges Mädchen, pünktlich um 7 Uhr. Sie zog die Verdunkelung sowie die Jalousie hoch. Danach stand ich auf und reckte meine Glieder. Bei geöffnetem Fenster führte ich die gewohnte Gymnastik durch. Kaltes Waschwasser vertrieb mir die letzte Müdigkeit. Bis zum Unterkleid zog ich mich an, bürstete mein Haar, betupfte mein Gesicht und Hals mit Creme und puderte ein wenig die Nase. Auch manikürte ich die Fingernägel – zu einem kleinen Halbmond – dann erst zog ich das Kleid an. Im

Gastraum saßen bereits einige sonntägliche Stammgäste. Mein Frühstück servierte mir die Besitzerin selbst in der hintersten Ecke. Auch schirmte sie meinen Platz vor all zu viel Neugier ab.

Einen Steinwurf von der Pension zur Straßenecke entfernt traf ich zur vereinbarten Zeit meinen Begleiter, welcher bereits uniformiert wartete. Als ich ihn stehen sah, gefiel er mir gut, dennoch bezweifelte ich, dass er sich mit mir „Kücken" zufrieden gab. Der tägliche Umgang mit meinen Brüdern, als einzige männliche Wesen im engeren Sinn, machte mich nicht reifer, jedoch sie gehörten mit in den Mittelpunkt meines Lebens. Wir nahmen uns den „Landgraf" für unsere erste Exkursion vor. Eine vom Regen ausgewaschene Schneise führte gerade hoch. Bevor wir das Ziel erreichten, ruhten wir uns vom mühsamen Kraxeln auf einer zurückstehenden Bank aus. Ein abwärts gehender Mann blieb freudig erstaunt vor meinem Begleiter stehen und unterhielt sich mit ihm. Mehrmals betonte der Mann: „Nee, so was - treffe ich dich hier wieder!" Später hörte ich: „Hast wohl dein Fräulein Braut mitgebracht?" Ich saß noch auf der Bank und dachte: „Braut, wie das klingt." Der Mann lief nach seinem Abschiedswort „Vergelt´s Gott!" weiter abwärts, bis er im Grünen verschwand. Auch wir wollten aufbrechen. Zu diesem Zweck erhob ich mich, jedoch auf die Raffinesse meines Begleiters war ich nicht gefasst. Hinter mir wuchs ein dicht verwachsenes Gestrüpp, das mit hohen Bäumen ein Haus verdeckte und er zum Gegenstand seiner Betrachtungen machte. Diese Sehenswürdigkeit, die keine war, sollte ich auch bestaunen. Mit seinem Ausruf: „Ach, schauen Sie nur da drüben!", drehte ich mich um und versuchte in die angegebene Richtung durch das Dickicht zu blicken. Während dessen wurde ich rückwärts umfasst und seine Hand wollte meine Handtasche ergreifen, doch ich hielt sie fest. Eine lachhafte, wilde Jagd begann. „Sie sind doch noch gar keine 17 Jahre alt!" sagte er. „Nein, aber 16 ½ Jahre!“ Wir lachten bis uns der Atem ausging. Den Eindruck eines „lächerlichen Zwerges“ wollte ich nicht erwecken, darum wurde ich wieder ernsthafter. Nach dieser Unterbrechung setzten wir wieder unseren Weg fort. Bald erreichten wir den „Landgraf“ mit seiner Gaststätte. Dort trank mein Begleiter ein Bier und ich eine Limonade, die mir später zum peinlichen Verhängnis wurde. Mitten im Wald, der einen angenehmen würzigen Geruch verbreitete und das Gezwitscher der Vögel heimisch erschallen ließ, nahm er zum Anlass, sich zu entschuldigen und hinter einen Baum zu treten. Nicht etwa, um Juchhe zu rufen. Oh, nein! Mir war, als trat mich ein Pferd. Die Natürlichkeit nahm ihren Lauf, mit ihr stieß ich täglich konfliktreich zusammen.

In der Mittagszeit trennten wir uns nach einer schönen Wanderung vor der Pension. Wie ich die Stufen zu meinem Zimmer hinaufging, wies auf dem ersten Treppenabsatz eine schmale Tür, mit der Aufschrift „OO“ hin, in deren Raum ich in letzter Sekunde mehr hinein flog als eilte.

Tags darauf trafen wir uns an gleicher Stelle, zur gleichen Zeit und an einem ebenso schönen Tag wieder. Unser Wanderziel galt dem „Luftschiff“. Durch die Ortschaft Ziegenhain führte der Weg steil aufwärts, zu einem abgelegenen Bauernhof. Des Geschäfts wegen standen auf dem Hof einige Tische und Stühle, für vorübergehende Fremde. Ein Ausschank von allgemeinen Getränken sowie an heißen Tagen Eis, lockten Gäste an. Hühner spazierten auf Tischen, Stühlen oder zwischen den Beinen von Ankömmlingen herum. Einfach halber wünschte mein Begleiter, dass wir uns duzten, was leicht von seinen Lippen kam, hingegen ich die persönliche Anrede noch mied. Günther war fast 6 Jahre älter als ich.[15.]

Als Zivilist gekleidet sagte er zu mir: „Solange ich Urlaub habe, ziehe ich die Uniform nicht mehr an. Weder bin ich ein zackiger Soldat, noch will ich einer werden. Religiös und in der Kirche bin ich auch nicht." Ferner, fügte er eigenwillig hinzu: „Mit einem Kreuzchen herumlaufen, damit die eigene Konfession jeden bekundet wird, sich reinwaschen lassen, um erneut zu sündigen ..." Aber was ist er dann, dachte ich. „Wenigstens ist er kein Faschist!"

Wir unterbrachen unser Gespräch, das mir mehr vermittelte als Lippenbekenntnisse es je taten. Unsere Wanderung setzten wir fort, zum „Fürstenbrunnen" über die „Diebeskrippe", wobei ich mich auf seine Ortskenntnisse verließ. Er wollte den Weg heimwärts abkürzen, demzufolge erklommen wir eine Anhöhe und ließen die farbige Wiese, auf der er liegend sich ausruhte, weit hinter uns. Ich schaute noch einmal zurück und vergegenwärtigte sie mir, auf der ich sittsam gesessen und mich niemals gelegt hätte. In Filmen oder Werbungen verhalten die fotogen wirkenden Szenen - durch die Regieführung - zu Erfolgsaussichten, aber nicht im Leben eines unbescholtenen Mädchens, dass noch keine „Verführungskünste" kannte.

Weiter liefen wir und liefen, bis ein schmaler werdender Weg uns der Zivilisation zuführte. Die Abkürzung erwies sich rechthaberisch als unrichtig. Der Mittag überschritt längst die Grenze der vorgesehenen Zeit. Bevor wir die ersten Häuser sichteten, küssten wir uns. Vor der Pension allerdings verabschiedete ich mich knapp, denn die Aussicht auf das heimliche Örtchen vergrößerte meine Pein. Mit angehaltenem Atem und steifer Haltung stieg ich die Stufen hinauf, doch der massive Druck erübrigte einen Gang ins kleine Kämmerlein.

Mit gereinigtem Körper und brennenden Fußsohlen legte ich mich ins Bett und schlief sofort ein. Geräusche weckten mich auf, die drei Mädchen verursachten. Bei näheren Betrachten erwachte ich vollständig. Meine Sinne nahmen drei alte Freundinnen wahr, welche mein Kinderleben - im Naherholungsgebiet „Stern“ - verschönert und bereichert hatten. Gretchen, Hannelore und Vera besuchten mich mit der Absicht, durch Jena zu schlendern und vielleicht Eis zu essen. Gegenüber vom Volkshaus kehrten wir in eine Eisdiele ein, dort lernte Vera ihren späteren Mann kennen. Besonders mit den beiden verknüpften mich jahrzehntelange freundschaftliche Bande.

In dessen lehrten mich Erfahrungen, dass Liebesabenteuer auf dem Pfad von siegesbewussten Übertreibungen entlang glitten oder gar Fantastereien vor der Realität kapitulieren mussten.

Am nächsten Morgen wanderte Günther mit mir zum „Jenzig“ gegangen. Mit einer langen Nase charakterisierte er jahrhundertelang den Besuchern seinen Unwillen. Eine auf- und abwärts führende Serpentinenstraße gestaltete sich schon für ältere Leute anstrengend, wie viel mehr aber erst die verschlungenen Pfade und Kletterpartien. Günther überschritt auch an diesem Tag die Mittagszeit und ich mein falsch verstandenes Schamgefühl. Für beide Unarten wurde ich verantwortlich gemacht.

Meine Wirtin wärmte mir das Mittagessen auf und niemals beklagte sie sich darüber. Überhaupt wohnte in ihr eine gute Seele.

Anderen Tags auf der Marschroute zum „Fuchsturm“ kam uns am Steinborn das Unwetter in Menschengestalt entgegen. Es hagelte Vorwürfe sowie Zurechtweisungen nach der anderen auf uns herab, die nur teilweise bei mir Zustimmung fanden. In dieser Form. Welche allzu schnelle Vorurteile in sich bargen, lehnte ich allerdings ab. Das „Unwetter“ zog weiter, es ließ uns zurück. Günther erklärte mir: „Dies war meine ältere Schwester.“ „Die äußere Ähnlichkeit war unverkennbar“, erwiderte ich. „In einem Punkt gebe ich ihr Recht, mit dem Ziel der Wanderung obliegt dir auch gleichzeitig das Zeitmaß, das du bestimmst und nicht ich." „Nein, ich kann unvorhergesehene Umstände nicht berechnen", sagte er trotzig. „Die Blicke deiner Schwester sprachen mich dennoch für schuldig", erwiderte ich. An diesem und an weiteren Tagen kehrten wir pünktlich mittags zurück. Den Nachmittag verbrachten wir zum ersten Mal gemeinsam mit seiner 13-jährigen Schwester im Schwimmbad.

Mein vierzehntägiger Urlaub endete mit der Abfahrt nach Leipzig. Kühl und regnerisch war der Morgen, an dem mich Günther zum Zug begleitete. Er fand keinen Fensterplatz, aber ein Abteil 3. Klasse, in dem bereits mehrere Fahrgäste Platz genommen hatten. Abschiedsszenen liebte Günther nicht, wie er sagte, dennoch sein knapper Abschied - lange vor der Abfahrt - löste ganz und gar Verwunderung in mir aus. In seinem schäbigen hellgrauen Regenmantel wirkte er eher fremd, als vertraut auf mich. Auch sein Hut mutete mich seltsam an, der - wie er versicherte - erst in seiner Hosentasche die richtige Form bekäme. Widerspruchsvoll auf seine Marotte antwortete ich: „Eine Hosentasche ist keine Hutschachtel!" „Bei mir schon", behauptete er. An dieses Zwiegespräch dachte ich, als der Zug mit dem letzten Hinweis „Bitte Türen schließen!" nach Leipzig fuhr. Alles Schöne fand somit seinen Abschluss. Meine Eltern hatte ich jeden zweiten Tag geschrieben, wobei ich die Bekanntschaft mit Günther nicht verschwieg. Er stand im Mittelpunkt meiner Betrachtung, die vielleicht zu viele erotische Fantasien bei ihnen auslöste. Auf meine sieben Briefe bekam ich eine Postkarte, sie enttäuschte mich, denn auf ihr standen neue Töne, welche mich nicht ansprachen und nur den Nährboden für fremde Leute lieferte. Ich fühlte mich verraten und verkauft, jedoch dieser Luftzug zog vorüber, wie die Heimfahrt auch. So wie der Personenzug in die Station Leipzig-Möckern einfuhr, stieg ich aus und betrat heimatlichen Boden. Es gehörte zu einem Bahnhof, dass Menschen aus- und eingingen, sobald ein Zug abfuhr oder ankam.

Als ich mich später in der Straßenbahn meinem endgültigem Ziel näherte, stieg am Möckernschen Depot meine Mutter dazu. Bis zur nächsten Haltestelle blieb sie auf dem Perron von einem Niederflurwagen stehen. Freudig stellte ich mich vor sie hin, aber sie schaute nur kurz von ihrem Fahrtenbuch auf und übersah mit einem bösen Blick meine dargebotene Hand. Einen Arm legte ich um ihre Schultern und fragte sie: „Aber Mama, welcher Floh hat dich gebissen?" Sie schüttelte meinen Arm von sich und sagte: „Lass mich!" Mit dem Koffer in der Hand stieg ich an der nächsten Haltestelle aus, meine Mutter lief dicht hinter mir, als gehörte ich nicht zu ihr. „Man muss sich schämen, wegen deinen Ringen unter den Augen", hörte ich sie hinter mir reden. Mit ihrer Verhaltensweise verletzte sie mich tief, mir ging ein Licht auf. Was trieb sie zu einer derartigen Maßregelung? Ihre Annahme beruhte vielleicht auf eigenen Erfahrungen? Im Hinblick auf die sogenannten „tollen zwanziger Jahre" – über die sie berichtet hatte – verwunderte mich und ihre unbegründete Verdächtigung nicht mehr. Danach liefen wir wortlos im „Gänsemarsch" nach Hause.

***

In Übereinstimmung meiner brieflichen sowie meiner persönlichen Erzählungen nahm die Glaubwürdigkeit – für meine Mutter – eine neue Form an. Die Tatsache, dass Günthers Vater sich „Zeissianer" nannte und ein Haus besaß sowie ich bereits einen Nachmittag mit seiner Familie verbrachte, gab ihr die Gewähr zu einer ernsthaften Verbindung. Ihre selbst gebastelte Moral bekam Brüche, die weder ihr Verhalten rechtfertigte noch sich ihre Denkart auf der Grundlage bürgerlicher Ehre formalrechtlich stützte. Zum Bestandteil einer laschen Lebensweise gehörten „Augenringe" zum Sprachgebrauch meiner Mutter, wie ein Deckel zum Topf, der das Produkt „Anrüchigkeit" als Inhalt hatte. Im Küchenspiegel sah ein junges Mädchen ohne Ringe unter den Augen mir entgegen.

In der Mittagsstunde kehrte mein jüngerer Bruder Günter aus der Schule nach Hause. Sowohl er als auch mein Bruder Manfred freuten sich mit mir über unser Wiedersehen. Später - als mein Vater von der Arbeit kam - fragte er mich beim Abendessen nach meinem Freund, wie er betonte und dabei schmunzelte. In meiner Antwort ging hervor, was er wissen wollte und was nicht. Er vertraute und glaubte mir. Dessen ungeachtet nahmen meine Eltern - nach zwei Tagen meiner Heimkehr - die Einladung von Frau Kirchhoff an. Ihr vierzehntägiger Urlaub in Jena sollte sich für Jahre letztmalig gestalten. Die Vorbereitungen zu dieser Reise hinterließen eine Wüstenei, welche meine Brüder in vollem Umfang nicht erkannten, dennoch gestatteten mir arbeitsfreie Tage - neben den häuslichen Arbeiten - auch über meine Beziehung zu Günther nachzudenken. Eine Zukunft, wie sie sich ein junges Mädchen vorstellt, gab es für mich nicht. Zumal um mich herum Todes- und Vermisstennachrichten (durch den Briefträger) verteilt wurden. Frau Kruschwitz, aus dem Vorderhaus, bekam eine solche. Damit riss der Lebensfaden zwischen ihrem begabten ältesten Sohn und ihr für immer ab. Im gleichen Haus wohnte Frau Maurer mit ihrer Familie. Täglich schaute sie mit verweinten Augen und wackelndem Kopf zum Treppenhausfenster hinaus. Ihren stets heiteren Heini und ihre Tochter Leni, welche mich so oft im Schlitten fuhren, sah ich nie wieder. Ihre Spuren verwehten und nur Erinnerungen an sie blieben. Die Verbreitung solcher und ähnlicher Hiobsbotschaften schlugen immer größere Kreise. Auch die Schaufensterauslagen passten sich den Lebensmittel- und Punktkarten für Textilien an. In vielen Schaufenstern kleinerer Geschäfte zeigten sich allein das Bild Hitlers, Wimpel, nazistische Fähnchen und Sprüche. Trotzdem drehte sich das Leben weiter. Im Nachhinein gesehen, sorgten Amüsements, Liebe und Musik für Ablenkung von faschistischen Methoden und ihren unverzeihlichen Verbrechen.

***

Erwartungsvoll - mit einem Hauch von Romantik - sah ich dem Nachmittag entgegen, der mich mit Günther zusammen führte. Meine Brüder belustigten sich, als ich vor dem Spiegel stand. Ihre Worte: „Hier und da noch ein Löckchen zurechtlegen, ein wenig Puder auf die Nase und fertig ist der Lack", ärgerten mich. „Ihr Blödiane! Was versteht ihr schon von einer Dame?" Noch größeres Gelächter folgte, sie lachten so sehr, dass Manfreds Worte nur stoßweise von seinen Lippen kamen. Er zeigte mit dem Finger auf mich und wandte sich an Günter: „Hast du das gehört? Sie will schon eine Dame sein." Um meine Worte noch heftiger in Frage zu stellen, mimten sie mädchenhaft eine Parodie darauf. Sie stellten sich gegenüber, legten ihre erhobene rechte Hand aneinander, die linke stützten sie in ihre Hüfte, dann traten sie auf sich zu und wieder zurück. Um den Takt zu halten, pfiffen sie eine ihnen bekannte Melodie dazu. Während ihrer Pfeiferei erfanden sie - aus dem Stehgreif - einen Text, den sie zum Besten gaben. „Unsere Schwester ist verliebt, verliebt. Ihr Liebster ist es auch, ist es auch. Er hat sie schon im Dunkeln geküsst und weiß wie schön die Liebe ist." „Hört ihr endlich mit eurer Eselei auf", fuhr ich dazwischen. „Manfred, euer Abendbrot steht auf dem Küchentisch. Weder von einem Streit noch einem Zank möchte ich hören, also bitte, richtet euch danach." Meine Bitte sprach ich in den Wind. Manfred warf Günter eine Gabel hinterdrein, die in seiner Wade stecken blieb. Aus dem übermütigen Spiel wurde ernst.

***

Freudig umarmte ich Günther bei unserem Wiedersehen. Wir spazierten im Rosental und sprachen nur wenige Worte. Wozu auch? Silberfarbige Litzen und Sterne auf den Schulterstücken sagten mir nichts über einen Menschen aus. Eigentlich begriff ich mich selbst nicht mehr. Müde von der Ausweglosigkeit noch künftiger Perspektiven für mich vergaß ich das Leben selbst. Der Zufall führte mir einen Menschen zu, bei dem ich mich geborgen fühlte. Erhitzt vom Tag, kühlte angenehm der Wind mein Gesicht. Wir setzten uns in einem Rondell auf eine Bank. Mehrere Amoretten geflügelter Knaben, als verniedlichte Darstellung Amors, umsäumten es. Die Knabengesichter blickten in die Mitte zum Springbrunnen und ihre verkitschte Vielzahl begleitete mich unbewusst in meinem Leben. Meine Gemeinsamkeit mit Günther endete vor dem Geschäft vom Bäcker Köhler. Für die anmutende Unhöflichkeit, ihm die unsrigen Wohnungsfenster von unten zu zeigen, entschuldigte ich mich. Doch die Abwesenheit meiner Eltern wollte ich nicht mit männlichen Besuchen ausnutzen. Der nächste arbeitsreiche Tag forderte von uns mehr oder weniger unterschiedliche Aufmerksamkeit und Kraft. Günthers Unkenntnis zu dem schulfreien Unterricht erläuterte ich ihm, dass unabhängig von anderen Schulen, die Ballettschulen private Unternehmungen seien und demzufolge sie bereits seit dem 1. August wieder geöffnet hätten.

***

Als ich meine Arbeit wieder aufnahm, entging keinem mein erholsames Aussehen. Tags darauf begann erneut die Hast der täglich geforderten Aufgaben, die ich mir teils selbst auferlegte, teils gezwungenermaßen häusliche Pflichten übernahm.

Mit der Heimkehr meiner Eltern endeten sowohl die hochsommerlichen Tage als auch meine täglichen Übungen. Kurze Zeit darauf erhielt mein Vater seine Einberufung. Seine jahrelange Diskriminierung, die auch seine Familie mit hineinzog, ließ den Gedanken in mir aufkeimen: „Nun zieht das Militär auch noch alte Männer ein, sie bilden wahrhaftig das letzte Aufgebot." Männer in den vierziger Jahren sah ich mit den Augen der Jugend. Trotzdem entging mir nicht das Massenaufgebot eingezogener Männer. Von der Sammelstelle in Leipzig wurde mein Vater nach Riesa kommandiert. Ihn vermisste ich sehr, jedoch in das Herz meiner Mutter blicken konnte ich nicht. Ihr lebenslustiger Umgang sorgte für Abwechslung. Es gab kaum eine deutsche Familie, die nicht von der faschistischen Willkür – mit oder ohne Zustimmung – schmerzlich in Berührung gekommen wäre.

***

Günther sah ich jeden dritten Tag. Sein regelmäßiger Luftnachrichtendienst als Fernschreiber – 24 Stunden Dienst, 24 Stunden frei – ermöglichte es. Noch beschränkte sich unser Zusammensein auf wenige Stunden. An einem solchen Tag liefen wir an unserer Ballettschule vorüber. Durch die geöffneten Fenster klang die Stimme unserer Lehrerin: „Eins – zwei, eins – zwei ..." Das Tamburin und Klaviermusik unterstützte ihren Takt. Ich sage zu Günther: „Hörst du? Das ist unsere Ballettlehrerin!" „Wie kannst du den Unterricht versäumen?" fragte er mich vorwurfsvoll. „Ich sehe keinen Sinn mehr darin", antwortete ich.

Meine schriftliche Abmeldung sandte ich ihr formlos und ohne Begründung zu.

***

Im Oktober 1941 wurde Günther zu einem vierwöchigen Skilehrgang nach Harrasdorf beordert. Während dieser Zeit erkrankte ich an Grippe. Diese Infektionskrankheit zog sich in einem ungewöhnlich langen Zeitraum hin, so dass ich bei der Krankenberatungsstelle vorstellig werden musste. Mein beurlaubter Bruder Gerhard, vier Wochen vor seinem zwanzigsten Geburtstag, begleitete mich. Das Verbot meiner Mutter, fiebrig das Bett nicht zu verlassen, ignorierte ich. Jedoch auch die Ärztin schickte mich „blasses Hüpferchen" wieder ins Bett.

Sehnsuchtsvoll erwartete ich einen Brief von Günther, der einen Vorwurf in Gerhard hervorrief. Sein Gespräch mit meiner Mutter in der Küche hörte ich. „Mama, wie kannst du es zulassen, dass meine Schwester schon freundschaftliche männliche Beziehungen pflegt? Du siehst dich selbst, dafür ist sie noch zu jung und zu sensibel." „Ach was", sagte meine Mutter, „sie macht was sie will und überhaupt, warum hackst du auf mir herum?" Gerhard antwortete: „Ich verstehe dich nicht, Mama", damit beendete er das Thema. Im Wohnzimmer trat er, die Hände in seinen Hosentaschen, ans Fenster. Was ging hinter seiner Stirn vor, fragte ich mich.

Treppauf, treppab verteilte der Briefträger im Vorderhaus Briefe. Gerhard teilte es mir mit. Behände verließ ich mein Bett und stand im selbstgeschneiderten Schlafanzug neben ihm, jedoch - so sehr ich es mir wünschte - ein Brief für mich war nicht dabei. Laut weinend legte ich mich wieder ins Bett und vergrub mein Gesicht.

Wenige Tage danach beendete mein Bruder seinen Heimaturlaub. Er fuhr wieder hinaus auf See, in nördliche Regionen. Mich zerfraßen fast die Sehnsucht und die verlorene Geborgenheit. Die wenigen Briefe von Günther lagen unter meinem Kopfkissen. In einem nannte er mich „Engelein", wie ich glaubte und sich als „Hexlein" aufklärte. Um mich herum verbreitete sich Unkenntnis über die tatsächlichen Frontkämpfe und Verbrechen, die im Namen Hitlers unmenschliche, barbarischste Züge annahmen. Auch die frisierte Berichterstattung die Wahrheit nicht verdecken. Beispiellos ergoss sich eine verhetzte Verleumdung nach der anderen über Deutschland aus. Unmerklich schwamm die deutsche Bevölkerung und Soldaten im Fahrwasser Hitlers und seiner Steigbügelhalter. In dieser Situation lebten noch Millionen Menschen zwiespältig in den Tag hinein, vor allem nach dem Sprichwort: „Schweigen ist Gold, reden dagegen ist Silber". Mit „Pst!" warnte die faschistische Propaganda vor verzerrten Feindbildern. Inmitten dieser verlogenen Gesellschaftsform wurde ich groß und meine erste Liebe begann.

***

Als Günther den Skilehrgang - ohne Schnee - beendete und wieder nach Leipzig beordert wurde, rief meine Mutter seine Dienststelle an und hinterließ eine Nachricht für ihn.

Bevor er mich besuchte, glaubte eine Kollegin meiner Mutter Regie führen zu müssen. Schön angeordnete Sofakissen hinter mir, die von einem Hauch französischen Parfüms und Kosmetik mich in Szene setzen sollte, lehnte ich mit der Begründung ab: „Weder bin ich eine Französin, noch erwarte ich ein Liebesabenteuer, noch bat ich um ihre Hilfe", sagte ich erbost und drehte mich zur anderen Seite. „Nun sieh sich einer dieses Kücken an, sie benötigt meine Hilfe nicht!" ertönte es belustigt aus ihrem Mund, dabei schlug sie ihre Hände aneinander. Erneut sprach sie mich an: „Sie sind noch so jung, da muss ihnen jemand einen Hinweis geben." „Sie sagen es und das bleibt meiner Mutter vorbehalten." „Oh, ich wollte Ihnen nicht zu nahe treten, glauben Sie mein Kind, die Männer wollen immer nur das eine ..." Erstaunt fragte ich: „Sie sprechen in der Mehrzahl, ich glaubte Sie sind verheiratet?" „Na ja, denken Sie, ich warte so lange, bis mein Mann nach Hause kommt? Ich lebe jetzt, während das Alter noch in der Ferne weilt." Unverständig hörte ich mir ihr „Einmaleins der Liebe" an.

Sie neigte ihren Oberkörper zu meiner Mutter und fuhr fort: „Obwohl mir mein Mann und unseren beiden Kindern aus Frankreich all das schickt, was andere Menschen entbehren müssen, behalte ich doch meine eigene Lebensphilosophie. Ob sie richtig oder falsch ist, danach frage ich nicht. Für die Betreuung der Kinder und den Haushalt sorgt meine Mutter, als Offizier nahm mein Mann die Gelegenheit beim Schopfe, so dass ich seine Pakete bisher horten konnte. Von Unterwäsche (einschließlich Damenstrümpfen) bis hin zu Lebensmitteln reicht die Palette, was will ich mehr?" Nachdem meine Mutter sie zur Wohnungstür begleitet hatte und allein zurückkam, sagte ich: „Deine Kollegin quasselt sonderbar, glaubt sie noch an den Weihnachtsmann? Auf welche Weise ihr Mann in Frankreich zu den umfangreichen vielen Waren kam, interessiert sie nicht. Dort leben die meisten Menschen auch nur auf rationierte Lebensmittel und tausend andere Dinge ..."

Kurz darauf besuchte mich Günther das erste Mal. Er beugte sich zu mir und küsste mich. Die Anwesenheit meiner Mutter wirkte eher als Hemmschuh auf uns, als ihr mütterlicher Beistand. Trotzdem freute ich mich sehr, in seiner Nähe fühlte ich mich wohl und der Himmel hing voller Geigen.

Meiner Gesundung stand nichts mehr im Weg. Der Arzt schrieb mich zehn Tage später wieder arbeitsfähig, sie vergingen neben der gewöhnlichen Arbeit, Liebelei und Sondermeldungen im Handumdrehen. Zuweilen traf ich eine ehemalige Mitschülerin in der Straßenbahn nach langer Zeit wieder. Aus emotional geweckten Interesse fragte sie stets: „Tanzt du immer noch?“ „Seit einigen Wochen nicht mehr“, gestand ich. „Warum nicht? Wie kann man nur so ein Talent wegwerfen!“ Im Gedränge der Menschen sagte ich: „Wir haben Krieg!“ Weshalb näher auf Realitäten eingehen, die Unverständigkeit hervorrief?

Seitdem Günther mich das erste Mal besucht hatte, überwand er die Barriere eines Unbefugten. Als Partner genoss er nicht nur mein Vertrauen, sondern auch das meiner Familie. Nach sechs Wochen fuhr er übers Wochenende zu seinen Eltern, während ich nach der verkürzten Arbeitszeit - ab Sonnabendmittag - umfangreiche häusliche Arbeiten verrichtete, die den Sonntag mit einschlossen.

Am folgenden Montag nach seinem Dienst fragte er mich: „Was würdest du sagen, wenn wir uns Weihnachten verloben?“ Auf diese Frage fand ich keine Worte. Ich nahm sein Gesicht in meine Hände und küsste ihn auf seine Augen und seinen Mund, damit besiegelte ich mein Einverständnis. Allerdings den Zeitpunkt zur offiziell anberaumten Feierlichkeit besprach Günther mit seinen Eltern, ohne seine zukünftige Verlobte. Sie bestimmten über den familiär ausgerichteten scheinbaren Pomp, auf den sie nicht verzichten wollten. Meine zwei jüngeren Brüder schlossen sie zwar nicht davon aus, aber für die Naumann-Großmutter sowie die Krauß-Großeltern war kein Platz vorhanden.

Sowohl für den Kriegsschauplatz als auch für die Abwesenheit meines Vaters und meiner Brüder zeigten sie wenig Interesse. Ihr eng begrenzter Kreis verlief in den Bahnen eines angenommenen Dünkels, der ihnen unbedingtes Festhalten an Traditionen vorschrieb. Für eine Verlobungsfeier stellte das Wirtschaftsamt für zwölf Personen je 100 g Fleischmarken bereit sowie je 50 g Brot, Zucker und Fettmarken zur Verfügung. Eine Bescheinigung ermächtigte uns, 180 g Bohnenkaffee zu kaufen. Im Rahmen aller Möglichkeiten richtete meine Schwiegermutter die Verlobungsfeier festlich aus. Sie zauberte Raritäten auf den Tisch, worüber die Gäste in Verzückung gerieten. Die Hilfsbereitschaft meiner Mutter wurde nicht vermisst, auch ihr Beitrag an Zutaten bemängelt. Eine dementsprechend geführte Stichelei, die sofort bei meinem Betreten in die Küche abbrach, vernahm ich dennoch.

***

Nach unserer Verlobung kam unverhofft mein Vater aus Sewastopol auf Urlaub und brachte goldene Eheringe mit. Zu dieser Zeit handelten Händler auf der Krim mit Gold gegen deutsche Währung und Brot. Seine Freundschaft mit zwei ehemaligen Leipziger Soldaten brach er entschieden ab. Während einer Patrouille beschlagnahmte der zwei Ränge höher stehende Freund meines Vaters einer alten Frau ihre dringend benötigte einzige Milchkuh, aber weder ihr Klagen noch die Drohung meines Vaters stimmten ihn um. „Hans, wenn du diese Beschlagnahme vornimmst, kannst du unsere Freundschaft für beendet betrachten."

Die alte Frau beschwerte sich bei der Kommandantur, dass ihr eine Patrouille die Nahrungsquelle für ihre beiden kleinen Enkelkinder genommen hätte. Ein deutscher Offizier versicherte ihr höflich, dass er am nächsten Morgen den Truppenteil antreten ließe zur Identifizierung der Täter, jedoch diese bekamen den Befehl in der Baracke zu bleiben. Mit Prügel, Schimpf und

Schande wurde die alte Frau vom Platz gejagt, nachdem sie die deutschen Soldaten nicht identifizierten konnte. Seit dieser rohen Gewalttätigkeit „Siezten" sich die beiden ehemaligen Freunde nur noch. Mein Vater musste vor dem höheren Rang weichen und wurde Schikanen ausgesetzt. Kadavergehorsam und Weibergeschichten gehörten mit zu den Ursachen, die zum Bruch der Freundschaft führten und viel Wirbel auslösten.

Entschieden strebte mein Vater dem Ziel entgegen, durch Vorder- oder Hintertüren fremdes Territorium möglichst bald zu verlassen. Mit seinem Jahresurlaub und einer Augenkrankheit, die später zum Verlust eines Auges führte, brachte ihn unvermutet in seine Heimat. Die Behandlung seiner Augenerkrankung währte länger als er annahm. Nach seiner Wiederherstellung wurde er irgendwo in Deutschland als Wachmann der faschistischen Wehrmacht in eine Glashütte befehligt. Meine Mutter und ich begleiteten ihn zu seinem vorgeschriebenen Transportzug. Seine Grüße an Gerhard und Rolf rief er uns noch hastig zu. Szenen spielten sich auf dem abgelegenen Güterbahnhof ab, die sich in mir unvergesslich im Leben einprägten.[16.]

***

„Der Mann ihres Lebens“ (1942 bis 1943)

Zu Beginn des Jahres 1942 war ich gerade 17 Jahre alt geworden. Im Laufe der Verlobungszeit mit Günther lernte ich ihn näher kennen und erkannte, dass er völlig naiv in politischer Denkart war. Nach einer ungetrübten Kinder- und Jugendzeit wurde er von der „Mutterbrust“ durch den Barras entwöhnt.[17.] Seine Mentalität, die einer einfachen Auffassungsweise sich mir gutartig darbot, fing mich ein und ich hing immer mehr wie eine Klette an ihm.

Wir zufällig den jungen, verehelichten Mann von meiner Cousine Vera bei der Krauß-Großmutter kennen. Das Zusammentreffen sollte ein letztes Mal sein, denn seine Unabkömmlichkeit als Diplomingenieur schützte ihn bisher vor der Einberufung. Diese war jedoch im Zuge der hohen Verluste vor Stalingrad an Menschen und Material nicht mehr aufrecht zu erhalten. Nach einer Grundausbildung steckte ihn die Heeresleitung in den größten Sterbehaufen, über den wir bis dahin noch nichts wussten.[18.]

***

Mit der Beendigung meiner kaufmännischen Schul- und Berufsausbildung verdichtete sich die Befürchtung, dass sich bald die einjährige Dienstverpflichtung (Arbeitsdienst) ankündigte. Anhand von Beispielen wusste ich, dass Mädchen in meinem Beruf dem verzweigten Nachrichtendienst unterstellt wurden. Hinzu trat eine akute Wohnungsnot auf, die zunehmend größer wurde. Meinen Schwiegereltern verschwieg die bei ihnen im Haus wohnende Studentin ihre Immatrikulation nach Heidel-

berg nicht, so dass meine Schwiegereltern selbst über das von ihr bewirtschaftete Zimmer verfügten.
Während eines gemeinsamen Besuches bei Günthers Eltern gab uns sein Vater zu bedenken: „Aus einer hinausgezögerten Heirat erwachsen euch nur Nachteile, denn ihr müsst auch das Für und Wider in Betracht ziehen." Zum ersten Mal räumte mir mein Schwiegervater ein, an dem Gespräch teilzunehmen. Meistens verlief das Mittagsmahl zum Gähnen langweilig, von dem ich stets eine rote Nase bekam. Inhaltslos empfand ich vormals das Zwiegespräch zwischen meinem Schwiegervater und Günther, dass die Weiblichkeit zum Schweigen verurteilte, wenn der Herr des Hauses allein Fragen an seinen Sohn stellte. Mit der Heimfahrt endete unser familiärer Besuch, der uns aber auch eine Perspektive wies, die wir schrankenlos in uns aufnahmen.

In einem Zugabteil saßen wir allein, die richtige Gelegenheit für eine wahre unterhaltsam erzählte Geschichte. Ich wandte mich an Günther und begann: „Kurz bevor wir uns kennenlernten, musste ich ein Gynäkologen konsultieren. Krumm vor Schmerzen lief ich über den Hof und legte mich sogleich in Manfreds Bett. Frau Böhm, die mich am frühen Nachmittag ungewöhnlich kränklich kommen sah, fragte nach meinen Beschwerden. Darauf wusste ich nicht sofort eine Antwort. Nach längerem Zögern erklärte ich ihr, dass mich mein Personalchef wegen Unwohlsein nach Hause geschickt hatte. Dann fügte ich hinzu: 'Meine bereits monatelang verspätete Menstruation kündigte sich krampfartig schmerzhaft an.' Frau Böhm gehörte zu den Frauen, die statt Worte Taten folgen ließen. Sie kochte mir eine große Tasse Tee, der gallebitter schmeckte. „Morgen suchst du einen Arzt auf, der wird dir helfen." So sagte sie und ließ mich allein.

Nach ihr betrat meine Mutter mit ihrer Freundin (Frau Körner) die Wohnung. Sie öffnete die Zimmertür – „Nanu! Was ist denn mit dir los?" Ich erzählte es ihr. „Das ist nicht weiter schlimm, da bekommst du später mal die Kinder schwer." Am nächsten Morgen tat ich das einzig Richtige, was ich schon längst hätte tun sollen. Im Wartezimmer des Frauenarztes saßen bereits einige Patientinnen. Eine strickte, andere lasen oder sprachen miteinander. Sie schauten mich neugierig beim Eintritt an. In ihren Augen stand unverkennbar die Frage: Welche Ursache führt dieses junge Ding hierher?

Als ich nach längerer Wartezeit vor dem Arzt saß, fragte er mich nach den Personalien, die eine Assistentin aufschrieb. Dann traf er den Kern der Sache und ich beschrieb ihm meine Beschwerden. „Na, kleines Fräulein, dann entkleiden sie sich hinter dem Wandschirm erstmal ihre Beinkleider." Ich überlegte, was er gemeint hatte, denn diesen Begriff „Beinkleidung" verstand ich nicht. Wie auch immer, zum Rätsel raten war ich nicht hier. Kurzerhand zog ich mir Schuhe und Strümpfe aus, den Mantel sowie meinen Rock, der vielleicht mit dazu gehörte? Barfüßig schaute ich mit dem Kopf hinter dem Schirm hervor und rief: „Ich bin fertig, Herr Doktor!" Er wies mir den Platz zur Untersuchung, der mir noch unbekannt war. „Aber so kann ich sie doch nicht untersuchen! Bitte bereiten sie sich darauf vor!" Hinter dem Wandschirm glaubte ich zu wissen, was Beinkleidung hieß. Um einen Irrtum auszuschließen, zog ich außerdem die Bluse aus. In der vorherigen Lage begab ich mich aufs Neue, aber ich hielt dabei meine Beine und Augen fest geschlossen. Der Arzt stellte meine Beine so, dass er mich untersuchen konnte. Er fragte mich, mit wie viel Jahren ich meine erste Menstruation bekommen hatte. „Mit 15 Jahren", antwortete ich. Nach seinen Worten durfte ich mich ankleiden. Ein Schamgefühl durchfuhr mich, das mich gefangen hielt und nicht von mir wich. Mit gesenkten Augenliedern vernahm ich, dass junge Mädchen häufig ihre Menstruation regelwidrig bekamen. Nach seiner Verordnung wies er ausdrücklich darauf hin, sollte ich die Tropfen bis zum Eintritt meiner Menstruation regelmäßig einnehmen. Wort- und Grußlos nahm ich das Rezept entgegen, dann verließ ich den Behandlungsraum. Dieser Schweinerei unterzieh ich mich nicht wieder, nahm ich mir vor." Damit beendete ich das Thema, dessen Inhalt Günther nicht unbeantwortet ließ. „Wusstest du über so eine Untersuchung nichts?", fragte er mich. „Von wem denn?", fragte ich. Wir fuhren im Naumburger Bahnhof ein. Fahrgäste stiegen in unser Abteil ein und weiter fuhr der Schnellzug nach Leipzig. Langsam bahnte sich eine Unterhaltung zwischen ihnen an. Ein neues Bild entstand, das in keinen Rahmen passte. „Unglaubliche Ansichten wuchsen in manchen Köpfen", dachte ich. Die Knappheit der Lebensmittel brachte die Menschen auf seltsame Gedanken. Es hieß zwar, Essen hält Leib und Seele gesund, jedoch die unterschiedlich beurteilte Erschwernis der Arbeit kritisierten sie neidisch. Ihre Nörgelei ergoss sich über über Schwerst-, Schwer- und Arbeiter, Angestellte sowie Hausfrauen, ferner Jungendliche, Kinder, Klein- und Kleinstkinder, dann auch die Säuglinge, nicht zu vergessen die Zusatzlebensmittel für stillende und werdende Mütter.

Ein übermäßig ernährter Bauer - wie ich annahm - wollte sogar wissen, dass es Familien gäbe, die wegen Nahrungsmangel fleißig Kinder in die Welt setzten. „Ja?", fragten die Gesprächspartner. „Vielleicht fehlte ihnen das nötige Kleingeld für Kinokarten?" sprach geringschätzig eine Frau. Alle lachten über ihren „Witz", den ich als solchen nicht empfand. Günther verließ das Abteil, um zu rauchen. Etwas später folgte ich ihm, aus einem anderen Beweggrund. „Na Kleines, du hieltest es im Abteil nicht mehr aus?" empfing er mich. „Nein, diese Quatscherei

interessiert mich nicht, außerdem verpesten diese Ansichten die Luft."
Nachdem der D-Zug in Leipzig einfuhr, begleitete mich Günther nach Hause und blieb noch ein Weilchen, zumal er tags darauf für den Nachtdienst eingeteilt war. Eine Vorrangstelle nahm der militärisch straff disziplinierte Wehrdienst ein. Sich ihm zu entziehen kostete Kopf und Kragen. Nachtzeiten - bis zum Wecken - nahm Günther vor unserer Ehe niemals in Anspruch, trotzdem blieb uns Zeit für erlaubte Zärtlichkeiten. Meine Schwiegermutter drückte ihren Sohn, ausdrücklich nach ihrer Fasson, den Stempel auf die Brust: „Das Mädchen, welches du heiratest, musst du in Ehren halten", sagte sie.

Der Montag darauf begann mit Zahnweh. Nach langer Arbeitszeit lief ich zum Treffpunkt am Hauptbahnhof. Günther erwartete mich bereits. Wir fuhren in der Straßenbahn heimwärts. Das „Tète-a-Tète" währte nur ein kurzes Stündchen, denn ihn rief die Pflicht und mich die meinige. Während ich im Wohnzimmer mein Nachtlager bereitete, stand meine Mutter am weißen Kachelofen und schlug mit ihrer Hand nervös an die Kacheln. Aus ihrem Mund klangen Verwünschungen gegen meinen Bruder Manfred. In ihrer Rage platzten ihr die Worte heraus: „Und einen schlechten Charakter hat er auch." „Aber Mama, versündige dich nicht!" Sie unterbrach mich mit heftigen Worten: „Sei still! Nicht mal eine Ohrfeige kann ich dir verpassen, du erzählst ja alles deinem Günther!" Diesen Worten widersprach ich nicht, jedoch ihre Äußerungen über Manfred brannten sich für ewig in meinem Gedächtnis ein. Jeder arbeitete am nächsten Tag das was ihn die Pflicht auferlegte. Nachmittags nahm mein Zahnweh zu, sollte ich einen Zahnarzt konsultieren und mich seinen Händen unterwerfen? Indessen schwoll meine Gesichtshälfte immer stärker an, sie verdeckte ich nach Arbeitsschluss auf dem Nachhauseweg mit einem Tuch.

Erschrocken sah mich meine Mutter an. Bis zur Unkenntlichkeit verformt, verband sich der Nasenrücken mit der schwulstigen Stirn. Die Spannung vom Kinn - Mund, Wange und dem geschlossenem Auge - wurde unerträglich, so dass mein Bewusstsein trübte und Fieber hinzukam. Kurz entschlossen versuchte meine Mutter mich einem Arzt zuzuführen, doch ihre Assistentinnen wiesen mich ab. Mit Geld und guten Worten bettelte sie eine Assistentin in Leipzig-Gohlis an, jedoch weder ihren gesamten angebotenen Besitz noch ihre angstvollen grau-blauen Augen stimmte sie um. Einen richtungweisenden Rat erteilten sie alle nicht.

Es blieb uns noch zu später Abendstunde die etwa vierhundert Meter entfernte Wohnung zur Krauß-Großmutter und Tante Trudchen übrig, welche sicherlich einen Ausweg kannten. Apathisch ließ ich mit mir geschehen, was andere für richtig erachten. Meine Tante führte uns zu einem Arzt, dessen Haustür schon verschlossen war, dennoch glaubte sie, dass er mir helfen würde - wie sie sagte und klingelte. Halb betäubt setzte ich mich auf den Behandlungsstuhl. „Oh, da darf ich nichts vornehmen, aber einpinseln und für den Nachtschlaf etwas geben kann ich", sagte er. Mit der Straßenbahn fuhr meine Mutter mit mir am zeitigen Morgen in die Zahnklinik. Dort suchten Menschen - aus großer Entfernung - ebenfalls Hilfe.

Eine Schwester nahm mich sofort mit. In schneller Folge bereiteten mich Schwestern und Assistenten für eine Operation vor. Um mich von ihr abzulenken, sprach der Operateur zu mir: „Verlobt ist sie auch schon! Da können wir doch das hübsche Gesicht nicht so verunstaltet lassen." Mit einigen Schnitten quoll der Eiter nur so heraus, ich sah verwundert auf die Nierenschale und hörte: „Was, da staunen Sie!" Heimwärts in der Straßenbahn fühlte ich mich erleichtert, dennoch verformte die Geschwulst noch immer mein Gesicht. Im Büro entschuldigte mich meine

Mutter und erhielt von ihrem Vorgesetzten selbst zwei dienstfreie Tage. Auch Günther besuchte mich, mein „Versteckspiel" vor ihm unterband meine Mutter, indem sie mein Tuch vom einseitig bedeckten Gesicht wegzog und dazu äußerte: „Günther liebt dich ebenso mit diesem Gesicht, du dumme Hanne."

***

Kurz vor der Erwartung ihres Kindes erreichte meine Cousine Vera die Nachricht, dass ihr Mann gefallen sei. Damit begann eine Kettenreaktion, die die gesamte Familie nicht vorausahnte, geschweige denn, das volle Ausmaß begriff. Durch die Hiobsbotschaft löste sich ihr Kind, wie zum Protest des verlorenen Vaters, das zur Geburt führte. Der kleine Junge starb bereits am zweiten Tag seines kurzen Lebens. Völlig aus dem Gleichgewicht geworfen, geriet Vera in eine tiefe Depression. Aus dieser heraus half ihr nur eine Therapeutin, die - wie sich herausstellte - eine einstige Schulfreundin von Vera war. Unverstanden von ihren Eltern und ihrer Tante, bei der sie vormals ein Heim für ihre größer werdende Familie gründete, verließ sie diese und lebte verstoßen von ihnen - mit ihrer Freundin zusammen.

***

Mein Liebe zu Günther bahnte sich ihren Weg über Hindernisse hinweg, freilich nicht ohne die Möglichkeit einer Behausung mit in Betracht zu ziehen. Während Günther als verliebter Gockel die Initiative für unsere Verbindung ergriff, lagen vor uns viele Wegstrecken bis zur „Heiratsgenehmigung". Zuerst besuchten wir meine Krauß-Großeltern und die Naumann-Großmutter, von ihnen erhielten wir ihre Familienstammbücher aus-

geliehen. Der Pfarrer in Leipzig-Wahren beglaubigte meine Taufe und Konfirmation. Einen ärztlichen Gesundheitsnachweis und die nötige Zustimmung meiner Eltern (als Erziehungsberechtigte) gehörten dazu. Ähnliche Papiere zur Erforschung der Ehetauglichkeit maß man auch Günther zu. Mit den gesamten aktenkundigen Belegen erwarben wir in der Kanzlei des Oberbürgermeisters, nach gründlicher Prüfung, den arischen Befund und somit die endgültige Genehmigung zur Ehe, welche sich der faschistischen Rassentheorie beugen mußte.
Mit der Vollendung des 16. Lebensjahres, so bestimmte das Gesetz, erlangten die Frauen die Heiratsfähigkeit, hingegen den Männern erst mit ihrer Volljährigkeit. Der Widersinn dieser Regelung führte zu unverständlichen Verhältnissen, denn das Leben und die Gesundheit von unmündigen 17-jährigen jungen Soldaten zählte im Krieg ebenso, wie das der volljährigen Männer, nicht aber für eine Ehe. Zeugte ein unmündiger Soldat ein Kind, so eilte diesem der Ruf „lediges Balg" voraus. Nach unserer Entscheidung zu ehelichen gab ich in meiner schriftlichen Kündigung an die Maschinenfabrik jene Gründe an, die eine Übersiedlung nach Jena erforderlich machten. Viel Rederei und Vermutungen erregten meine Kündigung sowie die bevorstehende Heirat sowohl in den Büros als auch im Betrieb, so dass mein Verlobungsring nicht mehr als Witz verstanden wurde.

Nach dem Tod von Herrn Wolf hatte Herr Kohl dessen Arbeitsbereich übernommen. Aus welchen Gründen auch immer, erschwerte er mir meine Kündigung. Er verlangte, dass erst eine eingearbeitete Nachfolgerin mich ersetzen müsste. Ein weiteres Mal schickte er mich zu einer Bewerberin, welche - wie er äußerte - weder eine Brille trug, noch über missratene Beine verfügte. „Na, Sie wissen schon, was ich meine." Doch jene Bewerberin entsprach nicht seinen Vorstellungen, wie viele andere auch nicht. Während einer privaten Unterredung mit mir fragte er: „Wissen Sie überhaupt, was eheliche Beziehungen sind?“ Wusste ich das wirklich? Jedenfalls glaubte ich es. Verliebt zu sein und dazu häusliche praktische Erfahrungen erworben zu haben, die ich zweckdienlich anzuwenden gedachte sowie einen Mann im mitteldeutschen Raum anzugehören, genügte mir vorerst für eine Ehe. Als Günther von der Ablehnung meiner Kündigung hörte, begab er sich selbst zu meinem Personalchef. Mit Herzklopfen empfing ich ihn und meldete ihn an. Die Unterredung fand ohne mich statt, was Günther nicht daran hinderte, seine Meinung Herrn Kohl gegenüber gründlich darzulegen. Erst nach harten Auseinandersetzungen – wie ich erfuhr – gab mein Personalchef nach und willigte in die Kündigung ein. Nach Arbeitsschluss sah ich Günther erneut an unserem alten Treffpunkt stehen.

Aufgrund der bevorstehenden Eheschließung erhielten wir vom Wirtschaftsamt Bezugsscheine für Bettwäsche, Tisch- und Handtücher. Inlett, Federn- sowie Steppdecken gehörten – wie ich vernahm – als vorläufig gemeinsamer Beitrag noch zur Gründung eines Haushaltes. Nach Anzahl der Fenster und ihrer Maße stand uns auch Gardinenstoff zu, der nach gebundenem Gebrauchswert und örtlichen Möglichkeit zum Verkauf gelangte. Die Erschwernisse vieler kleiner Notwendigkeiten war es. Ein Spiegel, Schere oder Zwirn erforderten Zeitaufwand, gesunde Füße und Geduld. Einen „Wecker“ erlangte Günther nach unserer Eheschließung durch Vorlage der Heiratsurkunde! Mit der Entscheidung meiner Mutter, den Polterabend zu ignorieren, löste sie zugleich die Bewirtung, die nach ihrer Meinung in Kriegszeiten unangemessene Lustbarkeiten aufwiesen und auch ihren Zeitplan erschöpfte in bequeme Ausflüchte. Dennoch ließen es sich die Hausbewohner und viele Nachbarn nicht nehmen, nach altem Brauch beschädigte Geschirrteile vor unserer Wohnungstür in Scherben zu zerschlagen. Der Anblick in unserer Wohnung war eher chaotisch als heimisch zu nennen.

Um das Bügelbrett und Bügeleisen lagen geöffnete Koffer herum, Kleidungsstücke hingen über den Stuhllehnen, Wäsche, Bücher und Zeitungen nahmen freie Plätze ein. Krimskrams, der für mich nützlich sein konnte, vervollständigte den Wirrwarr. Wunderschöne Geschenke, die sicherlich aus der Tiefe mancher Schränke oder gar verpackten Kisten der Luftschutzkeller entnommen wurden, bereiteten sowohl Freude als auch Bewunderung.

***

Zum ersten Mal übernachtete Günther - der Zeit wegen - bei uns, denn unsere Trauung war für den 16. Mai schon für 8 Uhr anberaumt. Das Geheimnis des Brautgebindes lüftete sich, als ich angekleidet im Wohnzimmer stand. Günther übergab mir „Teerosen", welche ihre Köpfe hängen ließen, als ging ich zu einer Hinrichtung. Nichtsdestoweniger begleiteten uns teils neugierige, teils wohlwollende Blicke in der Straßenbahn. Als wir sie endlich wieder verließen, blieb sie solange stehen, bis wir im Vorgarten des Standesamtes verschwunden waren. Ihr schrilles „Bim, bim!" erklang uns als Glückwunsch, was ich auch so empfand. Vor der Zeremonie fragte der Standesbeamte Günther: „Waren sie schon einmal verheiratet?" Die gleiche Frage stellte er an mich, doch fügte er etwas nachsichtig hinzu, wie mir schien: „Für sie erübrigt sich sicher diese Frage."

Als Eheleute verließen wir das Standesamt wieder. Vor der Tür stand eine Abordnung meiner Firma und Kollegen, die mit Blumen, Geschenken und Hände schütteln auf uns warteten.
Die Familienfeier fand zu diesem Anlass in Jena statt, doch bis zur Abfahrt des Schnellzuges drehte sich der Zeiger der Uhr

noch einige Runden. Im Hof dankten wir Frau Seifert für ihre Tätigkeit als Trauzeugin, bevor sie ihre Wohnung aufsuchte und wir die unsrige. Wir erachteten es als selbstverständlich, unsere Naumann-Großmutter als junge Eheleute im Krankenhaus zu besuchen. So bekam meine Mutter die Gelegenheit, ihre Vorbereitungen nach Jena zu beenden.

Großmutter kam uns angekleidet entgegen gelaufen, ihre Entlassung erwartete sie bald. Sie beglückwünschte uns zur Trauung, jedoch eine Lebensweisheit gab sie uns mit auf unseren gemeinsamen Weg: „Der Himmel hängt nicht täglich voller Geigen, auch rauchen wird's mal!" „Woher weißt du das, Großmutter!" fragte ich. „Nun, mein liebes Kind, ich war auch einmal jung!" Die Freude über ihren verlorenen Bauch teilte ich mit ihr. Mehrmals gebrauchte sie die Worte: „Ach, wenn das Großvater wüsste!" Sie schleppte sich seit Jahren mit einem Nabelbruch herum, der sich bis in die gemeinsame Zeit mit Großvater erstreckte. „Wer arbeitet dir das auserlesene Bolerokostüm mit der mattgelben Bluse?" fragte sie interessiert. „Na wer denn schon, ich natürlich! Günther zeigte mir, wie der wirre Fitz auf dem Schnittmusterbogen enträtselt wurde." „Nein", rief sie, „das sieht aber elegant aus! Und der breite taillierte Gürtelteil gehört wohl zum Rock?" „Ja, er ist sowohl das A und O dieses Modells, als auch die reich mit Smok verzierte Bluse." „Deine Selbständigkeit zeigte sich bereits als kleines Mädchen." Nach einer Pause fragte sie weiter: „Was wird mit deinem Ballett und deiner Akrobatik?" Ich legte meinen Arm um sie und sagte: „Es war und muss ein Traum bleiben, denn eine stärkere Gewalt traf die Entscheidung, Großmutter." Sie seufzte: „Und keine Änderung in Sicht?" „Nein, die Zeit wird mein Alter überschreiten!" Was sollte ich ihr sonst sagen? Günther sah ungeduldig auf seine Armbanduhr. Mit den Worten: „Künftig sehen wir uns seltener, Großmutter, denn ich bleibe in Jena", verabschiedeten wir uns von ihr. „Wenn das der Großvater wüsste“, wiederholte sie.

Auf dem Weg zur Straßenbahn begegnete uns ein jüdischer Mensch. Zum ersten Mal sah ich in der Realität einen gedemütigten Menschen mit einem Stern auf der Brust, der einer anderen Konfession angehörte, so - wie ich es in allen Zeitungen, Broschüren und auf Plakaten sah. Sein Weg führte zwar an uns vorüber, aber er verließ den Gehsteig, um auf der Fahrbahn seinen Weg fortzusetzen. Verblüffte fragte ich: „Warum setzte dieser unglückliche Mensch seine rechtzeitige Auswanderung nicht in die Tat um?“ „Vergiss nicht“, sagte Günther, „dass viele von ihnen hofften, es würde nicht so schlimm kommen und außerdem besaßen sie nicht alle das Geld zur Auswanderung in eine ungewisse Zukunft.“ Wir erreichten die Straßenbahnhaltestelle und stiegen nach kurzer Wartezeit in den Niederflurwagen der Nummer 11 ein.

Die Fahrt ermüdete mich, jedoch Günthers braune Augen blickten munter hin und her, während mir merkwürdigerweise eine längst vergangene Begebenheit einfiel.

***

Mein Bruder Rolf unterstrich einstmals im Treppenhaus, als zwölfjähriger Junge, mit erhobenen Zeigefinger seine Worte an mich: „Warte, du Wanst, jetzt bekommst du Hiebe von mir!“ Schnell nahm ich den Wasserschlauch vom Elektrozähler und schloss ihn in der Küche am Wasserleitungshahn an. Auf seine Bedrohung hin zielte ich mit dem Schlauch auf ihn. „Trittst du mir näher, dann drehe ich den Wasserhahn auf“, sagte ich. „Das wollen wir doch sehen!“ rief er und trat auf mich zu. Erbost über sein Verhalten geschah das, vor dem ich ihn warnte.

Erschrocken sah er mich durchnässt an und schrie: „Hörst du auf, du freche Kanaille!“ Er schritt noch näher an mich heran, dabei traf ihn ein voller Strahl fließendes Wasser. Er wich zurück und fluchte: „Verdammt und zugenäht, du entkommst mir nicht!“ Rolfs Hartnäckigkeit zwang mich weiterhin Wasser zu verspritzen. Bald stand sowohl die kleine Küche als auch der Korridor unter dem nassen Element, dennoch lag der Schlauch weiterhin in meinen Händen. Mir blieb keine Wahl, wie auch immer ich mich verteidigte. Durch die geöffnete Wohnungstür nahm das Wasser seinen Weg und hüpfte von Stufe zu Stufe. Im unteren Stockwerk sammelte es sich in einer unebenen Vertiefung des hölzernen Fußbodens. Sprachlos blieb Gerhard an der Tür stehen und sah mich mit dem Schlauch in der Hand. Hilfesuchend sprach ich ihn an: „Gerhard, Gerhard! Rolf droht mir mich zu schlagen!“ „Schämst du dich nicht, unsere Schwester so weit zu treiben?“ frage er ihn und schlug mit der Faust zu. Das wiederum erzeugte eine handgreifliche Auseinandersetzung, die sich im Wohnzimmer fortsetzte. Danach halfen mir beide, vernünftigerweise, als wäre nichts geschehen, die Nässe zu beseitigen. Gerhard nahm dazu ein Handtuch und Rolf irgendeinen Fetzen. Unsere inzwischen heimgekommenen Brüder Manfred und Günter betraute Gerhard mit der Aufgabe, durch das Wohnzimmerfenster festzustellen, wann unsere Mutter kam und mit welcher Miene wir sie zu erwarten hatten.

***

Mit der Fahrt nach Jena begann ein neuer Lebensabschnitt, der ungewiss und fremd vor mir lag. Vor der kleinen Gartenpforte begrüßten uns meine Schwiegereltern herzlich.

Meine Mutter mit Manfred und Günther, mein Mann – so musste ich ihn wohl neuerdings nennen – und ich trugen schwer an Koffer und Taschen. Um es vorwegzunehmen, legten wir in einem großen und einem kleinen Zimmer den Grundstock von unserem neuen Zuhause. Vorübergehend überließen uns meine Schwiegereltern einen Teil der Möbel - wie Bett, Schrank, Tisch und zwei Stühle. Anderseits besaß Günther bereits eine Schlafcouch, Sessel, einen Bücherschrank und Bücher. Bei unserer Ankunft lag auf dem Bett ein entlehntes weißes Lavabelkleid, von Günthers Schwester Garderobe, dazu ein Brautschleier mit einem Myrthekranz, die beide teuer und schwierig zu erwerben waren. Weiße Nelken in einer kostbaren Vase verwandelten den Raum in ein unerwartet festlich hergerichtetes Brautgemach. Auf das Merkmal der verknüpften Familienbande symbolisch hinweisend, war ich nicht gefasst, noch weniger auf den Zwang mich nicht zu reinigen, noch mein Haar zu ordnen oder gar etwas zurechtzumachen. Dies sah die älteste Schwester von Günther offenkundig nicht vor. Mein Protest vor ihr zerplatzte in Schall und Rauch. Sie stülpte mir den langen weißen Brautschleier und den Kranz auf den Kopf und strahlte. Widerstrebend sah ich im Spiegel ein fremdes junges Mädchen, deren Brautschleier wie Fetzen in ihr Gesicht hingen. Kurzum, ich ähnelte eher einer Vogelscheuche als einer Braut.

Mit dem Gongschlag 24 Uhr, so der Brauch, wechselte der Brautschleier zu Helga (Günthers jüngster Schwester) über. Damit erreichte die Feierlichkeit ihren Höhepunkt. Witze und „Trallala" lösten die vorherige gehobene Feierlichkeit von allerlei Verträgen und unvollkommen - wenn nicht zu sagen - stümperhaft vorgetragener Klaviermusik ab.

Politische oder militärische Gespräche, wenn sie nicht mit der Tür ins Haus fielen, fanden bei meinen Schwiegereltern und ihren Verwandten weder Nahrung, noch hörte ich jemals eine kleinsteEinschätzung der Lage an den Kriegsschauplätzen. Die Nachrichtenpresse, nach Goebbelsscher Manier, bot dem deut-

schen Volk nur verdauliche Aushalt-Parolen und Lügen an, die jedoch scheinbar gern von meiner neuen Familie angenommen wurden. Den vermittelten vermehrten Gefallenenanzeigen und aus der Umgebung Vermisstenmeldungen konnten aber auch sie nicht ausweichen.
Jener Tag meiner Eheschließung schloss mich mit Eindrücken ein, deren Fülle ich kaum bewältigte. Tief in der Nacht verließen uns die Gäste und auch wir zogen uns zurück.

Aus meinem Herzen machte ich unter anderem Umständen keine Mördergrube, aber die neue Situation brachte mich in ärgste Bedrängnis, deshalb bat ich meinen Mann: „Günther, wenn ich mich entkleide und wasche, dann verlasse bitte den Raum, das war so und soll auch so bleiben." Mein Mann lachte: „Das ist der Witz des Jahrhunderts! Daran musst du dich gewöhnen als meine Frau." Trotzdem entschuldigte er sich ein wenig später mit den Worten: „Du bist mir doch nicht böse, Kleines? Ich bin sehr müde und muss schlafen!"

In der Vergangenheit hatte ich meine allabendliche Reinigung bei Kerzenlicht wie ein Ritual ausgeführt und niemand durfte mich dabei stören. Unterbrechungen durch meine Brüder zahlte ich ihnen mit Verwünschungen heim. Da wir kein Bad besaßen, stellten wir uns aus diesem Grund sonnabends eine Zinkbadewanne in die Küche. Bevor ich badete, schrubbte ich die Wanne so sehr, dass sich meine Mutter beleidigt zurückzog. Als mein Vater noch nicht zum Militär eingezogen war, trieb ihn eine unverfänglich wirkende Neugier wie wohl seine 16-jährige Tochter wohl aussah. Mit einer Missbilligung „Aber Papa!" kramte er im Küchenschrankkasten mit den tausend kleinen Dingen herum. Wie ein Igel rollte ich mich ein und versteckte mit den Händen das wertvolle „gewisse Etwas", was die Natur den Frauen freiwillig gab. Meine zwei kleinen Hügelchen, die einmal Brüste werden sollten, nahm ich freiwillig wichtig. Unbemerkt goss mir mein Vater kaltes Wasser auf den Rücken. Erschreckt breitete ich meine Arme aus und mein Vater ging lachend davon..

Schon am ersten Tag nach unserer Hochzeit kehrte Günther den Pascha heraus. Allerdings die vielgepriesene „Hochzeitsnacht“ oder für was man sie hielt, war ins Wasser gefallen. Während der dreitägigen Hochzeitsreise ins Schwarzatal trug Günther Zivilkleidung, mit einem gebundenen Bändchen im Haar begleitete ich ihn im Trägerrock. Wir wanderten im Tannengrün, das uns friedfertig und ohne Kriegseinwirkung umgab.

Gegen Abend suchten wir eine Pension auf und bestellten ein Zimmer. Die Wirtin verweigerte uns jedoch ein Doppelzimmer. Auf eine Bemerkung hin zog sie sich unseren Unmut zu. „Ich bin keine Absteige!“ war ihr abschließendes Argument. Durch Überredungskünste ließ sie sich nicht erweichen. Schließlich erreichte Günther mit der Heiratsurkunde mehr, als mit Worten. Die große dürre Dame entschuldigte sich und war wie umgewandelt. Sie vermietete uns ihr schönstes Zimmer, wie sie behauptete. Bevor wir unser karges Abendbrot einnahmen, fragte ich Günther: „hast du schon einmal jemand mit drastisch gemeinen Worten geantwortet?“ „Gewiss!“ Diese diskrete gestellte Frage erwies sich schwieriger als ich annahm. Darum flüsterte ich in sein Ohr: „Bitte schreib es auf, ich sehe weg!“ Nach einer angemessenen Zeit schob er mir einen Zettel zu. Die Worte darauf verschlugen mir die Sprache. Inzwischen servierte uns die Wirtin Wein. Die Verwandlung ihres Wesens erinnerte mich an die Häutung einer Schlange, wozu die Heiratsurkunde beigetragen hatte.

Durch die Unterbrechung erlangte ich meine Fassung wieder. „Wo hörst du so etwas?“ fragte ich. Er gestand mir: „Beim Kommis spricht man solche oder ähnliche Worte.“

Bei wechselvollem Wetter erklommen wir tags darauf eine Anhöhe. Auf einem Wiesenplateau suchten wir uns einen Rastplatz. Günther glaubte, so hoch droben wären wir allein. Er hüpfte in einer Unterhose herum, gleichwohl ich in Unterwäsche, danach legte ich mich erschöpft auf den Bauch und ließ die Beine in der Luft baumeln.

Tief unter uns arbeiteten Gleisbauarbeiter, als Schallwände legte ich meine Hände an die Mundwinkel und rief: „Hallo!" hinunter. Jedoch mein Ruf verhallte bereits in der Höhe. Die Wechselwirkung von Ärger und Spaß setzte mein Mann in die Tat um. Ruck, zuck riss er mein Höschen herunter, weiterhin versuchte er, unter meinem lachenden Protest, die Halterung vom Oberteil auf dem Rücken zu lösen. So leicht ließ sich die gebundene Wollkordel aber nicht öffnen, denn ich wandte mich wie ein zappelnder Fisch an der Angel. Wehrlos scheiterte ich an seiner Kraft. Stoßweise kam es über meine Lippen: „Bitte hör auf! Ich bin ja so kitzlig!" Er zog an der Schnur und der Büstenhalter öffnete sich. Triumphierend hielt er den Büstier über seinen Kopf, dabei vollführte er indianerähnliche Tänze, bei einem einigermaßen guten Vorstellungsvermögen. „Was hältst du denn so krampfhaft fest?" frage er überflüssigerweise, zumal ich nackt wie Eva im Paradies auf der Wiese saß. „Nimm die Hände vom Körper, deine Unschuld hast du sowieso verloren!" rief er übermütig. Halb lachend, halb weinerlich bat ich um mein Oberteil. „Gib bitte meine Nacktheit nicht der Öffentlichkeit preis, es könnte jemand kommen." „Wer denn?" fragte mein Mann belustigt. Ärgerlich und energisch zugleich verlangte ich meine Bekleidung, die er mir mit den Worten aushändigte: „Hab dich nicht so, hier kommt niemand!" Doch kaum beendete ich die letzten Handgriffe, da betrat ein Trupp Menschen die Wiese. Sie liefen einem unbekannten Ziel entgegen und wir waren wieder allein. Trotzdem bestätigte es sich,

dass auch hier oben die Öffentlichkeit fußte. Erleichtert sah mein Mann die Gesellschaft weiterziehen.
Am letzten Tag unserer dreitägigen „Hochzeitsreise" besichtigten wir eine Glashütte. Von dem dortigen Direktor erhielten wir 20 Stück komplette Einweckgläser anlässlich unserer kürzlichen Eheschließung. Sie erwiesen sich nicht nur als nützliche Starthilfe, auch als Rarität von Gebrauchsgütern waren sie bemerkenswert.

***

Als wir wieder unser kleines häusliches „Domizil" betraten, erlebte ich eine ärgerliche Überraschung. Sämtliche Blumen, einschließlich der Blumentöpfe, waren dem Müll zum Opfer gefallen. Einspruch zu erheben, wäre gewiss verfehlt gewesen, denn das friedliche Nebeneinander bedurfte einer vorrangig erstrebten Weitsicht.

Hortensien, Primeln, Hyazinthen und immergrüne Zimmerpflanzen musste ich vergessen. Vielleicht ärgerte meine Schwiegermutter der Inhalt des einen Koffers, der statt Wäsche allerlei nützliche Dinge vorwies, z.B. Häkel-, Strick- und Stopfnadeln, unterschiedlich große und kleine Knöpfe, Garne sowie aus trennbaren Wirkwaren Wollknäuel, Stoffreste, die irgendwann in dieser trostlosen Zeit Verwendung finden sollten. In Anbetracht meiner Heirat bekam meine Mutter eine jugendliche Lebensmittelkarte weniger ausgehändigt, die unter achtzehn Jahren zusätzlich täglich ¼ l Magermilch und in einer Dekade (Zeitraum von 10 Tagen) 125 g Butter vorsah.

***

Beunruhigt wegen der ausbleibenden Nachrichten von Gerhard und Rolf fuhr meine Mutter am dritten Tag wieder zurück nach Leipzig. Während der letzten freien Tage meines Mannes vermittelte mir das Arbeitsamt in ihrem Haus beim „Treuhänder der Arbeit" eine neue Arbeit. Der festgelegte Arbeitsbeginn lautete auf den 1.7.1942. Welches Metier dort bearbeitet wurde und teilweise nicht nur durch meine Finger ging, was in meinem Umfeld geschah an unmissverständlichen und brutalen Vorgängen, die sich vor allem gegen ausländische Zwangsarbeiter richteten, schockierte mich. In kürzester Zeit bemerkte ich, dass unsere Abteilung der Gestapo „Fälle" zuspielte, deren Hintergründe über den Rahmen des Üblichen hinausgingen. Ebenso arbeitete ein Kollege, der sich jedem als unschuldiges kleines Männlein glaubhaft versuchte darzustellen, in einem sehr großen Raum, der mit zwei dick gepolsterten Türen ausgestattet war. Verantwortlich für unsere Abteilung (mit insgesamt vier Personen) zeichnete angeblich Dr. Weber. Sein Name wurde missbraucht, als Aushängeschild, um all das zu verbergen, was der Öffentlichkeit unbekannt bleiben sollte. Vor meinem Amtsantritt sprach ich einen Eid nach, der sowohl Vertrauen als auch Verschwiegenheit verlangte, den Wortlaut dazu formulierte der Stadtrat, ohne mich vorher zu informieren. Meine Vorstellung von dieser Arbeit widersprach den häufigen Entgleisungen behandelter Fälle, die vor allem durch Arbeitsbummelei verdächtiger Personen zum Inhalt hatten.

Nach acht Tagen meiner neuen Arbeit klopfte ein langer, schlaksiger Lulatsch an die Tür. Meine Kollegin sprach ihn mit seinem Namen an, er schob eine sich widerstrebende deutsche Frau vor sich her, dabei fiel ihm quirlig seine dicke Zigarre von einem Mundwinkel zum anderen. Entsetzt sah ich die Frau an. Ihr veilchenblau verquollenes Auge und weitere blaue Flecke zeugten von äußeren Gewalteinwirkungen. Durch die offenstehende Tür nahm ich Dr. Weber wahr, jedoch drückten seine Gesichtszüge am Schreibtisch sitzend eine Resignation aus, die seine nähere Umgebung erzeugte und aus ihr keinen Ausweg fand. Herr Treitzel hastete wie ein rasender Reporter durch sein Zimmer und knallte hinter sich die Tür zu. Ohne sichtbares Mitgefühl wandte er sich der Frau zu und fragte: „Was war die Ursache deiner Arbeitsbummelei? Antworte mir gefälligst!" Seine Stimme klang metallisch und verächtlich zugleich. Der Lulatsch mit eingefallenem Brustkorb schob ihr erstaunlicherweise einen Stuhl zu, der andeutungsweise auf einen Sitzplatz hinwies. Diese Unterbrechung währte wenige Sekunden. Herr Treitzel wiederholte seine Frage. „Ich lag krank im Bett", lautete ihre Antwort. „Du lügst! Das wurde gründlich nachgeprüft", brüllte er. „Na, wenn du ..." Er schlug schneller zu, als ich sehen konnte. „Wie heißt du?" „Wenn du schon alles weißt ..." Sein Schlag brachte sie und den Stuhl zu Fall. Er zerrte sie auf den aufgehobenen Stuhl und fuhr fort: „Für dich bin ich Sie, verstanden?" „Dann Siezen sie mich auch", hartnäckig bestand sie darauf. „Jawohl gnädige Frau, wir verstehen uns schon", raspelte er Süßholz. „Verraten Sie mir, wo Sie sich während ihrer Krankheit aufhielten?" „Im Bett natürlich", lautete ihre knappe Antwort. „Mit dem Weihnachtsmann!" Sie warf ihre schlanken Beine übereinander und sagte nichts mehr. Wie eine heiße Kartoffel ließ Herr Treitzel seine Vertraulichkeit fallen. „Hinaus mit der Hure! Die Hintergründe erhellen andere." Ihr Begleiter führte sie hinaus, dabei schüttelte sie ihn ab. „Lassen Sie mich los, ich kann ebenso allein laufen", hörte ich sie.

Das zweifellos nachgewiesene Delikt einer Gewalttat stützte sich auf ihre Fingerabdrücke, die auf dem Griff eines Seitengewehrs eines Luftnachrichtenoffiziers sichtbar nachgewiesen wurden und den sie damit in den Leib stach – wie es in dem Begleitschreiben hieß. Diese Tat gestand sie ein, jedoch warum sie es tat blieb ihr Geheimnis. Weitere Delikte lüfteten sich. Sie ging den Weg in ein „Nichts" und war verloren. In aller Seelenruhe schrieb meine Kollegin auf ihrer Schreibmaschine weiter, während mich die letzten Eindrücke noch schockierten. Ich fragte mich: ‚Wohin war ich geraten?'

Einige Tage später stand eine junge Zwangsarbeiterin aus Belgien vor uns. Ihr wurde zur Last gelegt, dass sie im Schilderhaus ihre Zeit mit deutschen Soldaten verbrachte. Tagsüber verschwand sie. Für diese Zeit hatte sie kein glaubhaftes Alibi, weitere Fragen lagen zur Bearbeitung für die Gestapo offen. Herr Treitzels „Handgreiflichkeiten" erreichte auch in diesem Fall nichts, was die Gestapo nicht schon ermittelt hatte. Diese Verhöre fanden unter Ausschluss von Dr. Weber statt, der sich niemals daran beteiligte. Desto näher lag es, dass ich mir eine stichhaltige Begründung für meine Kündigung suchte, doch jene unterbrach erst einmal meine Erkrankung.

Mit schmerzhaftem Ziehen in der Nierengegend begann ich meine Arbeit. Nach einigen Stunden bemerkte ich, dass sich mein Harn rotbraun verfärbte und die Schmerzen statt ab- eher zunahmen. Meine Kollegin sah mit ihrem pickeligen Pfannenkuchengesicht besorgt auf und sprach mit Dr. Weber darüber. Er rief sogleich Dr. Hansen telefonisch an, um mich anzumelden. Mit den Worten: „Nehmen Sie diese fiebrige Erkrankung nicht auf die leichte Schulter", entließ er mich. Dr. Hansen gehörte der älteren Generation an, welche bereits den ersten Weltkrieg erlebt hatte, aber den Bazillus „Krieg" nicht mit Stumpf und Stiel ausrotteten. Die Entfesselung des zweiten Weltkrieges reihte sich nahtlos an die Vormachtstellung des Monopolkapitals an, es bediente sich der Menschen, die es stützten und stärkten. Manipulationen, vor allem mit jungen Menschen, bleiben dabei nicht aus. Wie mir Dr. Hansen versicherte: „Wenn sie auf mich hören, beseitigen wir die Nierenbeckenentzündung bald. Haben sie jemand, der ihnen lauwarme Umschläge bereiten kann?" Der Einfachheit halber sagte ich ja. Mit weiteren Maßnahmen fuhr er fort, schrieb mir Medikamente auf und stellte einen Krankenschein aus.

Am Vorabend kam es wegen meiner Kündigungsabsichten zu ersten Auseinandersetzungen mit meinen Schwiegereltern, jedoch verschob ich sie wegen meiner Erkrankung. In Anbetracht des bevorstehenden „Wochenendurlaubs" meines Mannes, den ich nun jede dritte Woche 1 ½ Tage sah, zwang mich die Pedanterie zu Vorbereitungen, die meiner Gesundung zuwider liefen. Auch vermied ich ein Zusammentreffen mit meiner Schwiegermutter, welche zeitweilig wetterwindisch ihre Gefühle zum Ausdruck brachte. Als ich endlich meinen Mann in die Arme schloss, wich die Begrüßung einer zärtlichen Begierde, die ich mit den Worten zurückwies: „Ach, nicht doch." Seine Verwunderung über meine Erkrankung schloss den Zweifel nicht aus, dass er sie überhaupt begriff. Wie auch immer, mit seinem Besuch kehrte zugleich die Unordnung ein, die Hand in Hand mit ihm kokettierte. Nach der Begrüßung mit seinen Eltern forderte er mich auf: „Zieh dich an, hopp, hopp! Wir sind zum Kaffee eingeladen!" „Nein, wie du bemerkt haben solltest, bin ich nicht frei von Fieber und Schmerzen knabbern mich auch noch an. Lade sie doch zu uns ein. Malzkaffee und selbstgebackenen Kuchen habe ich auch", schlug ich ihm vor. „Wir können ihre Einladung unmöglich ablehnen."

Seine Denkart fand kein Echo bei mir. „Dann musst du eben allein gehen!" Nach einer guten Stunde kehrte mein Mann, „infiziert" vom Plaudern, zurück. Mit der Ansicht seiner Eltern berichtete er mir, dass ich gar nicht an Nierenbeckenentzündung erkrankt sei. Wider besseres Wissen stellten sie eine Diagnose, die sie ihrem Sohn übermittelten. „Was soll's Günther, es gibt wichtigere Dinge, über die es sich lohnt zu sprechen", sagte ich.

Am Abend bereitete ich das Abendessen und legte seine schmutzige Wäsche (mit Halsbinden) in den neu erworbenen Wäschepuff. Während seiner freien Tage durchstöberte er in Leipzig Geschäfte und Kaufhäuser, um auf die Hochzeitsurkunde hin Gebrauchtwaren zu erwerben. In der Nacht störte uns kein Alarm, es blieb still. Der Sonntagmorgen weckte uns mit Hundegebrüll und Sonnenschein.

Nach dem schnell hergerichteten Frühstück suchte zunächst mein Mann seine Eltern auf. Rücksichtnahme meiner vorübergehenden Erkrankung erwartete ich ebenso wenig, wie ich die ärztliche Anordnung an jenem Sonntag befolgte. Erst zum Mittagessen sah ich meinen Mann wieder, er stellte seine Beine – nach alter Gewohnheit und Sitte – unter den Tisch, danach schlief er. Gegen 17 Uhr fuhr sein Zug nach Leipzig, jedoch ihn zum Bahnhof zu begleiten, blieb mir leider versagt. Nach drei Wochen schrieb mich der Arzt gesund und ich führte meine tägliche Arbeit aus.

***

Desinteressiert nahm ich Herrn Treitzels Anzüglichkeiten zur Kenntnis. Mal fand er meine Beine hübsch, mal zeigten meine Arme „Rasse“ – wie er sagte. Ein anderes Mal bewunderte er übertrieben meine Kleidung, dann wieder gefielen ihm meine Augen. Diese Kinkerlitzchen nahm mein Mann zum Anlass, ihm einen Beschwerdebrief zu schreiben. Meine Bitten, die Gefährlichkeit des Mannes mit ins Kalkül seiner Betrachtung zu stellen, brachten ihn zur Vernunft. Meine Kündigung erübrigte sich durch einen Vorfall, der nicht voraussehbar war. Unverhofft bat der Personalchef mich telefonisch kurz vor der Mittagszeit zu einer Aussprache, wie er es nannte. Dieser folgte ich und erwartete eine zeitlich gebundenen Arbeitsbereich zugewiesen zu werden, stattdessen eröffnete er mir: „Es wirkt sich günstiger für Sie aus, wenn sie selber kündigen. Fragen Sie mich bitte nicht, weshalb, ich darf es ihnen nicht sagen. Denken Sie in der Mittagspause darüber nach und glauben Sie mir." Seine Gesichtszüge drückten Ernsthaftigkeit, aber keine Ablehnung aus.

Da meine Mutter für einige Tage ihre alte Freundin, Frau Kirchhof besuchte, sie wohnte fünf Minuten entfernt von mir, schaute sie während der Mittagspause zu mir. Sie, aber vor allem mein Schwiegervater, bestanden auf einer Begründung der Kündigung, jedoch gerade diese befreite mich einer solchen. In Abwesenheit meiner Mutter schrieb ich eine kurze Mitteilung: Hiermit kündige ich - und zeichnete meinen Namen darunter. Dafür opferte ich ein Kuvert und steckte es in meine Tasche. Auf dem Weg zur Arbeit begleitete mich meine Mutter. Je mehr wir uns dem Arbeitsamt näherten, desto stärker warnte mich unerklärlich eine Gefahr, die ich nicht erkannte.

Als wir vor meinem Personalchef standen und ich ihm meine Mutter vorgestellt hatte, steuerte er direkt auf mich zu, gleichviel erfasste er meine Oberarme, um eindringlich seine vorgefasste Meinung zu wiederholen: „Glauben Sie mir, es ist das beste für Sie…" „Damit begründen Sie nicht die fristlose Entlassung meiner Tochter!" unterbrach ihn meine Mutter. „Selbstverständlich liegt es in ihrem Ermessen, den Stadtrat zu befragen - Sie vertraten bereits seine Sekretärin - aber ich rate ihnen davon ab, denn anschließend werden weitere Wege unvermeidbar, denen Sie schutzlos ausgeliefert wären und Sie sind noch so jung!"

Mit kalten Fingern legte ich ihm wortlos mein Kuvert auf den Schreibtisch. Er schaute sich meine drei Worte an und nickte. Daraufhin sagte er: „Ich empfahl Sie bereits dem Schott - Werk, dort finden Sie einen hellen Arbeitsraum, eine gute Bezahlung mit Aufstiegsmöglichkeit vor.“ – „Darf ich mich noch verabschieden?“ fragte ich. „Nein, es wäre für Sie nicht empfehlenswert.“

Auf dem Weg nach draußen atmete ich erleichtert auf. Offenbar erinnerte sich meine Mutter an die Vergangenheit, denn sie sagte: „Du, das gefällt mit nicht!“ Auf ihre Art fragte sie mich: „Hast du dich vielleicht mit jemand unterhalten?“ Ich zuckte die Schultern und deutete mit meiner Hand auf ungewisse Faktoren. Unsere Wege trennten sich, sie lief zu ihrer Freundin und ich zur neuen Arbeitsstelle.

***

Es gab Begebenheiten in meinem Leben, die sich unauslöschbar vollzogen, weil sie mit Gefühlsregungen verbunden waren. So verlief auch das Ereignis, das mich auf die Nase fallen ließ, von dem ich aber noch mit heiler Haut davon kam.

Auf dem Weg zum Otto-Schott-Werk überlegte ich krampfhaft, welche Unachtsamkeit mich in diesen Schlamassel hineingeführt hatte. Von vielen Gesprächen mit meiner Kollegin erinnerte ich mich insbesondere an eines, weil es mir teilhaftig die Würdelosigkeit und Menschenverachtung vor Augen führte: Während für frühstückten ereignete sich auf der Straße ein Vorfall, der bezeichnender Weise die Verrohung von manchen Jugendlichen zum Ausdruck brachte. Einige aufgebrachte Leute bückten sich nach Kartoffeln, um damit einer alten Frau ihr Netz wieder zu füllen. Was war geschehen? Ein Spielmannszug der Hitlerjugend, voran der Tambourmajor, marschierte u. a. auch an der hoch betagten Frau vorüber. Gewand sprang ein Trommler an sie heran und schlug ihr ein Netz mit Kartoffeln aus der Hand, weil sie die nazistische Flagge nicht grüßte. Die Kartoffeln kollerten auf dem Gehsteig und in entfernte Winkel.

Der Spielmannszug marschierte um den Roten Turm in Jena, als wäre nichts geschehen. Meine Äußerung zu jenem Vorfall zog die Erziehung der Jugend in Zweifel und ich bezeichnete die Ausschreitung als eine faschistisch-schändliche Willkür. Ich erinnerte mich an die Eifersüchteleien, wie ich sie nannte. Bat mich Dr. Weber zum Diktat, dann eilte meine Kollegin manchmal mit den Worten zu ihm: „Ich gehe, du hast ja noch zu schreiben!" Gewährte mir die Möglichkeit mit Block und Bleistift das Zimmer von Dr. Weber zu betreten, folge mir meine Kollegin auf dem Fuß, um Akten einzusehen, wie sie behauptete. „Sollte die Ursache meiner fristlosen Kündigung in jenem Verhalten zu suchen sein?" fragte ich mich. Bis heute fand ich keine Antwort darauf. In meinem zukünftigen Arbeitsbereich erwartete man mich bereits. Eine junge, freundliche Dame stellte mich einigen Mitarbeitern vor, für sie existierte ich vorerst als Fremdkörper, der das letzte Hindernis noch bestehen musste und so erwies es sich auch.

Meiner Einstellung stand nichts weiter im Weg, als eine formell erscheinende ärztliche Untersuchung, die bei Zuweisung einer neuen Arbeitsstelle erforderlich war – wie ich hörte. Dazu suchte ich den nächstbesten Arzt auf. Bevor er mich abklopfte und mit dem Stethoskop abhörte, ermahnte er mich: „Die Gitter müssen sie schon fallen lassen, ich nehme ihnen nichts weg." Danach entnahm mir seine Assistentin Harn ab, der genaueste Informationen lieferte, als es je Kaffeesatz vermochte. Das Ergebnis der Untersuchung teilte mir der Arzt vor seinem Schreibtisch mit, das meine Erwartung weit übertraf. Mit der Freudenbotschaft, dass ich schwanger war, vollzog sich in mir eine Glückseligkeit, die – wie ich glaubte – sowohl weitere Maßnahmen ausschloss als auch künftig meine Lebensführung in den Vordergrund stellte. Die ärztlichen Ratschläge: Nicht schwer heben, Milch trinken, Bewegung und frische Luft sowie genügend Schlaf, schlug ich in den Wind. Den ausgefüllten Fragebogen und ärztlichen Befund übergab ich verschlossen in einem Kuvert der Dame, welche mich zuvor in der Verwaltung des Otto-Schott-Werkes empfangen hatte, nach einer kurzen Wartezeit bekam ich den Bescheid: „Es tut uns leid, da sie ein Kindchen erwarten, können wir sie nicht einstellen.“ Mit diesem Ergebnis rechnete ich freilich nicht. „Was nun?“ fragte ich mich. Meine Überlegung zielte auf weitere freie Arbeitsplätze hin, deren Adressen ich aber nur über das Arbeitsamt erfahren konnte, alles andere blieb dem Zufall überlassen.

Auf dem Heimweg besuchte ich meine Mutter bei ihrer Freundin, um sie über die letzten Stunden zu informieren. An Frau Kirchhoffs Küchentür blieb ich stehen und sprach feierlich: „Hiermit verkünde ich die neueste Nachricht, dass …“ „Immerzu verkünde, wir sind ganz Ohr!“ ermunterten sie mich. „Meine Damen! Darf ich es wagen, euch zu sagen, die Uhr hat bereits zweimal geschlagen. Noch siebenmal erklingen ihre Töne, dann erscheint das Wunder mit Volldampf in der Türe … Mama, du wirst Oma!“ „Wo soll es denn bei dir sitzen?“ fragte mich Frau Kirchhoff. „Na da, wo alle kleinen Schreihälse sitzen oder liegen“ antwortete ich. Meine Mutter schaute mich sauersüß an. „Bedenke“, begehrte sie auf, „39-jährig werde ich von dir zur Oma gestempelt.“ „Was heißt gestempelt, du wirst durch mich zur jüngsten Oma erhoben, ist das nichts?“

Die zweite Nachricht erstaunte sie ebenso, wie sie mich erstaunt hatte. Meine Chance für eine Anstellung sah ich, wie ich glaubte, in kleineren Betrieben. Das Betreten des Gebäudes zum Arbeitsamt riet mir sowohl meine Mutter als auch ihre Freundin dringend ab, stattdessen erwogen sie, mit dem Namen meiner Mutter Hinweise zu erhalten oder Anschriften für Arbeitssuchende. Zwecks dieser Lösung wollten wir uns am nächsten Morgen treffen.

Hinter dem Haus sah ich vom Steingraben aus meine Schwiegermutter. Ich lief auf sie zu und sagte: „Mutter, denk nur, wir bekommen ein Kind!" Ohne mich eines Blickes zu würdigen, antwortete sie barsch: „Darauf bist du wohl noch stolz?" Einen von ihren besten Tagen erwischte ich offenbar nicht, dennoch erwähnte ich meine Arbeitssuche.

Wie vereinbart traf ich mich mit meiner Mutter. Ihr gelang es, vier Anschriften von kleinen bis kleinsten Betrieben zu erlangen. Drei von ihnen interessierten sich zwar für meine Arbeitskraft, jedoch nicht für meine Belange. So verlief meine Arbeitssuche erfolglos. Auf dem Heimweg berichtete mir meine Mutter, da ihr letzter Ferientag ablief, ein erschütterndes Ereignis, das mir den Krieg unerbittlich näher brachte. Ein Hagel feindlicher amerikanischer Bomben zerstörte 1942 das Haus meiner Cousine Lotte in Wuppertal, unter den Trümmern starb sie mit ihrem dreijährigen Jungen einen unausweichlichen und von Angst erfüllten Tod, wie ihre Eltern in Leipzig-Dösen berichteten. Lottes Ehemann, ein Offizier der faschistischen deutschen Armee, erschoss sich während seines Sonderurlaubes im Anblick des Trümmerhaufens. Vor zwei Jahren besuchte sie uns häufig mit ihrem elf Monate alten süßen Jungen, bis sie kurzfristig mit ihrer Familie und ihrem Bruder Herbert nach Berlin zog, neuerlich nach Wuppertal, das ihr und ihrem kleinen Jungen zum Grab wurde. Nach dieser traurigen Nachricht verabschiedete ich mich von meiner Mutter. Sie lief zu ihrer Freundin und ich weiter nach Hause in meine Puppenstube, wie ich es nannte. Um diese Zeit begann mein Schwiegervater seine Mittagspause im häuslichen Kreis, denn Betriebsessen gab es nicht.

***

Mit den Worten meiner Schwiegermutter: „Thea ist zwar sehr jung, aber Günther kann sie sich umso besser erziehen“, unterbrach ich ihr Gespräch, das sie mit einer Nachbarin führte. Sie verwechselte sicherlich „erzieherisch“ mit „beeinflussen“, fuhr es mir durch den Sinn. Ihren Worten maß ich keinerlei Bedeutung bei, wenngleich sie nach Rang und Reichtum ihre materielle Neigung nicht leugnete, zumal sie in der Jahrhundertwende ihrer Kindheit im Geist des Materialismus erzogen, aber nicht reich wurde. Zu jener Zeit 1942 bildete sie für ihre Familie teils den Mittelpunkt von Bequemlichkeit, teils ausgeprägter Nachahmung, die durch bestimmte Gene spezifische Merkmale aufwiesen.

Kurz nach mir betrat mein Schwiegervater sein Haus. Später fragte er mich, ob ich Arbeit gefunden hätte. Meine Verneinung erzeugte Wut in ihm, die er mit folgenden Worten ausdrückte: „Musst du bei der Arbeitssuche deinen Zustand hinausposaunen? Das geht niemand etwas an! Ich verlange es von dir.“ Seinem diktatorisch vorgetragenen Verlangen folgend stand ich am Nachmittag des gleichen Tages vor dem Spediteur, der sowohl den Schwiegersohn als auch den Nachfolger der Firma „Christian Ebhard“ repräsentierte. Am nächsten Tag frühmorgens 7 Uhr begann meine Tätigkeit. Die ungewohnt lange Arbeitszeit brachte mich manchmal aus dem Gleichgewicht, zumal nach einem Alarm der mir zwangsweise nur vier Stunden Schlaf ermöglichte. Der Nachholbedarf fiel meistens in die verlängerte Mittagspause. Einige Male versäumte ich zeitgerecht aufzuwachen.

Meine Schwiegermutter weckte mich nicht gerade zartfühlend. Vielmehr appellierte sie an meine Verantwortung. Erschrocken über die verschlafene Zeit, die sich nicht als zu spät erwies, eilte ich an meinen Arbeitsplatz. Dort führte ich u. a. auch ein Telefonat mit der Bahnmeisterei des Güterbahnhofes, die fünfmal drei Quadratmeter Raum für Bombengeschädigte dringend benötigte. Ich versprach meinen Rückruf. Mein Chef rief einen Kutscher zu sich und erläuterte ihm eine Sofortmaßnahme. Im Vorübergehen fragte er mich: „ Ob das was wird?" Bereits nach zehn Minuten teilte ich der Bahnmeisterei des Güterbahnhofes mit, dass ein Pferdefuhrwerk bereitgestellt würde, wie auch der benötigte Raum. Arbeiter leerten und säuberten eilfertig den Heuboden. Für das Heu im Hof fand sich eine trockene Bleibe. Die hilfsbereite Maßnahme entsprang nicht allein aus humanitär bewegende Großzügigkeit, das geschäftliche Interesse blieb als Faktum nachweisbarer Zahlen gewinnbringende im Hauptbuch zurück. Aus der Not anderer schöpften die Unternehmer noch Gewinn, was die meisten Menschen nicht sahen oder sehen wollten. Ihre unpolitische Motivation lag im Wesen dieser Zeit. Bereits vor dem ersten Weltkrieg trug die Erziehung indifferente Wesenszüge, die imperialistische Kreise für ihre Zwecke missbrauchten. Der vom faschistischen Deutschland verursachte zweite Weltkrieg trug auch die Handschrift derer, die Hitler wählten und ihm hysterisch zu jubelten.[19.] Trotz der schweren Bürde, welche die Mütter ertrugen, unterlagen kleine wie große Kinder dem nationalistischen Einfluss, der später von manchen heimgekehrten Vätern noch vertieft wurde.

***

Mein Magen begann zu streiken, nur Pudding behielt er zum Verdauen, alles andere wies er zurück. Nährmittel sowie Fleischmarken tauschte ich ein für Zucker und Puddingpulver. Brotmarken schob ich heimlich meinem Kollegen zu. Mit seinem steifen Bein, einem Überbleibsel aus dem ersten Weltkrieg, riss er keine Bäume aus. Schlecht und recht ernährte er seine zahlreiche Familie. Wie er sagte, hätten ihm seine sechs Kinder das Haar vom Kopf geknabbert. Seine Glatze bewies seine Aussage, die manche auch glaubten. Regelmäßig fütterte ein Pflichtjahrmädel die Hühner im Auslauf, der sich in dem großen Hof befand. Dieses „Schauspiel" regte Herrn Brückner zu einem unverschämten Vergleich an: „Das Mädchen dort drüben ist ebenso als wie sie", sagte er dummdreist zu mir, „wenn man das junge Ding in den Armen halten dürfte, wüsste man was man hätte. Aber ihr Mann weiß es nicht." Dagegen protestierten die anderen männlichen Angestellten, denn ich stand als einziges weibliches Wesen in ihrem Blickfeld. Sie ermahnten Herrn Brückner, mich nicht als Zielscheibe seiner Sticheleien zu benutzen. Darauf bat er mich um Verzeihung und sprach mich mit „mein liebes Kind" an. „Nehmen sie zur Kenntnis, dass ich nicht ihr liebes Kind bin." Meine Verteidigung fiel einige Tage später als Bumerang auf mich zurück. Kurze Zeit vor der Mittagspause bezweifelte Herr Brückner die Gültigkeit meiner Einstellung. Nach seiner Meinung - wie er sagte - würde ich oft hinausrennen und leichenblass zurückkehren. „Auch beinhaltet Ihre Nahrung nur Pudding! Sind Sie etwa schwanger?" Dieser direkten Frage begegnete ich nicht, denn er fügte hinzu: „Weiß es der Chef?" Ich schüttelte den Kopf. Er nahm das Arbeitsgesetzbuch zur Hand und las mir aus einem Paragraphen vor: „Frauen, welche zu Beginn eines Arbeitsvertrages eine Schwangerschaft verschweigen, können gerichtlich wegen Arbeitserschleichung belangt werden. Für eine Arbeitserschleichung kann eine Gefängnisstrafe bis zu vier Monaten ausgesprochen werden."

Ich bat Herrn Brückner um Diskretion. Unsere Mittagspause hatte inzwischen begonnen und nach ihr, so versprach ich, sollte unser Chef von mir unterrichtet werden, jedoch dieses persönliche Gespräch nahm einen anderen Verlauf. Das Zusammenwirken von Manipulation und Intrige argwöhnte ich nicht. Beim Betreten des Büroraumes nach der Mittagspause rief der Chef höflich - aber bestimmt - nach mir. „Wenn das mein Schwiegervater erfährt, dann wird er nicht ruhen und Sie bei Gericht anklagen", empfing er mich. Als Vision gaukelten mir bereits eine Gefängnisstrafe und die dazu geführten vorherigen Fragen vor meinen Augen. Erregt fuhr er fort: „Wissen Sie überhaupt, dass ich mit meinem Schwiegervater wegen ihrer Vollbeschäftigung und ihrer Tätigkeit als Sachbearbeiterin bereits kollidierte?" Um einer Strafe zu entgehen, kündigte ich sofort. Bis 31.10. durfte ich noch arbeiten, was sich für mich zu einem dreiwöchigen, längeren Verdienst auswirkte. Mit Herrn Brückner wechselte ich kein privates Wort mehr. Durch seine gespaltene Zunge erkannte ich in ihm eine giftige Schlange. Am Abend teilte ich meinen Schwiegereltern meine drei letzten Wochen Erwerbstätigkeit mit. Ihnen machte ich klar, dass ich mich mit gesetzwidrigem Verhalten in die Brennnesseln gelegt hatte und der Realität wenig Aufmerksamkeit schenkte. Diese nun einmal vorhandene Tatsache nahmen sie widerwillig zur Kenntnis. Mein Schwiegervater fragte mich, von was ich zu existieren beabsichtige. „Ganz einfach", antwortete ich. Bisher lebte ich von meinem Verdienst und sparte die Soldatenunterstützung und künftig lebe ich von ihr." „Von dieser Minimalunterstützung von 90 Mark willst du existieren?" „Natürlich, wie Millionen alleinstehender Frauen auch, aber sei beruhigt, die Miete von 25 Mark zahle ich weiter." Im Laufe des Abends hielt ich zärtlich einen Brief von meinem Mann in den Händen. Er zählte zu den schönsten Minuten des Tages, denn hundert verliebte Worte standen schwarz auf weiß auf dem Papier. Sie erneuerten nicht nur meine Kraft, sie beflügelten auch ideenreich und zweckdienlich zugleich meine Vorbereitung für ein neues Leben. „Eine Woche noch - eine Woche noch - dann sehen wir uns wieder", flüsterte ich. Als ich ihn freudestrahlend in meine Arme schloss, vergaß ich sogar, dass ich künftig arbeitslos war. Da wir ein zinsloses Ehestandsdarlehen für Küchenmöbel voll ausgeschöpft hatten, lieferte das Geschäft sie uns in Abwesenheit meines Mannes schnellstens. Sie behinderten uns beträchtlich in der kleinen Diele, die mit 5 Türen und einem Treppenaufgang versehen war. Mit einem Tausch eines kleinen Zimmers von 9 Quadratmetern und der Küche von 14 Quadratmetern lösten wir das Problem dennoch. Die Möbel bestanden aus einem Küchenschrank, einem Tisch und einer Bank. Ihr oberer Deckel ließ sich öffnen, so dass ein tief angebrachter Boden sich als Fach für Utensilien zur Reinigung erwies. Die Einfachheit der Möbel passte sich der Kriegswirtschaft an, die außer undurchsichtigem Glas an den oberen Türflügeln und der mit Linoleum belegten Tischplatte sowie Bankdeckel nur aus Rohholz bestand. Braune Schuhcreme und Bohnerwachs verhalfen den Möbeln erst zu Farbe und Glanz.

Durch den Tausch standen mir sowohl Wasser mit einem modernen Waschbecken als auch ein Küchenherd und ein Speiseschrank zur Verfügung. Diese Erneuerung erleichterte mir meine Hausarbeit sehr.

***

Erklärlicherweise verlief das Ende meiner Erwerbstätigkeit ohne Abschied von meinen Kollegen und wie ich bereits in meiner Kündigung bekräftigen musste ohne jedwede Ansprüche. Von Recht und Gesetz ausgeschlossen bezahlte ich meine Schwangerschaft mit Arbeitslosigkeit.

Während dieser Zeit widmete ich mich insbesondere der Kleidung meines Kindes, das ich erwartete. Mit einer Punktkarte für Säuglinge (0 bis 1 Jahr) begann die Lauferei nach Mull- und Moltonwindeln sowie Einschlagtüchern usw. Von meiner Naumann-Großmutter erhielt ich, während ihres Besuches in Leipzig, Wollreste, Stickgarn sowie verzierte Volants. Einer von zwei Bezügen sollte Veras Kind dienen, der zweite meinem Kind. Bei dieser Gelegenheit sagte sie mir: „Ich erlebe bereits den zweiten Weltkrieg, aber nicht genug mit Tod und Verderben, nach dem Krieg zwischen Deutschland und Frankreich 1918 brachte es keine politischen Veränderungen hüben und drüben. Frankreich, belastet vom Verlust Elsass-Lothringens, wurde zum Streitobjekt jener, für die sich ein Krieg lohnte." Sie hob ihre Arme und steckte ihr graues langes Haar mittels Haarnadeln zu einem Knoten zusammen, dann fuhr sie fort: „Erwähnen möchte ich noch meine einzige Nichte, die nach dem Tod meiner Schwester manches liebe Mal an mich dachte, denn sie schenkte mir zum 70. Geburtstag zwei Paradekissenbezüge. Damals ahnte ich noch nicht, dass sie für meine Urenkel einmal nützlich sein würden." Nach diesem Besuch kehrte ich in mein Elternhaus zurück und fuhr am nächsten Morgen nach Jena. Im Bahnhof Naumburg nahm ich mehr Militär war als je zuvor. Auch fuhren Lastzüge mit Panzern, Kanonen sowie anderem Kriegsmaterial unter Tarnnetzen an mir vorüber. Mit Grölerei begleiteten junge Soldaten den Zug, der antreibende Parolen an den Militärzügen trugen. Die Gesichter siegesgewiss gekennzeichnet, fuhren die Soldaten in die Hölle, wo es keinen Sieg gab, wie viele kehren von ihnen zurück? – fragte ich mich und begann sie zu zählen. Mein Zug fuhr weiter, immer weiter bis ich Jena erreicht hatte. Der gähnend leere Speiseschrank in meiner Wohnung erinnerte mich lebhaft daran, dass ich Nahrung kaufen musste. Die Lebensmittelkarte für Jugendliche und die für werdende Mütter bissen sich, beide legte ich auf den Ladentisch. Das Wenige steckte ich in meine Tasche und bezahlte.

Auf leisen Sohlen nahte der Winter. Im Jahr standen mir 22 Zentner Brikett zu, die ich meistens viermal mit einem geborgten Handwagen selbst abholen musste. Der aufwärts führende Weg des Steingrabens zeigte seine Tücken, die ich schweißbedeckt vor Anstrengung mit Ach und Krach überwandt. Gefüllte Eimer mit Brikett in den Keller zu tragen, gemessen an der vorherigen unerhört steilen Auffahrt, war dagegen leicht zu bewältigen. Am Abend gab ein Rundfunksprecher einen Luftlagebericht bekannt, wie mich meine Schwiegermutter informierte, es seien feindliche Verbände im Anflug! Sie wollten ihre Waschküche aufsuchen, die nicht den Erfordernissen eines Luftschutzraumes entsprach. So machte ich mich schleunigst auf den Weg, um in einem vorschriftsmäßigen Luftschutzraum unterzuschlüpfen. Als ich nach dem Alarm heimging, nahm ich am Horizont einen Feuerschein wahr. Von der Kriegsstrategie des Gegners blieb Mitteldeutschland vorerst weitgehend von der Vernichtung verschont. Allerdings verschwieg die Presse, Funk und Wochenschau dem deutschen Volk den wahren Sachverhalt an der Ostfront. Wenngleich mein Vater monatelang im Erzgebirge landauf, landab verschoben wurde, gehörte er zu einer Einheit, die im Ernstfall die letzten „Kastanien aus dem Feuer" holen sollte, dennoch schob er in einer Glashütte eine ruhige Kugel, wie er es nannte. Bereits als junges Kerlchen wurde mein Vater 1917 zu den Kavalleristen eingezogen, obwohl bei seiner Größe jedes Pferd zu hoch war, glich er durch seine Behändigkeit dieses ungleiche Verhältnis aus.

***

Den widrigen Kriegserscheinungen zu Leibe zu rücken, erforderte eine geschickte und einfallsreiche Art. Dem niedrig gezahlten Unterhalt die Stirn zu bieten, gelang nicht jeder Frau; dennoch jonglierten sie sich mit ihren Kindern verschiedenartig durch.

Über Nacht deckte der Schnee die Erde zu. Es schien Zuckerwatte auf Dächern und Bäumen zu liegen. Tagsüber haschten sich nur wenige Schneeflocken im Wind. Kinder zogen ihre Schlitten hervor und fuhren fröhlich, schreiend den Steingraben hinunter.

Wider Erwarten teilte mir mein Mann abschlägig seinen Besuch mit, stattdessen erwartete er mich in Leipzig. Da sich dort mein Aufenthalt über Weihnachten hinaus zog, füllte sich mein Koffer beträchtlich. Am Abend vor der Abfahrt nahm ich Abschied von meinen Schwiegereltern und erhielt auf meine Frage eine vermeintlich richtige Antwort. Am darauf folgenden Morgen stand ich vergebens an der Straßenbahnhaltestelle. Eine Frau, welche vorüber lief, wies darauf hin, dass erst eine Bahn 6.30 Uhr fuhr, aber am Kupferhütchen bekäme ich sicher eine andere. Ach du lieber Augustin! Den Zug musste ich erreichen, dachte ich und trug den schweren Koffer mit Willenskraft bis zum Kupferhütchen, jedoch auch dort fuhr noch keine Bahn. So trug ich den Koffer also ums Dorf. In der Dunkelheit erkannte ich weder Gestalten noch deren Gesichter. Untrüglich vernahm ich Militärstiefel und handelte. Meine Bitte, den Koffer zum Saalbahnhof zu tragen, fand Gehör, ebenso meine Drängelei schneller zu laufen. Im erleuchteten Bahnhof offenbarte sich mir des Trägers Rang. Als Oberfeldwebel folgte er dem Befehl, die Kommandantur aufzusuchen, die an unserem Weg lag.

Eilig trat ich an den Schalter und bat um eine Fahrkarte nach Leipzig, das Fräulein widersprach: „Sie sehen doch, das der Zug bereits abfahrbereit ist!“ „Schnell, schnell geben sie mir eine“, antwortete ich. Dem fassungslos dabeistehenden Oberfeldwebel drückte ich einen Fünfziger dankbar in die Hand, für seine Behilflichkeit, und eilte durch die Sperre. Doch ein Eisenbahner hielt mich zurück und knipste meine Karte mit dem Hinweis: „Der Zug fährt ab!" Mit dem Koffer in der Hand schrie ich in der Bahnhofshalle: „Halt, halt! Ich will noch mit!" Am Quietschen der Räder vernahm ich, dass die Lokomotive abbremste. Das spontan verursachte Gelächter von Fahrgästen verbreitete Heiterkeit im Bahnhof, wie es wohl noch nicht hörbar war. Dessen ungeachtet hastete ich die Stufen hinunter und zum anderen Bahnsteig wieder hinauf. Eine evangelische Schwester nahm mir den Koffer ab und stellte ihn in das letzte Abteil des Zuges, während ein Eisenbahner mich sichernd hinterher schob. Mein Hut rutschte mir beim Anlehnen auf der Sitzbank in die Stirn. Die Reisenden lachten noch immer, wie ich hörte, wobei ihre Heiterkeit durch eine komische Situation ausgelöst wurde, deren Ursache ich war. Nachdem die atemberaubende Strapaze hinter mir lag, steckte auch mich die Heiterkeit an.

Der Zug näherte sich dem Naumburger Bahnhof, der die Realität des Krieges nicht verbergen konnte. Militär, aber auch Plakate, auf denen Karikaturisten ihre Fantasie in faschistisch übelster Manier und Rassendünkel zum Ausdruck brachten, beherrschten das Bild auf den Bahnhöfen. Lediglich die Haltestellen, wie Kleinkleckersdorf, dösten vor sich hin.

In Leipzig-Möckern empfing mich mein Mann. Wir fuhren gemeinsam mit der Straßenbahn nach Leipzig-Wahren und liefen in mein Elternhaus. Als wir die Wohnung betraten, stand meine Mutter in der Küche. Mit meinem Gruß: „Tag, Mama", besprachen wir sogleich das Wesentliche. Meine Brüder Gerhard und Rolf waren zum Zeitpunkt ihres Briefes noch gesund, dessen ungeachtet blieb für uns ihr gegenwärtiger Standort verborgen. Weitere Probleme wurden erörtert. Wohin mit mir und meinem Mann, denn mein Vater hatte sich angesagt. Für diese

Zeit sollten wir bei der Naumann-Großmutter schlafen, wie meine Mutter festlegte. Mitten in unser Gespräch platzte mein Vater lachend und strahlend zur Wohnungstür herein, als hätte er das große Los gezogen. Im Laufe des Tages bat er mich: „Thea, geh bitte mal hinaus, ich möchte deinem Mann einen zünftigen Witz erzählen." Daraufhin verließ ich sofort die Wohnstube, denn seine Witze mochte ich ebenso wenig, wie eine Wurst ohne Senf. Entweder verstand ich sie nicht oder ich bekam rote Ohren dabei.
Am Nachmittag machten wir uns auf, um zur Naumann-Großmutter zu fahren. Sie wurde durch uns mit der neuen Situation vertraut gemacht, die sie ungebeten und nur uns zu Liebe, wie sie sagte, zubilligte. Unsere Überrumpelung machte mich betroffen. Mit einem Kommissbrot, etwas Kunsthonig und Margarine wetteiferte Günther um ihre Gunst. Gleichwohl legte ich hier einige Milch- und Brotmarken von meiner Zusatzmütterkarte auf den Tisch, denn auf allgemeine Lebensmittelkarten gab es keine Milch. Ältere Menschen hielt man auf Sparflamme, sie litten insbesondere am Mangel der lebenswichtigen Proteine, die vor allem in der Milch einen hohen Anteil aufwiesen.

***

Da mein Mann seinen militärischen Dienst mit einem Kameraden wechselte, übernahm er zugleich die Verpflichtung, am Abend bis einschließlich des nächsten Tages anwesend zu sein.

Am zeitigen Morgen des 23.12.1942 setzten unerwartete Wehen ein, die sich mehrmals wiederholten. Daraufhin weckte ich Großmutter, doch ratlos jammerte sie: „Da müssen dir schon deine Eltern helfen, ich kann es nicht!" „Selbstverständlich Großmutter, bereite ich dir keine Scherereien", erwiderte ich. Sie begleitete mich hinunter und ihre Mahnung, auf den verschneiten Straßen Obacht zu geben, dankte ich ihr mit einem bejahenden Blick. „Na, mein liebes Kind, da wirst du noch die Engel singen hören." Großmutter musste es wohl wissen.

Der Straßenbahnschaffner der Linie 10 half mir beim Einsteigen. Als einziger Fahrgast in dieser frühen Morgenstunde setzte ich mich in den ausgekühlten Wagen. Eine Haltestelle nach der anderen passierten wir, ohne dass ich Schmerzen spürte. Plötzlich stand ich auf und krümmte mich, im Stehen ertrug ich die Kontraktionen leichter, die am Beginn jeder Geburt ihre Einleitung bekundeten. Der Schaffner fragte mich, was ich hätte. „Die Wehen haben unerwartet eingesetzt." „Sichtbar ist es aber nicht", stellte er fest. „Im siebten Monat ist das Kind auch noch nicht herangereift", antwortete ich. Die Straßenbahn hielt an der Lindenthaler Kreuzung an und der Schaffner begleitete mich über die glatte Fahrbahn, hin zur Linie 11 nach Leipzig-Wahren. Dankenswert gebrauchte er seine Trillerpfeife und hob die Hand. Er schob mich in den „Niederflurwagen", dabei vernahm ich seinen Hinweis: „Achte mir auf die junge Frau, sie hat Wehen." Schweißbedeckt überrumpelte mich in den nachfolgenden 10 Minuten eine weitere Wehe.

Noch im tiefen Schlaf überraschte ich meine Eltern. Mit dem Weckruf: „Hurtig, hurtig! Christian oder Christine melden sich an!" schlupften beide aus dem warmen Bett. Eilig kleideten sie sich an, während meine Brüder schläfrig ins Wohnzimmer traten. Ihr ohnehin gestörter Schlaf veranlasste sie, sich ebenfalls für den angebrochenen Tag anzuziehen. Über mich ergoss sich eine erneute Kontraktion, sie zog mir meinen Magen zusammen und ich erbrach. Meine Mutter bat ihre ehemalige Hebamme nach mir zu sehen, außerdem benachrichtigte sie meinen Mann. Die Hebamme ließ nicht lange auf sich warten. Ihre Untersuchung empfand ich beschämend, die ich später realer betrachtete. Nach ihrer Meinung blieb das Kind nicht am Leben, es wäre zu klein, fuhr sie ohne Umschweife fort. Ihre Feststellung drückte mich mehr zu Boden als ins Bett, was ihr nicht verborgen blieb. Dabei dachte ich an die liebevoll vorbereitete Babyausstattung. Sämtliche vierundzwanzig Moltonwindeln wie auch acht Einschlagtücher hatte ich umstochen und mit einem gehäkelten Abschluss versehen. Kein einziges Wäschestück blieb ohne mein Zutun. Für die zarte Strickerei sowie feinste gehäkelte Spitzen fanden sich aus manch dunklen Ecken aus der Verwandtschaft, so auch die Lauferei von Geschäft zu Geschäft, letztendlich die benötigten Garne. Einen komplett ausgestatteten Stubenwagen (aus der Vorkriegszeit) lieh mir meine Schwägerin. Den Kinderwagen kauften wir in Eisenburg. Diesen Volltreffer in jener Zeit, verdanken wir einen Besuch bei Günthers Tante. Aber all das berührte nicht die vorhandene Gefahr einer Frühgeburt. Wie ich später vernahm, wuchs kein Kraut dagegen, jedoch die Tragfähigkeit einer Frau während ihres Umstandes sollte Beachtung finden. Kurz bevor die Hebamme dazu überging, mich für die Geburt fertig zu machen, trat mein Mann ins Wohnzimmer. Er überblickte die Situation, die sich gewiss neu vor ihm ausbreitete. In jenem Moment betrachtete ich ihn als „Sicherheitsnadel", die alle ausgefransten Enden zusammenhielt. Im Stadium der Vertraulichkeit sagte mein Vater zu ihm: „Günther, nun musst du das Zimmer verlassen." „Nein, der Ehemann kann bleiben, aber der Opa muss hinaus", erwiderte die Hebamme. Offenbar missbilligt er die Entscheidung, denn sein Gesicht drückte aus, was nicht mehr sein konnte. Widerwillig verließ er den Raum. Die Hebamme sah auf die Uhr und überlegte. „So schnell wird Ihre Frau nicht gebären, sie ist etwas zu eng gebaut, aber um 12 Uhr fährt ein Schnellzug nach Jena. Wenn Sie als Begleitperson die Verantwortung übernehmen könnten, wäre eine große Chance gewährleistet. Eine Notpackung gebe ich Ihnen mit, damit Sie ver-

sorgt sind." Sie schrieb auf einen Zettel: ‚Wegen drohender Frühgeburt Begleitung dringend erforderlich.' Mit einem Stempel und ihrer Unterschrift bekräftigte sie die wenigen Worte. Blitzartig verließ mein Mann das Zimmer. „Husch, husch kleine Mutti, wir kleiden uns an", sprach die Hebamme und half mir dabei. Bange sahen mich dann auch meine Eltern reisefertig an, mein Vater mehr als meine Mutter. Der nun einmal vorhandenen Tatsache Rechnung zu tragen, schloss fehlerhaftes Verhalten nicht aus, dennoch verlor ich einen Hoffnungsstrahl für das Leben meines Kindes nicht.
So, wie mein Mann das Zimmer verlassen hatte, betrat er es erneut. Rechtzeitig erreichten wir, mit allen guten Wünschen, den Schnellzug. Wir überraschten meine Schwiegereltern in Jena, wie der Weihnachtsmann kleine Kinder. Sie bemächtigten sich natürlicherweise sofort ihres Sohnes während ich erst einmal für warme Öfen sorgte.

Der erhoffte Rückgang der Wehen trat ein, sie ließen sowohl an Stärke als auch an Regelmäßigkeit nach, bis sie gänzlich aufhörten. Derweil ich auf meinen Mann wartete, buk einen „Malzkaffeekuchen", der ohne Eier und Fett, aber um so mehr Backpulverersatz beinhaltete.

Nach Stunden erinnerte sich mein Mann wieder an mich. Auch mit einer Rechtfertigung zu seinem Vorgesetzten, der ihm 5 Tage Sonderurlaub gewährt hatte, konfrontierte er mich. Das Leben unseres Kindes stand mir näher als irgendeine Rechtfertigung seinem Vorgesetzten gegenüber. Das Weihnachtsfest, mehr im Schattendasein erlebbar als im friedlichen Glanz, lag hinter uns, ebenso meines Mannes Sonderurlaub. Wir nahmen Abschied voneinander, der immer ungewiss verlief und die Hoffnung Arm in Arm mit dem Tod einherging.

***

Seitdem ich in Jena wohnte, rissen gleichzeitig auch die gesamten Informationen, soweit sie als solche überhaupt den Anspruch verdienten, mich in die Tiefe eines Desinteresses, das entweder Hitler nachlief oder sich stillschweigend verhielt. Aus jener Lethargie von Schlafsucht und Gleichgültigkeit der Bürger Mitteldeutschlands, tastete ich mich auf dem Gebiet der Realität vor und versuchte, das Lügengespinst zu zerreißen, das der Feind fast aller Deutschen war; insbesondere „frisierte" Frontberichte, die unglaubwürdig als siegreiche „Frontbegleichung" verkündet wurden. Mit wem durfte ich reden, fragte ich mich, mit selbstzufriedenen Zeissianern gewiss nicht. Weder eine Zeitung noch ein kleines Radio besaß ich, aber umso mehr lustige und trauernde Witwen bevölkerten Deutschland. Im Februar 1943 sah ich mir im Kino einen Film an, während der Vorführung verdunkelte sich die Leinwand und der Vorhang schloss sich. Sowohl die Bühnenrampe als auch der Zuschauerraum erhellte einen gedämpfte Beleuchtung, in die ein älterer Herr trat und bekannt gab, das Stalingrad gefallen sei und somit zum Volkstrauertag erklärt wurde. Alle Besucher erhoben sich stillschweigend von ihren Plätzen und strebten benommen zum Ausgang.[20.]

Die Nachricht nahmen meine Schwiegereltern mit Bedauern auf, jedoch die Tragweite trog ihren Sinn, wie Millionen anderen Menschen den Blick. Blind und taub stahl sich das deutsche Volk aus der Verantwortung; es überließ Hitler die gesamten politischen wie auch militärischen Machtbefugnisse. Neben seinen engsten Mitarbeitern, bis hinunter in die kleinsten Zellen, regierte das inzwischen totalitär entwickelte System. Der Widerstand gegen die faschistischen Verbrechen, einschließlich der SS, verstärkte sich, aber nur im Verborgenen und ihre gefährliche Arbeit war ständig vom Tod oder hohen Zuchthausstrafen begleitet.

Die Schlacht um Stalingrad forderte nicht nur viel Blut und Leben, auch Milliarden Werte von Material, welches das Volk trug, wurde vernichtet. Die Entscheidung an der Wolga zeichnete sich für weitere Niederlagen der faschistischen Heeresführung ab. Verwundete deutsche Soldaten, die aus mehrfachen Einkesselungen noch rechtzeitig ausgeflogen wurden, kamen aus der Hölle, wie sie berichteten. Eines unterschied beide gegensätzlichen Armeen voneinander.
Die Rote Armee verteidigte ihre Heimat, während deutsche Soldaten als Okkupanten für faschistische Interessen kämpften und starben. Generalfeldmarschall Paulus begab sich mit 90.000 durchfrorenen Offizieren und Soldaten in sowjetische Gefangenschaft. Dort distanzierte er sich mit vielen anderen vom Faschismus und setzte sich für die Ziele des Nationalkomitees „Freies Deutschland" ein.[21.]

Die 6. Armee hörte auf zu existieren, wie die Presse eingestehen musste. Die verheerende Niederlage, die bereits seit Monaten im Mittelpunkt strategisch wichtiger Operationen stand, zerbrach letztlich am Widerstand der Roten Armee. Die „Unbesiegbarkeit" der deutschen Armeen, wie Hitler und Goebbels in die Welt posaunten, bekam hässliche Risse. Für ehemals stolze Wehrmachtsangehörige symbolisierte der Weg in die Gefangenschaft alles andere als einen Spaziergang. Ihre Angehörigen erhielten immer häufiger monatelang keine Nachricht oder eine Vermisstenanzeige zerstörte ihre Illusionen, die sich zwar manchmal wohlgefällig aufklärten, aber auch bei vielen Frauen hoffnungslos ihr Ende fand.

Mein Leben verlief mehr ‚runter als rauf', aber ich besaß noch die Jugend und strebte nicht nach Geld und Gut. Nur der Wunsch, dass mein Mann in Deutschland blieb und sein Kind sah, erfüllte mich. Seit einem Monat arbeitete er mit seiner gesamten Einheit in der Luftnachrichtenschule Halle, an einem verbesserten Nachrichtendienst.

***

Der vorherige Streit um den Namen des zu erwartenden Kindes führte zu keiner Einigung. „Peter" entspräche einem Katernamen, wie mein Schwiegervater konstatierte. Mein Mann wünschte sich einen „Xaver", doch ich gab zu bedenken, dass viele Leute ein Lexikon unter den Arm klemmen müssten, um den „Zungenbrecher" richtig auszusprechen. Hingegen fand der Name „Hans" allgemeine Zustimmung, bis auf die Kleinigkeit, es wäre eine Märchengestalt. Aber „Frieder", so sagten die anderen, dieser Name würde sowohl hübscher klingen als auch den Frieden in sich bergen. Ein Mädchenname stand nicht zur Diskussion, denn ein kleiner Bub war gefragt.

An einem Freitagmorgen holte mein Schwiegervater die Hebamme aus dem Bett. Sie untersuchte mich und bestätigte: „Ja, die Geburt ist im Gange, aber keine Angst, ich habe bereits so vielen Kindern zum Licht der Welt verholfen, dass wir ihres auch dahin bringen." Doch ihre Worte hörten sich leichter an, als es geschafft war. Der zehnjährige Junge von ihr fragte Sonnabendmittag: „Hält sich die Hebamme Schmidt noch bei ihnen auf und ist das Kind geboren?"

Doch bis tief in die Nacht blieb sie bei mir sitzen, denn auch die zweite Geburtseinleitung führte nicht zum gewünschten Erfolg. Vor einer Woche versuchte mein Baby den Durchbruch zu wagen, doch es kroch „in den Busen der Natur" wieder zurück. Seine Scheu vor der Welt war für mich begreiflich, aber den überschrittenen Termin zu blockieren und bequem seinen Standort zu verteidigen, weniger. Nach dem Motto: „Wo ich sitze, da bleibe ich hocken", fiel nicht günstig aus, zumal die Wehen mich schmerzhaft bis zur Erschöpfung traktierten. Das kleine Wesen wollte und wollte nicht an das Tageslicht kommen. Ich bekam eine Injektion und Tabletten, damit ich mal schlafen und neue Kraft schöpfen konnte. Mein Schwiegervater begleitete die Hebamme um 23 Uhr nach Hause und um 7 Uhr früh am Sonntag nahm sie ihre Arbeit wieder auf. Als am Sonntagvormittag die Schinderei noch kein Ende nahm, schlug meine Schwiegermutter ihre Hände über dem Kopf zusammen und klagte: „Oh, du lieber Himmel, das ist ja furchtbar!" Ja, ich gestehe es, der schwärzeste Abschnitt überrollte mich.

Am Sonntagnachmittag beabsichtigte Herr Schmidt seine Frau abzuholen, doch sie erklärte ihm, durch Handzeichen am Fenster, dass es noch nicht so weit wäre. Weder Verständnis noch Erbarmen kannte das Kind für das intime Problem einer letzten Nacht, die mit dem Sonntag endete. Am Montag in der Frühe begab sich Herr Schmidt zu seiner Einheit in Norwegen.

Mit der Austreibung sah sich mein Baby in seiner Ruhe anscheinend gestört und schubsen ließ es sich ungern. Seine Eigensinnigkeit ließ zumindest darauf schließen. Ich glaubte, mein Ende stand mir bevor. Ich ließ einige Kontraktionen über mich ergehen, ohne aktiv mitzuwirken. Meine Schwiegermutter trug mehrmalig Erbrochenes zur Toilette. Um meine Kraft anzuregen, trieben die Stilblüten tolldreist ihr Unwesen. Sogar, dass das Kind schwarzes Kopfhaar besäße, erwies sich als unwahr. Mit dem Austritt des Kindes wurde sichtbar, dass es in einer Gesichtslage die Nabelschnur mehrfach um den Hals trug und ich riss. Meine Schwiegermutter legte mir eilig das Kind auf die Brust, während die Hebamme hastig eine Injektion vorbereitete, denn aus einer Pulsader schoss das Blut rhythmisch an das Bettgestellt. „Ein Arzt muss her!" rief die Hebamme. Meine Schenkel und der Leib erzitterten, bevor ich meine Sinne verlor.

***

Als ich wieder zu mir kam, sah ich in das Gesicht eines alten Arztes, der mir zu einem kleinen Jungen gratulierte und mir Mut zusprach. Als ich bemerkte, dass mein Baby nicht mehr auf meiner Brust lag, fragte ich angstvoll: „Wo ist mein Baby, wo ist mein Baby?" „Auf der Wickelkommode im Badetuch", erwiderte meine Schwiegermutter. Aus ihrem weißen Gesicht trat auffällig ihre Nase spitz in Erscheinung. Misstrauisch sah ich hinüber auf das kleine bewegungslose Häufchen. Mir rannen die Tränen über die Wangen und ich fragte stockend: „Ist es tot?" „Aber nein! Sie bereiteten uns Sorgen, da mussten wir uns zuerst um sie kümmern, aber nun gebührt dem kleinen Mann unsere Fürsorge." Als hätte das Kleine den Sinn begriffen, nieste es und begann zu zappeln. Die Hebamme lachte und sagte: „Das Prinzchen kann ja bereits alles, sehen sie nur!" Er pinkelte die Hebamme an, als wäre sie ein Baum, rülpste und gähnte ausgiebig, danach zutschte er hungrig an seiner Faust. Für den Stubenwagen bereit legte sie ihn hinein. „Wie soll denn der kleine Prinz heißen?" fragte sie mich etwas später. „Rainer", hauchte ich glücklich. Sein Gewicht (2500 g) erfuhr ich bei den unerlässlich gestellten Fragen zu seiner kleinen Person für die Geburtsurkunde, die wiederum amtliche Meldungen nach sich zogen.[22.]

Mein Schwiegervater sah sich seinen Enkel tränenfeucht an, schnäuzte in sein Taschentuch, dann wandte er sich zu mir und äußerte bewegt: „Meine Kleine, dass du so tapfer alles hinter dich bringen würdest, bezweifelten wir." Zu einer herzlichen Gratulation ermächtigte sich ein Kantinenwirt, der die Nachricht zur Günther sogleich weiter zu leiten, meinem Schwiegervater versprach. Daraufhin verließ er den Raum. Günthers älteste Schwester stand mit ihrer Nachbarin in der Diele. Mein

Schwiegervater erlaubte ihnen nur, mich von der Tür aus zu grüßen. Ich vernahm, dass er dringend darauf bestand: „Nun verlasst uns, Thea braucht dringend Ruhe."

Nach amtlicher Beglaubigung wurde unser Kind um 21.46 Uhr des 21.3.1943 geboren, die Hebamme verließ mich jedoch erst in der Nacht um 2 Uhr, nachdem keine weiteren Komplikationen zu erwarten waren. Ihr blieben drei Stunden, um ihren Mann für ein Jahr oder für immer zu verabschieden, dennoch erschienen sie am nächsten Tag (kurz vor 9 Uhr) erneut, um mich sowie mein Kind zu betreuen. Zuckerwasser ersetzte seine erste Muttermilchnahrung, da sich noch keine Milch entwickelt hatte. Den Brustwarzen widmete sie besondere Fürsorge, denn diese ruhten vertieft in ihrem Bett und harrten auf ihren Gebrauchswert. Mit dem nächstfolgenden Säugen traten auch schmerzhaft Nachwehen auf. Entzog ich ihm deshalb die Brust, verzog er sein Gesichtchen, zappelte mit Händen und Beinchen. Gab ich ihm die Brust wieder (die Quelle seiner süßen Träume), verdrehte er vor Wonne seine Augen. Diese Zweisamkeit zwischen Mutter und Kind bleibt bei einer Mutter unersetzlich. Bei dieser Gelegenheit schaute ich auf sein hellblondes Köpfchen. Verheißungsvoll bedeutete er für mich das achte Weltwunder.

Zufrieden erschienen mir süße Träume, als ich davon erwachte, hielt mir die jüngste Schwester meines Mannes die ersten Veilchen unter die Nase. Die Nachricht, dass ein kleiner Erdenbürger im Stubenwagen liegen würde, überraschte unsere Nachbarin sehr. Ihre Frage: „War es denn schon soweit?" Und sie versicherte, nichts vernommen zu haben. In Windeseile verbreitete sich die Botschaft über einen neuen Mitbewohner, Rainer Theilig vom Steingraben.

Am siebenten Tag nach der Geburt von „Rainerle" besuchten mich mein Mann und seine Mutter. Die lächerlichen 20 g Bohnenkaffee, die bei einer langwierig beglaubigten Geburt verteilt wurden, genügten für nachfolgende Besucher nicht. Wir tranken den gewöhnlichen Malzkaffee mit Milch und aßen Streuselkuchen dazu, wobei die Streusel ihren eigenen Weg abwärts fielen, nur nicht in den Mund. Meine Mutter lobte den Kuchen besonders, worüber ich mich begreiflicherweise ärgerte, denn von meiner und meines Kindes Lebensmittelkarte sowie den Zusatzmarken für stillende Mütter, gab ich aus Dankbarkeit alle Marken, die mir zur Verfügung standen, meiner Schwiegermutter. Allerdings für ihre Aufopferung, Belastung und zusätzliche Aufgaben durch mich und mein Kind verblasste ein Stück Butter für Streusel, jedoch zusätzliche Lebensmittel zu unterschätzen, hieß den Riemen enger zu schnallen.

***

Tief bewegt nahm mein Mann seinen Sohn auf den Arm, er küsste ihn auf seine Stirn und Augen, danach legte er ihn der Geschicklichkeit wegen wieder in den Stubenwagen und deckte ihn fürsorglich zu. Diese Zeit löste aufreibende Tage ab. Er nahm zwar gut zu und wurde größer, aber er schrie viel, seine Wut kannte keine Grenzen. Der nächtliche Alarm und das schreiende Kind verminderten meinen Schlaf. Die Ursache sah ich in der Verwöhnung des Kindes durch meine Schwiegermutter, die das Beste wollte, dennoch den Grundstein für seine Schreierei legte. Ungenügende Muttermilch erforderte Nachfütterung, wobei die Herstellung einer solchen sehr aufwendig verlief. An sonnigen Nachmittagen fuhr ich mein Rainerle aus, dabei blieb ich in der Nähe eines Luftschutzraumes oder -bunkers.

Windeln und ein bis zwei Babyflaschen führte ich ständig mit. So klein er noch war, dachte ich ständig an ihn, schließlich genoss er das Vorrecht.

Die Berichte meiner Mutter aus Leipzig trugen zur Ermunterung nicht bei. Wegen eines Augenleidens lag mein Vater mit verbundenen Augen im Lazarett. Gerhard und Rolf umgab eine Stille, die nur zu Vermutungen Anlass gab. Auch verwandelten sowohl die Amerikaner, als auch neuerdings englische Bomber bei Angriffen auf überwiegend dicht besiedelte Gebiete ganze Stadtteile in Trümmerlandschaften, die für die Betroffenen tiefes Leid auslösten; jedoch unbegreiflicher Weise bei vielen Landsleuten keine Einsicht hervorriefen oder gar den Willen zum Frieden. „Zucht und Ordnung", von der allerorts die Rede war, schüchterte viele Menschen ein. Eine Lawine wurde ins Rollen gebracht, die unaufhaltsam Unschuldige und Schuldige mit sich riss.

***

Als mein Mann nach einem Lehrgang in Birkenwerder bei Berlin wieder nach Halle zurück beordert wurde, glaubte er, wir wären in seiner Nähe sicherer, als in Jena. Er fand auch ein schönes großes Zimmer für uns, das durch Teilung sich gestalten ließ und zehn Kilometer von Halle entfernt in einem kleinen Ort schlummerte. Also verstaute ich sorgsam überlegt Küchengeräte, Töpfe und Porzellan in eine Überseekiste, die mir viele Jahre noch viele gute Dienste geleistet hatte. Zwei Koffer mit Wäsche und Kleidung gehörte mit zu unserem Inventar. Auch für mein Kind, das fünfmonatig auf mich angewiesen war und sein Recht forderte, führte ich eine Tasche mit, die vorsorglich all das enthielt, was sein Wohl betraf.

Unserer Ankunft in Halle schloss sich ein Fußmarsch an, der unsere Kraft und eisernen Willen stark strapazierte. Mit den zwei erwähnten Koffern, Tasche und Kinderwagen führte uns

der Weg durch einen Wald, in dem wir ein geeignetes Plätzchen für eine Ruhepause suchten.
Wir trafen in Lethin an dem Tag ein, wo die Einwohner reich an Gesprächsstoff über ein schwebendes Gerichtsverfahren eines Bürgers ihres Ortes schon ihr Urteil gefällt hatten.
Als unsere häusliche Einrichtung sowie die Strapaze des Tages hinter uns lag, räumte ich uns eine Ruhepause ein, zumal mein Kind versorgt in einem großen Bett schlief. Kurz darauf rief mich Frau Nette (Inhaberin des Siedlungshauses), um mir das Waschhaus für die tägliche Kinderwäsche zu zeigen, einschließlich dem Wasser holen. Auch das Holzhäuschen mit Herz im Hof trug zur Daseinsberechtigung bei. Der Luftschutzraum nahm eine Sonderstellung ein, der zweifelsohne die eigene Sicherheit im „Ernstfall" schützte, aber nicht garantierte. Im vorderen Keller stand ein Grudeofen[23.] aus dem vorigen Jahrhundert, der für Kochzwecke diente. Daneben lag säuberlich eingebaut Braunkohlekoks. So sah ich all dies, was uns an täglich erlaubten Rechten zugebilligt wurde. Bei diesem Rundgang versuchte mich Frau Nette zu beeinflussen, in dem sie ihre Haltung zu ihren Nachbarn, den sie als Mörder bezeichnete, durch ihr Vorurteil offenkundig in Misskredit stellte. Mit ihrem rotblonden Haar, hellen Wimpern und rundem vollen Gesicht stand sie vor mir und sprach sensationslüstern von dem verruchten Kommunisten, wie sie ihn nannte, der noch dazu zum Mörder geworden war. Aus ihren weiteren Worten entnahm ich, dass der plötzliche Tod seiner schwangeren Frau, die das fünfte Kind erwartete und vier Kinder zurückließ, bei Frau Nette nur Gefühllosigkeit erweckte. Der Arzt stellte Herzversagen fest, was von den Schwestern in Halle bezweifelt wurde. Für viele Einwohner lag deshalb der „Fall" klar auf der Hand, der Ehemann war der Mörder.

Diese Tragödie einer Frau Nette nahe zu bringen, war gleichbedeutend wie einen Stein zum Erweichen zu bringen. Wie sie mir stolz berichtete, lag ihr Mann als SA-Mitglied in der vordersten Reihe an der Ostfront. Bis unter ihren Haarwurzeln stellte sie eine Frau dar, die im Glauben jener Zeit eine begeisterte Anhängerin war, wie sollte sie da ihren Nachbarn begreifen können und für die Kinder Erbarmen empfinden, fragte ich mich.

Abgesehen davon, dass jede Abtreibung unter schwerster Strafe stand, trieben dennoch hunderttausende Frauen ab. Bereits nach dem ersten Weltkrieg bestimmte insbesondere die Mode die Anzahl der Kinder. Kleinanzeigen versuchten diskret Hormonpräparate für gut entwickelte fest Brüste an die Frauen zu bringen, die damit den Profit der Hersteller in die Höhe trieben, deren Erfolg sehr fragwürdig war.

***

Mitten im Schlaf überraschte mich der feindliche Luftalarm. Ein mir unbekannter fürchterlicher Krach ließ die Umgebung erzittern. Entsetzt sprang ich aus dem Bett und nahm mein Kind, das angstvoll weinte, mit seinem Federbettchen und einer Wolldecke an mich. Ich rutschte mehr die Treppe hinunter, als das ich lief. Frau Nettes Küchentür stand halb offen, so dass ich im Kerzenschein ihren elfjährigen Buben sah, der ihr die Schnürung an ihrem Korsett festzog. Die haben Nerven, dachte ich und rannte barfuß im Schlafanzug über den Hof in den Luftschutzraum. Mein Kind schrie so sehr, dass es die Fliegerabwehr (Flak) übertönte. Scheinwerfer suchten am Himmel feindliche Flugzeuge. Geriet eines in ihr Visier, entkam es der Flak nicht mehr.

Mit der Wolldecke hielt ich meinem Rainerle die Ohren zu und presste ihn an mich. In meinen Armen beruhigte er sich und schlief letztlich wieder ein. Frau Nette tadelte meinen Aufzug: „Ihnen ist doch die Verordnung über ‚Alarmbereitschaft' bekannt? Barfüßig in der Nachtwäsche den Luftschutzraum zu betreten ist verboten!"
Während ich glaubte, die Welt ginge unter, betrat ein älterer Luftschutzwart den Raum. Da ich in den entferntesten Winkel geflüchtet war, hörte ich nicht die Flüstertöne von Frau Nette. Aus der Finsternis kamen energische Schritte auf mich zu und mit den Worten: „Aber junge Frau, so können sie doch nicht bleiben!" sprach mich der Luftschutzwart an. „Ich ängstige mich", flüsterte ich. „Den Lärm verursacht die Flak hinter der Siedlung. Nun kommen sie, ich begleite sie." „Nein, ich ängstige mich so." Er nahm mir meinen kleinen Jungen aus dem Arm und setzte ihn Frau Nette auf den Schoß. Des Lärmes wegen begann er erneut zu schreien. Ohne mein Gesicht zu verziehen, rannen die Tränen über die Wangen. Kurz entschlossen wurde ich hinausgeführt. Die Flak schoss aus allen Rohren, was der „Kruppstahl" hielt. Das Gebrumm der feindlichen Flugzeuge, die offensichtlich Halle und Leuna bombardierten, trieb mich zur Eile an. Im Schein der Taschenlampe ergriff ich meine Kleidung. Noch einmal huschte ein Lichtstrahl im Zimmer hin und her, so dass ich die warme Kleidung für mein Kind auch fand. Flink lief ich wieder hinunter. So wie ich mein schreiendes Kind verlassen hatte, nahm ich es in meine Arme. Der Krach gefiel ihm gar nicht und eine fremde Frau tröstete ihn. Hastig kleidete ich mich an. Mein Kind beruhigte sich, als ich seine Ohren verdeckte und ihm dabei zärtliche Worte zuflüsterte.

Schadlos überlebten wir diese geräuschvolle und verängstigte Nacht. In Halle sowie in Leuna fanden die feindlichen Bomben ihre Opfer. Der Krieg nahm an Brutalität zu, der für viele

Menschen zum Grab wurde. Sowohl Flüchtlingsströme als auch Ausgebombte wälzten sich immer länger werdend, auf der Suche nach einer Bleibe, auf der Landstraße dahin. In Sachsen und Thüringen fanden sie vorerst einmal ein Dach über dem Kopf. Wie sich der Krieg indessen entwickelt hatte, gab es auch dort keine absolut sichere Unterkunft mehr.

***

Nach der schaudererregend durchlebten Nacht besuchten wir etwa acht Tage später Halle. Bis zum Stadtrand und nicht weiter, wagten wir uns, da wir unser Kind im Wagen mitführten. In einer ruhigen Gaststätte kehrten wir ein. Für 20 g Fettmarken bekamen wir Bratkartoffeln. Die Wirtstochter scherzte mit Rainer, wie sie sagte, wäre er niedlich und drollig. Mit meiner Erlaubnis wechselte er von meinem Schoß auf ihren Arm. Mancherlei Kinkerlitzchen dabei, strebte sie der Küche zu. Dort bildete er den Mittelpunkt allgemeinen Entzückens. Von einem Arm auf den anderen, pendelte er hin und her, was ihm gefiel. Zeitgemäß liefen wir schnurstracks nach Lethin, um Rainer für die Nachtruhe vorzubereiten. Für seinen abendlichen Brei bekam ich von Frau Nette einige Äpfel, denn diese gab es nur durch gelegentliche Zuteilung. Sie bildeten eine willkommene Abwechslung. Trotz unserer „Nuckelsuche" fanden wir seinen begehrten „Tröster" zum Einschlafen nicht, der eine zu starke Belastung seines Leistenbruches verhindern sollte, den ich bemerkt hatte. Der Lethiner Arzt vertrat die Meinung, dass bei der Geringfügigkeit eine Verwachsung noch möglich sei. Wir befürchteten, dass der Nuckel in der Hallenser Gaststätte verloren gegangen sei. Seine Wichtigkeit stellten wir vorrangig über den vor uns liegenden 20 km Lauf. Meine Vorstellung, Rainer könnte in der Nacht erwachen … wagte ich mir nicht auszudenken. Diese Unternehmung in die Tat umzusetzen, gelang auch nur einer 18-jährigen Mutter, die samt und sonders mit ihrem Mann den Langlauf - eines Nuckels wegen - unternahm.

Die verdunkelte Gaststätte in Halle ermunterte uns trotzdem, den Wirt in seinem „Domizil" privat herauszuklingeln. Er trat uns mit einem Kerzenleuchter im Nachthemd gegenüber und ließ uns verständnisvoll eintreten, erst danach zündete er die Kerze an. Der Schein beleuchtete einige Stufen. Gespenstige Schatten warfen bizarre Formen an die Wände, bevor wir den Gastraum erreichten. Seiner Erinnerung nach, leuchtete er an den Tisch, an dem wir gesessen hatten. Ich krabbelte unter ihn und wahrhaftig - da lag der Nuckel.

Erleichtert liefen wir 10 km zurück nach Lethin. Die Angst, dass während eines Alarms sich unser Söhnchen allein überlassen blieb, trieb uns vorwärts. Jene Nacht verlief ruhig, dennoch kochte ich vorsichtshalber den Nuckel noch aus. Der freie Tag meines Mannes verlief weit eher strapaziös als erbaulich.

Die Truppenverschiebungen in der Luftnachrichtenschule veranlassten mich zum Heimreisen, abermals verbunden mit viel Lauferei. Für das schwere Gepäck (Kiste und zwei Koffer) lieh uns Frau Nette ihren Handwagen. Dieser erleichterte uns den Transport, zumal wir unser Rainerle im Kinderwagen vor uns herschoben. Am nächsten Tag traten wir unsere Heimreise an.

Acht Wochen verbrachten wir in dem kleinen verträumten Ort Lethin, der für emotionale populär verbreiterte Gerüchte nichts anderes zu bieten hatte, als Wahrheiten auf den Kopf zu stellen.

Im Chaos vieler Menschen ließ ich meinen Mann zurück, das auch ein Wiedersehen in Frage stellte.

In Naumburg verließ ich den Zug. Die uns nach Jena bringende Eisenbahn fuhr etwas später im Bahnhof ein. Während des kurzen Aufenthaltes suchte ich mit meinem Kind auf dem Arm die Kantine auf. Dort schlabberte Rainer mit vorgebeugtem Hals, wie ein Verdurstender, den ihm angebotenen Saft. Plötzlich gab sich mir die Besitzerin vom Malergeschäft aus Leipzig-Wahren zu erkennen. Sie begrüßte mich überschwänglich - aber herzlich. „Nanu, hier treffen wir uns nach Jahren wieder?" Voll Überschwang stellte sie fest: „Sie wollten doch die Laufbahn einer Tänzerin einschlagen und haben diese als Kindermädchen eingetauscht? Im Zuge der Zeit wäre es nicht verwunderlich." „Nein, es ist mein eigener Junge!" widersprach ist. „Jetzt veräppeln sie mich aber, zumal ich für skurril verzapfte Geschichten zu alt bin, dennoch ist mein Leben auch von solcherlei Erlebnissen erfüllt." „Dann können sie mir auch glauben", sagte ich. „Im Mai vorigen Jahres hab ich geheiratet. Mein Wohnsitz ist Jena. Das Kind aus meiner Ehe sitzt auf meinem Arm." „Das wusste ich gar nicht, sie sind noch so jung und zierlich, das soll ich glauben?" „Glauben sie was sie wollen!", antwortete ich verärgert. „Aber nicht doch, ich wollte sie nicht kränken", versöhnlich lenkte sie ein. „Wie heißt denn ihr Kleiner?" „Rainer ist sein Name." Sie schlug ihre beringten Hände ineinander, spitzte ihren Mund dazu und sagte: „Komm Rainerle zur Tante!" Sie nahm ihn auf den Arm. Er schaute mit großen Augen in ein lachendes, fremdartiges Gesicht, um danach versonnen mit seinen kleinen Fingerchen ihre künstlichen Zähne näher in Augenschein zu nehmen. Ein ums andere Mal versicherte sie: „Ach, ist Rainerle niedlich, ist Rainerle drollig."

Für mein Mutterherz erklang Musik in den Ohren. Jäh, unterbrach die Einfahrt meines Zuges die Schäkerei. Ich setzte Rainer in seinen Kinderwagen und fuhr zum Traglastenabteil. Die mir bekannte Geschäftsfrau half mir beim Einsteigen. Im nebligen grauen Wetter fuhr die Eisenbahn in Rainers Geburtsstadt Jena, in der sich gleichwohl unsere Heimstätte befand.

Für die aufgegebene Fracht, schwere Kisten mit zwei Koffern, lieh mir meine Schwiegermutter einen Handwagen. Rainer ließ ich vorerst schlafend in der Diele. Mutter beugte sich über ihn im Wagen und sagte leise zu mir: „Er ist tüchtig gewachsen!“ Sowohl seine Eindrücke auf der langen Reise als auch das monoton gleichmäßige Ächzen der Schienen schaukelte ihn in einen tiefen Schlaf.

So half mir dieser Umstand, mit dem Handwagen die Fracht abzuholen. Bei der Güterabfertigung stand ich für einige Minuten beschäftigungslos an der Seite, so dass das gesamte Bahngelände überschaubar war. Einige Meter von mir entfernt lag der erste Schienenstrang. Eine Reihe von jungen sowjetischen Zwangsarbeiterinnen liefen neben mir her. Zwei Aufseherinnen wachten darüber, dass die Mädchen möglichst nicht mit deutschen Zivilisten zusammentrafen. Im letzten Fünftel des langen Zuges trat ein hübsches Mädel heraus, die entstandene Lücke schloss eine Nachfolgerin. Die Aufgliederung geschah so schnell und unauffällig, dass ich die Absicht nicht sofort erkannte. Von jenem Mädel vernahm ich die Frage: „Wie heißen das?“ Ihre Handbewegung unterstrich eindeutig ihre Frage. „Je -na, Jena“, antwortete ich verwirrt. Ihre Lippen Bewegten sich im Selbstgespräch, als sie sich am Ende des Zuges wieder einreihte. Keine Sekunde später durfte es geschehen, denn eine Aufseherin drehte sich um und zankte: „Was gibt es denn zu flüstern? Beeilt euch Mädels, beeilt euch!“ Bald verschwanden sie aus meinen Blicken, jedoch vergaß ich die Episode nie, die sich am Rande des Bahnhofes zutrug. Der Frachtschein in meinen Händen fand endlich Berücksichtigung. Ein Abfertigungsbeamter mühte sich sichtbar mit der schweren Kiste, die wir gemeinsam in dem Handwagen verstauten. Während eines feindlichen Luftangriffes auf Leipzig zerstörte eine Bombe unter anderen die Schwesternanstalt, in der meine 15jährige Schwägerin

(Günthers jüngste Schwester) ihr Pflichtjahr leistete. Aus den brennenden Überbleibseln konnte sie sich und das, was sie auf dem Leibe trug retten. So stand sie, bevor es kalt wurde, vor ihrer Eltern Haustür. Das Resultat des Entkommens aus der Hölle nahm mein Schwiegervater zum Anlass, um ihre verbrannten Sachwerte viel höher aufzulisten, als es den Tatsachen entsprach. Mit seiner Rechtsfähigkeit, die widerspruchslos in seiner Familie zum Tragen kam, maß er mir auch den Wohnraum zu, den er für angemessen hielt. Unverändert blieben dabei der Mietbetrag und die Gebühr für Strom sowie Gas.

***

Kurz nach dem ersten Weltkrieg 1918 hatten meine Schwiegereltern ein neuwertiges Häuschen gekauft, das als Doppelhaus im Angebot stand. Sie verkauften ihren „Berg"(Garten), wie sie sagten und kratzten ihr gesamtes Bargeld zusammen, so dass ihnen die Anzahlungsrate von 300 Mark gesichert war. Für die restliche Summe (9000 Mark) erwarben sie einen Kredit, bei verzinsbar günstiger Abzahlung. Im Zuge einer Umschulung, vom gelernten Holzbildhauer zum Optikergehilfen, gehörte mein Schwiegervater zu der privilegierten Arbeitsklasse, denen vertrauenswürdig die Türen zu Jenas Institutionen offen standen. Ihre monatliche Abzahlung betrug 22 Mark, meine Miete hingegen 25 Mark, wie sie mein Schwiegervater festlegte. Das kleine Zimmer (9 qm) wurde sonntags geleert, so dass ich mit meinem Umzug ebenfalls nicht in Verzug geriet. Rainerle setzte ich in sein Laufgitter, was ihm nicht behagte. Wütend rüttelte er an den Stäben und lärmte. Wie „Menschen hinter Gitter" sah er zwischen zwei Stäben hindurch, dann schob er die Barriere weg, bis eine andere ihn aufhielt. Der Umzug innerhalb der

Wohnung erwies sich anstrengender, als ich vermutet hatte. Kastenmatratzen, Couch, Waschtisch und Bücherschrank bewegte ich auf Bettvorlegern. Desgleichen glich Geschicklichkeit Kraftaufwand aus, zumal ich allein transportierte. Die Blöße, um Hilfe zu bitten, verletzte meinen Stolz, außerdem widersprach es dem Grundsatz: Selbst ist der Mann (Frau inbegriffen)! Schließlich entstand aus dem Umherziehen eine „Innenarchitektur", die eine Mehrzweckwohnung für jene Zeit kennzeichnete. In der Wohnküche (14 qm) brachte ich wohl oder übel Couch, einen kleinen Bücherschrank und diverse Kleinigkeiten unter. Neben dem Küchenschrank stand fremdartig der Bücherschrank sowie direkt vor ihm die klobig große Couch. Dessen ungeachtet waren sie Bestandteil unseres Wohnraumes.

***

In der Adventszeit schrieb mir mein Mann, dass er das Weihnachtsfest im Kreise seiner Lieben verbringen würde. So lautete eine Anweisung vorzugsweise für Väter in der Luftnachrichtenschule. Damit wurde der Niedergang des „Dritten Reiches" verschleiert, der uns mit Bomben und Feuer noch bevorstand.

Am 23.12.1943 kam mein Mann nach Hause, womit er mir das schönste Weihnachtsgeschenk machte. Am gleichen Abend verkündete die Luftlagenmeldung einen Anflug von feindlichen Flugzeugen auf Jena. Schnellstens suchten wir mit unserem Kind den Luftschutzraum auf, der sich außerhalb des Hauses befand. Die feindlichen Flugzeuge überflogen unser Städtchen, dann visierten sie Weimar an.[24] Auf ihrem Rückflug gerieten sie in das Sperrfeuer der deutschen Fliegerabwehr. Einige Bomben hinterließen allerdings in bewohnten Gegenden ihre

Spuren. Wir dagegen freuten uns, dass wir wohlauf waren und im Umkreis keine beschädigten Häuser wahrnahmen.

Nachdem ich mein Kind wieder in sein Bettchen gelegt hatte, nahmen wir unsere unterbrochene Arbeit wieder auf. Am Nachmittag bekam Rainer einen Teddy geschenkt, der weder Ohren noch Augen besaß. Ehemals gebrauchte Knöpfe aus Strass sollten sie ersetzen. Für die Ohren schnitt ich Teile aus Günthers Hut heraus, der sowieso nur als formlos gewordener „Deckel“ im Kleiderschrank seine Daseinsberechtigung verloren hatte. Mein Mann erneuerte einen Kinderschaukelstuhl, der auch zur Rarität kindlicher Ausgelassenheit zählte.

Da der Ehemann von Günthers ältester Schwester seit einigen Monaten in Frankreich stationiert war, verbrachte sie mit ihren beiden Kindern den Weihnachtsabend in ihrem Elternhaus. An diesem einzigen Abend im Jahr verband viele Millionen Menschen Liebe und Sehnsucht nach Frieden miteinander. Tränen der Mütter und leuchtende Kinderaugen verschmolzen im Kerzenschein einer verzauberten Welt, die nur scheinbar existierte.

Da meine Mutter gemeinsam mit ihrer Freundin in aller Stille den Silvesterabend bei ihr zu verbringen beabsichtigte, besuchte sie mich vor dem. Es lag sowohl eine Ablenkung von täglich misslich erlebten Ereignissen als auch ein gewisser Reiz darin, ihr Enkelchen zu sehen. Rainer erstarkte in der Phase, in der er an den Händen seiner Umwelt erkunden wollte. Auf seinen kleinen Beinchen umging er Hindernisse, um zielstrebig den Stufenaufgang zu erreichen. Mit einem unartikuliert verursachten Redeschwall alarmierte er meine Schwiegermutter. Sie sah freudig abwärts, gleichviel spornte sie ihn an: „Besuch nur die Oma!“

Zum Silvesterabend gab es in meinem Kreis nichts zu feiern, zumal Geselligkeit für uns einfache Menschen durch bestehende Zwänge vielerlei Einschränkungen bedeutete. Deshalb legten sich meine Schwiegereltern bereits um 20 Uhr nieder und zogen die Bettdecke über ihren Kopf. Mit dieser Resignation brachten sie ihr politisches Desinteresse zum Ausdruck, das keinen Einfluss mehr auf das Ende des Dritten Reiches nahm. Ohne Radio (Fernsehen sowieso nicht) saß ich stundenlang vor dem Bettchen meines Kindes, fasste sein Händchen und weinte verlassen vor mich hin. Die Idee, telefonisch meinem Mann zum neuen Jahr Glück zu wünschen, ließ die nächtliche Finsternis auf dem Weg zur Telefonzelle mir erträglich erscheinen. Nach der Verbindung hörte ich heiteres Trallala. Mit schwerer Zunge beteuerte mir mein Mann seine Freude über meinen Anruf. Auf meine erstaunte Frage, er wäre wohl angetrunken, vernahm ich neben mehrfach weiblichen Gelächter (der mit ihm diensttuenden Nachrichtenhelferinnen) seine Verneinung. Weitere Worte fielen dem Gelächter zum Opfer. Daraufhin legte ich den Hörer auf. Die Nacht kühlte angenehm mein Gesicht. Ich fühlte, dass zwischen Armee und Bevölkerung der Galgenhumor hindurchführte. Die Einsamkeit von vielen Frauen ins Lächerliche zu ziehen, beleidigte mich, wie auch das Lachen auf meinen Anruf hin, mir noch lange im Ohr klang.

***

„Inmitten des Krieges"
(1944 bis 1945)

Ende Januar besuchte mich mein Mann, noch war dies möglich, jedoch auf die ungewisse Frage: „Wann zieht das Glück die Hand zurück?" wusste niemand eine Antwort. Über kurz oder lang erwartete ich eine tiefgreifende Veränderung.

Die ersten Frühlingsblumen strebten zum Licht sowie prallvoll strotzende Knospen räkelten sich der Sonne zu. Ostern 1944 kündigte sich zwar auf dem Kalender an, aber der Wunsch, von der Geißel Faschismus und Krieg befreit zu sein, nahm eine übergeordnete Stellung ein.

Um seine Sicherheit beim Laufen unter Beweis zu stellen, benötigte Rainer etwas Essbares oder Spielzeug, um sich daran festzuhalten und lief geschäftig hin und her. Zu diesem Zweck öffnete ich die Küchentür, damit er sein Training in der Diele fortsetzen konnte. Sein Sprachschatz beschränkte sich auf Utti, Dati, Oma, Opa, Lilch (Milch), trinken, Wauwau, Inger (Finger), bum bum und noch einiges mehr. Weitere sprachliche Formulierungen, die andere unartikuliert vernahmen, stützen sich auf die Richtigstellung meiner Wiederholung.

In diesem Zeitraum bekam ich ein Telegramm von meinem Mann, in dem er bat: Erwarte dich und Rainer am Sonnabend. Der schwer erworbene Sportwagen erwies sich als vorteilhaft für all das, was ein Kind dringend benötigte. Gut vorbereitet für die Reise, fuhr ich zwiespältig nach Halle. Unbehelligt von feindlichen Flugzeugen erreichten wir unser Ziel. Freudestrahlend empfing uns unser Vati. Stolz küsste er erst einmal sparsam, denn fremde Augen wirkten als Hemmschuh auf ihn. Wir nahmen uns ein Zimmer im „Egerer Hof" und sprachen uns dort aus. Wenn man den Geschichten Glauben schenken durfte, die in der Luftnachrichtenschule grassierten, gruppierte sich bereits ein Einheitssystem zur Front (Kampfgebiet). Anhand von Beispielen verschwanden plötzlich ehemalige Kameraden, die „abkommandiert“ waren.

Im schönsten Sonnenschein liefen wir nachmittags an der Hallenser Saale entlang. Das Wasser flimmerte, als sprangen viele tausend kleine Fische darüber hinweg. Es lag tiefste Ruhe über dem Schauspiel, das einer Sinnestäuschung glich. Während der Fahrt stieg Rainer aus dem niedrigen Sportwagen und hastete ans Wasser. Seine Leibhaftigkeit hielt mich in Trab, wie auch seine Einfälle wirkungsvoll zur Unterhaltung beitrugen. Mit dem Einvernehmen meines Mannes beabsichtigten wir, unweit ein Lokal aufzusuchen. Verdünnte Limonade und Bier lockten trotz des Krieges Gäste an. Bevor wir jedoch den Gastraum betraten, bestätigte sich meine Vermutung durch Erbrechen, dass die häufige Übelkeit für eine Schwangerschaft erklärte. Diese Feststellung traf ungünstig in eine von Terror vergewaltigte Zeit, die trotz allem Säuglinge hervorbrachte. Aber dessen ungeachtete verwies mein Mann auf mancherlei Bedenklichkeit, wobei er sowohl den Krieg als auch unsere zu kleine Wohnung zuerst ins Kalkül seiner Betrachtung zog. Damit weckte er Widerspruch in mir und ich entgegnete: „Urteile vorher und nicht erst, wenn das Kind in den Brunnen gefallen ist.“ Seine Argumente, sagte er, wären nicht böse gemeint, jedoch zwänge ihn die Feststellung dazu, dass der Kinderreichtum insbesondere in den einfachen Kreisen zu suchen sei sowie die Haltlosigkeit dafür beitrüge. „Wer lehrte dir diese Weisheit?“ fragte ich. „Meine Eltern beabsichtigen nur das Beste für mich, denn nach neunjähriger Pause erwies sich die dritte Schwangerschaft meiner Mutter als unnötiges Übel, wie sie selbst äußerte, der sie den Garaus hätten machen sollen. Zu ihren Ansichten bekenne dich und befolge ebenfalls ihren Rat.“

Am Tag darauf fuhr ich mit Rainer in die Luftnachrichtenschule. Vor einer Baracke, welche zu dem Nachrichtentrupp meines Mannes gehörte, breitete ich eine Wolldecke aus. Die mit Rosen bewachsenen sanften Hügel sowie schmale Schutzwälle verbanden viele Baracken miteinander. Unauffällig bot ein Unterstand, der mehr einem Fuchsbau glich, Schutz vor feindlichen Bombensplittern. Eine junge Nachrichtenhelferin setzte sich zu uns und spielte mit Rainer. Mitten in das friedliche Idyll heulten die Sirenen ihre wohlbekannten Töne. Weder eine Vorwarnung noch Messfunkwerte verkündeten eine Gefahr, dennoch ereilte sie uns. Die feindlichen Flugzeuge unterflogen todbringend das Radarnetz, um der Funkermittlung und Funkmessung ein Schnippchen zu schlagen. Es blieb keine Zeit an die Wolldecke oder den Sportwagen zu denken. In rasender Eile wurde jeder Soldat an seinen Arbeitsplatz kommandiert. Als ich mit Rainer auf dem Arm zielstrebig den Eingang vom Unterstand betrat, nahm ich den Geräteführer am neuen drehbaren Radarschirm wahr, welcher das Gerät (Riese) mittels Steuerrad eilig einrichtete. Dann war ich mit Rainer allein in dem niedrig schmalen Gang, der sich Unterstand nannte. In Angst und Schrecken geraten, suchte ich den am sichersten geglaubten Platz auf. Nur vom türlosen Ein- und Ausgang fiel das Tageslicht herein. Hörbar tief überflogen feindliche Flugzeuge das Gelände, das sie mit kleineren Bomben bewarfen und mit Bordmaschinen beschossen. Zu diesem plötzlich kriegerisch verursachten Lärm verband sich zudem die deutsche Luftabwehr. Leise murmelte ich: „Rainerle, wir sind verloren."

Pessimistisch sah ich uns gedanklich in den Abgrund stürzen, er aber hob zur Warnung seine kleinen Fingerchen: „Horch! Bum, bum." Dabei huschten seine Augen mal nach rechts, mal nach links. Diese Ausdrucksweise seiner kindlich naiv wirkenden Gemütsbewegung wusste ich nichts, aber auch gar nichts, entgegenzusetzen. Dem Angstgefühl, das sich mir rebellisch auf den Magen legte, versuchte ich zu entgehen, jedoch überrollte es mich ganz und gar. Der Sicherheit wegen lag ich über meinem Kind am Boden und vernahm die gesamte Beschießung die todbringend einschlug sowie die feindlichen Flugzeuge (Aufklärer), die uns überraschend im Tiefangriff in Panik versetzten, verschwanden ebenso auch wieder. Wie sich anschließend herausstellte, hielten sich die Schäden in Grenzen, wenn man davon absah, dass sowohl die Zahl der Verwundeten als auch durch Brandbomben zerstörte Baracken Stillschweigen lag. Die militärisch erfolgte Operation veranlasste mich, am nächsten Morgen wieder nach Hause zu fahren.

***

Unerwartet besuchte mich meine Mutter während eines Aufenthaltes bei ihrer Freundin. Sie berichtete mir nicht nur von meinen nächsten Angehörigen, sondern sie informierte mich auch über Verwandte sowie Bekannte und mancherlei anderer Dinge. Anfangs saß Rainer auf ihrem Schoß, doch kurzerhand schlängelte er sich herunter, um seine sportliche Betätigung in die Tat umzusetzen. Dazu stellte er sich vor die Küchentür und bettelte: „Ditte, renne mal!" was er auch gewohnheitsmäßig tat. Beizeiten unterbrach meine Mutter dieses Treiben, denn sie fror. Energisch setzte sie den kleinen zappelnden Jungen auf den nackten Fußboden, schloss die Tür und stellte die Spielkiste neben ihn. Der Faden ihrer Rede drohte verloren zu gehen, doch schnell fand sie dessen Ende wieder. „Wenn du mit Rainer nach Halle fahren konntest, dann ist eine Fahrt nach Leipzig mit ihm zumutbar und du müsstest dich um seine Sicherheit nicht bangen, denn bei mir in Wahren wäre er gut aufgehoben, außerdem ist Halle in 45 Minuten erreichbar." „Sicherheit finden wir nirgendwo, aber hab Dank für deinen Hinweis", sagte ich. Wenige Wochen später setzte ich die Fahrt nach Leipzig in die Tat um. Mein plötzlicher Besuch gestaltete sich im Hof mit den unverändert alten Hausbewohnern zu einer Art „Rückbesinnung". Die drei Worte: „Weißt du noch?" brachte mir die Vergangenheit nahe, welche bis in die Gegenwart fußte. Mein Resümee, so stellte ich fest, war gekennzeichnet von Not und Verzicht. Diese kargen Gesellen abzuwerfen gelang mir nicht, zumal Hitlerdeutschland Krieg gesät hatte, dessen Früchte (Bomben und Terror) wir ernteten. Weder Kinder noch Greise, noch Behinderte, noch sonst jemand trug einen Freibrief, der sie vor den Unbilden des Krieges oder gar Todesgefahr geschützt hätte. So gesehen, gipfelte Rainers Lachen, welcher von Hand zu Hand der Hausbewohnerinnen ging, in eine übermütig kindhafte Aufmunterung, dem die Bosheit des Lebens ferngehalten wurde. Doch aller Art Spaß neigte sich dem Ende zu, den ein anderer familiärer ablöste. Das erste Mal trippelte mein kleiner Tausendsassa im Wohnzimmer seiner Großeltern herum. Den Generationswechsel verstand er freilich noch nicht, wenn gleich ehemals viele kleine Kinderfüße in der Wohnung herumliefen. Wie auch immer Indizien der Verstümmelung anheimfielen, verloren sich die Spuren nie. Sei es ein repariertes Loch in der Kinderzimmertür oder ein Stück verbrannter Fußboden zwischen Küchenschrank und Holzrückwand, aber auch ein abgesägtes Treppengeländer (in Drechslerarbeit) hinterließen seine Narben. Indessen lag mein Kind zur Nachtruhe im Bett seines Opas. Seine Aktivitäten schlummerten gewiss noch im Verborgenen, die auch einmal ans Tageslicht kamen. Bis dahin allerdings verfilzten sich Gefahren und Entbehrungen ineinander. Mit meiner Mutter, welche seit einigen Monaten als Straßenbahnschaffnerin entpflichtet worden war, besprach ich den folgenden Tag. Die Nacht verlief ungestört im Schlaf. Am frühen Morgen kleidete ich sowohl Rainer als auch mich an, in der Küche mampfte er sein Frühstück in sich hinein. „Aber Rainer", mahnte ich, „immer nur ein Stück Brot nehmen und schön kauen, so wie ich." Meine Mutter schaute im Morgenmantel zur Tür herein. Das nahm der kleine Wicht zum Anlass, seinem Übermut zu frönen, was ich nicht für folgsam hielt. Meinen Tadel darauf verwies sie mit den Worten: „Ach, lass ihn doch, meinen lieben kleinen Spatz, bei der Oma darf er alles." Sie trieb mich an, den Hallenser Zug nicht zu versäumen.

Ich fuhr an Leuna vorbei, das in seiner Mitte ein mächtig großes Bunawerk heranwachsen ließ, um sich durch synthetischen Kautschuk von der Einfuhr aus fremden Ländern unabhängig zu machen.[25.] Mehrere Bahnstationen zeugten von der Größe des Komplexes, ebenso die Vielzahl von beschäftigten Menschen, welche zum größten Teil ansässig wurden. Brotverdienst und Wohnung gehörten zur Zwangsjacke von vielen Bürgern, die sich wenig oder gar nicht um politische Ziele kümmerten. Es arbeiteten viele kluge Menschen in jenem Werk, von denen der größte Teil nationalistisch empfand und einige von ihnen all jene bekämpfen, die sich ihnen entgegen stellten.

In Halle empfing mich mein Mann. Trotzdem, dass wir in einem Restaurant näher rücken konnten und Hand in Hand die Nähe des anderen spürten, lag dennoch wehmutsvoll der Abschied vor uns. Zu Mittag aßen wir ein Gulaschmenü, die dafür aufgesparten Lebensmittelkarten tauschte ich zuvor beim Jenaer Wirtschaftsamt in Reisemarken um.

Um so mehr ich auf den Gulasch schaute, desto weniger Fleisch sah ich, gleichviel schauten größere Augen in die Soße hinein als heraus. Nach dem Mittagessen liefen wir in eine nahe Parkanlage. Bänke boten sowohl alten Leuten als auch Jungen Zeit zu einer Rast. Zwischen Müdigkeit und Ruhe ertönte überraschend die Sirene, ohne jedwede Vorwarnung. Sofort begab ich mich in einen fremden Luftschutzraum und mein Mann – nach neuerlich erlassenem Befehl – im Laufschritt an seinen Standort. An dem rigoros abgebrochenen Besuch beschäftigte mich das Wohlergehen meines Mannes sehr. Bald spürte ich die Druckwellen von detonierten Bomben, ebenso vernahm man ihre Einschläge. Niemand sprach ein Wort, stattdessen schnürte uns die Angst die Kehle zu. Der elektrische Strom riss ab, kurzzeitig umhüllte Dunkelheit viele unglücklich und hilflos ausgelieferte Menschen dem Bombardement. Kinder begannen jämmerlich an zu weinen, ein Aggregat – das uns Hilfe bringend sparsam Strom lieferte – beruhigte sie wieder. Nach der Entwarnung verließen erleichtert unfreiwillig festgehaltene Frauen und Männer, insbesondere Kinder mit ihren Müttern, den Luftschutzraum. Zurück gedrängte Gedanken um den Bestand ihrer Wohnungen eilten ihnen voraus. Im Schein des Tageslichtes wirkte die Umgebung unwirklich. Eine Feuerwehr fuhr rasant zu ihrem Einsatzort, um einen Brand zu löschen. Aufräumtrupps halten angestrengt und beherzt, die Trümmer von der Fahrbahn zu beseitigen. Des Öfteren vernahm ich, dass Leipzig und Leuna in Schutt und Asche lägen.[26.] Mein Herz schlug heftiger, wie auch Rainer und meine Mutter gedanklich meine Sinne bestimmten. Sorgenvoll lief ich zum Bahnhof. Auf dem Weg dorthin schloss ich mich einer Dame aus Norddeutschland an. In ihrer Begleitung befand sich ihr sehr junger Sohn (Fähnrich vom Heer), welcher verschlossen seiner Mutter glich. In ihrer Heimat und in weiter nördlich liegenden Städten, so auch im Rheinland, sagte die Dame, wäre ein weit größerer Schaden zu beklagen, als in Mitteldeutschland. Sie selbst sei in Hamburg bereits zweimal ausgebombt worden, fügte sie hinzu.

Schwärzeste Gedanken trieben ihr Unwesen in mir, bevor ich und meine Begleitung die Bahnhofshalle betraten, verloren wir uns im Gedränge von vielen Menschen. Stimmengewirr erfüllte die Halle, in dessen Gemäuer die Frage hing, wann fahren wieder Züge. Den Zugang zu den Bahnsteigen verhinderten Eisenbahner, welche gleichsam an die Vernunft vergeblich wartender Menschen appellierten. Nach und nach lösten sie sich auf und ich lief zum „Egerer Hof", um ein Zimmer zu mieten, jedoch erfuhr ich eine Absage. Bis unters Dach überfüllte Schlafplätze, sagte der Portier. Eine Kellnerin vernahm meine Bitte, ebenso die abschlägig erteilte Antwort. Sie sprach abseits mit mir: „Sollten sie kein Zimmer oder einen Schlafplatz erhalten, dann melden sie sich bei mir."

In Anbetracht der komplizierten Lage rief ich meinen Mann an. Er glaubte mich in Leipzig zu wissen, wobei die letzten Ereignisse aus meinem Mund befremdend auf ihn wirkten. Nach seiner Meinung wären Nachrichtenmädchen aus Leipzig gefahren. Ich fragte mich, wusste er das wirklich genau? Mich ärgerten die Worte, wenn gleich seine Besorgnis um unser Kind und meiner Mutter verständlich war. Mit der Aussicht, baldmöglichst mit seiner Hilfe rechnen zu können, um die anstehenden Probleme gemeinsam zu klären, legte ich den Hörer auf. Erleichtert und beglückt zugleich, hoffte ich auf einen guten Ausgang.

Die Suche nach einem Zimmer verlief ergebnislos. Wir liefen zurück in das Hotel „Egerer Hof", meinem letzten Zufluchtsort. Die Gaststätte quoll fast über von Menschen, welche teils aus Zivilisten bestanden, teils aus Soldaten, die dem Heer angehörten. Einstmals als altmodisch ausgemusterte Stühle und Tische fanden als „Lückenbüßer" ihre alte Verwendung wieder. So fanden auch wir noch einen Platz, aber jene Kellnerin, auf deren letzte Hoffnung ich baute, sah ich nicht. Zeitgebunden stellte sich unwiderruflich der Abschied zwischen uns, denn mein Mann musste strikt nach Befehl pünktlich den Nachtdienst antreten. Ich kam mir verlassen vor und aufschauen wagte ich nicht, zumal dringliche Blicke von einigen Soldaten bereits lästig auf mich fielen. Eine Stimme, die mich aufforderte: „Bitte folgen sie mir", setzte dem ein Ende. Ermüdet folgte ich meiner Retterin in die dritte Etage. Sie schloss ein Zimmer mit den Worten auf: „Ich kann ihnen leider nur mein eigenes bieten."

Das Einmaleins von diesem Anerbieten lag ungleich im Sinne der Sache, wie immer es auch ausgehen mochte. Mein Einwand: „Dann sind sie doch ohne Bett", schien seine Wirkung zu verfehlen. Sie hielt mir stattdessen entgegen: „Darüber zerbrechen sie sich nicht ihr junges Köpfchen" und ließ mich schleunigst allein. Gedanklich zogen noch einmal die Ereignisse des Tages an mir vorüber. Mit dem Wunsch, es mochte sowohl meinem Kind als auch meiner Mutter kein Unheil widerfahren sein, schlief ich letztlich ein. In aller Frühe erwachte ich. Durch das geöffnete Fenster strömte frische Luft ins Zimmer, das mir einen Denkanstoß gab, einen Geldschein unter die Nachttischlampe zu legen. Im Sauseschritt beabsichtigte ich zum Bahnhof zu gelangen. Wegen zerstörter Oberleitungen fuhren die Straßenbahnen nur kurze Strecken. Eine solche fuhr besetzt mit Fahrgästen an mir vorüber. Geduldig wartete ich an der nächsten Haltestelle, mit anderen Fahrgästen, auf eine Bahn. In den neuesten Nachrichten berichtete eine Frau, gab die oberste Heeresleitung u. a. bekannt, dass der unerschütterliche Glaube an den „Führer" das deutsche Volk leite. Die Kritik an der Kriegsführung Hitlers wurde indes, wie ich später erfuhr, unterschiedlich von hohen Offizieren geteilt. Am 20. Juni 1944 unternahm Oberst Graf Claus von Stauffenberg mutig im Hauptquartier ein misslungenes Attentat auf Hitler, das er mit seinem Leben bezahlte und mit ihm all zu viele Offiziere. Dieses Ereignis zwang zur Vorsicht.[27.]

Weiter erklärte mir ein Ehepaar erregt, dass mit ihrer Tochter mit zwei kleinen Enkelkindern im Zentrum Leipzig wohnte, man solle lächerlicherweise noch die Hakenkreuzfahne grüßen. Darauf packte ein Zivilist den Mann am Arm, ein zweiter trat hinzu, um ihn abzuführen. Dies geschah unauffällig sowie sehr schnell. Die Leidtragende rief hinterher: „Wo bringt ihr meinen Mann hin?" „Dahin, wo er sicher aufbewahrt wird!" Eine Litfasssäule verdeckte das Geschehen. Unglücklich blieb die Ehefrau zurück, die hilflos dem Terror ausgeliefert war.

Teils mit der Straßenbahn, teils zu Fuß erreichte ich den Bahnhof, der bereits Menschenschlangen vor den geöffneten Schaltern aufwies. An einer solchen stellte ich mich an, doch blieb ich nicht die Letzte. Mit der erworbenen Fahrkarte passierte ich die Kontrolle und eilte die steinernen Stufen hinauf, welche zu den Bahnsteigen führten. Wie gehetztes Wild rannten Hunderte von Menschen über das Bahngelände, vorbei an umgefallenen Masten, Drähten, Signalen und demolierten Gleisanlagen, bis hin zu einem zusammengestellten noch stehenden Zug. Er brachte uns nach Leipzig-Wahren, dort rief ein Eisenbahner: „Alles aussteigen, alles aussteigen, Endstation!" Massenhaft verließen die Fahrgäste ihre Abteile, unter ihnen auch ich. Unschlüssig die einen, zielstrebig die anderen. Ich lief meinem Elternhaus zu. Die Häuser und Bäume standen noch, wie eh und je an ihrem Platz.

Entkräftet lehnte ich mich an eine Wand, meine Beine wollten mir versagen, aber angesichts der Tatsache, dass keine Bomben Wahren zerstört hatten, half mir physisch zu einer Erneuerung, die die vorhergehenden Erlebnisse in den Hintergrund drängten. An der Wand, welche mir vorher als Stützmauer diente, klebte noch von ehemals ein Plakat im Großformat, das für „Persil" unzeitgemäß und irreführend Reklame verbreitete. Darauf verbürgte sich eine junge Dame im weißen Kleid für das strahlend weißeste Weiß. Wie kitschig mutete mich das an, zumal anderes Waschpulver sehr knapp kontingentiert als bewirtschaftete Ware zum Verkauf gelangte. Diese Begleiterscheinung verdient erwähnt zu werden. Ich lief entlang dem ehemalig begangenen Schulweg, weiter unten dem Viadukt hindurch, vorbei an Sanders Wohnung. Erleichtert überquerte ich unseren guten alten Hof, der so viele Erinnerungen auslöste. Im Vergleich zu mir würde Rainer gut ernähert aussehen, sagte Frau Böhm, als sie mir gegenüber trat. Fragen und Antworten wechselten einander ab, bis sie sich erschöpft hatten.

Ungeduldig lief ich die Stufen hinauf. Meine Mutter werkelte in der kleinen Küche herum. Rainer saß am Tisch und aß kleingeschnittene belegte Brotschnitten. Mit mir kehrte zugleich Unruhe ein, die minutenlang anhielt, aber dennoch meinen Entschluss, mit Rainer noch am gleichen Tag nach Jena zu fahren, nicht änderte.

„Dein Bammel ist unbegründet, die feindlichen Bomber genügen für Wahren nicht, um es auszulöschen", sagte meine Mutter scherzhaft. Sie unterbreitete mir einen Vorschlag, der sich durchaus akzeptabel anhörte. Kurz danach liefen wir nach Leipzig-Leutsch. Wie sich herausstellte, sollte sich ihr Vorschlag zweckdienlich erweisen. Ein Eilzug, der von Leipzig-Gohlis kam und auch dort zusammengestellt wurde, wie ein Eisenbahner sagte, stand zur Abfahrt bereit. Die Zeit spielte deshalb eine ausschlaggebende Rolle, weil ich sie überlisten musste. Ohne Wenn und Aber befand ich mich mit Rainer im Zug. Weder ein Dankeschön, noch ein Abschiedswort verblieben mir meiner Mutter zu sagen.

Wenn ich glaubte, mein Kind in Jena vor weniger nächtlichen Alarm zu schützen, da irrte ich gründlich. Die kriegerischen Auseinandersetzungen näherte sich bedrohlich Deutschlands Grenzen und somit erhöhte sich die Alarmbereitschaft.

Der nachfolgende Bombenangriff, der insbesondere Wohngebiete, klein- und mittelständische Betriebe, Geschäfte sowie Filialen in Schutt und Asche hüllte, aber sowohl Banken als auch einige Großbetriebe, welche hochwertige feinmechanische Geräte produzierten, weitgehend vor der Vernichtung bewahrten, weil sie für das Interesse der Siegermächte einmal nützlich sein sollten. Da aber Hitler in seinem Namen zuvor andere Staaten überfiel und ausraubte, mit all denen, die ebenfalls schonungslos plünderten, wuchs auch gleichermaßen die Schuld der Deutschen.

***

Nach einigen Wochen trat ein, was ich längst erwartet hatte. Zur Zusammenstellung einer kampffähigen Nachrichteneinheit, die der SS untergliedert war, stand mein Mann unter der Befehlsgewalt seiner Vorgesetzten, die ihn nach Riesa kommandierten.

Auf der Reise in die von Militär vollgestopfte Stadt traf ich unvermutet meine Mutter. Den Ruf „Mama, Mama!" überhörte sie nicht, trotz der Lautstärke im Bahnhof. Nach ihrer Aussage wurde auch mein Vater nach Riesa beordert. Die Vielzahl jener militärischen Neuformierung zeigte letztlich die Eile der Heeresleitung, Deutschland vor dem Untergang zu bewahren oder ihn unter dem Vorwand der Selbsttäuschung hinauszuschieben. Darüber sprach niemand, einpolig genormt beugte sich ein großer Teil des deutschen Volkes, das vom Krieg gezeichnet war, der „Durchhaltepolitik" faschistischer Diktatur. Die einst erworbenen Kenntnisse über die Arbeiterbewegung, Kapital und Sozialismus, schlummerten in Büchern und erweckten wenig Echo. Die offen gezeigte brutale Gewalt der letzten Jahre hatte die Menschen abstumpfen lassen.

Noch lagen mehrere Kilometer vor uns, umso mehr suchte mein Kind Ablenkung nach ein paar Stunden Bahnfahrt. Sowohl von Sportwagen als auch von Tragekörben eingeengt, turnte Rainer an mir rauf und runter, was mir natürlich im achten Schwangerschaftsmonat schwer fiel. Letztlich nahm jene Fahrerei ein Ende. Am Bahnsteig erwartete mich mein Mann. Die Anwesenheit meiner Mutter überraschte ihn, doch mit wenigen Worten war sie erklärt. Schon bald trennten sich kurzzeitig unsere Wege.

In einem vorbestellten Zimmer erfrischten wir uns, Rainer saß auf seinem Töpfchen, welches ich zuvor aus einem unverfänglich bunten Beutel hervorgezogen hatte. Den benötigten Stoff dazu schnitt ich aus einem Kleid von der Naumann-Großmutter, das sie einst vor vielen Augen majestätisch zur Schau trug.

Am Nachmittag trafen wir uns mit meinen Eltern, sie erwarten uns bereits im Park. Ein wenig geräuschvoll verlief unsere Begrüßung schon, immerhin lagen Monate zwischen einem Wiedersehen mit meinem Vater. Zutraulich wie Rainer war, überwand er schnell die Fremdheit zu seinem Opa. Seine kleine Person stand vornehmlich im Mittelpunkt aller Dinge, die im Verlauf unseres Zusammenseins die Gegenwart mit einschloss.

Mit der Feststellung: „Die Lage in Deutschland nimmt all die Formen an, welche in anderen Staaten Millionen Menschen erlitten und erleiden müssen", traf ich ins Schwarze. Meines Vaters Hoffnung stützte sich nämlich auf eine baldige Kapitulation, die weitere Opfer verschonen würde. Nach seiner Ansicht zeichnete sich das Ende eines von Macht besessenen Regimes ab. „Schütze nur dich sowie Rainer und das Ungeborene", riet mir mein Vater. Gefahren lauerten überall, was wusste ich von ihnen?

Wir suchten eine Gaststätte auf, die einen guten Eindruck vermittelte. Trotz der vielen Gäste fanden wir noch einen Tisch. Nachdem uns die Kellnerin Most und Bier serviert hatte, bettelte Rainer süß seinen Vater an. „Tinke, Tinke!" und schlug seine Händchen ineinander. Beschäftigt mit unserer Rederei, bemerkten wir nicht, dass Rainer sich unter dem Tisch ruhig verhielt. Meine Mutter schob die Decke zur Seite und sah unter den Tisch. Sie hielt ihr Taschentuch vor dem Mund, als lachte sie über einen Witz. „Er hat gepullert!" sprudelte sie hervor. Wie von einer Tarantel gestochen, schnellte ich vom Stuhl, mit einem Mal sah ich die Bescherung. „Aber Rainerle, dort steht doch dein Töpfchen! Komm vor, du Matz!" Auf mein Geheiß stand er vor mir mit unschuldiger Miene.

Gemeinsam verbrachten wir mit meinen Eltern den nächsten Sonntagvormittag. Ihre Wirtin gab ihnen einige Stückchen selbst gebackenen Rhabarberkuchen mit auf den Weg. Übertrieben begutachtete ihn meine Mutter mit „prima", was sehr gut hieß. Beim ersten Biss würgte ich ihn runter, die Gute hatte sich zu sehr verliebt in den widerlich schmeckenden Süßstoff.

Die Stunden vergingen wie im Fluge. Bald hieß es Abschied nehmen. Zwischen Bangen und Hoffen lag zweifelsohne ungewiss das Wiedersehen. Auf dem Arm Rainer, neben mir meine Mutter, so tauschten wir, vom Abteilfenster unseres Zuges aus, einen letzten vielversprechenden Kuss mit denen, die wir zurück ließen. Todunglücklich löste ich mich von der Zweisamkeit mit meinem Mann, die mich letzten Endes durch Rainers Bedürftigkeit ablenkte. Außerdem mahnte mich auch noch das ungeborene Kind, mit einem kräftigen Fußtritt an seine Existenz. Fahrplanmäßig stieg meine Mutter mit den Worten um: „Wir sehen uns ja bald zu deiner Entbindung wieder, bis dahin alles Gute!" Rainer bekam ihre besondere Zärtlichkeit zu spüren.

***

Nach der Reise zehrte ich in den ersten Tagen in Jena vom Beisammensein mit meinem Mann. Inzwischen sank das Begeisterungsbarometer der Bevölkerung durch verstärkte Bombenangriffe und Entbehrungen erheblich.
Während der Abwesenheit meiner Schwiegereltern stellte ich ihr Radio empfangsbereit und drehte am Schalter solange, bis ich auf einer Frequenz der Skala all das vernahm, was nicht in der Zeitung stand, wohlwissend um die Gefahr für mich, Rainer und das Ungeborene. Das z.B. sowjetische Truppen gemeinsam mit der jugoslawischen Volksbefreiungsarmee Belgrad im Oktober 1944 von deutschen Okkupanten sowie große Gebiete von Jugoslawien befreite. Bereits im Juli des gleichen Jahres hatte die Rote Armee, vereint mit sowjetischen Partisanen, faschistische Heere aus der Westukraine in die Flucht geschlagen. In Warschau erhob sich die polnische Untergrundarmee in einem Aufstand, der zunächst erfolgreichen Widerstand leistete, jedoch letztlich der faschistischen Übermacht erlag und in der völligen Zerstörung Warschaus durch die Deutschen gipfelte.[28.] In Griechenland schlossen sich 20.000 Befreiungskämpfer den regulären Armeen an und erhoben sich. Es bildeten sich 800.000 Partisanen in Jugoslawien, 256.000 in Italien, 120.000 in Bulgarien, 200.000 in Frankreich sowie über eine Million in der UdSSR usw. Die Partisanenbewegung war nicht mehr aufzuhalten, gegen die deutsche Aggression wuchs der Zorn.[29.]

Wer immer auch über den Rundfunk gesprochen haben mochte, jener Sender verdeutlichte den Niedergang Deutschlands. Die akzentuierte Stimme vernahm ich ungenau, Störungen machten sie überdies weitgehend unkenntlich. Den bisherigen Sender stellte ich wieder ein und begab mich in meine Wohnung. Gedankenverloren umfasste ich sowohl das Geschick meines Mannes als auch meines Vaters mit hoffnungsvoller Zuversicht. Wohin verschlug es sie? Diese Frage klärte keine Feldpostnummer auf.

Da die Alliierten im Juni 1944 in der Normandie die zweite Front eröffnet hatten, gerieten deutsche Armeen in eine Zange, aus der sie nur rückwärts entkamen.[30.] Amerikanische Fallschirmjäger, mit gut ausgerüsteter Munition, Panzern und anderen Kampfwagen landeten in der Normandie, auf der Halbinsel Cotentin. Durch eine massive Operation durchstießen die Amerikaner sie und nahmen am 26. Juni nach schweren Kämpfen Cherbourg. Nach dem Fall von Avranches stießen die Amerikaner in die Bretagne vor. Deutsche Gegenangriffe blieben erfolglos. Lediglich um die Hafenstädte entbrannten hartnäckige Kämpfe. Eine große Zahl von deutschen Truppen wurde in der Normandie sowohl von amerikanischen Verbänden, als auch von Briten und Kanadiern eingekesselt. Diese vernichtende Niederlage zwang die deutsche Heerführung u.a. Toulon, Marseille und Lion aufzugeben.

Den Alliierten gelang ein Vorstoß in Nordfrankreich an der Seine, in Richtung deutscher Grenze, die durch den machtvollen feindlichen Angriff zu zerbrechen drohte. Das Aufgebot von faschistisch mobilisierten Truppen in jenem Gebiet erzielte jedoch vorläufig einen „Stopp!“ vor den Toren Deutschlands.

***

Im Spätsommer erreichte eine Vermisstenmeldung die ältere Schwester meines Mannes. Sie lief mit Rainer trübsinnig neben dem Haus auf und ab. Sowohl Mutters als auch meine trostreichen Worte stabilisierten ihr inneres Ungleichgewicht nur wenig. Die Ungewissheit um das Leben ihres Mannes zerrte an ihren Nerven. Zwischen Hoffen und Bangen durchlebte sie eine aufreibende Zeit.

Wir alle balancierten an einem Abgrund, der auch meine kleine Familie um Haaresbreite mit erfasste. Obwohl wir im Luftschutzraum saßen, hörte Rainer weinerlich das Gebrumm der feindlichen Bombenflugzeuge, das in ihm unheilvoll manche Erinnerung wach rief. Wochen zuvor stellte ich bei ihm einen Leistenbruch fest. Die Sofortmaßnahme, ich in der Kinderklinik vorzustellen, brachte ihm wenigstens vorerst Linderung, eine Operation stand noch nicht zur Disposition. Mit der Anwendung von fünf Dochtschnüren, welche zu einem Bruchband vereinigt wurden, machte man mich vertraut. Jedoch diese Vorsichtsmaßregel sollte bald eine Operation ablösen. Nach einem massiv geführten Luftangriff suchten wir wieder unsere Wohnung auf.

Beim Auskleiden übergab sich Rainer. Mein Versuch, seinen Leistenbruch durch einen leichten Druck und Massage zu beheben, misslang. Kurz entschlossen wickelte ich ihn in eine Wolldecke und fuhr ihn erregt im „Sportwagen“ zum nächsten Arzt. Dieser genoss in seinem hohen Alter den Ruf eine „barmherzigen Samariters“. Nach dem Läuten ließ mich seine Frau zur Haustür eintreten, die Kerze in ihrer Hand zitterte leicht. Mein Kind stöhnte, schmerzensreich verzog es sein Gesicht. Was mir missglückte, gelang dem Arzt. Unter seinem Morgenmantel schaute das Nachthemd hervor, um das ungewöhnliche Aussehen abzurunden, trug er Pantoffeln an den Füßen. Damit nährte er die Fantasie, eher ein Nachtgespenst als ein Arzt zu sein. Die äußere Form jedoch durchbrach jeglicher Vergleich. Mit tiefer Stimme bot er mir zu jeder Tages- und Nachtzeit seine Hilfe an, dennoch riet er mir möglichst bald einer Operation zuzustimmen. Er stellte mir eine Überweisung in die Chirurgie aus, die ich nicht hinter den Spiegel steckte.

Heimwärts fuhr ich meinem Jungen in eine pechschwarze Nacht, denn es war untersagt, Licht öffentlich erkennen zu lassen. Was ich auf dem Weg zum Arzt nicht wahrgenommen hatte, stieg mir auf dem Heimweg sengerig in die Nase. Ein von Flüchen begleitetes Stimmengewirr drang an mein Ohr, das beim Nähern zunehmend anschwoll. Aus einem zerbombten Wohnhaus mit Werkstatt versuchte der ehemalige Besitzer mit Nachbarn all das zu retten, was ihnen zwischen die Finger geriet und das war mehr als wenig.
Wenig später wartete ich gemeinsam mit Rainer und mit überraschend vielen Patienten in der Chirurgie auf seine Untersuchung, die über einen endgültigen Termin seiner Operation entschied. Bar von jedem Mitgefühl nahm mir eine Schwester nach stundenlanger Wartezeit meinen Jungen weg. Meine tausendfache Fragerei wurde indes geduldig beantwortet. Doch der allzu lange Aufenthalt im Krankenhaus beunruhigte meine Schwiegermutter sehr. Sie kam mir mit meiner Schwägerin in der chirurgischen Abteilung entgegen. In dem für Kinder erbauten Bunker, der im Klinikgelände seinen Platz fand, besuchte ich Rainer täglich. Wohlweislich von allen Besuchern abgeschirmt wurde ich dennoch von seinem Krankenstand unterrichtet, auch brachten mit diese Besuche in die Nähe meines Kindes.

Wenige Tage nach seiner Operation kam eine Thrombose dazu, die sein Leben tödlich bedrohte. Betroffen nahm ich die Bescheinigung entgegen, aus der hervorging, dass der Vater des schwer erkrankten Kindes dringend erforderlich sei. „Allerdings unter der Voraussetzung“, schränkte der Chefarzt ein, „dass ihr Mann zurzeit nicht an einer Kampfhandlung teilnimmt, dort würde er nötiger gebraucht, außerdem erwarten sie ein weiteres Kind.“ Seine hinzugefügten Worte klangen eher sarkastisch als menschlich. „Mein erstes Kind lebt noch und sei es nur am seidenen Faden“, erwiderte ich. Auch fühlte ich mich vom Schicksal betrogen und von hundert Spießen durchbohrt. Verzweifelt bat ich darum, mein Kind zu sehen. Jedoch wurde meiner Bitte nicht entsprochen. Dagegen verwahrte ich mich, überdies bezichtigte ich den Chefarzt ein „herzloser Mensch" zu sein. Sowohl der Tadel als auch mein Aufbegehren steckte er gelassen in die Tasche. Im Herzen bange, aber den Kopf noch auf dem Hals, verließ ich das Krankenhaus.

Die Bescheinigung in Zusammenhang mit der Feldpostnummer meines Mannes legte ich statt im Postamt im Polizeirevier vor. Der diensthabende Wachtmeister, wie auch immer er sich nannte, verstand mich auch ohne viele Worte. Zu meiner Beruhigung versicherte er: „Wird sofort per Funkspruch erledigt!" Zwei Tage später unterbreitete mir der Stationsarzt, dass die Lebensgefahr überwunden sei. Das kleine Kinderherz hatte Tod und Teufel bezwungen. Von jener Stunde an verbesserte sich Rainers Gesundheitszustand.

Die Heimkehr meines Mannes verzögerten Bombardements, die dem Gegner auf Züge, Bahnhöfe und Gleisanlagen lohnende Ziele zur Zerstörung im inneren Deutschland versprachen. Von diesen Bombenangriffen hinterließ besonders ein Angriff viele tote Kinder, Frauen sowie Greise, die allesamt unter einer Bahnunterführung Schutz gesucht hatten. In wenigen Sekunden verwandelte sich jene in Stahlbetontrümmer, die alles Leben unter sich begrub.

Trotz alledem gelangte mein Mann letztlich nach Hause, wenn auch Tage später, aber er kam. Bevor er seine Einheit verließ, sagte ihm ein Vorgesetzter: „Ihr Kind stirbt auch ohne sie – helfen können sie sowieso nicht." Mit diesen rüden ausgesprochenen Worten zeigte sich der ethische Verfall einer untergehenden Epoche, in der ein Menschenleben nichts zählte.

***

Während ich mit einem sehr alten Bügeleisen, aus Großmutterzeiten, bügelte, öffnete mein Mann die Wohnungstür. Seine schroffe Abfuhr bei der Begrüßung beleidigte mich. Mit befremden nahm ich diese Veränderung bei ihm wahr, die durch die letzten Erlebnisse hervortraten, welche mir vorerst verborgen blieben. Das Thema über unsere Jungen verband die lecken Stellen, die der Krieg schlug.
Obwohl die Geburt des zweiten Kindes kurz bevorstand, sprachen wir wenig von ihr, desto mehr vom Zuwachs selbst. Erfahrene Mütter prophezeiten, dass, auf Grund meiner glatten Haut, ein Junge unsere kleine Familie vergrößern würde. Diese Aussicht vergraulte mir weder die Redensart, künftig für „Kanonenfutter" beigetragen zu haben, noch sah ich einen „ Wink des Schicksals" darin. Weil wir um Rainers Leben nicht mehr bangen mussten, schwappten meine Gedanken zu dem kleinen Wesen erneut über. Am nächsten Vormittag sprach mein Mann mit dem Stationsarzt und erfuhr von ihm, dass Rainer unerwartet große Fortschritte machte. Lieblich klang uns seine Schwärmerei vom hübschen kleinen Jungen im Ohr. Befriedigt liefen wir heimwärts. Am gleichen Tag bekam ich Wehen; was immer geschah, die Rechnung war ohne den Wirt gemacht.

Nach der Untersuchung durch die Hebamme, bestätigte sie meinen Mann: „Bevor sie wieder von Jena abfahren müssen, werden sie aller Voraussicht nach `Männlein oder Weiblein` in ihre Arme schließen können." Jedoch diese stand auf wackligen Beinen. Gegen 21 Uhr hörte der Wille des Kindes auf, weiter zu bohren.

Mit Genehmigung des Stationsarztes holten wir am darauffolgenden Tag unseren Liebling vom Krankenhaus ab. Als ihn uns die Krankenschwester übergab, suchte er den Schutz seiner Mutter, was zweifellos natürlich erschien. Sicherlich verschmolzen in seinem Bewusstsein Schmerzen mit weißen Kittel inein-

ander, dennoch mangelte es ihm nicht an Sympathien. Freudig beging die gesamte Familie seine Heimkehr, zumal meine Schwägerin die frohe amtlich Benachrichtigung in ihren Händen hielt, dass ihr Mann in amerikanische Gefangenschaft geraten war. Die Vermissten-Meldung ihres Mannes wurde somit dementiert.
Um diesen Tag einen würdigen Charakter zu verleihen, teilte ich die Zutaten für einen „Kuchen" mit meiner Schwiegermutter. Zeitaufwendig schlug sie Eiweiß mit Obstsaft und servierte dies als „Schlagsahne", die wohl für Augen als auch für den Geschmackssinn seine appetitanregende Wirkung nicht verfehlt. Geröstet und gemahlene Erbsen, soweit man welche besaß, ergänzten als Bohnenkaffee getrunken den Kuchen sowie die künstlich erzeugte Schlagsahne.

Obwohl ich mein Kind wenig laufen ließ, bemerkte ich doch, dass ihm noch körperlich die Schwäche anheimfiel, deshalb zog ich mich mit ihm in unsere kleine Wohnung zurück. Einige Zeit umgab uns Ruhe, bevor mein Mann folgte und seine Schlafbedürfnisse befriedigte.

Mein zweites Kind lag auf der Lauer, aber dessen ungeachtet hielt es seine Eltern in Schach. Mit einem dicken Bauch, der zur Behinderung von täglich sich wiederholenden Vorgängen beitrug, verabschiedete ich meinen Mann erneut in eine ungewissen Zukunft. Auf den Spuren meines Mannes erschien meine Mutter, um, wie sie sagte, Haushälterin, Kindermädchen und Pflegerin in einer Person zu sein. Jedoch schlief sie gerne lang, was mir zuwider lief.

Ahnungsvoll riet mein Schwiegervater, mich tunlichst bald Schlafen zu legen. Seinem Rat folgte ich, da wir in den nächsten Stunden keinen Alarm zu befürchten hatten und ich den Abend schmerzfrei verbrachte; die Schlafdauer blieb aber ungewiss.

Die Uhrzeiger zeigten die dritte Stunde des Tages an. Blitzartig durchfuhr meinen Leib ein Schmerz, der nachhaltig und wirksam die Geburt einleitete. Wehen kamen und gingen, aber Ängste blieben. Im Küchenherd zündete ich Feuer an, weitere notwendige Vorbereitungen folgten. Meine Schwiegereltern kamen nacheinander die Treppe herunter. Beide sahen aus, wie aus dem Bett gefallen. Befremdend nahmen sie sowohl die Taubheit meiner Mutter als auch ihre Schlaffähigkeit zur Kenntnis. Unverhohlen brachten sie deshalb ihre Verständnislosigkeit zum Ausdruck, die Vater mit den Worten erweiterte: „Du kommst mit hoch, wir richten im Wohnzimmer ein Bett her." Kurzum, er duldete keinen Widerspruch. Ihre „gute Stube", wie sie sie häufig nannten, wurde zu einer Wöchnerinnenstube umfunktioniert und im Glauben, möglichst bald seinen Sohn von der Geburt des Babys ein Nachricht telegraphisch übermitteln zu können, holte er die Hebamme. Ihr Verdacht auf eine Todgeburt, die mit Erbrechen neben den Wehen einher ging, gleichermaßen die Herztöne des Kindes nicht mehr hörbar an ihr Ohr schlugen, bestärkte sie, dass wir unter Umständen eine Einweisung in die Klinik in Betracht ziehen müssten. Überdies verabreichte sie mir dreimal eine Injektion von je 20 Minuten Abstand. Während dieser Zeit, es war inzwischen 9 Uhr, kam eine Mutter mit Rainer herauf. Mit Verwunderung nahm sie die entstandene Situation wahr.

Da es um mehr ging, als nur ein biologisches Wunder in die Welt zu setzen, nahm sich mein Schwiegervater kein Blatt vor den Mund. Er ermahnte mich: „Du dumme Gans, zieh dir keine Zwangsjacke über, anstelle dessen schreie lieber und ziere dich nicht, die Badewanne ist groß genug für deine Kotze!" Doch ich schrie nicht. Außer Sichtweite kniete ich vor der Badewanne, mit aufeinander gepressten Lippen. Obwohl meine Mutter Rainer betreute, maß ich ihren häuslichen Desinteresse keinerlei

Bedeutung zu, überdies verließ sie mit ihm die unerquickliche Umgebung. In der Hoffnung, bis Mittag sei alles vorüber, suchte sie Ablenkung bei ihrer Freundin, jedoch mein Baby verbreitete zu diesem Zeitpunkt noch nicht sein „Fluidum".

Auf die Frage: „Na, ist es inzwischen geboren?" erhielt meine Mutter eine abschlägige Antwort. Vater aß seinen fleischlosen Eintopf und überlegte dabei. Nach einer geheimnisvollen Unterredung mit der Hebamme, entschloss er sich, seine tägliche Arbeit wieder Aufzunehmen. Als ehemals gelernter Holzbildhauer sah er im „Carl-Zeiss-Werk Jena" eine bessere Verdienstmöglichkeit. Mit dem Befähigungsnachweis als Optikergehilfe begann er einen zweiten Beruf. Unter Berücksichtigung seines Alters als auch seiner kränklichen Natur übernahm er das Lager für optische Geräte. Ein Mitarbeiter stand ihm zur Seite, so dass er im Ausnahmefall über sein Kommen und Gehen selbst die Verantwortung trug. Als er gegen 17 Uhr von der Arbeit zurückkehrte, ließ er seiner Enttäuschung freien Lauf: „Nanu, ist das Kind immer noch nicht ausgepackt?" Die Hebamme antwortete: „Bald, bald…" Eine Stunde später kam meine Mutter mit Rainer, um ihn für die Nacht vorzubereiten. Auch sie hatte ein Hoffnungsstrahl umgaukelt, dass Abend ein kleines Menschlein im Körbchen lag, wie sie anderen Tages sagte. Doch zuvor lagen noch einige Hürden vor mir. Während Tausende junge Männer kämpfend ihr Leben ließen, plagte ich mich um ein einziges.

Nach den abendlichen Nachrichten schloss sich der Luftlagebericht an, den uns mein Schwiegervater an der Tür übermittelte. Demzufolge erging an Helga (die jüngste Schwester meines Mannes), die Instruktion, bei Alarm mit Rainer den Luftschutzraum aufsuchen. Diese Maßnahme erfolgte auf Grund der Abwesenheit meiner Mutter, welche abermals einige Stunden bei ihrer Freundin verbrachte. Unter unsagbar schmerzhafter Anstrengung drängte derweil langsam ein kleiner schwarzhaariger Kopf ins Freie. Es war der 31. Oktober 1944.[31.] In einer Gesichtslage, die Nabelschnur um den Hals, so, als hätte er kein Zutrauen zu dieser Welt, wie sich die Hebamme dazu äußerte. Da er den Ausgang doch noch fand, vergaß ich allerdings seinen ausgewählten Namen. Mein Vorschlag, ihn „Georg" zu nennen, stieß auf taube Ohren, aber dessen Ableitung „Jürgen" hörte sich sowohl modern als auch angenehm an. Siebenpfündig räkelte er sich in meiner Schwiegermutter Armen und schnappte nach ihrer vollen Brust, darauf sagte sie: „Der Zug ist weg, mein kleiner!" Jedoch die Hebamme hielt ihr entgegen, dass es nur Reflexbewegung sei, die unwillkürlich auf bestimmte Reize reagiert. Die Uhr schlug bald 22 Uhr. Zu dieser Zeit telegrafierte mein Schwiegervater die Geburt unseres zweiten Sohnes an meinen Mann. Mehrere behördliche Anmeldungen erledigte meine Schwiegermutter am Morgen, dem 1. November 1944. Zuvor betreute die Hebamme das Kind sowie mich. Danach sah ich meine Mutter mit Rainer das erste mal nach der Geburt wieder. „Rainerle, sieh nur! Ein Brüderchen hast du bekommen!" sagte ich. Er stellte dazu kritisch fest: „Das ist doch nur ein kleines Baby!" Einige Tage später fuhr meine Mutter wieder nach Leipzig, um eventuell Nachrichten ihrem Briefkasten an sich zu nehmen, was meine Schwiegermutter nicht verstand. Wie sollte sie auch? Weder um ihren Ehemann noch um ihre vier Söhne musste sie bangen, denn Manfred und Günter standen neben vielen deutschen Soldaten irgendwo. Wenn auch zwei Frauen die Situation, in der ich mich befand, leichter hätte meistern können, so überbrückten wir die letzten Tage dennoch gut. Als ich meine kleinen Räume wieder bewohnte, fiel der Platzmangel für den Stubenwagen ins Gewicht. Vor der Geburt des Kindes stand er abgedeckt, mit einer Tischdecke von der Naumann- Großmutter, in der Diele und nunmehr breitete er sich problematisch zu einem Ungetüm in der engen Wohnküche aus. Ohne viele Umstände schraubte ich den Korb vom fahrbaren Untergestell und stellte ihn auf die Couch.

***

Die Einweisung von einem ausgebombten Ehepaar aus dem Rheinland stellte meine Schwägerin in den Mittelpunkt ihrer Gespräche. Seitdem sie persönlich geschriebene Worte von ihrem Mann aus der Gefangenschaft bekommen hatte, öffnete sich ihr Herz für fremdes Leid, Kummer und Nöte wieder. Es grenzte an Wunderbares, dass aus dem Gefangenenlager in Tunis überhaupt die Worte „mir geht es gut" den gefahrvollen Weg in die Heimatstadt Jena fanden.[32.] Einige Wochen vor Weihnachten bekam auch ich ein Lebenszeichen von meinem Mann, ein Päckchen, dessen Inhalt besonders Rainer sich schmecken liess. In einem beigelegten Brief lagen mehrere Aufklebemarken für „Liebesgabepäckchen", die zumeist mit dem Stempel 50g bedruckt waren, dazwischen entdeckte ich zwei verschämt verborgene Marken, die gewichtig absolut die erstgenannten überboten. Andersfarbig kennzeichneten sie auffällig 250g als auch 500g; jedoch der Clou bildete für Rainer die unbekannte Schokolade, sie verfehlte ihre Wirkung nicht. Jene wurde zum Inbegriff seiner Wünsche. Regelmäßig stand er vor dem Küchenschrank und bettelte süß: „Bitte, bitte! Noch mehr ´Lade´".

Unaufhaltsam näherte sich der Weihnachtsabend. Die allgemeine Stimmung war auf den Nullpunkt gesunken, dennoch versuchten geschickte Mütter aus Fetzen noch nutzbringende Gebrauchswerte zu gestalten, um zumindest Kinderaugen zum Glänzen zu verhelfen. Für das Ehepaar aus dem Rheinland umnähte meine Schwiegermutter Taschentücher, die sie von unbrauchbaren Oberhemden zugeschnitten hatte. Nach den Aussagen meiner Schwägerin beabsichtigte sie sowohl mit ihren Kindern als auch mit dem unglücklichen Ehepaar den Weihnachtsabend im Haus ihrer Eltern zu verbringen. Brieflich unterrichtete mich meine Mutter, dass sie ebenfalls zu diesem Anlass, Silvester inbegriffen, bei ihrer Freundin verbringen würde, natürlich dabei auch meine Kinder zwischenzeitlich besuchen wollte. Neben Kinderfreuden flossen auch reichlich Tränen zu Weihnachten 1944, die auch mich ansteckten. Jeder dachte dabei an sein Lied. Rainer spielte mit Holzpferdchen und Wagen, die er auf den Knien rutschend antrieb: „Hü, Hü!" Während ich Jürgen auf den Armen hielt und meine Gedanken zu meinem Mann flogen, spielte Herta auf dem Klavier Weihnachtslieder. Ihr verweintes Gesicht ähnelte dem ihrer Mutter. Beide waren dem Wasser nah gebaut, was nicht hieß, dass sie grundlos weinte. Der viel zitierte Spruch: „Nur wer die Sehnsucht kennt, weiß was ich leide", schlüpfte all zu oft theatralisch über ihre Lippen. Auch Frau Tonndorf vergoss unaufhörlich Tränen, die sie um ihre vernichtete Habe weinte. Am zweiten Feiertag besuchte mich meine Mutter. Sie fand Jürgens Äußeres prächtig. Wie gewohnt, streckte er seine Fäustchen in den Mund und zutschte an ihnen. „Er ist hungrig", meinte sie. „Ach wo!" Diesen Vorwurf erhob auch meine Schwiegermutter, der mir deswegen den Namen `Rabenmutter` einbrachte. In ausreichender Menge bekam er pünktlich seine Nahrung, alles andere entsprach seiner Essgier, die ich zügeln musste. Nicht etwa, weil sein Gewicht altersmäßig zu schwer ausfiel, nein, wegen dem ärztlichen Rat der Kinderklinik, der als Richtschnur zu seiner guten Entwicklung beitrug. Am ersten Arbeitstag nach Weihnachten geschah abends etwas außergewöhnliches, das ich im engeren Sinn für eine Fügung hielt. Vor mir stand entlaust, desinfiziert und krank leibhaftig mein Mann mit herunterhängenden Armen, deren Ursachen ich neugierigen Augen zuschrieb. Ich umarmte ihn und weinte hemmungslos. Der angestaute Kummer entlud sich, wie ein Gewitter im Mai, das reinigend auf mich wirkte. Im Nachthemdchen saß Rainer auf dem Schoß meiner Mutter. Belustigt schaute er der tränenreichen Szenerie zu, die neuartig für ihn ablief. Krankhaft kehrte mein Mann, von einem überfüllten Lazarett zum anderen verwiesen, in seine Heimatstadt zurück. Jedoch die Aufnahmefähigkeit in Jena überschritt die Belastbarkeit ebenso, wie die im Rheinland. Ein Telefonat in Weimars Krankenhaus sorgte für Abhilfe, die Aufnahme erfolgte am nächsten Morgen. So gesehen blieb mein Mann den Kampfhandlungen erst einmal fern, wenn auch durch Bombenangriffe überall tödliche Gefahr bestand und sogar Krankenhäuser davor nicht verschont blieben, zeichnete sich dennoch eine Spur Beruhigung ab.

***

Mit dem Besuch meiner Mutter gelangten sowohl familiär betreffende Nachrichten an mein Ohr als auch militärisch orientierte. Von meinem Vater als auch von meinen Brüdern, außer Rolf, bekam ich Briefe. Außerdem vertraute sie mir an, dass sie durch einen Feindsender gigantische Zahlen vernommen hätte, die das Ausmaß brutaler Gewaltherrschaft des Naziregimes bloßlegten. Von Januar bis Juni 1944, so hieß es, waren mehr als 310.000 Personen wegen antifaschistischer Tätigkeit verhaftet worden. Aus mehr als sieben Millionen Kriegsgefangenen sowie Zwangsarbeitern erpressten faschistische Schergen verwendbare Aussagen. Das näherte die Hoffnung in meiner Mutter, baldmöglichst durch eine beschleunigte deutsche Kapitulation endgültig den Niedergang des Dritten Reichs zu erleben, der zugleich ihre männlichen Angehörigen vor einem Schrecken ohne Ende bewahren sollte. So verständlich ihre Angst um ihre Söhne und ihren Ehemann auch war, bezweifelte ich dennoch ihre vereinfachte Vorstellung von einem Kriegsende.

Unter der Bevölkerung breitete sich erst im Januar 1945 eine sichtbare Kriegsmüdigkeit aus. Mit vielen Hausfrauen führte ich Gespräche, die Aufschluss gaben über die wirtschaftliche Belastung, die Sorge um das Leben des geliebten Mannes, Bruders oder Vaters und nicht zuletzt die nächtlichen Bombenangriffe, die zermürbend das Gemüt gezeichnet hatten. Dieses als Folge des so lang unterstützten „totalen Krieges" zu begreifen gelang nicht jedem, jedoch in seiner wahren Bedeutung zu erleben schon.

***

Nach dreiwöchiger Lazarettbehandlung trat mein Mann einen kurzen Genesungsurlaub an. Trotz aller Widrigkeiten, die der Krieg mit sich brachte, rodelten wir mit Rainer. Im Kinderwagen führten wir Jürgen mit, denn er war für die „Winterfreude" noch zu klein. Pappschnee haftete an den Rädern, so dass wir uns abmühten, ihn fahrbar zu halten. Eine geliehene niedliche Wärmeflasche sorgte für warme Kissen. Mein kleiner Rollmops, wie ich ihn eingemurmelt nannte, hielt still vor Behaglichkeit. Traumlos schlief er im Kinderwagen an der Rodelbahn ein, die von begeisterten Kindern befahren wurde. Neben modernen Holzschlitten sah ich auch ehrwürdige eiserne Exemplare, diese Ausnahmen bestimmten aber nicht das Tempo. Als es dunkelte verließen wir die fröhliche Stätte.

Täglich änderte sich die Lage am Kriegsschauplatz. Der Gegendruck der alliierten Armee an der Westfront wurde so stark, dass die alliierten Verbände die Rote Armee bat, ihre Frühjahrsoffensive vorzuverlegen. In den Ardennen durchbrachen alliierte Truppen die Front der faschistischen Verbände. Die Rote Armee trat im Osten ebenso zur Gegenoffensive an, in einer Breite von 1200 km zwischen der Ostsee und den Karpaten, so dass das deutsche Oberkommando sich genötigt sah, Truppen von der Westfront abzuziehen und stattdessen die Ostfont zu verstärken. Anders bei meinem Mann, der an die Westfront zu seiner Einheit fuhr, während die Rote Armee die Oder erreichte.

Gemeinsam mit meinen Schwiegereltern und Helga saß ich in ihrer Wohnküche, um den angekündigten Luftlagebericht zu hören. Bevor er im Radio gesendet wurde, zweifelte ich die verbreitete Ziellosigkeit der Bombardements an. Sie als Zufallstreffer zu verniedlichen, die ganze Wohnviertel zerstörten, widersprach nicht nur den Tatsachen, sondern auch der Präzisionsarbeit hoch empfindlicher optischer Geräte.

„Sowohl amerikanische als auch englische Bombenflugzeuge treffen ihre anvisierten Ziele genau", sagte ich. „Aus deinem Mund spricht dein Vater", verärgert nahm mein Schwiegervater eine Zeitung zur Hand. Er machte keinen Hehl daraus, dass weibliche `Besserwisser` sich auf hausfrauliche Pflichten besinnen sollten. Seine diktatorischen orientierten Worte ließ ich mir auf der Zunge zergehen. Das Resultat bewirkte eine Klarsicht seiner anerzogenen Erstrangigkeit, die das männliche Leben von dem weiblichen unterschied. Jähzorn und gleichviel Sentimentalität waren die dominierenden Merkmale seiner selbst.

Kurz danach flogen feindliche Verbände unseren Luftraum an. Es wurde höchste Zeit, dass ich meine Kinder in Sicherheit brachte, soweit es sie überhaupt gab. Im Kinderwagen schlief Jürgen wieder ein, aber Rainer weinte umso heftiger. Fühlte er sich doch betrogen um seinen unterbrochenen Schlaf. Vorm Betreten in Bockers Luftschutzraum holten mich unsere unmittelbaren Nachbarn Hoches ein. Durch ihre Späße und den mitgebrachten Spielsachen lenkten sie Rainer von der Wirklichkeit ab. Meine Schwiegereltern fühlten sich in ihrer Waschküche am sichersten. Diese Bequemlichkeit, eines kurzen Weges im Haus, nahm ich vorerst nicht in Anspruch, denn die taktisch geschickten Überraschungsangriffe blieben für kurze Zeit noch aus.

Ob bei Regen oder in einer von Bomben bedrohten Zone fand ich es trotzdem für angemessen, im Februar 1945 meine zwei Kleinen in der Kinderklinik einem Arzt vorstellen. Von 8 bis 11 Uhr
fand die Anmeldung statt. Mit mehreren vorbereiteten Fläschchen, zusätzlichen Windeln, Spielzeug, in einer Seifendose saubere Nuckel und in einer zweiten Seifentücher. So begab ich mich in die Kinderklinik, die sich im Westen der Stadt befand. Eine Fülle geschäftig hin und her rennender Kleinkinder sowie schreiende Babys verstärkten die Turbulenz. Kinderwagen versperrten mir den Zugang in den überfüllten Warteraum. Im Korridor wartete ich darum mit anderen Müttern auf eine Schwester, die Neuzugänge aufschrieb. Sowie ich Rainer von seinem Mäntelchen und Mützchen befreite, schloss er sich den rennenden Kindern an. Mit einer Lautstärke protestierte Jürgen gegen den ungewohnten Lärm. Um ihn zu beruhigen, nahm ich ihn auf den Arm. Gewaltsam packte ich Rainer beim Vorbeirennen am Kragen und zeigte ihm den kleinen Schreihals. Er streichelte sein Brüderchen und fragte: „Warum weinst du denn, Gorgelchen?“ „Weil du ihn allein lässt!“ sagte ich. Rainers Mitgefühl zufolge blieb er fortan bei mir. Letztendlich wurden im Wartezimmer Plätze frei, die auch einen kleinen Freiraum für Rainers Spieltrieb ermöglichte. Er spielte mit Bausteinen einstürzende Häuser, ahmte fahrende Autos nach: „Deff, deff!“ Nach deren Geräusch ließ er ein feindliches Flugzeug fliegen, das er nach seinen Erfahrungen ertönen ließ: „Jetzt dommt ein Flugzeug -brrr- brum! Alles ist daputt.“ Eine nahe sitzende Mutter drückte ihre Missbilligung darüber aus: „Wie können

sie es zulassen, dass ihr Junge seine Bausteine kriegerisch in Anwendung bringt?“ Darauf erklärte ich ihr: „Mein Junge hört und sieht fast täglich was Bombenflugzeuge anrichten, er muss in dieser Gesellschaft leben, denn im Rahmen des Möglichen bleibt ihm keine andere Alternative. Bitte stören sie ihn nicht in seiner Phantasie! In Gegenwart ihrer Kleinen sprachen sie ebenfalls von Bombenangriffen mit zerstörten Häusern!“ Schwester Hilde betrat den Warteraum, um Neuzugänge zu notieren. Somit verstummten private Gespräche. Aus der Zeit, als Rainer noch klein war, kannte ich sie. Weder ihren bayerischen Dialekt noch ihre alte Heimat verleugnete die Schwester. Mehrere Mütter, darunter auch ich, folgten ihr ins Vorzimmer, das zum Behandlungsraum führte. Ich entkleidete meine Kinder, Jürgen lag danach in seiner Babydecke, wie in die Natur geschaffen hatte, dagegen saß Rainer nur mit nacktem Oberkörper neben uns. Von den drei praktizierenden Ärzten untersuchte einer von ihnen meine Kinder. Seine Freude, solch gesunde und aufgeweckte Kinder zu sehen, wie er sagte, ließ mich durchaus nicht gleichgültig. Schwester Hilde sagte: „Das ist doch unser `Saubua`!“ dabei tippte sie Rainer an. Er aber lachte hell auf, zeigte mit seinen Fingern auf die Schwester, danach suchte er Schutz bei mir.

Die Prozedur einer langen Wartezeit fand mit der Untersuchung und der Konsultation sein Ende. Mit guten Ratschlägen verließ ich das Gebäude. Auf den abwärts führenden Weg alarmierte uns die Sirene. Die Leute auf der Straße begannen alle zu rennen, was ich ebenfalls tat. Zielstrebig suchte ich den etwa zweihundert Meter entfernten „Bunker“ am Magdelstieg auf. Rainer begann zu weinen. „Utti, utti, snell!“, flehte er. Am Bunkereingang stand ein Ordner, der für einen reibungslosen Zutritt sorgte. Die Mitnahme eines Kinderwagens verbot eine allgemeine Rücksicht auf andere Menschen. So stellte ich ihn eilig unter den Bogen des zweigeteilten Bunkers. Bis auf die Matratze nahm ich Jürgen mit dem gesamten Bettzeug auf dem Arm, die Tasche mit den nötigen Utensilien, einschließlich der Nahrung für meine Kinder, hing an meinem Arm. Aufgeregt rief Rainer erneut: „Utti snell!" Deutlich vernahm man das Motorengebrumm der feindlichen Flugzeuge. Ein Tumult am Bunkereingang entstand, der zwei bewaffnete Soldaten mit aufgepflanztem Bajonett erforderlich machte. Rücksichtslos, man muss schon sagen gewalttätig, stießen Männer Mütter mit kleinen Kindern brutal zur Seite, um schnellstens, ganz gleich wie, den Eingang zum Bunkerinneren zu erzwingen. Doch die Gewehre hielten sie zurück. „Männer, seid vernünftig, erst überschreiten Frauen und Kinder die Schwelle, wir haben Schießbefehl und machen von der Waffe Gebrauch, wenn Sie sich unserem Befehl widersetzen!" rief ein Soldat. „Wir wollen hier nicht verrecken, die Bomben fallen bereits!" Wie ich ein wenig den Kopf wandte, sah ich, dass in der Tat schräg fallende Bomben auf ihre vorbestimmten Ziele zuflogen. Ein ohrenbetäubender Lärm entstand, den wir im Bunker nicht mehr vernahmen. Stufen führten hinab in ein Abteil, das von einem Notstromaggregat mit düsterem Rotlicht beleuchtet wurde. In der Mitte stand eine doppelreihig lange Bank, die sich einreihig an der Trennwand wiederholte. Auf der anderen Seite sollten Kleinkinder in offenen Spielräumen die raue Wirklichkeit vergessen. Still saß Rainer auf einem Kinderstühlchen, dabei schaute er mich unverwandt mit ängstlicher Miene an. Ich nahm ihn zu mir auf den Schoß und erzählte ein Märchen von einer wunderbaren Begebenheit, die mir selbst gefiel. Jürgen lag neben mir auf seinem Federbettchen, als wüste er, dass Ruhe erwünscht war. Eine Rotkreuzschwester fragte mit tiefer Stimme, wer eine erwärmte Babyflasche nötig brauchte. Ich gab ihr eine. Darauf klebte sie einen Streifen Leukoplast und schrieb den Namen auf ihn. Ihre Missbilligung sprach sie an all die Mütter aus, die nicht an Nahrung ihres Babys gedacht hatten. Trotzdem kamen alle zu ihrem Recht, denn im Bunker lagerten für Notfälle trinkfertige Bestände. Nachdenklich aß auch Rainer eine Schnitte und trank warme Milch aus dem Thermobecher. Was ging in seinem Köpfchen vor? Diese Frage stellte ich mir oft, erbarmungslos zwang mir aber die Gegenwart umso mehr eine brutale Realität auf. Wie sah es draußen aus? Stand unser Wohnhaus noch oder war es beschädigt?

Endlich durften wir den Bunker verlassen. In der Umgebung nahm ich keinen Schaden wahr. Glücklicherweise stand der Kinderwagen noch heil an seinem Platz. Gut gebettet legte ich Jürgen hinein, am Fußende saß Rainer. Diese Belastung hielt der im fünften Kriegsjahr erbaute Kinderwagen nicht aus. Kurz nach dem Krieg erwarb ich, durch einen Gelegenheitskauf einen dritten. Zu dem Zeitpunkt allerdings, an dem täglich mehrmalige feindliche Luftangriffe das Ende des Dritten Reiches beschleunigten, war noch nicht daran zu denken, zumal ich für Rainer einen Sportwagen besaß. Nach dem unfreiwilligen Aufenthalt im Bunker eilte ich mit den schlafenden Kindern durch die Paradies-Anlage. Vor der Auffahrt zur Camsdorfer Brücke hing an einer Laterne ein sehr junger Soldat, mit einem Schild um den Hals, auf dem stand: „Ich bin ein Verräter!" Die Leute liefen mitleidvoll vorüber, als wäre es ein ehrerbietiges Denkmal, aber ihre Gedanken konnte ich nicht lesen. Auch mich zwang der Weg an dem Ereignis einer verbrecherischen Selbstjustiz vorüber. Die Mutter, welche erstmals diesen Sohn geboren hatte, wäre sicherlich beim Anblick dieser Leiche in eine tiefe Depression gefallen. Hastig strebte ich weiter, doch der Anblick des erhängten jungen Soldaten grub sich tief in mein Herz ein.

Indessen fand ich sowohl unser Heim als auch meine Schwiegermutter unbeschadet vor. Rainer erwachte, als der Kinderwagen nicht mehr fuhr. Da er aber schlaftrunken taumelte, legte ich ihn entkleidet ins Bett. Nur Jürgen blieb schlafend im Kinderwagen liegen, bis zur nächsten Nahrungsaufnahme lief der Zeiger noch zweimal um die Uhr.

Während dessen amerikanische Bombenflugzeuge listiger Weise[33.] ihre taktische Methode zu einem Überraschungsangriff anwandten, lief meine Schwiegermutter sowie ihre minderjährige Tochter in rasender Geschwindigkeit, als wäre der Teufel hinter ihnen her, die Treppe hinunter. Beide trugen Jürgen im Kinderwagen in den Keller. Rainer nahm ich mit seinem Federbett in die Arme und glitt mehr als ich lief, ihnen nach. Dumpf vernahm ich die Worte meiner Schwiegermutter: „Schnell Helga, nimm Rainer!" Dann fiel ich in ein `Nichts`. Ein Eimer Wasser auf meinen Kopf brachte mich wieder auf die Beine. Aus den Händen Helgas übernahm ich noch durchnässt Rainer. Sein Geschrei übertönte die Vorgänge draußen. Schließlich hörte er damit auf. Aufmerksam verfolgte er die unterschiedlichen Geräusche, die ihn bewogen, sein Fingerchen zu heben und kindlich zu sagen: „Horch, Lieger bommen!" Nach der Entwarnung verließen wir den Keller, wie andere Leute auch.

Obwohl das Elektrizitätswerk schwer beschädigt war, lieferte es uns nur sparsam Strom. Aus der Gasleitung strömte stundenweise Gas, aber ich ließ mir sagen, dass die Camsdorfer Brücke einen wichtigen Zubringerdienst leistet. Unterhalb ihres Baus hingen befestigte Rohre, die Jena-Ost mit Gas versorgten sowie die Verbindung zu den drei Stadtteilen herstellte.

Eine heimliche „Demontage" von leicht beweglichen kleinen, aber wertvollen optischen Geräten begann. Offiziell sollte es sie vor dem Zugriff „Amerikanischer Langfinger" schützen, wie man dies nannte. Dem Zeisswerk sollte kein Schaden daraus erwachsen, obwohl niemand mehr an deren Unantastbarkeit glaubte.

Am Abend des 19. März 1945 alarmierte uns abermals die Sirene. In den immer bereitstehenden Kinderwagen legte ich Jürgen hinein.[34.] Unvollständig angekleidet, mit der restlichen Kleidung unter dem Arm, begaben wir uns in die Waschküche (neuerdings auch „Luftschutzraum" genannt), denn die feindlichen Flugzeuge bedrängten uns bereits. Einen Tag zuvor legten sie Jenas Altstadt in Schutt und Asche. Zu diesem Zeitpunkte versuchte meine Schwiegermutter Pferdefleisch zu bekommen. Bei dem plötzlichen Alarm verließ die Schwiegertochter der Fleischerleute den kleinen Laden, um ihr Versprechen, sich nur einem Bunker anzuvertrauen, in die Tat umzusetzen. Bedenkenlos nahm meine Schwiegermutter das Angebot mit dem Inhaber an, gemeinsam mit ihnen ihren Luftschutzraum aufzusuchen. Während sie dort den Atem des Todes neben sich spürt, entkam sie dennoch als einzige Überlebende, diesem Inferno.

Zeitgleich presste ich meine Kinder an mich und lief verängstigt von einer Ecke zur anderen, in unserem kombinierten Wasch-Luftschutzraum. Den Lärm, den die detonierenden Bomben verursachten, raubten mir fast den Verstand.
Wie mein Schwiegervater nach Stunden mitteilte, verwüstete der Luftangriff auch die Bibliothek. Neben dieser hing ein totes zehnjähriges Mädchen an einem umgestürzten Mast, der von einer ungeheuren Schuttmasse umgeben schräg zum Himmel ragte. Er glich einem erhobenen Zeigefinger, der als Mahnmal gegen Eroberungskriege die Menschen warnte. Nach der Katastrophe versuchten Hilfetrupps vergeblich das Kind vom Mast herunterzuholen. Den grausigen Anblick zu beseitigen brachte aber auch Risiken mit sich, die in Form von Blindgängern und Bomben mit Zeitzündern im Schutt auf ihre Opfer lauerten. Drei Tage lang hing das tote Kind in der Höhe und ebenso lang

vernahm man Klopfzeichen, die danach von Totenstille abgelöst wurde.

Als ich kurze Zeit später diese Ereignisse erinnerte, unterbrachen genagelte Stiefel, deren Schritte ich zu kennen glaubte, die düsteren Gedanken. Auf meinem Schoß saß Rainer, er vernahm nicht mein hüpfendes Herz, das von der bangen Frage hin und her gerissen wurde: Ist er`s oder ist er`s nicht? Das Rätselraten löste sich von selbst auf, als mein Mann in voller militärischer Ausrüstung vor uns stand. Laut seinem Befehl wurde ihm ein Ort zugewiesen, der sowohl bei Berlin als auch im Rheinland einen gleichlautenden Namen trug. Kurz vor dem Westbahnhof fuhr der Zug nicht weiter. Einige zerstörte Gleise versperrten die Weiterfahrt, so dass der Marsch zum Saalbahnhof nötig wurde. Am Kupferhütchen jedoch begann die Sirene ihre heulenden Töne anzustimmen. Jeder suchte daraufhin einen Luftschutzraum auf. Eine scharfe Abbiegung führte zu dem eineinhalb Kilometer entfernten Elternhaus. Diese glückliche Fügung enthielt aber auch bittere Tropfen bereit, die um Haaresbreite zu einem bösen Ende geführt hätte.

Von Jürgen teils weinerlichen Stimme teils zornigem Aufbegehren erwachte ich. Den Rhythmus seiner Tagesordnung hielt er pünktlich ein. Durch mein Hantieren entstanden unvermeidbare Geräusche, die Rainer ebenfalls unruhig machten. Im Nachthemdchen stand er redselig vor mir. „Aber Rainerle, wie bist du denn allein aus dem Bettchen gekommen?" fragte ich erschrocken. „Ich bin einfach ` raus delettert", dabei streichelte er sein Brüderchen. „Mein leiner Gorgen hat Hunger!" mitleidig sprach er diese Worte. Überhaupt entsprach seine Feinfühligkeit keinem Stück seines Charakters. Nach der ersten Befriedigung, am zeitigen Morgen, schlief Jürgen wieder ein. Auch Rainer bekam eine belegte Brotschnitte und eine Tasse Milch dazu. Anschließend legte er sich zu seinem Vati. Er blinzelte solange mit den Augen, bis er einschlief. Jedoch die Ruhe währte nicht allzu lange. Schon bald hüpfte er auf seinem Vater so herum, dass er vollends erwachte.

***

Den Abschied von meinem Schwiegervater verknüpfte mein Mann mit der Bekanntgabe meiner erneuten Schwangerschaft. An seiner Hand lief Rainer, ich trug Jürgen auf dem Arm, so standen wir wie arme Sünder an der Tür. Als mein Schwiegervater von meinem Zustand erfuhr, legte er den Rasierapparat zur Seite und schaute meinen Mann mit schaumigem Gesicht an. „Bist du wahnsinnig? Schließlich möchtest du später doch noch eine gesunde 50jährige Frau besitzten?" Es mangelte nicht an Vorwürfen, obwohl sie keine Rückgängigkeit erzielten. Gegen 9 Uhr fuhrm ein Mann mit dem Fahrrad zum Saalbahnhof, um sich nach dem Zeitpunkt seiner Weiterfahrt zu erkundigen. Mit der aufgeschriebenen Abfahrtszeit in der Tasche griffen ihn, zur Anhöhe vom Steingraben, zwei Feldgendarme (volkstümlich „Kettenhunde" genannt) auf. Sein Rad durfte er noch abstellen sowie mich von seiner Verhaftung unterrichten. Bis in unsere kleine Wohnküche folgten die Schergen meinem Mann mit gezogener Pistole. Meine Sprachlosigkeit verhinderte einen Schrei. Mir war klar, was dies bedeutete. Aufgrund der Besonderheit sowie meiner Kopflosigkeit kam mein Schwiegervater sofort nach Hause. Wir liefen beide in die Kommandantur, um die Freilassung meines Mannes zu erwirken. Der dortige Oberst entschied über das weitere Verfahren. In Übereinstimmung der Aussagen sowie der nachweisbare Alarm am Vorabend bestätigte seine Aussage, so dass sich seine Verhaftung als haltlos erwies. Das nahende Ende des Dritten Reiches spielte, neben der Nachsicht des Oberst, wohl dabei auch eine Rolle. Am frühen

Nachmittag entließ man ihn mit dem Vermerk, auf seine schriftliche Order – „bis 24 Uhr Aufenthalt in Jena erlaubt". Ausgestellt am 21. März 1945, dem zweiten Geburtstag von unserem Söhnchen Rainer. An diesem Tag vergoss ich so viele Tränen, dass ich glaubte, ein Flussbett mit Wasser Füllen zu können. Gegen 23 Uhr verließ uns unser Vati für einige Monate wieder. Von da an bekamen wir täglich mehrmals Bombardements zu spüren, die uns dazu zwangen, nur im Voralarm zu leben. Die dringlichsten Einkäufe, wie Milch, Brot, Zwieback usw. erledigte ich eiligst während jener Zeit. Meine Kinder ließ ich zu Hause, auf sie passte meine Schwiegermutter auf, zumal ich mich niemals weit entfernte.
Mit jedem Tag vermehrten sich die Luftangriffe. Einige Häuser weiter zerstörten Bomben Gebäude mit Hausgärten völlig. Am Doppelhaus der Nachbarn meiner Schwiegereltern riss eine Bombe das Treppenhaus weg, zerfetzte die Garage und verwüstete ihren Obstgarten. Die Druckwelle verursachte eine leichte Schwankung des Hauses, dass wir glaubten, die oberen Räume wären getroffen. Jeder hoffte auf seine Art, dass einige Habseligkeiten noch existierten. In einer dichten Staubwolke entdeckten wir Hoches unverletzt, die notdürftig ihre Schäden behoben, aber dessen ungeachtet später von zwei Fachleuten erneuern ließen.
Amerikanische Jagdflieger führten täglich intensivere Beschießungen durch. Ob Erwachsene, Kinder oder sich bewegende nicht militärische Objekte, sie boten gleichviel lohnende Ziele für die an Bord befindlichen Maschinengewehre.

An einem viel versprechenden sonnigen Morgen wagte sich der betagte Müllabnehmer mit seinem Fuhrwerk zum Steingraben. Unsere Mülleimer trugen wir ihm an seinen Wagen. Plötzlich tauchte ein feindlicher Jagdflieger auf, der aus dem „Nichts" zu kommen schien. Sinnreich nahm die Selbsterhaltung ihren Lauf, blitzschnell war sich der Kutscher unter seinen Wagen, sowohl meine Schwiegermutter als auch ich lagen flach auf dem Betonboden neben dem Haus. Steine sowie erdige Klümpchen bedeckten uns. Der Flieger flog ebenso unheimlich über uns hinweg, wie er kam. Blut floss an meinen Beinen herunter, das aber schlimmer aussah als es war. Unser Umfeld erkannte ich kaum wieder. Ein Stück Steingraben hatte sich in Sekunden in einen Sturzacker verwandelt, in dem weder Weg noch Steg noch der ertragreiche Sauerkirschbaum im Garten sichtbar blieben.

Zwischen meinem Mann und mir wechselten keine Nachrichten mehr hin und her. Abgeschnitten von jeglichem Briefverkehr bangte ich täglich um sein Leben, was nicht hieß, dass das unsere gefahrlos verlief. Obwohl Jena-Ost größtenteils vor einer Zerstörung bewahrt wurde, litten dennoch Menschen unter ihren verlorenen Habseligkeiten.

Gegen alle Regeln der Vernunft blieb Frau Kirchhoff während eines Alarms in ihrer Wohnung, statt den nahe gelegenen Bunker aufzusuchen. Als die ersten Bomben detonierten, lief sie in den Luftschutzraum vom Hinterhaus, aber ausgerechnet dort schlugen wahllos amerikanische Bomben ein, die ein gesamtes Wohnviertel vernichteten. Der entstandene Brand machte auch vor Schwerverletzten nicht halt. Unter den teilweise nur 15jährigen Jungen, die im Einsatz als Melder fungierten, befand sich Gerhard Kirchhoff. Schwer verletzt bat er seine Freunde: „Bitte rettet meine Mutter, sie liegt unter den Trümmern des ehemaligen Hinterhauses." Nach einem Blutsturz brach er zusammen. Auf seinen Hinweis bargen Bergungstrupps lebend drei Erwachsene und ein zweijähriges Kind aus dem Schutt.

Wegen Platzmangel wurde die Ostschule zum Lazarett umfunktioniert, aber Gerhard fuhr ein Krankenwagen mit alarmierenden Signalverkehr in die Universitätsklinik. Kaum aus dem

Trümmerhaufen befreit, lief Frau Kirchhoff laut weinend zur Ostschule, doch ihr Sohn lag bereits auf dem Operationstisch. Dieser Bombenangriff forderte besonders viele Tote. Aus einer schmalen Gasse riefen verzweifelt Menschen: „Holt uns hier raus! Wir verbrennen!" Eine Panik unter den Unglücklichen brach aus. Ihre Schreie, Bitten und Klagen verschluckte das Feuer. Den Zugang zu ihnen verhinderten Schutt und Flammen, so dass niemand aus dieser brennenden Hölle entkam. Tagelang hing Qualm über diesem Ort des Grauens.

Um Brot einzukaufen, fuhr ich mit Rainer und Jürgen frühmorgens zum Bäcker Geist. Gleich nach 8 Uhr löste erfahrungsgemäß die Sirene noch keinen Alarm aus. Aber so, wie ich mittlerweile das Zeitmaß ins Schlepptau nahm, nötigte es auch andere Hausfrauen zur Vorsicht. Dicht gedrängt von Käufern ließ der Laden für Jürgens Kinderwagen keinen Platz, demzufolge nahm ich ihn auf den Arm und ließ den Wagen vor dem Geschäft stehen. Rainer hielt sich an meiner Tasche fest. Durch die Berührung mit vielen Lebensmittelmarken ließ nicht nur die Hygiene zu wünschen übrig, sondern auch den Ablauf der flotten Bedienung. Nur langsam näherte ich mich dem Ladentisch, wobei ich mal mit Jürgen sprach, aber mit Rainer um so mehr. Er schaute aufwärts in ein Loch und zwinkerte mit den Augen. Nach welcher Teufelei sinnierte er? Bevor ich zu Ende dachte, geschah das Unvorhergesehene. Aus Langeweile hob er der ihm am nächsten stehenden Frau die Kleider hoch, um zu sehen, was darunter ist. Meinen Tadel unterbrachen tief fliegende feindliche Kampfflugzeuge, aus welchen Brandbomben in die Fenster geschossen wurden. Die zu spät alarmierende Sirene verstärkte noch den Ernst der Lage. Rainer begann zu schreien, Jürgen verzog seinen Mund. Der Laden leerte sich von Käufern im Nu. Ohne viel Federlesen legte ich meinen Jüngsten in den Wagen, Rainer hingegen quer darüber. Nie wieder eilte ich, von

Angst getrieben, den Steingraben so schnell hinauf. In der Waschküche fühlten wir uns vorerst geborgen. Rainers verschmutztes Gesicht, das von Tränen und Nasenschleim vermischt, einem kleinen Rotzjungen glich, säuberte ich. Danach beruhigte er sich. Trotzdem lauschte er auf die Einwirkung fremder Geräusche. Seine häufige Fragestellung: „Horch, Lieger bommen!" begleitete ihn, bis in die Nachkriegszeit.

***

Fiebrig und anfällig für Erkältungskrankheiten hustete ich vor mich hin. Das lästige Mundtuch, das meine Kinder vor Ansteckung schützen sollte, erfüllte zwar seinen Zweck, aber förderte nicht meine Gesundung. Die körpereigenen Abwehrstoffe bauten indes immer mehr ab, so dass ich meine tägliche Hausarbeit nur ungenügend verrichten konnte. Im Hinblick auf die augenblickliche Launenhaftigkeit meiner Schwiegermutter sowie der Reizbarkeit meines Schwiegervaters, vor allem Rainers kindliche Empfindsamkeit im Luftschutzraum, nahm ich lediglich zur Kenntnis. Wie aus heiterem Himmel stand meine Mutter vor mir. Sie wirkte auf mich sehr deprimiert. Am Morgen des gleichen Tages erhielt sie ein Telegramm von ihrem vierten Sohn Günter, indem er sie bat: „Komme sofort Stopp wenn du mich noch einmal lebendig sehen willst."

Von Naumburg aus war es für eine Lokomotive nur ein Katzensprung weit bis Jena. Am Abend wollte sie wieder zurück fahren. Dies ermöglichte nur ihre Rückfahrkarte oder eine beantragte Bescheinigung beim Ortsgruppenleiter. Über das zerstörte Gebäude des Saalbahnhofes verloren wir nicht viel Worte, um so mehr standen personengebundene Fragen im Vordergrund. Weder von meinem Vater noch von Gerhard sowie von Manfred bekam sie eine Antwort auf ihre Briefe. „Na, und Rolf ist auch bedroht", berichtete sie. Durch eine Schlägerei mit einem Offizier, der als „Don Juan" seinen Spitznamen alle Ehre machte, organisierte er Orgien an Bord, die dafür benötigten Damen zeigten in jedem Hafen ihre Bereitwilligkeit. Nahrung und Alkohol servierte man reichlich, die der Mannschaft entzogen wurden. Das Tribunal verurteilte Rolf zu einer hohen Freiheitsstrafe, die jedoch zur Bewährung in einem Strafbataillon umgewandelt wurde und somit Gesetzeskraft erhielt.

Die nicht ausheilende Erkältung in der Mitte des dritten Monats meiner Schwangerschaft trug auch nicht zu einer frohen Botschaft bei. Ebenso die Ergebnisse um Frau Kirchhoff und ihren Sohn schürte die Betroffenheit meiner Mutter. Bevor sie wieder nach Leipzig-Wahren fahren wollte, besuchte sie ihre Freundin. Nach ihrer Rückkehr bedrängte sie meinen Schwiegervater unaufhörlich: „Nimm doch Rainer mit, die Gefahr in Jena ist zur Zeit bedrohlicher als bei dir." Seine Hoffnung stützte sich auf eine baldige Kapitulation. Sie zeigte dazu ihre sofortige Bereitschaft. Mein Einwand, Rainer nicht einem nächtlichen Bombenangriff auszusetzen, fand allgemeine Zustimmung. Der bisher planmäßige Personenzug morgens 6.18 Uhr, fuhr nach meiner Information, nur noch mit Verspätung.
Abends heulte plötzlich die Sirene. Die Kinder weinten, das Licht verlosch und feindliche Bomben trafen das Elektrizitätswerk. Der Teufel war los, die Hölle brach über uns herein. Zur Vorbeugung etwaiger Staubbildung durch herabstürzendes Gestein oder gar der Kellerdecke, legte meine Schwiegermutter ein nasses Tuch über den Kinderwagen und warf sich schützend darüber. Mit Rainer auf dem Arm, sowie dicht hinter mir meine Mutter, stellten wir uns daneben. Als das höllische Spektakel sich dem Ende näherte, zuckte da und dort noch die deutsche Luftabwehr auf, so, als läge sie in den letzten Zügen, wie ein verwundetes Tier. Die folgende Stille zerriss die Entwarnung.

Erleichtert, wieder gut davon gekommen zu sein, liefen wir nach oben. Viel Schlafenszeit blieb uns nicht bis zur Abfahrt des Zuges nach Leipzig.
Robust, wie meine Schwiegermutter nun einmal beschaffen war, fuhr sie Jürgen im Kinderwagen und meine Mutter Rainer im Sportwagen zum Bahnhof. Die beiden Frauen sprachen miteinander so intensiv, dass ich überflüssig als restliches Relikt nebenher lief. An der zugigen Haltestelle warteten wir eine reichliche Stunde auf den Leipziger Zug. Als er endlich angepustet kam, stiegen nicht etwa Fahrgäste aus, nein, Mitreisende saßen dicht gedrängt auf Wagendächern oder sie hingen traubenförmig an allen nur grifffesten Möglichkeiten. Unter solchen Umständen reiste meine Mutter selbstverständlich nicht mit. Der nächstfolgende Eilzug fuhr planmäßig vier Stunden später, als letzter überhaupt, wie uns ein Eisenbahner sagte. Die Amerikaner rückten näher, von allen Seiten wurde Mitteldeutschland durch feindliche Armeen bedrängt. Vollgestopft von Flüchtlingen und Ausgebombten suchten sie auf dem verbliebenen Fleckchen Erde, das ebenfalls vom Untergang des „tausendjährigen Reiches" bedroht war, eine Bleibe. Sowohl Säuglinge, Kinder als auch Greise bildeten keine Ausnahme im Chaos. Viele fanden in den Trümmern oder Flammen ihr Ende. Unter allen Umständen musste meine Mutter mit dem letzten Zug mitfahren. Also probierten wir es nochmals, jedoch keine Chance bot sich in den überfüllten Abteilen für Rainers Sportwagen. Die Zeit ließ uns keine Wahl für lange Überlegungen. Kurz entschlossen nahm meine Mutter Rainer auf den Arm und lief auf ein überfülltes Abteil zu. Als sie die Tür öffnete, sah ich vor ihr stehende Fahrgäste, die bereits über den Rahmen des Möglichen jeden Fuß breit zur Mitnahme nutzbringend ausnutzten. Trotz des Platzmangels stieg meine Mutter zu. Mit einer Hand hielt ich sie fest, mit der anderen schlug ich die Tür zu, dabei

rief ich: „Kommt aus dem Hexenkessel gut heraus!" Tränen rannen mir unaufhaltsam über das Gesicht. Im Hinblick auf feindliche Flieger sah ich dem Eilzug gedankenvoll nach. „Werden wir uns wieder sehen?" Diese Frage beherrschte mein Denken und Fühlen. Heimwärts sagte meine Schwiegermutter: „Was müssen wir noch alles erdulden?"

Unruhig begann Jürgen im Kinderwagen meine Aufmerksamkeit zu wecken. Er weinte erst ein wenig, was allmählich ins schreien überging. Seine Wut entwickelte sich grenzenlos. Noch unverständig und zu klein signalisierte er auf seine Weise, die gewohnte Pünktlichkeit zur Fütterung. Zu Hause entnahm ich einer Holzkiste eine Möhre, die gut konserviert mit anderen im Sand lag. Sie dienten als Spender für eine vitaminreiche Kost, die insbesondere zur Gesunderhaltung für meine Kinder beitrugen.

Während ich Jürgen fütterte, löste die Sirene Alarm aus. Die Unterbrechung gefiel ihm nicht, deshalb schrie er, was seine Stimme an Lautstärke hergab. Im Luftschutzkeller fütterte ich ihn weiter, bis er gesättigt und trocken im Wagen lag.

Bedeutungslos verlief für uns der Alarm. Daraufhin traf meine Schwiegermutter den Kern der Sache: „Die Amerikaner scheinen uns vergessen zu haben." „Nach meiner Rechnung", antwortete ich zusammenhanglos, „müsste meine Mutter mit Rainer Leipzig-Leutsch fast erreicht haben. „Hoffentlich ist deine Rechnung ohne die da oben gemacht" sagte sie und zeigte mit ihrem Finger himmelwärts. Nach 20 Uhr hörten wir das Motorengeräusch von feindlichen Bombenflugzeugen eher, als die Sirene. Wir hingen unseren Beutel um, der unsere Personalien und sonstige personengebundene Papiere enthielt. Jürgen trug ebenfalls eine Karte mit seinem Namen sowie denen seiner Eltern um seinen kleinen Hals, schließlich zwang mich sein Alter zu dieser Vorsichtsmaßnahme. Vergebens fürchten wir auch dieses Flugzeuggeschwader, das andere Ziele bevorzugte. In der Nacht begann ich wieder zu husten, beim Atmen stach es in meiner Brust. Die morgendliche Pflege für Jürgen forderte mehr Kraftaufwand, als ich mir eingestehen wollte. Fiebernd nahm ich mir den Mundschutz mehrmals ab, um besser atmen zu können. Jenem Zustand bereitete ich ein baldiges Ende. In der Obhut meiner Schwiegermutter mampfte Jürgen an einer Brotrinde herum, bevor er mit ihr „Katz und Maus" spielte. Auf den Rat meiner Schwiegermutter hin beabsichtigte ich, den am nächsten praktizierenden Arzt aufzusuchen. Jedoch sagte mir die Reinigungskraft, dass Dr. Hardtmann mit seiner Frau für einige Tage verreist sei.

Der folgende Arzt, am Inselsplatz, schickte mich aber in die Universitätsklinik. Nach seiner Meinung war ich ein Fall für sie. In einem mehrfach unterteilten Untersuchungsraum fiel mir unverkennbar ein baldiger Aufbruch auf, der insbesondere jungen Ärzten eigen war. Ihr weißer Kittel bedeckte nur notdürftig die militärische Uniform. Ein sehr netter verständnisvoller Arzt untersuchte mich. Nach einer kurzen Wartezeit wurde ich ihm abermals vorgeführt. Er empfing mich mit den Worten: „Was ich vermutete, bestätigte das Röntgenbild." Sofortige Bettruhe und lauwarme Umschläge, gemeinsam mit Medizin verabreicht, würden mich bald gesunden lassen. Nachdenklich geworden fragte er: „Wo befindet sich denn ihr Mann?" „Ich weiß es nicht." Kurzatmig und gebeugt stand ich vor ihm. Mit den Worten: „Haben sie jemanden, der sie pflegen kann?" brachte er mich in arge Verlegenheit. Meine Überlegung dazu umfasste eventuell entstehende Möglichkeiten, die meinem Kleinstkind zum Nachteil gereichen könnten. Um mich aus dieser Zwickmühle zu befreien, gab ich eine bejahende Antwort. Die Schmerzhaftigkeit beim Atmen versuchte ich weitestgehend zu verbergen, was nicht immer gelang, dennoch erreichte ich, das er mich entließ. Mit dem Eintritt ins Haus vernahm ich Jürgen schreien. Als er mich sah, beruhigte er sich. Seine braunen Augen verfolgten mich flehentlich, wie ein einsames Küken. „Aber Jürgelchen, ich bin doch wieder da! Mutti vergisst ihren kleinen Liebling nicht", sagte ich und nahm ihn zu mir. Mit wenigen Worten unterrichtete ich meine Schwiegermutter über das Ergebnis meiner Untersuchung. Mir wurde bewusst, dass ich allein fertig werden musste, sowohl mit mir als auch mit Jürgen.

Er war noch zu klein, um dass seine Schreierei für meine Schwiegereltern ihre Nerven die Zumutbarkeit weit überstieg, wie sie schon oftmals bekundeten. Meine dritte Schwangerschaft trug wesentlich zu ihrer Einstellung bei. Bevor Jürgen im Laufgitter (noch ungeschickt) spielte, desinfizierte ich mich zuvor und stellte den Küchentisch an die Tür. Vom „Eigenbau" meines Kleides befreit, legte ich mir einen Brustwickel an. Die Couch fungierte als Krankenlager, ebenso gut wie ein Bett. Ihre Nutzanwendung vom freien Fußboden zur Couch gewährleistete nicht nur die Sicherheit Jürgens, sondern erleichterte auch mir einen schnellen Zugriff zu ihm.

Der allzu oft ausgelöste Alarm unterbrach Jürgens Nachtschlaf. Weinerlich legte ich ihn in seinen Kinderwagen. Meine Schwiegereltern trugen ihn in den Luftschutzraum. Da uns keine Zeit blieb, zog ich meinen Mantel über das Unterkleid an und folgte ihnen. Aus der Waschküche, die uns bisher als Luftschutzraum diente, war inzwischen ein wohnlicher Aufenthaltsraum geworden. Es fehlte nur ein Teppich darin. Ich setzte mich zittrig auf einen Stuhl, der mir am nächsten stand. Mit meinem Wunsch nach Schlaf verknüpften sich auch Fragen: Wo war mein Mann, lebte er noch? Wie geht es Rainer und meiner Mutter?

Verängstigt vernahm ich Bombeneinschläge, die in einem Feld am oberen Steingraben ihrer Zerstörungskraft freien Lauf ließen. Der verwundete Landstrich in seiner Widerstandslosigkeit ließ sie ohne Pardon gewähren. Die anschließende Besichtigung des Himmels, der sich blutrot am Horizont verfärbte, deutet mir niederschmetternd die brennende Stadt Leipzig an. Es wären die Leunawerke, tröstete mich mein Schwiegervater, jedoch seine Worte überzeugten mich nicht.

***

Nach einigen Tagen ließen in meinem Brustkorb die ärgsten Schmerzen nach. Eine Rippenfellentzündung verlor in jener Zeit an Bedeutung, wie auch eine einzelne menschliche Tragödie in der Vielzahl von Leiden nur ein kleines Übel sich widerspiegelte.

Auf ein plötzliches Klingelzeichen hin öffnete ich die Haustür. Der Ortsgruppenleiter forderte mich auf, als junge deutsche Frau, Laufgräben vor Jenas Toren mit auszuschachten. Er appellierte an mein Pflichtgefühl. Unhöflich nahm ich meine kleinen Kinder sowie meine Erkrankung, als auch meine Schwangerschaft zum Anlass, ihm eine Absage kurz und bündig mitzuteilen. Vor seiner Nase warf ich die Tür zu, somit beendete ich das Gespräch und damit die Aufforderung, die nach meiner Meinung, nur ein unnützes Aufbäumen von einem untergehenden System darstellte. Beunruhigt über mein Verhalten, geizte meine Schwiegermutter nicht mit Vorwürfen, welches sie auf „Horchposten" vernommen hatte. „Willst du am Ende dein Leben gefährden? Denk an deine Kinder!" „Glaubt er wirklich, mit Frauen und alten Männern könnte diese Katastrophe aufgehalten werden?" antwortete ich.

Neu hinzu kam, dass alle Mitarbeiter sowie Lehrlinge vom Zeisswerk, die östlich der Saale ihren Wohnsitz besaßen, wegen der militärischen Zuspitzung beurlaubt wurden. Am frühen Nachmittag des 11.4.1945 erregten klappernde Geräusche meine

Aufmerksamkeit. Mit Jürgen auf dem Arm lief ich den Steingraben hinunter. Was sich meinen Augen bot, ließ meinen Atem stocken. Halbverhungerte Menschen in Sträflingskleidung und Holzpantoffeln an den Füßen marschierten zu dritt in einer sehr langen Kolonne. Herbeigeeilte Frauen sahen ebenso hilflos zu, wie ich. Mich trennten Steinstufen von den unglücklichen Menschen, aber die auf mich gerichteten hungrig großen, anklagenden Augen hinterließen einen unvergesslichen Eindruck. Aufseher mit schussbereiten Pistolen, auch führten sie Hunde mit sich, begleiteten die geschundenen Häftlinge. Einen etwa 15jährigen, noch frisch aussehenden Jungen, sah ich unter ihnen, der eine kurze Pumphose trug. Sein selbstbewusster Ausdruck unterschied sich wesentlich von anderen. Seiner Jugend nach zu urteilen, zählte er erst kurzfristig zu den Häftlingen. Manche wurden von ihren Leidensgefährten mitgezogen, denn allen drohte der sofortige Tod beim Versagen ihrer Kräfte. In guter Absicht trug eine beherzte Frau einen Eimer Trinkwasser herbei, jedoch ein berittener SS-Offizier schlug der Frau mit einem Peitschenhieb den Wassereimer aus der Hand, so dass das Wasser einem Rinnsal gleichend an der Bordsteinkante entlang lief. Eine mir noch unbekannte Bezeichnung ging von Mund zu Mund. „Häftlinge aus dem KZ Buchenwald." Wie war die Geheimhaltung über diese Stätte möglich? Weder offen noch hinter vorgehaltener Hand hatte ich je von einem Konzentrationslager gehört. Selbst wenn in dem einen oder anderen Fall die Arbeitsmoral oder andere Delikte in Frage gestellt wurden, so hörte ich das Wort KZ niemals.[35.] Über die Geheimhaltung des Ortes der Unmenschlichkeit wussten nur wenige und diese schwiegen. Die Kurzsichtigkeit des deutschen Volkes (mehrheitlich gesehen) ermöglichte durch das Wahlergebnis dem Hitlerregime barbarische Übergriffe, deren grausame Methoden sich mehrten. Das Zünglein an der Waage wog nicht so schwer an dem, was ich sah. Zwei Häftlinge blieben erschöpft auf dem Straßenpflaster liegen, sie erschoss ein SS-Aufseher kuzrer Hand, ohne auch nur einen Moment zu zögern. Auf dem Kinderspielplatz schaufelten mehrere (etwa 15jährige) „Wehrwölfe" ein Loch und warfen die Leichen hinein.[36.] So reifte, im Geist faschistischer Erziehung, eine neue Generation heran. Unverbesserliche versuchten durch Verteilung von Panzerfäusten in der ehemals umbenannten Bürgeischen Straße eine Abwehr zu organisieren, die aber vielfach scheiterte.

***

Solange die Camsdorfer Brücke noch stand, sah meine Schwiegermutter die Möglichkeit, ihre drei Schwestern noch einmal zu besuchen. Dieses leichtfertige als auch gefährliche Ansinnen setzten wir sofort in die Tat um. Unser Besuch stieß befremdend in eine gespannte Atmosphäre. Ihre Verwunderung, dass wir uns noch zu ihnen wagten, verhehlten die Tanten nicht. Das Gespräch quälte sich lang und breit dahin. Jürgen saß auf meinem Schoß, als die Sirene ihren Klageton anstimmte. Wie von der Tarantel gestochen traf ich schnellstens meine Vorbereitungen, um den Luftschutzraum aufzusuchen. Im Begriff dies zu tun, bemerkte ich, dass die Sirene mit einem lang anhaltenden Ton warnte. Darüber Gewissheit einzuholen, öffnete meine Schwiegermutter das Fenster. Sie sah aufgeschreckte Menschen, die nach dem Bunker hasteten. Ein Mann rief zu ihr hinauf: „Feindalarm! Retten sie sich schnellstens!" Bevor ich reagierte nahm sie Jürgen zu sich und rannte die Treppe hinunter, Helga und ich folgten ihr. Abgehetzt Überquerten wir die Camsdorfer Brücke, mit deren Sprengung wir rechnen mussten. An einer bewachsenen Böschung am Denkmal stand eine sehr stark bewaffnete ungarische SS-Truppe, die zum Ernst der Lage beitrugen. So etwas gab es auch, dass aus fremden Ländern militärisch zusammengestellte Einheiten sich zur deutsch- faschistischen Armee bekannte, was ihnen zum Verhängnis wurde. Mutters Tempo hielt ich nicht durch, wie ein Sack Mehl, mit Schmerzen in der Brust, fiel ich zusammen. Nach allen Regeln der Kunst sowie den Worten meiner Schwiegermutter, schleppte mich Helga nach Hause. Vor der Gartenpforte vernahmen wir eine gewaltige Detonation. Die Camsdorfer Brücke existierte nicht mehr, gesprengt von deutschen Soldaten. Die weise Voraussicht meiner Schwiegermutter, für Jürgen Kekse zu backen, erwies sich sehr nützlich. Ebenso der Einkauf auf die gesamten Lebensmittelmarken, bis auf Milch, lohnte sich, denn vom Feindalarm an gab es Feuer, dass uns hören und sehen verging. Um Jürgens Fläschchen zu erwärmen, lief ich hastig einige Male rauf und runter. Ununterbrochen schoss von Kunitz näher kommende amerikanische Artillerie mit Leuchtspurmunition den Steingraben aufwärts, die die deutsche Artillerie vom Fuchsturm (Berg) erwiderte.

Unser Leben richteten wir fortan im Luftschutzraum ein, eine Nacht, am Tag sowieso, verbrachten wir bereits dort. Durch die gesprengte Brücke verlor Jena-Ost jeglichen Strom sowie die Gaszufuhr. Unser gesäuberter Waschkessel enthielt Trinkwasser, das einige Tage genügen musste. Um in meinem Küchenherd Feuer anzuzünden, wagte ich einen neuerlichen Versuch. Einmal Papier, dann Holzspäne, nach einer weiteren Pause warf ich Holzscheite darauf, die aber während einer Kanonade verbrannten. Mit dem folgenden Gezänk meines Schwiegervaters, der aus Verantwortung mir das Verlassen des Luftschutzraumes verbot, machte mich der Hunger Jürgens erfinderisch. Wie auch immer ich die notdürftige Feuerstelle gegen alle Regeln der Sicherheit in unserem Keller anlegte, heiligte dennoch den Zweck. V-förmig baute ich von Briketts und zwei Ziegelsteinen eine Herdstelle, die gleichviel als Windschutz diente. Die vermeintlich amerikanische Kernseife, welche mein Mann als solche in der Weihnachtswoche 1944 mitbrachte und bedauerlicherweise trotz stärkster Reibung nicht seifte, blieb in ihrer Seifwirkung geheimnisvoll. Zuletzt erkannte ich jedoch die alternative Nutzung als Wärmequelle. Einen geprägten Riegel Wachs teilte ich, der jeweils mit einem Loch versehen ein Stück Bindfaden als Docht aufnahm und legte beide Stücke in die Mitte der Einfriedung. Vom Kellerfenster entfernte ich einen Teil vom Splitterschutz, um sowohl rechts als auch links beider Dochte eine Auflage zu schaffen, die von der einen zur anderen Seite reichte. Mehrere brennende Streichhölzer verglimmten, bevor der Bindfaden als Docht seine Wirksamkeit zeigte. Zwischen Daumen und Zeigefinger rieb ich ihn solange, bis er am oberen Ende ausfranste.

Eine starke Detonation, die unmittelbar in unserer Nähe ihre Kräfte zum Wanken der umliegenden Häuser brachte, versetzte mich in Angst und Schrecken, denn ein Apostel für Tapferkeit stand mir nicht bei. Meine Schwiegermutter trug Jürgen trostbringend auf dem Arm. Er wechselte zu mir, da er sein trinkfertiges Fläschchen bekam. Saubere Windeln gestalteten sich zum Problem, die dringend einer Lösung bedurften. Sie wusch ich im kalten Wasser mit „Tonseife", das Spülwasser hob ich für die nächsten schmutzigen Windeln auf. Im Augenblick der Unaufmerksamkeit meines Schwiegervaters huschte ich zum Luftschutzraum hinaus und lief geschwind die Kellertreppe hoch in unsere Wohnküche. Im Klammerkorb lag obenauf die Wäscheleine. Bevor ich den Klammerkorb zu fassen bekam, hörte ich die vorwurfsvolle Stimme meines Schwiegervaters: „Thea, du leichtsinniges Huhn, verlass sofort die oberen Räume!" Eine erneute Detonation in unserer Nähe ließ keinen Zweifel aufkommen, dass auch unser Haus vor einer Zerstörung nicht gefeit war. Mit der Schnelligkeit eines Blitzes fiel sowohl der Klammerkorb als auch ich vor die Füße meines Schwiegervaters. Er half mir wieder auf die Beine, die Wäscheleine mit einigen Klammem legte ich in den Korb. Im Luftschutzraum fuhr Mutter den schreienden Jürgen hin und her. Eine außergewöhnliche Situation erforderte eine ebensolche Maßnahme. „Vater, mir bleibt keine Wahl, ich muss in unseren Keller", sagte ich. Er verbot es mir, aber trotz allem Für und Wider gelang es mir unseren Keller zu betreten. Um den Kellerfenstergriff knotete ich die Wäscheleine, zog sie zu einem verankerten Wandregal, dann hinüber an einen großen Nagel über den Kohlen. Damit erledigte sich die Problematik trockener Windeln. Jürgen schlief inzwischen, dabei ließ er sich durch den steten Beschuss nicht stören. Nur Vater befand sich in einem unausgeglichenen Zustand, der mit Nasenbluten einherging. Die Aufregung forderte von ihm einen unzumutbaren Tribut, der ebenfalls durch die meisten Bürger mehr oder weniger zum tragen kam.

Weder über das Leben meiner Mutter und Rainers, noch von meinem Mann war ich unterrichtet, noch gelangten irgendwelche Nachrichten von meinem Vater oder meinen Brüdern zu mir. Am dritten Tag in unserer Notunterkunft hörte plötzlich der Beschuss auf. Die darauf folgende Stille breitete sich ebenso beängstigend über uns aus, wie der zerstörerische Lärm zuvor. Nach zweistündiger Schweigsamkeit der Waffen zerriss Kettengerassel der amerikanischen Panzer die Friedhofsstille. Schnellfeuergeschütze von hüben und drüben lieferten sich äußerst verbissene Gefechte, die letztlich von vereinzelten Gewehrschüssen beendetet wurden. Deutsche faschistische Nester ließen die stark bewaffneten Amerikaner, im Schutz ihrer Panzer, nicht in die Bürgeische Straße (damals Adolf-Hitler-Straße). Aus der Richtung Kunitz kommend, durchbrachen sie die deutschen Stellungen, aber am Kinderspielplatz und der Schlippenstraße drohte ihnen erst einmal das Aus.

Die unerwartet eingetretene Ruhe weckte meine Neugier. Flugs lief ich die Kellertreppe hinauf. Vorsichtig öffnete ich einen Spalt von der Haustür, als nichts geschah steckte ich meinen Kopf hinaus. Erschrocken zog ich ihn wieder zurück und schloss die Tür. Aufgeregt überschlug ich mich fast. Beim Eintritt in unseren Schutzraum sahen mir erwartungsvoll vier Augen entgegen. Nur Hella hob kaum ihren Kopf, sie las in einem Groschenheft eine Lektüre, in der hauptsächlich der Adel zu Wort kam. Mit geröteten Augen verschlang sie einen Liebesroman nach dem anderen. Atemlos verkündete ich die Tatsache: „Die Amerikaner sind da! Die Amerikaner sind da!" Diese Neuigkeit warf die bange Frage auf: Was folgt nach dem Zusammenbruch? Eine ungewisse Zukunft mit beinahe unmöglich lösbaren Problemen, die vorher niemand für denkbar hielt, trat auf uns zu, die sicherlich auch von unterschiedlichem Menschenaltern aus gesehen ihr Profil bekamen. Nach einer längeren Pause hörten wir eine noch junge helle Stimme, die eindringlich bat: „Leute, Leute ergebt euch ... zeigt eure Bereitschaft dazu durch eine weiße Flagge! Die Amerikaner haben bereits das Zeisswerk besetzt." Befreit vom Drangsal der Bombennächte lief ich Mutter nach. Wir sahen einen etwa 14 bis 15jährigen Jungen in kurzen Hosen, weinend auf einer Steinstufe sitzen. Seinen Nervenschock bezwang er wie ein Mann. Unter seinem zu großen Stahlhelm schaute ein verweintes Kindergesicht hervor, das den Pimpfen sowie der Hitlerjugend nicht mehr ähnelte. Bald danach fuhr ein Lautsprecherwagen den Steingraben rauf und blieb auf halber Höhe stehen. Hörbar für jeden sprach eine männliche Stimme schwerwiegende Worte ins Mikrophon: „Einwohner von Jena-Ost, ergebt euch ... Widerstand ist zwecklos! Die Amerikaner stellen ein Ultimatum, das binnen einer Stunde die Übergabe eures Stadtteils zu erfolgen habe, anderenfalls zerbomben sie Jena-Ost. Das Carl-Zeiss-Werk sowie die übrige Stadt liegt bereits in ihren Händen!" Um der in Aussicht gestellten Zerstörung zuvorzukommen, sagte meine Schwiegermutter: „Komm Ernst, wir hissen die weiße Fahne auf dem Dach!" Dagegen beabsichtigte er, nach seinem Willen, als letzter vom Steingraben dem Aufruf Folge zu leisten. Im Hinblick auf seine Absichtserklärung erfasste mich der Zorn. Erbost fragte ich ihn: „Glaubst du wirklich Vater, dass du durch dein passives Verhalten rettest, was nicht mehr zu retten ist?" „Ach, du Grünschnabel, sei ruhig!" antwortete er mir. Mutter wandte sich vorwurfsvoll mit den Worten an mich: „Willst du die Mörderin meines Mannes werden?" Außerdem stünde es mir nicht zu, Vaters Entscheidung in Zweifel zu ziehen, wie sie es nannte. Schweigsam empfing ich ihre Vorwürfe, die aus dem Entweder - Oder entstanden waren und wie eine kalte Dusche auf mich wirkten. Eingedenk sowohl meiner Kinder als auch meines Mannes, sann ich dennoch nach Abhilfe. Immerhin entschied die Stunde über Leben und Tod.

Auf dem Dach von unserem unmittelbaren Nachbarn Hoche lag ein Betttuch, Hanemanns folgten dem Aufruf sich zu ergeben mit einem Tischtuch; Möllers sowie Wagners bekundeten ebenfalls lebensbejahend ihre Unterwerfung mit ausrangierter Wäsche. Die übrigen Einwohner vom Steingraben taten es genau so. Letzten Endes schloss sich Vater ihnen an. Als aber das Ultimatum ablief, ohne das etwas geschah, zog Vater furchtsam das weiße Tischtuch zum Bodenfenster wieder ein, Nachbarn folgten ihm aus dem gleichen Grund. Allmählich sah man nirgends mehr weiße Fahnen. Reaktionsschnell setzte ich Jürgen in seinen Wagen und gab ihm Spielzeug. Mit einer von seinen Windeln in der Hand lief ich eiligst in unsere Wohnküche, um sie an einem Besenstiel festzubinden und sie aus dem Fenster zu hängen, denn eine andere Möglichkeit blieb mir nicht. Gebückt lief ich die Steinstufen hinunter. Den Besen mit der Windel stellte ich zwischen zwei Latten der kleinen Pforte, die zum Steingraben hinaus führte. Auf dem gleichen Weg, den ich beschritten hatte, kehrte ich in unser Verliess zurück. In Erwartung kommender Ereignisse, nahm ich Jürgen auf den Arm. Durch einen Spalt am Splitterschutz sah ich weiße Fahnen an Nachbars Fenster wehen. Jenem Beispiel folgten meine Schwiegereltern letztlich auch. Bald darauf löste die bedrückende Stille menschliche Laute ab, die sich immer stärker artikulierten. Erneut fuhr der gleiche Lautsprecherwagen den Steingraben herauf. Erregt schrie der Sprecher am Mikrophon: „Leute, der Krieg ist für euch aus!“ Ungläubig vernahmen wir die Mitteilung. Zu lange schon währte der Krieg mit all seinen Nebenwirkungen und Hiobsbotschaften. Überschwänglich drückte ich meinen kleinen Jürgen an mich. Der kommende Schlaf ließ nicht mehr lange auf sich warten.

Alle gesunden Leute liefen, mache zögernd, bis zum Fuß vom Steingraben, um Einsicht auf die Hauptstraße (Bürgeische Straße) zu erhalten. Ein amerikanischer Offizier versuchte uns zu erklären, dass noch geschossen würde. Daraufhin mieden wir deutsche Zivilisten die Gefahrenquelle, die sich bald veränderte. Später hinzukommende junge Frauen sparten nicht mit Zärtlichkeitsbeweisen für das Ende des alten Regimes mit seiner unumschränkten Diktatur. Von Hysterie erfasst brachen manche Frauen in Tränen aus. An das Morgen dachten nur wenige. Die erste Hürde war genommen, weitere standen uns noch bevor. Das Strafmaß für die Beteiligung am Widerstand durch die ehemalige Hitlerjugend gegen heran rückende amerikanische operierende Verbände, setzten sie selbst fest. Sie nahmen die Jungen über ihr Knie und versohlten sie; danach sagten sie auf ihre Weise: „Go home ... Mama!“ Andere Soldaten nutzten die Pause, um sich auszuruhen. Sie glitten erschöpft mit dem Rücken an einer Hauswand in der Schlippenstraße runter

und rauchten Zigaretten. Mit erhobenen Händen ergaben sich einzelne deutsche Soldaten. Zum Sammeltransport weiter begleitet, entschwanden sie mir aus den Augen. Eine strittige Empfindung beschlich mich dabei. Aus Sicherheitsgründen zog ich mich mit Jürgen aus dem Trubel zurück.
Aber wie staunte ich, einem quartiermachenden Amerikaner zu begegnen. Wie war er unbemerkt an uns vorbeigekommen? Dieses Rätsel zu lösen gelang mir nicht. Um so mehr trug die Windel am Besenstiel zum historischen Ereignis mit bei. Allerdings verschweige ich nicht, dass Jürgen acht Tage ohne Milch blieb. Zwischenzeitlich versprach mir eine plattfüßige, knorrige Bäuerin täglich etwas Milch abzuzweigen. Nach 21 Uhr sollte ich sie abholen. Zu jener Zeit wurde jedoch ohne Anruf geschossen. Hinter ihrem Gartenzaun machte ich mich noch kleiner, als ich schon war. Verzweifelt rief ich ihren Namen, aber vergebens. Amerikanische kontrollierende Patrouillen sausten bereits in geländegängigen Wagen die Straße auf und ab. Im geeigneten Moment überquerte ich sie angsterfüllt. Trotz aller Bemühungen, dass Jürgen nicht hungerte, weinte er viel. Seine umgestellte Nahrung ersetzte nicht die Milch, welche er so dringend benötigte. Noch einige Tage versuchte ich vergeblich den Gang zu dieser Bäuerin, bis letztlich ein Milchhändler aus Bürgel, Kleinkinder in Jena-Ost mit versorgen konnte.

Nachdem amerikanische Pioniereinheiten durch eine Pontonbrücke die Verbindung mit den übrigen Stadtteilen hergestellt hatte, stand für die Zuteilung berechtigter Milchabnehmer nichts mehr im Wege. Während der Mittagszeit erwies sich für mich die günstigste Einkaufsmöglichkeit. Allmählich öffneten die Geschäfte wieder, so auch das Lebensmittelgeschäft Käding. Die stets freundliche Inhaberin, deren Herz für vieles Leid Platz fand, dabei das ihrige in den Schatten stellte, überwand mit mir, bei einem notwendigen Einkauf, Angst und Schrecken.

Hinter dem Rücken patrouillierender amerikanischer Soldaten, die zum Schutz gegen Plünderungen ihren Dienst taten, betraten unerwartet vier ehemalige Häftlinge den Laden.

Unter ihren zerlumpten Jacken schauten Sträflingshosen hervor. Sie führten einen intelligent aussehenden Jugendlichen, in kurzen Pumphosen, mit sich, den glaubte ich im Trupp vorbeiziehender ehemaliger Buchenwaldhäftlinge gesehen zu haben. Furchtsam wich ich rückwärts, der Jugendliche trat auf mich zu und versicherte: „Du nicht brauchen Angst zu haben, wir dir nichts tun!“ Frau Käding verließ ihr Versteck und stellte sich wieder hinter den Ladentisch. Auf ihre Frage hin zeigten zwei von ihnen begehrlich nach Puddingpulver. Jedoch ihr Wunsch schlug fehl. „Nur für Kleinkinder ist das Puddingpulver verkäuflich“, sagte Frau Käding. „Wir auch ein kleines Kind ... !“ stieß ein Vorderer undeutlich hervor. Ein Österreicher klärte uns darüber auf, dass bei den beiden Polen nach einem Verhör ihre Sprache schwer geschädigt worden war. Sie öffneten ein Stück von ihrer vorderen Kleidung, die die furchtbar hinterlassenen Narben sichtbar hervorhoben. Am meisten hinterließ ein tiefes Loch im Hals, mit ausgefransten Brandnarben, einen unauslöschlichen Eindruck, der auch die Scheußlichkeit von SS-Schergen offenbarte. Sowohl Hals als auch Brust der Opfer glichen einer Landkarte mit unterschiedlichen Höhen und Tiefen.

Im östlichen Teil von Deutschland währte der sinnlose Widerstand an lange an, der letztlich längst seinen „Todesstoß“ erhalten hatte. Organisierte Hilfsaktionen schlummerten noch in ihrem Dornröschenschlaf dahin. Aus amerikanischen Gulaschkanonen wurde wenigstens, für die vielen herum irrenden heimatlosen Menschen, eine tägliche warme Mahlzeit verteilt. Ein Netz voller Widersprüche, Gewalt und Selbstsucht lag unheilverkündend über Deutschland. Wer sich in den Maschen verfing, lief direkt in die Arme von Justizia. Millionen befreiter

Menschen aus vielen Ländern Europas warteten auf den Abtransport in ihre Heimat. Sie wurden jedoch auf eine harte Probe gestellt. Solange Gesamtdeutschland militärisch nicht vernichtet war, fuhren auch keine Transportwagen.
Am 25.4.1945 wurde Berlin eingeschlossen, aber erst am 2.5.1945 streckten faschistische Truppen die Waffen und kapitulierten. Während in Berlin erbitterte Kämpfe stattfanden, beging Hitler am 30.4.1945 Selbstmord mit seiner ihm notangetrauten Braut, Eva Braun. Danach übernahm Marinegeneral von Dönitz die Befehlsgewalt. Die beschämende Niederlage des deutschen Imperialismus zeigte einmal mehr die Gesetzmäßigkeit seiner reaktionären Ziele, ganze Völker zu bedrohen. Wenn man bedenkt, dass 72 Staaten direkt oder indirekt in den faschistisch-imperialistischen Krieg hineingezogen wurden, dann sollten diejenigen, die mit dem Säbel rasseln, gelernt haben, eine Machtprobe auszuschließen.

***

„Die kleine Sylvia"
(1945 bis 1949)

Mit zunehmenden Maß suchten ehemalige KZ-Häftlinge und Flüchtlinge neue Überlebenschancen, die zum Schrecken der Bürger wurden.[37.] Bei allem Verständnis ihrer Lage trieben es die „Plagegeister" zu arg. Sie schlichen unheilbringend auf Strümpfen; auch brachen sie geschickt Wohnungstüren auf, um in den Besitz zu kommen, der ihnen mangelte. Ältere Männer aus den Wohngebieten bekämpften diese kriminellen Handlungen aus Selbsthilfe mit Stöcken. In jeder Nacht erklangen Hilferufe. Aneinander geschlagene Backbleche, Tiegel oder andere Küchengeräte verrieten durch den erzeugten Lärm die Gegend und den Ort von Hilferufen. Am lautesten wimmerten leere Blechdosen in der Nacht, die besonders die Aufmerksamkeit auf sich lenkten. Auch ich versuchte mich des nachts mit einem Stock zu schützen. Vor dem weit geöffneten Fenster verriegelte ich den Fensterladen. Neben meinem Bett stand ein Hocker zur besonderen Verwendung. Im Schlaf fiel mir der Stock aus der Hand. Um ihn im Notfall greifbar verwenden zu können, legte ich meinen Unterarm auf den Hocker und schlief ein, dennoch stützte sich meine Hoffnung auf die Möglichkeit, dass unliebsame Eindringlinge sowohl mich als auch mein Kind verschonten. Einige Male nahm ich den schlaftrunkenen Jürgen aus seinem Bett und schlich ans Bett meiner Schwiegereltern. Sie erwachten durch meine Geräusche. Auf meine Frage hin: „Hört ihr nicht die Hilferufe? Ums Haus vernahm ich ebenfalls eine Schleicherei!" drehte sich mein Schwiegervater Mit den Worten um, ich solle besser mit dem kleinen Kind wieder schlafen gehen. Schlug mich die Fantasie mit Trugbildern?, fragte ich mich. Die Tatsachen hingegen bewiesen den unhaltbaren Zustand, der ruderlos geradewegs ins Uferlose steuerte. Vom Hunger getrieben zog es viele deutsche Städter aufs Land. Ihre Ohren stets am „Buschfunk", verbreitete sich flink dessen Neuigkeiten: „Wissen Sie es schon ...?" Die voll besetzten veralteten Vehikel, die sich Autobus nannten, fuhren außerdem mit einem krächzenden Holzvergaser-Kraftstoff-Motor. Zwischen der Hin- und Rückfahrt vertrieben sich die Insassen die Zeit mit Bettelei bei den Bauern. Die Mehrheit der Städter zeigte sich einsichtsvoll, manche jedoch traten unverschämt auf. In jener Zeit tauchten Charaktere auf, die sich vor dem normalerweise nicht durchschauen ließen. Solche Quälgeister wiesen erzürnte Bauern von ihrem Hof, in besonderen Fällen hetzten sie sogar ihre Wachhunde auf sie.

Auch Lesescheine für Reisig oder Tannenzapfen fanden keine Verwendung mehr, denn die Wälder sahen wie ausgefegt aus. Wie zu lebensnotwendigen Brennholz kommen, das sogar, reichhaltig im Wald wuchs, aber für mich keinerlei Nutzeffekt brachte? Angesichts vom sieben Monate alten Jürgen handelte ich unverzüglich an Ort und Stelle. Den Verstoß gegen die Rechtsvorschriften bezweifelte ich damals, da ich sie weder genau kannte noch ein Abholzen frevelhaft empfand.

Aus der Jugendzeit meines Mannes existierte noch ein kleines stumpfes Beil und ein ebensolcher Fuchsschwanz. Mit dem Beil schlug ich am Fuß einer ausgesuchten Birke, die eine junge Buche im Wachstum behinderte, so fest zu, dass ich den Baumstamm (etwa 15 cm) mit dem Fuchsschwanz bearbeiten konnte. Also schlug ich mit dem stumpfen Beil weiter zu. Mit hängendem Haar keuchte ich vor mich hin. Zornig trat ich an den verwundeten Baumstamm, aber er erzitterte nicht. „Himmel und Hölle! Er muss doch zu behauen sein!" schimpfte ich. Kraftlos geworden, schlug ich häufig daneben. Der Kampf um den Baum forderte nicht für umsonst seinen Tribut. Mit einem Taschentuch verband ich eine schmerzende Blutblase, die sich auf der Innenfläche meiner Hand gebildet hatte. Danach wechselte ich meine Tätigkeit und sägte mit beiden Händen, doch der Baum hielt sich aufrecht. Meine Verwunderung darüber brachte ich laut zum Ausdruck: „Es muss der Teufel in dir stecken!“ Die folgende wechselseitige Tätigkeit – hacken, mal sägen – zeigte nicht allein eine Erfolgsaussicht, sondern brachte mir unsägliche Schmerzen sowohl im Schulterbereich als auch im Kreuz und Beinen. Der Baum stürzte letztlich in einen anderen, so dass beide Wipfel sich ineinander verhakten. Wie ein Affe kletterte ich auf seinen schrägen Stamm hinauf, um ihn wippend auf den Waldboden gleiten zu lassen, jedoch scheiterten meine 45 kg an dem ihm zugewiesenen Platz. An einem der vielen Zweige hielt ich mich fest. Zu spät bemerkte ich meinen Fehler, denn die Zweige gehörten zum anderen Baum. Ungünstig hing ich in der Luft. Wegen meines Umstandes war ein Sprung zu tief, wiederum den abgesägten Stamm zu erreichen zu weit. Meine Beine umklammerten nacheinander mehrere Äste, bis ich letztlich einen von vielen Zweigen erreichte, die mich durch ihre Biegsamkeit auf einem aufgeschütteten Schützengraben absetzten. Mit Hilfe meines Gürtels zog ich den widerspenstigen Baum in die Nähe des Bodens. Es prasselte im Geäst, der Baum sank wimmernd zur Erde. Als Strafe zerkratzten mir seine Zweige das Gesicht. Meinen Gürtel wickelte ich mehrmals um den Stamm. Als ich anzog, kullerte ich rückwärts, den Gürtel in der Hand, einen sanften Abhang hinunter. In einer bewachsenen Senke blieb ich vor einem Busch liegen.

Hundert Gedanken jagten mir durch den Sinn, die die Zukunft betrafen. Die Ungewissheit über das Leben meines Mannes, Rainers sowie meiner Mutter, nagten an meiner Seele. Kummervoll legte ich mich abends gleich ins Bett, um morgens ebenso zu erwachen. Nur mein kleiner Jürgen besaß die Gabe, mich von den misslichen Lebensbedingungen abzulenken. Nach meiner Uhrzeit verlangte er in Bälde nach mir. Mit dem Sinnieren unterbrach ich mich, dass sowieso an meiner Lage nichts änderte. An den Ausgangspunkt meines Vorhabens kehrte ich zurück.

Ein ebener Weg führte in einem zerfahrenen, sanft abwärts liegenden Hohlweg, der in den Steingraben mündete. Dort hinterließ das Astwerk im feinen Sand rätselhafte Spuren. Unregelmäßig traten einige Häuser aus den Gärten in Sicht. Sie vermehrten sich zunehmend der Straße zu. Die spielenden drei „Eismänner" brüllten über die Straße: „Oh, weia, das ist gestohlen! Wir melden es der Polizei!" In gravierender Weise erniedrigt, gelang es mir, schnellstens trotz der Kraftanstrengung, den Baum im hintersten Winkel des elterlichen Hauses fallen zu lassen. Entkräftet legte ich mich daneben. „Unrecht gedeiht nicht!" Diese Worte hätte meine Naumann-Großmutter gesagt. Aus dem Haus drang zweifelsfrei nur Stille, sie zu erkunden betrat ich unsere kleine Wohnküche, aber auch da blieb es ruhig. Das Rascheln meiner Kleidung, das Plätschern des Waschwassers ließen Jürgen aufhorchen, er äußerte sich sehr deutlich. Leise öffnete ich unser Schlafzimmer und steckte meinen Kopf durch die Tür. Die Überraschung war ihm gelungen, denn er stand bereits im Bettchen.

Während ich Jürgen trocken legte, küsste ich ihn mal hier, mal dorthin. Unbegrenzt äußerte sich meine Zärtlichkeit, die ihn so erheiterte, dass seine vier Zähnchen in voller Schönheit sichtbar wurden. Nach seiner Mahlzeit setzte ich ihn in den Kinderwagen, den ich Stufe für Stufe die Treppe hinunter bugsierte. Auf der kleinen Rasenfläche hinterm Haus beschien ihn die Sonne, wie durch einen Schleier. Zwischen Zweige abschneiden und der Beschäftigung meines Kindes behandelte ich auch meine schmerzende Blutblase, die mich erheblich behinderte. Die Arbeit beschränkte ich nur auf das Verkürzen der dünnen Zweige. Der Baum sah danach wie kahlgeschoren aus. Mit der Absicht, am nächsten Tag weiter zu arbeiten, unterbrach ich alles andere, um Jürgen zu versorgen. Dies brachte mir eine willkommene Abwechslung, die auch meiner schmerzenden Handfläche zur Ruhe verhalf.

***

Die deutsche Aggression, die mit dem unrühmlichen Untergang des Dritten Reiches endete, hinterließ außer dem schwer verwundeten Land, Millionen verheiratete Frauen ohne finanzielle Absicherung. Bisherige Unterhaltszahlungen blieben aus, so dass pekuniär entstandene Nöte durch das Sozialamt gemildert wurden. „Bescheidenheit“ hieß das oberste Gebot, das manche Frauen verzweifeln ließ. Am unteren Steinborn nahmen Sozialarbeiter Anträge entgegen. Lange Menschenschlangen prägten den Notstand, der um sich griff. Mit sorgfältig ausgefülltem Fragebogen stand ich mit vielen Antragstellern zum zweiten Mal an. Die Angaben über die Höhe des Gehalts meines Schwiegervaters, das er mir sowohl widerstrebend als auch gut frisiert nannte, zog ich in Zweifel. Eine Kontrolle schloss er aus. Der monatliche soziale Unterhalt setzte sich folgendermaßen zusammen:

20,00 Mark pro Erwachsenen
15,00 Mark pro Kind
25,00 Mark Miete (in meinem Fall)
3,50 Mark Strom
2,50 Mark Kohle
1,50 Mark Wasser
0,50 Mark sonstige Ausgaben

Mit 82,00 Mark Unterhalt musste ich diszipliniert haushalten.

Eine Neuigkeit brachte Bewegung in unser tristes Leben. In Apolda sollte es je Sonderabschnitt ½ kg Zucker, auf einen anderen 150 g Fleisch oder Wurstwaren sowie auf einen weiteren 150 g Butter geben, erzählten die „Alleswisser". Um dorthin zu gelangen, benötigte ich dringend ein Fahrrad. Mit einer Gegenleistung lieh ich mir von einer Nachbarfrau das ihrige. Als ich mit einer jungen Frau von gegenüber aufbrach, übernahm meine Schwiegermutter die Pflege Jürgens. Je weiter wir im Mühltal unserem Ziel entgegen führen, desto mehr Leute begegneten uns. Eine „Völkerwanderung" von und um Jena belebte Apoldas Straßenpflaster, dass die unwahrscheinlichste Drängelei sichtbar wurde.

Heimwärts fuhren wir bedauerlicherweise nur mit Zucker, der trotz allem unsere kärgliche Lebensweise versüßte. Am nächsten Tag hofften wir mit Wurstwaren sowie Butter heimzukehren. Wenn wir auch keine Butter bekamen, so erfreute uns doch die Leberwurst.

Auf der leicht abwärts führenden asphaltierten Straße im Mühltal radelte es sich sehr gut. Jedoch drei Jugendliche vollführten leichtsinnige Gags, die ihnen am Ende den Ernst der Lage nahe brachte. Kurz nach einer Kurve wechselten sie sehr scharf, mit viel Klamauk und Clownerie, die Fahrseite. Das verkehrswidrige Verhalten der Jungen begünstigte geradezu einen Unfall. Obwohl ich eine Vollbremsung vornahm, warf es mich über die Lenkerstange in den Straßengraben. Dort blieb ich bewusstlos liegen. Die Stimme meiner Begleiterin schien aus der Tiefe zu kommen, die lauter, immer lauter wurde und mich in die Gegenwart brachte. Ihre eindringlichen Worte: „Wenn der jungen Frau etwas zustößt, sie ist im 6. Monat schwanger, zeige ich euch an", fielen nicht in taube Ohren. Bereitwillig gaben die „Missetäter" meiner Begleiterin ihre Personalien an. Einige Arme halfen mir wieder auf die Beine. Der kleine Unfall, wie ich heute sehe, hinterließ am Rad keine größeren Spuren von Gewaltanwendungen, als ein schiefes Lenkrad, das an Ort und Stelle gerichtet wurde. Meiner Weiterfahrt stand nichts mehr im Wege. Mit zerschrammten Ellenbogen und Knien, dennoch Leberwurst in der Tasche, kam ich zu Hause an.

Einige Tage später erfuhr ich, dass Leipzig eine tote Stadt wäre. Dieses Gerücht traf mich wie einen Hammerschlag, der mich sowie Jürgen auf einen Küchenstuhl plumpsen ließ. „Nein, das darf nicht wahr sein!" rief ich aus. In Anbetracht der niederschmetternden Nachricht sagte mir meine Schwiegermutter: „Fasse dich, die Suppe ist nicht so heiß, wie sie gekocht wird."

Meine Absicht nach Leipzig zu fahren stand fest. Weder arbeitete die Post, noch fuhren Züge. Dieses Übel hinderte mich nicht, durch die Hölle zu gehen. Am Nachmittag besuchte uns meine Schwägerin mit ihren beiden Kindern. Mein Vorhaben teilten wir ihr mit. Sie erklärte ihre Bereitschaft, für die Zeit von Mutters Abwesenheit, die Pflege zu übernehmen. Sie riet mir, die Fahrbereitschaft in der Rathenaustraße aufzusuchen, von dort würden täglich Lastautos abfahren. Also verblieben wir bei unserer Abmachung, den Versuch nach Leipzig zu gelangen, in die Tat umzusetzen. Soviel sei gesagt, die Hin- und Rückfahrt gestaltete sich zur „Odyssee" meines Lebens.

Frühmorgens fuhr ich Jürgen über die Pontonbrücke zur Fahrbereitschaft. Der Weg dorthin war unschwer zu finden. Neben einem großen Platz grinste mir höhnisch ein zertrümmerter Bunker entgegen. Steinerne Baracken kündeten gegenüber auf einem Schild die Zuständigkeit an, die vorwiegend amerikanische Schreibkräfte vornahmen. Nur durch einen langfristig gestellten Antrag erlangte man eine Fahrerlaubnis, wie ich erfuhr. Um mein Vorhaben sofort durchzusetzen, riskierte ich Kopf und Kragen. Inzwischen traft meine Schwägerin mit ihren beiden Kindern ein. Kaugummi kauende Amerikaner liefen vorüber, jeder passte auf jeden auf. Kein Lastkraftwagen fuhr in Richtung Leipzig an jenem Tag, wiesen Wichtigtuer darauf hin. Nicht verzagend wartete ich auf eine Gelegenheit. Die Stadt Halle ging plötzlich von Mund zu Mund. Heuschrecken gleich stürzten sich Menschen, aus unterschiedlichen Gründen, auf diesen Lastkraftwagen zu. Von Halle aus, glaubte ich per Beine, Leipzig zu erreichen. Wie ich mit vielen anderen auf der veralteten Klapperkiste stand, verlangte der Fahrer von jedem von uns, ihm unsere Fahrgenehmigungen vorzuweisen, damit er ohne Schwierigkeiten nach Halle gelangte. Mitfahrende, die nur ihre Kennkarte vorzeigten, befahl er kurzum: „Runter!" Kleine Leute wurden Könige. Das Wort „Leipzig" schwirrte hoffnungsvoll an mein Ohr. Mit vielen anderen Menschen rannte ich auf den Lastkraftwagen zu. Leere Fässer behinderten die Mitfahrt aller Anwesenden. Denen es gelang, einen Platz zu erwischen, verließen ihn auch nicht, zumal der Fahrer sich nur auf die allgemeine Richtlinien beschränkte. In aller Eile warf mir meine Schwägerin ihr Kopftuch zu sowie eine Wolldecke aus Jürgens Kinderwagen. Nach einem kurzen Winken gerieten wir außer Sichtweite. Zügig fuhren wir auf die Autobahn. Damit glaubte ich, alle Schwierigkeiten wären überwunden. Jedoch nach etwa 100 bis 150 m wurde der Fahrer von einer amerikanischen Kontrolle durchsucht. Weitere Soldaten forderten Einsicht in unsere Papiere. Sowohl an mitfahrenden Menschen als auch an leeren Fässern vorbei, bahnte ich mir einen Weg, um meine Kennkarte vorzuweisen. Mein Passbild strahlte wohl eine magische Kraft aus, denn die Kontrolle wurde schnellstens mit „Okay" beendet.

Erleichtert fuhren wir weiter, vorbei an einer Ab- und Zufahrtsstraße, an der ein Lastkraftwagen voll Männer hielt.

Sichtbar mit weißer Kreide stand an ihm: „Ade nun du deutsche Sau, wir fahren heim zu unserer sauberen Frau!"
Niemand sprach ein Wort. In meinem Inneren empfand ich es als skandalöse Beleidigung. Ein Teil der Siegermächte verunglimpfte die Ehre deutscher Frauen, welche die Zeche für faschistische Untaten damit bezahlten. Wenn ich von meinem zwanzigjährigen Leben ausging, gehörte ich auch zu „jenen Frauen", die sich in männlichen Hosen tummelten. Gegen diese Einstufung sträube ich mich, was mir gar nichts nützte. Ich war eine deutsche Frau und das genügte.

Wider Erwarten zog der Fahrer die Bremse, eine abermalige Kontrolle erfolgte. Der gleiche Vorgang wiederholte sich. Während der abschnittsweisen Weiterfahrt sichtete ich vor mir eine Tankstelle. Amerikanische Soldaten lümmelten rauchend auf Stühlen vor ihr. Bei näherer Betrachtung sah ich ein Schild, auf dem in deutscher Schrift stand: „Kommandantur!" Als Behinderungsquelle für die rasenden amerikanischen Jeeps sowie wenige deutsche Lastkraftwagen gefährdeten sie keinesfalls den Verkehr. Nur die lästigen Kontrollen bereiteten mir Herzklopfen, zumal ein junger Mann sowohl mit starken Brillengläsern als auch mit einer unreinen Haut, bewaffnet abgeführt wurde. Das Schreckgespenst saß noch in meinem Nacken, da hielten wir schon wieder, doch an meiner Kennkarte zweifelten nicht einmal amerikanische Offiziere. Wie lange fuhr ich noch ohne Fahrgenehmigung?

Nach vielen Kontrollen fuhren wir - bei eisigem Wind - in Leipzig ein. Der Fahrer gab bekannt: Wer am gleiche Tag mit ihm zurückfahren wollte, der müsse um 3 Uhr am selben Ort stehen. Die Fahrgäste zerstreuten sich in alle Winde. Erschüttert stand ich vor den Schuttmassen der ehrwürdigen Stadt Leipzig. Meine Erinnerung sprang ein Jahrzehnt zurück in eine pulsierende, von Lärm umgebene Großstadt, in der ich auch hoff-

nungsvollen Träumen nach hing, der einer „Ausgestoßenen“ verwehrt wurde. Das leidige Geld spielte dabei eine enorm große Rolle.
Eine Stille lag über der grauenvollen Vernichtung, dass sich nicht mal Vögel dorthin verirrten. Bruchstücke einer ehemaligen Wand auf der noch ein Pfeil zum Luftschutzraum hinwies, wirkte wie eine Ironie inmitten all der Trümmer. Die vergangene, verzweifelte Todesangst von bedrängten Menschen sowie das unerhört gebliebene Weinen der Kinder darf nicht unvergessen verhallen, wie auch immer politische Auseinandersetzungen enden mögen.

***

Endlos erschien mir der Weg, bevor ich eine Straßenbahn erreicht, die in die Vororte von Leipzig fuhr. Umso näher ich meinem Ziel entgegen fuhr, desto weniger Trümmer und Schäden nahm ich wahr. So kurz die Agnesstraße sich auch ausnahm, verband sie doch die Hauptstraße (Adolf-Hitler-Straße) mit der Fuchs-Nordhoff-Straße. Für die Gaststätte „Zur Linde“, ebenso die Bäckerei „Köhler“, wie auch das Lebensmittelgeschäft schien die Zeit stehen geblieben zu sein. Keine amerikanischen Bomben verunstalteten ihr äußeres Bild. Erregt überquerte ich den vertrauten Hof und eilte die Stufen hinauf. Über dem Treppengeländer hing eine Uniform, dessen ehemaliger Besitzer unschwer zu erraten war. Freudig rief ich: „Papa, Papa!“ Beim Öffnen der Wohnungstür sah ich meinen kleinen Rainer kauernd auf dem Küchenstuhl stehen. Die nervliche Spannung der letzten Stunden löste sich. Weinend hielt ich meinen 2jährigen Sohn in den Armen. Langsam sank ich tiefer, bis ich auf den Knien seine Beinchen nur noch umfasste. Mit den Worten: „Deinem Jungen geht's doch gut bei mir, das weißte doch, du alte 'Heulsuse'", beendete meine Mutter das tränenreiche Wiedersehen. Nach ihrer Aussage nahm sie die Kapitulation ohne aufsehenerregenden Zwischenfall wahr, wenn sie von zwei patrouillierenden amerikanischen Soldaten absah. So erlebte sie die Niederwerfung des faschistischen Deutschlands. Auch mein Vater berichtete von einem rasant fahrenden Amerikaner, der ihn mit deutschen älteren Kriegsgefangenen vor einer Steinigung durch erregte Tschechen bewahrt hatte. „Welches Glück, dass Rainer nicht in Jena lebte", sagte ich. Mit dem mittäglich geschlossenen Wirtschafts- und Polizeiamt zeigte sich die beabsichtigte Rückfahrt von ihrer stacheligen Seite, welche nicht in meinen Plänen eingebunden war. Meine Schwiegereltern warteten vergeblich auf meine sowie Rainers Heimkehr. Der Tag verlief mit einigen Unterbrechungen ergebnislos ab, jedoch nicht ohne Hoffnung. Im Wohnzimmer hielt Rainer seine Händchen an einer Ecke des Esstisches. Er stellte einen Fuß auf den anderen und lauschte unseren Ausführungen, die er noch nicht in vollem Umfang verstand.

***

In Jena hatte ich keinen Gedanken an die Öffnungszeiten vom Leipziger Wirtschafts- und Polizeiamt verschwendet. Umso mehr konfrontierte mich die Notwendigkeit in Leipzig, dass Rainers Lebensmittel- und Milchzuweisung gesichert werden musste. Losgelöst von meinen Problemen machte mich meine Mutter mit einer jungen Witwe sowie ihrer acht Monate alten Rosemarie bekannt. In Schlesien beheimatet, schloss sie sich einem Umsiedlertreck an, der in Leipzig endete. Frau Böhm las die heimatlose Witwe auf und führte sie meiner Mutter zu. Frau Filmer, so hieß sie, lebte einträchtig mit ihr zusammen. Verständlicherweise folgte sie später dem Angebot ihrer Schwiegereltern, die eine Wohnung mit Bad in ihrem Haus für sie und ihre Rosemarie bereithielten. Millionen Menschen zogen 1945 von einem Ort zum anderen, mal missmutig, mal gut aufgenommen. Mit Hilfe von Frau Filmer gelangte ich schneller in den Besitz sowohl von Reisemarken als auch einer polizeilichen Abmeldung. Ihre resolute Art machte es möglich. Hoffnungsvoll glaubte ich eine Fahrerlaubnis zu bekommen, die mir risikofrei meine Heimfahrt ermöglichte. Zur Fahrbereitschaft begleitete mich mein Vater. Die Erwartung übertraf unsere Vorstellungskraft. Vor einem mehrstöckigen Haus hatte sich eine Menschenschlange gebildet, die sich in die zweite Etage wälzte. Einige Leute maulten: „Hinten anstellen!" Auf mein Klingelzeichen hin öffnete mir eine ältere Dame ein Türfensterchen. Ihre Auskunft ähnelte der in Jena.

Auch mein Vater diskutierte mit ihr ergebnislos. Betrübt und verzweifelt zugleich lief ich abwärts. Auf dem Weg zur Straßenbahnhaltestelle versuchte er mich mit seinen Witzen aufzuheitern, doch es gelang ihm nicht. Zudem kam hinzu, dass Frau Kruschwitz (eine ehemalige Bewohnerin aus dem Vorderhaus) im Selbstgespräch in unserer Nähe stand. Meinen Wunsch sie zu begrüßen, vereitelte vorerst mein Vater mit den Worten: „Du musst wissen, sie lebt nur noch in der Vergangenheit, denn Männe (Hermann) ist auch gefallen - über Helmut erhielt sie eine Vermisstenmeldung. Ihren Mann und alle ihre drei Söhne hatte sie verloren." Vorbereitet auf eine zerbrochene Frau begrüßte ich sie. Sie nannte mich beim Namen, wie ehemals. Außer allgemeinen Redensarten äußerte sie sich plötzlich mütterlich: „Dein Rainer ist ein süßer Fratz und fix dazu." Schon von Geburt an kannte sie mich. Auch sah sie mich mit Männe und Helmut aufwachsen. Nur ihr wesentlich älterer Heinz gab sich nicht mit uns „jungen Gemüse" in meiner Kindheit ab; winkte ihm zukunftsträchtig der Arztberuf, jedoch zerstörte der Einberufungsbefehl ihn für ewig.

Mir fiel auf, dass ihr Gebiss aufeinander schlug. Ihr unruhiger Blick huschte nervös mal da und mal dorthin. Das Fazit ihres kärglichen Lebens bildete das alleinige Hinwursteln, in jener umwälzenden Zeit. Die erwartete Straßenbahn trennte uns. Niedergeschlagen empfing uns meine Mutter. Sie versprach mir, sofort ihre Freundin Frau Körner aufzusuchen, ihr Mann würde ab und zu mit einem Lieferwagen nach Eisenberg fahren; nach ihren Worten käme ich bestimmt von dort nach Jena. „Nur nicht die Flinte gleich ins Korn werfen", versuchte sie mich aufzumuntern. Den zweiten Tag verbrachte ich in Leipzig, der meinen Schwiegereltern die Pflege Jürgens länger aufzwang, als verabredet war. Ihre Duldsamkeit verlief nicht grenzenlos. Was auch immer eine Zusammenführung verhinderte, jene Durststrecke musste mir gelingen. In Verbindung mit einem Auftrag zeigte sich Herr Körner bereit, Rainer sowie mich auf seiner Tour frühzeitig mitzunehmen. Diese gebotene Chance ließ ich nicht im Sand verlaufen. Obwohl von Eisenberg an eine Ungewissheit klar auf der Hand lag, blieb ich dennoch bei dem Entschluss. Hinsichtlich des frühen Aufbruchs packte ich zusammen, was Rainer gehörte. Meine Verabschiedung von Frau Böhm bescherte mir unerwartet nützliche Gaben, von denen ich glaubte, dass es sie nicht mehr gab. Noch in den letzten Kriegstagen gerieten faschistische Güterzüge, vollgepackt mit Vorräten jeglicher Art direkt in amerikanisches Feuer. Einige Waggons entgleisten, andere fielen den Bahndamm hinunter. Die Bevölkerung sah darin einen Wink des Schicksals, der sich in Windeseile herumsprach, wie Frau Böhm sagte. Unglaublich viele Warensortimente lagen zum Aufheben bereit. In unterschiedlichen Breiten Spitzen, farbiger Zwirn, alle nur erdenkliche Kurzwaren, bis hin zu Delikatessen, daneben auch wichtige

Lebensmittel. Freimütig schob sie meiner Mutter ärgerlich das Versäumnis zu, nicht dabei gewesen zu sein. Aus Sympathie zu mir und mütterlicher Empfindung überreichte sie mir für Jürgen „Paulys Nährspeise“[38.], Zwieback, Zucker, Grieß, Reis, Erbsen, Maizena und Möhrensaft; außerdem für Rainer und mich Kartoffeln, geräucherte Heringe, saure Gurken, Sauerkraut, Dauerwurst, Käse und sogar Öl. Die teilweise in Büchsen verwahrten Nahrungsgüter ließen sich in einem ihrer großen klobigen Koffer gut unterbringen, andere wickelte sie in Zeitungspapier ein. Ihren Koffer erwartete sie gegebenenfalls zurück. Überraschend flog mir ein Glück entgegen, dass Worte klein wurden. Den gefüllten Koffer verschloss sie, außerdem sicherte sie ihn mit einem starken Bindfaden; während dessen erklärte sie unverblümt: „Deine Mutter bekommt nichts von mir, aber du sollst etwas davon haben.“ Sie stellte das wertvolle Ungetüm in ihren Korridor. „Morgen früh erhältst du ihn“, mit jenen Worten löste sich auch meine Zunge wieder.

In meiner ungewissen Heimreise sahen meine Eltern für Rainer eine Gefahr. Jedoch eine Warnung von Frau Filmers, ließ mich nicht gleichgültig. Im geselligen Beisammensein mit Freunden gaben meine Eltern Rainer Bier zu trinken, um darauffolgend in Heiterkeit auszubrechen. Dennoch galt der Dank meiner Mutter, dass sie mein Söhnchen aus der gewesenen Gefahrenzone herausgeholt hatte. Ausgeschlafen liefen wir die Treppe hinunter. Damit traten wir die ersten Schritte zur Heimreise an, denen sich weitere anschlossen. Frau Böhm öffnete ihre Wohnungstür und übergab mir den verschnürten Koffer. Mit tränenden Augen verabschiedete sie sich von mir. Ergriffen drückte sie Rainer an ihr Herz und küsste ihn auf die Wange. Meine Mutter beachtete sie nur mit einem kalten Guten Morgen Gruß. Zielgerichtet fuhren wir anschließend zu Körners. In Anbetracht Rainers Lebhaftigkeit lenkte ihn die Sicht aus dem

Straßenbahnfenster, vom Hin- und Herlaufen oder in fremde Taschen gucken, ungeniert Fahrgäste mit Fragen belästigen, völlig ab. Nach längerer Fahrtdauer erreichten wir Markkleeberg. Frau Körner bekannte meiner Mutter: „Erni, Herbert betrügt mich, das soundsovielte Mal, meine Nachsicht ist nicht grenzenlos." Unser Kommen quittierte sie mit einer unverfänglichen Kontrolle ihres Mannes, den wir in der abgelegenen Garage allein vorfanden. So abgebrüht er sich auch immer der „Wilderei" schuldig gemacht hatte, erwischen ließ er sich nie. Ein viel zitierter Spruch passte zu ihm, wie die Faust aufs Auge: „Wenn es dem Esel zu wohl wird, geht er aufs Eis tanzen." Jene „Sorgen" trafen den Kern allgemeiner Nöte zwar nicht, aber die Würfel entschieden über Gewinn und Verlust. Im hintersten Winkel des leeren Lieferwagens setzte ich mich auf den Boden und Rainer saß vor mir. Zwischen der Trennwand vom Fahrerhaus und Ladefläche befand sich ein Fenster, dass nicht nur Licht hereinließ, sondern auch Vorgänge im Fahrerhaus sichtbar wurden. Am Ausgang von Markkleeberg stoppte das Lieferauto kurz. Eine lachende, rotblonde Frau stieg zu und beide amüsierten sich über das gelungene Täuschungsmanöver. Damit fand die erregte Besorgnis von Frau Körner ihre Bestätigung. Auf Landstraßen fuhren wir Eisenberg entgegen, nur von einer Kontrolle gestoppt. Die hintere Tür vom Laderaum öffnete sich und ein amerikanischer Soldat in Regenuniform sah mich mit meinem kleinen schlafenden Jungen an. Aus seiner Tasche warf er mir in aller Eile eine Tafel Schokolade zu, danach schloss er die Tür und mit abwehrenden Händen rief er: „Okay, Okay!" Ohne weiter Kontrollen hielten wir erst wieder auf dem Marktplatz in Eisenberg.

Am Tag unserer Heimkehr zeigte sich das Wetter nicht von der besten Seite. Wechselhaft löste die Sonne Regenschauer ab, die Pfützen hinterließen. Mitten auf jenem leeren Platz stand ich mit Rainer und dem schweren Gepäck alleingelassen. Nicht im Geringsten bot mir Herr Körner seine Hilfe an. Mit sich und seinem Abenteuer beschäftigt, bemerkte er nicht, dass ich sein Benehmen ungalant und auch ungefällig empfand. Es fing wieder an heftiger zu regnen, Rainer klemmte seine Beine zusammen und hielt seine Hand am Hinterteil, dabei schaute er mir verdrießlich ins Gesicht, um seine Not zu verdeutlichen: „Utti, Rainerle muss mal" sagte er. Unser Gepäck trug ich in eines der gegenüberliegenden Häuser. Im Hausflur ließ ich die beschwerlichen Anhängsel stehen. Danach eilte ich mit meinem zweijährigen Buben in die erste Etage. Vor der einzigen Wohnungstür standen wir, dort klingelte ich. Eine gutaussehende Frau öffnete die Tür einen Spalt. Ihre Erlaubnis vorausgesetzt bat ich sie, um die Toilettenbenutzung für mein Kind. Daraufhin schloss sie die Tür. Mit den Worten: „Da kann ja jeder kommen!" Rainer sah mich beklommen an. Auf seine Drängelei hin, „snell Utti!" bedurfte es einer Sofortmaßnahme.

Am Ortsausgang fragte ich eine Bäuerin nach dem kürzesten Weg, der nach Jena führte. Ihr ungläubiger Blick überschaute meinen kleinen Buben, mich sowie mein schweres Gepäck. Sie sprach im Thüringer Dialekt: „Das wolle Sie schaffe?" „Lofense besser nach Porstendorf, da kummens mit´n Arbeterzuche wech." Also auf nach Porstendorf, dachte ich, so weit konnte es doch wohl nicht sein.[39.] Aber jeder Kilometer schien mir länger zu werden. Sowohl mit schmerzenden Armen als auch Nackenschmerzen setzte ich einen Fuß vor den anderen. Die Koffer setzte ich immer öfter ab. Aus einem Seitenweg strömten Umsiedler hervor, denen ich mich anschloss. Wie ich hörte, fassten sie den gleichen Weg ins Auge. Einige von ihnen schoben selbstgebaute zweirädrige Karren vor sich her, andere zogen übervolle Handwagen mit sich, jedoch die meisten trugen schwer an ihrer gesamten Habe.

Vor uns lag die Saale, die Vorgänger an einer seichten Stelle passierbar gemacht hatten. Stein an Stein aneinander gereiht forderte die wacklige Angelegenheit unsere gesamte Aufmerksamkeit, damit wir unfallfrei den Fluss überschreiten konnten. Die Schwierigkeit für Rainer nahm mir ein älterer Mann ab. Er sah, wie ich mich abquälte mit meinem Gepäck und der ständigen Antreiberei: „Rainerle lauf, patsch nicht in Pfützen herum." Er nahm Rainer auf seine Schulter, obwohl er selbst an seinem Gepäck zu tragen hatte. Auf der anderen Seite der Saale stellte er meinen Buben erschöpft auf die Beine. Erst da offenbarte er mir sein hohes Alter. Dem Marsch nach Porstendorf stand nichts mehr im Wege. Bedauerlicherweise erreichten wir den eingesetzten Arbeiterzug nicht mehr, er fuhr längst ohne uns ab. Eine Kette von widrigen Umständen zehrte meine Kräfte auf. Verzweifelt gab ich dennoch nicht auf. Mir blieb nichts weiter übrig, als nach Jena zu laufen. Es regnete wieder und die Straße lag vor uns voller Pfützen. Ein verwittertes steinernes Denkmal stand vor Büschen, die von Brennnesseln und sonstigem Unkraut umgeben wucherten. Ein Graben trennte uns von dem Monumentalbau aus längst vergangener Zeit. Dahinter erhob sich ein steiler Hügel, der oben in einer saftigen Koppel auslief. Pferde fehlten allerdings darauf. Mein Blick fiel auf einen eisernen Löwen, aus dessen Maul ein Rinnsal floss. Durstig wie ich war, trank ich genießerisch. Rainer vergnügte sich in den zahlreichen Pfützen. Ich rief ihn zu mir: „Wasch bitte deine Hände!" Er tat es, absichtlich mit einem Fuß in der Nässe. „Leg deine Hände zu einer Schale ineinander und trinke." Nach einer kurzen Rast setzten wir unseren Marsch fort. Die Quälerei mit dem schweren Gepäck vereint mit ständigen Ermahnungen: „Rainerle, tu das nicht, Rainerle tu dies nicht, Rainerle lauf ordentlich!", ließen mich fast zusammenbrechen.

Ein „Heimkehrer" holte uns ein und bot seine Hilfe an. Er trug Rainer auf seinen Schultern. Mit eisernem Willen heftete ich mich an seine Fersen. Aber schon bald gabelte sich die Straße, Rainer und ich standen allein auf der Fahrbahn. Noch einmal nahm ich meine Kräfte zusammen, um mich Jena zu nähern. Doch weit kam ich nicht, das absolute „Aus" bestimmte mein Geschick. Ich kullerte mit dem Gepäck in den Straßengraben. Mit brüchiger Stimme rief ich meinen Buben beim Namen. Weinerlich erklärte ich ihm: „Mutti kann nicht mehr weiter, wir müssen beide ganz still und heimlich im Graben schlafen, dabei darf uns niemand sehen!" Jeeps rasten an uns vorüber und die Zeit der Sperrstunde nahte. Ein mir bekanntes Motorengeräusch krächzte langsam heran. Da die Straße hügelig verlief, behinderte es die Weitsicht. So klein Rainer noch war, prägte er sich dennoch die elementarsten Begriffe zur eigenen Sicherheit ein. Im Graben lag ich auf der Lauer und hörte angespannt auf das nahende Geräusch. Hoffnung auf ein gutes Ende weckte meine Sinne. Tiefer versteckte ich mein Kind in den Graben, das sich - unter meinem Mantel - still verhielt. Vorsichtig hob ich den Kopf und auf der Höhe eines Hügels sah ich das Dach von einem Lastwagen, mein Herz schlug so laut, wie eine Posaune. Beim zweiten Mal hinsehen kroch zunehmend die gesamte Fahrerkabine hervor. Meine Freude teilte ich meinem Kind mit: „Rainerle, wir haben Glück, das ist ein deutsches Lastauto!" Mit Rainer auf dem Arm winkte ich aufgeregt dem Fahrer zu. Tatsächlich hielt er an, der Wunsch verwirklichte sich. Der Beifahrer sprang aus der Kabine, dafür stellte er mir seinen Platz zur Verfügung. Auch trug er mir meine beiden Koffer sowie Tasche aus dem Graben auf die Ladefläche des LKW. Dieser Marsch nahm eine erfreuliche Wendung an, dass außerhalb meines Bewusstseins lag. Bis in eine Seitenstraße von Jena-Zwätzen fuhren wir. Das Abladen des Gepäcks geschah vom Fahrer hektisch. Sein Hinweis, schnellstens eine nächtliche Bleibe zu suchen, bedurfte weniger Worte. Das Weiterlaufen gestaltete sich zur Qual für mich, zu mal Rainers Energie aufgebraucht war. Ermüdet hing er, wie ein kleiner Klammeraffe, an meinem Hals. Seine müden Beinchen umschlangen fest meinen Leib. In der Dornburger Straße zerbrach mein Wille, kraftlos sank ich zu Boden. Rennende Straßenpassanten hoben mich auf: „Na, geht's wieder?" fragten sie und hasteten weiter. Rainer stand weinend neben mir. Sowohl aus Verantwortung für mein Kind als auch aus Selbsterhaltung fand ich zu guter Letzt einen Ausweg aus dieser Misere. In der Dornburger Straße, bei fremden Leuten, klingelte ich. Neubaureihenhäuser standen vor meiner Nase, die Unbefugten den Zutritt verwehrten. Eine Frau schaute zum Fenster heraus, als hätte sie hinter der Gardine gestanden. Dank ihrer schnellen Hilfsbereitschaft, mein Gepäck an sich zu nehmen, erreichte ich die Potonbrücke. Zum zweiten Mal überquerten wir die Saale an diesem Tag.

Im Hinblick auf den Anschlag der amerikanischen Administration, wurde auf jeden Zivilisten nach Beginn der Sperrstunde geschossen. Um auch die letzte Etappe zu überwinden, gewannen schnelle Füße an Bedeutung. „Ich muss es schaffen, ich muss!" hämmerte es ständig in meinem Kopf. Kurz vor dem Ziel schlapp zu machen, davor bangte mir. Eine rennende Frau nahm mir Rainer ab. Sie rief mir zu: „So kommen Sie schneller voran, Rainer bringe ich in Sicherheit!" Da erkannte ich Frau Hanemann, unsere unmittelbare Nachbarin. Die letzte Etappe, wenige Minuten von zu Hause entfernt, nahmen wir in Angriff. Dann standen wir unbeschadet vor dem Haus. Meine Schwiegermutter öffnete die Haustür und blieb dort trotzig stehen. Um diese Unwürdigkeit zu beenden, nahm ich Rainer an mich und dankte für die uneigennützige Hilfe. Beklommen lief ich die Stufen hinauf, an meiner Schwiegermutter vorbei, welche ich fragte: „Ist etwas mit Jürgen oder Günther?" Ihre Verneinung beruhigte mich erst einmal, dennoch verhehlte ich nicht, dass meine dramatische Heimkehr umschattet wurde von meinen übellaunigen Schwiegereltern. Wie ein Schulmädchen beschimpften sie mich, obwohl sie von den Schwierigkeiten keinerlei Kenntnis besaßen. Auch meine Entschuldigung, welche die Ursache meiner späten Rückkehr betraf, ignorierten sie. Als ich jedoch von den zwei Koffern sprach, deren Inhalt unsere Vorstellung weit übertreffen würde, änderte sich ihr Verhalten zu mir. Mit dem Handwagen jagte mein Schwiegervater seine 17jährige Tochter noch in die Dornburger Straße, um die Koffer zu holen. Alle mahnenden Worte schlugen fehl. Die Sperrstunde hatte begonnen, damit schickte er seine eigene Tochter möglicherweise in den Tod, zumindest wenn man davon ausging, dass die amerikanische Direktive missachtet wurde, konnte es erhebliche Folgen nach sich ziehen. Jürgen schlief bereits. Unsere kleine Wohnküche erwärmte sich langsam. Übermüdet schlief Rainer am Tisch fast ein, insbesondere beim Waschen baumelte sein Kopf hin und her. Appetitlos saß er danach vor seinem Abendbrot. Abhilfe schaffte sein Federbett, das ihn gleichzeitig mit dem ereignisreichen Tag zudeckte. Er, als kleiner Weltenbummler, lief an jenem Tag über 25 km. Seine neu besohlten Schuhe bewiesen eindeutig eine rühmliche Abnutzung.

Wohlbehalten gelangten inzwischen die Koffer in die Wohnküche meiner Schwiegereltern. Schon allein drei Tage Pflegschaft für Jürgen bedurften einer Wiedergutmachung. In zwei gleiche Teile, außer Jürgens Babynahrung, maß ich die „Sonderration" uns zu. Vaters Aufbegehren um zwei Tage längere Abwesenheit, legte sich beim Anblick der Naturalien. Freilich gehörte es nicht zu ihren Aufgaben, als fünfzigjährige Kleinkinder zu betreuen, dennoch variierte der Vergleich drei Tage Kinderpflege mit einer strapaziös verlaufenden Heimkehr keinesfalls. Vorbereitet für die Nacht, begab ich mich letztendlich auch zur Ruhe. Bevor mich jedoch der Schlaf in die Leere stieß, umrissen meine Gedanken Günthers glückliche Heimkehr, die noch ungewiss in der Ferne lag. Auch mein Seufzer: „Ach Günther, wenn du wüsstest!" änderte nichts am Fakt. Erschöpft schlief ich ein. Jürgen weckte mich am zeitigen Morgen. „Na, mein Schätzchen, die Mutti ist wieder da!" sagte ich. Der restliche passierte Haferschleim, von meiner Schwiegermutter, genügte gerade noch, um eine Flaschennahrung zu bereiten. Nachdem ich Jürgens erste Betreuung am Morgen wieder selbst erledigt hatte und er im Bettchen vergnüglich vor sich hin brabbelte, sehnten sich meine ermüdeten Muskeln abermals nach Ruhe, zumal Rainer noch schlief. Ein Kauderwelsch drang an mein Ohr. Ich blinzelte zu meinen Kindern hinüber. Bückend im Nachthemdchen streichelte Rainer Jürgen über den Kopf, dabei legte er einen bedauerlichen Pathos in seiner Stimme: „Mein kleiner Gorgen, Rainerle bleibt bei dir und spielt mit Gorgen." Lachend lag Jürgen auf dem Bauch und schaute seinen Bruder durch die Gitterstäbe an, als verstände er ihn. Rainers Gefühlsüberschwang trug sicherlich dazu bei. Mein Blick fiel auf den Wecker: „Ach du liebe Güte!" dachte ich. Eilig versuchte ich die versäumte Zeit aufzuholen. Die beheizte Küche nahm mittlerweile eine angenehme Wärme an, die für Jürgens morgendliches Bad notwendig war. Sowohl Pünktlichkeit als auch Sauberkeit besaßen ebenso Priorität im Tagesablauf. Ein Erbe ohne Steuern, das mir meine Naumann-Großmutter hinterließ.

***

Im Vorgarten blühten u.a. auch Ringelblumen, von denen ich täglich einige in meine kleine Vase neben die Fotografie meines

Mannes stellte. Meine Abergläubigkeit ging so weit, dass persönliche Dinge einen mystischen Charakter annahmen. Wünsche verwirklichten sich nur nach meiner selbsterstellten Richtlinie, bei Missachtung von jener, geriet der Hoffnungsstrahl ins Wanken. Die Abende verbrachte ich bei den Schwiegereltern. Vater machte häufig sein Nickerchen oder er las in der Zeitung. Mit Vorliebe las er jedoch billige Liebesromane. Mutter, als ewige Hausfrau, stopfte Strümpfe. Entweder man konnte es oder man lernte es nie. Durch den Schornstein flogen sie jedenfalls noch nicht. Um unsere Hoffnung mit der Realität gleichzusetzen, befragten wir in der Geisterstunde die Eheringe. Ein eigenes Kopfhaar durch den Ehering gezogen, so dass beide Enden zwischen Daumen und Zeigefinger lagen, bei gleichzeitig erhobenen Unterarm sollte das Pendel wirksam werden. Drehte sich das Pendel im Kreis bedeutete es, dass Günther lebte, schwingen sie dagegen hin und her den Tod. An jeden Strohhalm klammerte ich mich, wenn es um das Leben meines Mannes ging. Eines Tages bestimmte meine Schwiegermutter: „Heute konsultieren wir eine Kartenlegerin.“ Ich glaubte zwar nicht an den Hokuspokus, aber begierig hörte ich dennoch zuversichtliche Worte. Durch eine verschmutzte liederliche Wohnküche, der es an Wasser als auch an ordnenden Händen mangelte, führte uns die Kartenlegerin in ein angrenzendes kleines sauberes Zimmer. Ihre drei Katzen, eine schöner als die andere, belästigten meine Kinder. Nach dem erfreulichen Ergebnis der Voraussage, fuhren wir hoffnungsvoll nach Hause. Neben meiner Speisekammer heftete ich einen Zettel an, auf dem ich dreißig Tage rückwärts schrieb und einen täglich davon Abstrich. Vereinzelt gab es schon Heimkehrer zu verzeichnen, doch Millionen Frauen sowie Mütter warteten noch Jahre auf sie, davon betrog die Hoffnung viele auf ein Wiedersehen. Um den Frieden in der Familie nicht zu gefährden, begab ich mich mit meinen

Kindern statt zum Sozialamt zur Bank. Eine Aufklärung über das Wesen des Sozialamtes erteilte mir Frau Kirchhoff. Danach blieb mein monatlicher Unterhalt von 82 Mark eine Schuld, die rückzahlbar war. Da mich das Schicksal ohne jedwede Nachricht über den Verbleib meines Mannes ließ, mahnte die Vernunft zur Vorsicht. Die mir zuerkannte monatliche Unterstützung verminderte ich von unserem Sparkonto, das drei Monate reichte. Während einem Vierteljahr floss viel Wasser den Berg hinunter. Trotz allen Übels schloss ich das zu erwartende Kind in meine Pläne mit ein. Unser Leben verlief schwer, aber nicht hoffnungslos. Aus Gründen einer Wohnungsveränderung verknüpfte ich den Gang zur Sparkasse mit dem Wohnungsamt. In Begleitung meiner Kinder suchte ich die Abteilung Wohnungsvermittlung auf. Der überfüllte Korridor von Wohnungssuchenden entmutigte mich. Erstaunlicherweise saß ich schneller vor dem Sachbearbeiter, als ich vermutet hatte. Mein Anliegen unterbreitete ich ihm mit wenigen Worten. Darauf traf er mit seiner Argumentation den Nagel auf den Kopf, denn meine Angaben ließen keinen Zweifel an Glaubwürdigkeit aufkommen, überdies entsprachen sie tatsächlich hieb und stichfest den damaligen Realitäten. Nach seinen Direktiven standen jedem Bürger wenige Quadratmeter Wohnraum zu, soweit er vorhanden war. Trotz des großen Mangels, schrieb er mich mit dem Rotstift auf die Dringlichkeitsliste. Etwa zwei Wochen später erreichte mich eine Vorladung vom Wohnungsamt, die ich nicht auf die lange Bank schob. Doch der Wunsch nach einer größeren brauchbaren Wohnung blieb der Vater des Gedankens. Zwei sehr große Zimmer mit Küchenbenutzung, die insgesamt mit aufwendigem Parkettfußboden ausgestattet waren, standen beziehbar bereit. In Anbetracht der mir zuerkannten Wohnfläche sowie einer Küchenbenutzung mit einem zukünftigen Baby und zwei Kleinkindern, prallte sowohl das Für und Wider hart aufeinander. Deshalb entschloss ich mich, von dieser Augenwischerei Abstand zu nehmen. Auf Rainers Fragerei hin, wo der Vati sei, antwortete ich: „Er sitzt mit vielen anderen auf einer großen Wiese und ist hungrig." Vorläufig begnügte er sich damit. Liefen Bewohner den Steingraben herauf oder hinunter, blieben sie an der kleinen Gartenpforte stehen, um sich über seinen aufgeweckten Frohsinn zu amüsieren. Seine gestikulierenden Antworten auf ihre Fragen trugen sicherlich dazu bei. So erlebte ich z.B. jene, die zum Lachen reizte. Auf die Frage, wo sein Vati sei, antwortete er: „Mein Ati sitzt auf einer großen Wiese und hat Hunger ..." Tief aufseufzend fügte er hinzu: „Und macht poch, poch!" Um die Wiese in seiner Größe zu unterstreichen, führte er mit seinen erhobenen Armen einen Kreis aus. Was in seinem blonden Lockenkopf vor sich ging, das wusste nur er allein. Kurz nach der Mittagszeit rief mich meine Schwiegermutter. Sie stand am Fenster im Treppenhaus und verwechselte einen jungen Heimkehrer mit Günther. Langsam näherte er sich, gleichviel nahm sein Gesicht bekannte Züge an. Mutter erkannte den Enkel von Wagners, die im gegenüberstehenden Haus wohnten. Vor den Trümmern seines Elternhauses hatte er, als 17jähriger, jegliche Hoffnung auf eine bessere Zukunft verloren. Vor Ende des Krieges sah ich, dass seine Eltern nur ihr und das Leben seines jüngeren Bruders retten konnten, denn was die feindlichen Bomben nicht zerstörten, vernichtete das um sich greifende Feuer. Beeindruckt vom Geschehnis einer menschlichen Tragödie verfehlte offensichtlich meine beabsichtigte Aufmunterung ihr Ziel. Meine Schwiegermutter ließ mich brüsk stehen und wandte sich schluchzend ihren Zimmern zu. Der sommerliche Regen tat der trockenen Erde gut, aber noch mehr dem Unkraut und den Wiesen. Weder Sämereien noch Blumenzwiebeln, noch Nutzpflanzen waren käuflich zu erwerben. Ganze Streifen Land in den Gärtnereien sowie landwirtschaftliche Nutzflächen lagen brach. Stark reduzierte Pferdebestände standen vereinsamt in ihren Ställen. Leere Boxen vermittelten den Eindruck von mangelhafter Aufzucht, an der es nicht lag. Im Zweiten Weltkrieg war die Fehlentwicklung zu suchen, der sowohl Menschen als auch Tiere auf den Schlachtfeldern vieler Staaten als sinnlose Opfer sterben ließ. Am Ende erwies sich eine Quittung über geliehene Pferde oder Autos als ein leeres Blatt Papier. Selten genug trafen im Sommer 1945 ehemalige deutsche Soldaten als Heimkehrer in ihren Heimatorten ein. Trotzdem hoffte ich auf ein baldiges Wiedersehen mit meinem Mann. Manchmal gewann der unsinnige Gedanke, er möge auch ohne Beine als gar nicht wiederkommen, die Oberhand. Angesichts der Verelendung, besonders der Minderbemittelten, wuchsen Schwarzmärkte wie Pilze aus dem Boden. Schachereien betrieb man mit allen nur erdenklichen Waren, die Pharmazie mit eingeschlossen. War Polizei in Sicht, suchten selbst die Abgefeimtesten das Weite. Wirtschaftsverbrechen gelangten an die Oberfläche. Raffinierte Geschäftsleute schreckten auch vor hohen Strafen nicht zurück. Trotz vieler Lauferei bekam ich keine Knochen mehr, als wenn das Vieh ohne Knochen schlachtreif heranwuchs. In welche dunklen Kanäle sie auch immer verschwanden, das wusste niemand zu sagen. Das Wort „Schiebung“ gestaltete sich zu einer täglich erlebten Misere. Gewohnheitsmäßig sah ich in den Briefkasten. Vorbei an mir lief im Eilschritt der älteste von den drei „Eismännern“. Wie ein junger Schafbock sprang er ausgelassen in die Höhe und schrie: „Mein Vati lebt, mein Vati lebt!“ Er schrie so laut, dass einige Leute ihr Fenster öffneten und fragten: „Was ist denn passiert?“ „Mein Vati arbeitet in einer russischen Fabrik“, antwortete er. Diese Neuigkeit bestärkte meine Hoffnung erneut. Nach diesem Ereignis verabredete sich meine Schwiegermutter mit ihrer ältesten Tochter, um Gemüse zu erhöhten Preisen von einem geschäftstüchtigen Bauern zu kaufen. Unter Mitwirkung meines Schwiegervaters, seiner jüngsten Tochter und einem Handwagen sollte der übliche Stafetten Zubringerdienst erfolgen. Eigentlich wäre dies nicht erwähnenswert, wenn nicht allein mein Schwiegervater über den Verlauf bestimmend, auf seine Verfügungsgewalt hingewiesen hätte. Sowohl Sentimentalität als auch Brutalität bestimmte seinen Charakter. Fügte man sich und glaubte seinem Recht, trat seine weiche Seite hervor, das Gegenteil war nicht ratsam. Nachdem der Kauf erfolgreich sein Ende fand, boten sie mir auch etwas Gemüse an. Mein Wirtschaftsgeld von monatlich 80 Mark erlaubte mir aber keine Extraausgaben, aber gerade das trug zum Ärgernis meiner Schwägerin bei. Nach ihrer Meinung ließ ich die Vorsorge zum Einwecken - an Günthers leibliches Wohl - vermissen. Wenn er plötzlich heimkehrte, so sagte sie, müsste er doch essen. Für derartiges Gewäsch brachte ich kein Verständnis auf. Etwas später schenkte mir meine Schwiegermutter ein Bund Karotten, die, wie sie sagte, für die beiden Kinder bestimmt seien. Im Gegensatz zu meiner Schwägerin jagte ich keinem Gemüse zu überhöhten Preisen nach, wenngleich ich mich über die geschenkten Karotten freute, charakterisierte es dennoch den Tiefstand moralischer Menschlichkeit. Einige Tage später hörte ich im Haus die erboste Stimme meiner Schwägerin. „Über deine 60 Mark", sie meinte damit ihren Vater, „soll ich dir auf Heller und Pfennig eine Abrechnung erstellen? Steck dir's doch sonst wohin! Na, es ist doch wahr", sagte sie zu mir. Ihre Leichtfertigkeit zur Zahlung für erhöhte Preise von zusätzlichem Gemüse erklärte mir wohl oder übel ihr mehr als das doppelte Wirtschaftsgeld, ihre monatlich festen Ausgaben nicht inbegriffen. So lernte ich den Unterschied zwischen Recht und Unrecht kennen. Auch die Finanzierung des Hauses durch meine Miete für zwei kleinste Räume war errechenbar. Mit mehr oder weniger Quadratmetern Wohnfläche, blieb die Miete für mich unverändert. Eine Aufzählung für dies und das verlor an Wirksamkeit, wie auch immer ich bezahlt hatte. Nachvollziehbar ist es für junge Leute kaum. Eine Probe aufs Exempel wollte Helga, nach Betrachtung von meinen einstmaligen Ballettschuhen, statuieren. Sie setzte die Ballettkunst in Zweifel: „Mit diesen Dingern", sie meinte damit die Ballettschuhe, „ist nur eine Übungssache." Spaßig begann der Aufputz zur Ballerina, der mit Schlägen endete. Anfangs amüsierten wir uns, über den Versuch, eine Ballerina nachzuahmen. Wutentbrannt setzte mein Schwiegervater dem Scherz ein Ende. Er schlug Helga derartig, dass ihr hören und sehen verging. „Herunter mit dem Zeug!" schrie er. „Alles was von der Stadt kommt, ist verdorben!" Helga lag auf dem Fußboden und schützte sich weinend vor den Faustschlägen, so gut es eben ging. In meiner Gemütsbewegung fasste ich den Entschluss, der Helga vor weiterer Züchtigung bewahren sollte. Meine Einmischung, mit diesen Schlägen aufzuhören, tat seine Wirkung. Mit erhobener Hand trat er auf mich zu und beabsichtigte auch mich zu schlagen. Warnend hielt ich ihm meine Wange mit den Worten entgegen: „Aber denke daran, dass du eine wehrlose, schwangere Frau schlägst, die auf ihren Mann wartet." In Anbetracht der Tatsachen versuchte meine Schwiegermutter ihren Mann von seiner Gewalttätigkeit abzubringen und in ihre Wohnung zu ziehen. „Ernst, mach dich nicht unglücklich!" riet sie ihm. Mit geröteten Augen schlich Helga in ihr Zimmer. So entkam sie der unschönen Szenerie, die ich etwas später ebenfalls verließ. Seitlich lag Rainer in Jürgens Laufgitter und hielt seine Hand am Kopf. Als ich die kleine Küche betrat, empfing er mich mit den Worten: „Der Opa kann aber zanken!" Darauf erwiderte ich: „Am besten, wir laufen ihm vorerst nicht übern Weg." „Ist er denn böse?", fragte er weiter. Ich verneinte es: „Nur manchmal sehr empfindsam“, antwortete ich. „Was ist empfindsam?“ Die Erklärung unterbrach eine hartgesottene Anklage meiner Schwiegermutter, die für mich spektakulär herunter schrie: „Du Mörderin meines Mannes, du kannst froh sein, dass Günther dich geheiratet hat!“ Ihre Stimme überschlug sich dabei. „Aber Mutter, rege dich doch nicht so auf. Du weißt, dass deine Behauptungen unwahr sind und meine Kinder weder durch eine lose - noch eine feste Beziehungen stammen.“ Mit den Worten: „Ach was!“ krachte sie hinter sich die Tür zu. Mir wurde eng ums Herz.

***

Mit meinen Kindern wollte ich hinaus und andere Menschen sehen. Am Ende des Kinderwagens saß Rainer, ihm gegenüber Jürgen. Sie babbelten miteinander, so dass das vergangene unschöne Erlebnis an Schärfe verlor. Wenn auch wenig Lastwagen fuhren, erregten sie umso mehr Aufsehen bei meinen Kindern. Schulmeisterlich korrigierte Rainer seinen kleinen Bruder. „Gorgen das heißt ‚Aubo‘“ „Nein“, widersprach ich, „das heißt Auto, ein Auto fährt vorbei.“ Heimwärts hielt er eine zeitlang sein Plappermäulchen, um mich danach urplötzlich zu überraschen. „Mein Ati ‚tombt‘ nicht und ‚tombt‘ nicht! Er soll sich endlich heimscheren.“ Pathetisch unterstrich er die Worte mit seinen Augen, Kopf und Armen. „Wer erzählt dir denn so etwas? Vati trifft keine Schuld“, sagte ich darauf. Am Abend des gleichen Tages schloss ich meine Küchentür ab, um weitere Misslichkeiten zu vermeiden. Die nachfolgenden Tage verbrachte ich mehr im Freien, als in der Wohnung. Junge Menschen empfinden bösartige Auftritte wacher, sie wachsen aber schneller darüber hinaus. Zunehmende Ereignisse verknüpften sich mit Erinnerungen und einstige Worte verblassen im Lauf der Zeit.

So gesehen, führten meine Schwiegereltern mit mir wieder ein normales Miteinander, als wäre nichts geschehen. Selbst ihre Sorgen um Helga vertraute mir meine Schwiegermutter an. Die eingeschrumpfte Hinterlassenschaft an jungen Männern, die durch den Krieg ihren Niederschlag fand, gestaltete sich zum Problem einer ungesunden Frauenfrage. Nach den Worten meiner Schwiegermutter glaubte sie kaum an einen Mann für Helga. Nun, ihre Ansicht nahm sie aus der Tatsache des Umsichgreifens eines Matriarchats, das bereits in vielen Fällen wirksam wurde. Junge Frauen, die für ein oder mehrere schulpflichtige Kinder sorgten, suchten sich eine Arbeitsstelle, die gewinnbringend ihre Börse füllte, als die Sozialfürsorge es je sich leisten konnte. Sogenannte „Schlüsselkinder" traten in Erscheinung, auf die vorübergehende Leute anfänglich einen bedauerlichen Blick warfen. Mit dem Beginn einer neuen Dekade standen viele Hausfrauen im überfüllten Fleischerladen, in Jena-Ost und anderswo, um 400 oder 800 Gramm Fleisch sowie Wurstwaren nach Hause zu tragen, auf die mehr oder weniger Mäuler warteten. Die Menge bestimmte die personen-gebundene Anzahl Marken, für Säuglinge verdoppelte sie sich, anstelle von Zucker. Gratis erfuhr man auch den Beschluss, dass die amerikanische Besatzung abzöge, um die Ostgebiete für die Russen frei zu machen. Viele Hausfrauen sahen skeptisch jenem Tausch entgegen, der für einige das Signal zur Verbreitung von Hetztiraden wurde. Nach ihrer Meinung sollten sich besonders junge Frauen, aber auch Mädchen verstecken. Mit dem unauffälligen Abzug der Amerikaner verließen auch nationalistisch gesinnte deutsche Menschen ihre Heimat. Sie führten z.B. von Zeiss gestohlene technisch wichtige Zeichnungen oder Dokumente mit sich, um für ihre „braune" Vergangenheit einen

Persilschein zu erwerben.[40.] Der so gereinigte Herr „Saubermann" bekam danach Zugang in alle Ämter. Eine Demarkationslinie, quer durch Deutschland, die im Namen der Besatzungsmächte nach dem Krieg entstand, leitete gleichzeitig den „Kalten Krieg" ein.

***

Für mich damals unbekannt, gelangte mein Mann in Österreich in amerikanische Gefangenschaft. Zu jener Zeit kursierte ein Gerücht, dass alle Gefangenen zur Verladung kämen, um in französischen Bergwerken zu arbeiten. Ihre Nahrung bestand nur aus wenigen salzlosen Pellkartoffeln, die ihre Verdauung in eine unangenehme Schwierigkeit versetzte. Für diese alles andere als rosig zu bezeichnende Zukunft entschied sich mein Mann für einen Ausbruch, der im auch gelang. Einen Hamburger Kameraden rissen Zweifel hin und her. Er wollte risikofrei die Zeit überstehen. Auch ein kranker Weimaraner bat meinen Mann, seine Frau zu grüßen. Was aus ihm geworden ist, bleibt wohl ewig ein ungelöstes Fragezeichen. Um zur Flucht beizutragen, versteckte ein Bauer meinen Mann. Eine durchlöcherte Lederjacke und österreichische traditionelle Gamaschen ohne Füßlinge veränderten sein militärisches Aussehen. Mit einem Kompass in der Hand, marschierte er nach Hause. In einem Nachbarort ergänzte eine Bäuerin mit einem ausgedienten Hut seine „Pilzsucherbekleidung". Auch durch den ehemaligen militärischen Brotbeutel, der umfunktioniert als Tasche sich ihm anpasste, ähnelte er einem einheimischen Bauern. Den Böhmerwald durchquerte er, weitab von Straßen, Städten oder größeren Ortschaften, denn keinesfalls wollte er wieder in die Hände der amerikanischen Besatzung fallen. Bevor mein Mann über Österreich bayerischen Boden verließ, warnten ihn Bauern, nicht den russischen Sektor zu betreten. Nach Hörensagen würde er seine „Freiheit“ mit „Sibirien“ vertauschen. „Wenn meine Frau sowie meine Kinder dort wohnen als auch leben, kann ich es auch!“ beharrte er auf seinem Standpunkt. Überraschend empfand er aber die Tatsache, dass er sich frei bewegen und unbehelligt von Kontrollen sogar ein Stück mit der Eisenbahn fahren konnte. Künstliche Übergänge über Flüsse gab es überall, denn faschistische Pioniereinheiten hatten die Brücken im letzten Augenblick in die Luft gesprengt. An dem Morgen, als mein Mann nach Hause kam, balgte ich mich spaßeshalber mit Rainer. Dieser Wirbelwind glitt mir danach immerfort aus den Fingern. Jürgen stand im Bettchen mit erwartungsvollen Augen. Ich sah plötzlich die unangetasteten kleinen Hausschuhe vor Rainers Bett stehen. Nach meiner Entdeckung rief ich ihn zu mir. Langsam an mir aufwärts schauend, stand er vor mir. Ich fragte ihn: „Rainerle, was steht da?“ Verlegen spielte er an seinen Fingern, bis er sich durchrang zu sagen: „Haussuhe, Utti.“ „Wem gehören sie?“ „Na, Rainerle!“ Flugs zog er sie an, jedoch ohne sie zu schließen. Geschwind lief er zum Jürgen, drehte ihm den Kopf zur Seite, als wäre er eine Kasperlefigur: „Gorgen, kuck mal, Rainerle kann Kunst!“ Sein Körper zeichnete sich deutlich vom Nachthemd ab, als er sich zum Fußboden beugte. Dabei stützte er seine Hände auf ihn und hob ein Beinchen krumm in die Höhe. Mit meinem geäußerten Lob sparte ich nicht. Das verführte ihn zu einer Zauberei, wie er das Versteckspiel nannte. „Utti, schließ bitte deine Augen!“ Ich schloss sie, wie er mich darum bat. Jedoch das raschelnde Geräusch verriet sein Versteck. Jürgen belustigte die Schäkerei, auch mir rang die Komik seiner Zauberkunst ein Lachen ab. Nach Ablauf der Frist suchte ich vorerst anderswo. Mit Klamauk fasste ich unter die Bettdecke, dabei erwischte ich ein Bein, dann den gesamten übermütigen Buben. Sogar Jürgen erheiterte sich, so dass wir das Klingelzeichen überhörten. Meine Schwiegermutter ließ erfreut meinen Mann herein. Jedoch seine Überwältigung, diesen Marsch geschafft zu haben, hinterließ bei ihm den ersten emotionalen Zusammenbruch, der ihn an den Steinstufen zum Steingraben übermannte. Trotz der Lebhaftigkeit meiner Kinder erkannte ich sowohl das gewohnheitsmäßig forsche Öffnen der Küchentür, als auch die sofortigen fünf Schritte bis zum Schlafzimmer. Noch bevor ich meinen Mann sah, schlug mein Herz schon im Dreivierteltakt. Erlöst von aller Pein kämpfte ich gegen Freudentränen an. Zuerst drückte er Jürgen an sich, denen unzählige Küsse folgten. Dann nahm er sich Rainer vor. Auch er versank in seinen Armen. Als „doppeltes Lottchen" sah ich zu, bis ich an der Reihe war. Das Allerkleinste bekam eine Streicheleinheit und dazu Küsse. Der Ring schloss sich soweit zusehends. Über das Leben meiner vier Brüder lag geheimnisvoll ein „Aber", das die Post in weiter Ferne auch nicht zu lösen vermochte. Jedoch die Hauptsache nahm erst einmal eine glückliche Wendung an, denn sogar der bezifferte Zettel mit einem letzten Abstrich nutzlos machte. Jürgens große braune Augen schauten unverwandt seinen Vater an, obwohl er bei fremden Gesichtern weinte, er blieb nachdenklich und still. Auch Rainer hängte sich an ihn, als könnte er ihn wieder verlieren. Mein Mann wusch sich, danach zog er sich an. dazwischen tauschten wir unsere Erlebnisse der letzten vier Monate aus. Sie hatte unser aller Leben erheblich verändert. Meine Hausfrauenpflichten nahmen mich vorerst in Anspruch. Das schwarzhaarige „Stehaufmännchen" brachte mich auf Trab. Ging ich zur Tür oder stellte ich Jürgen im Wagen an die frische Luft, dann weinte er. Diese Marotte behielt er etwa zwei Jahre, bis er kleinere Aufträge erledigen konnte, die ihm sein Selbstbewusstsein entwickelten. Mein Mann hielt sich noch bei seiner Mutter auf. Rainer übergab ich einen zusammengefalteten Zettel, auf dem stand geschrieben: „Essen ist fertig!“ Mit der Ausübung als Postbote bewies er seine Wichtigkeit, indem er sofort loslief. Er klopfte mit seiner kleinen Faust an die Tür und erledigte den Postillionauftrag. Mit der Bemerkung: „Ati hört nicht“, kehrte er allein zurück. Inzwischen kam mein Schwiegervater. Das nahm Rainer zum Anlass, um ihn mit Neuigkeiten zu überhäufen. „Opa, Opa mein Ati ist da, aber er hört nicht!“ „So, so“, erwiderte sein Opa ungläubig und stieg die Stufen bedächtig hinauf. Ihm trat sein Sohn entgegen, der eine Umarmung wert war. Die berechtigte Frage meines Schwiegervaters: „Wo kommst du denn her?“ „Von Österreich, per Beine!“ antwortete mein Mann. Mit Verspätung saß er vor seiner fleischlos zubereiteten Suppe. „Wie du weißt, passen sich unsere Kinder einer regelmäßigen Tagesordnung an, damit ist auch der Mittagsschlaf eingebunden“, sagte ich und bereitete Rainer dazu vor. Zu kauen bekam mein Mann nicht viel, doch die magere Suppe füllte seinen Magen. Danach überwältigte ihn gewohnheitsmäßig eine Schläfrigkeit, die ihn auf der Couch, auf der er saß, umfallen ließ. Im Haus lagen wir alle im tiefen, aber kurzen Schlaf. Während dem späteren Spaziergang gab es viel zu erzählen. Eine menschenwürdige Zukunft malten wir uns rosig aus. Mit Lebensjahren geizten wir nicht. Junge Menschen denken nicht an ihr Älter werden. Nur dem Tod ist es gegeben über ein kurzes oder langes Leben zu entscheiden. Vordringlich von allen Plänen stand eine größere Wohnung zur Debatte. Angesichts der Zerstörung blieb uns nur die Hoffnung. Weder einen Ausweis, noch Entlassungspapiere besaß mein Mann, die rechtsgültig eine legale Anmeldung beim Einwohnermelde- sowie Wirtschaftsamt ermöglicht hätte. Eine andere Möglichkeit bot sich ihm durch eine Arbeitsstelle, die ihm zu den nötigen Anmeldungen sowie Lebensmittelkarten verhalf. Ein neuer Anfang in unserem Leben begann.

***

In seinem ehemaligen Lehrbetrieb setzte mein Mann als Schriftsetzer seine Arbeit fort. Nachdem der 17jährige Sohn an die Stelle seines Vaters, Herrn Neuenhahn, trat; seine gesamte Familie lag unter den Trümmern nach einem Bombenangriff in der Leutrastraße, versuchte dieser, für den nicht zerbombten Zweigbetrieb Maschinen zu bergen. Sein versuchter Neubeginn misslang. Ehemalige führende Mitarbeiter verstanden es, den Zweigbetrieb unter dem alten Namen über Verlagsrechte an sich zu bringen. Als gelernter Schriftsetzer erhielt mein Mann einen Stundenlohn von 0,95 Mark. Große Sprünge waren mit diesem Verdienst nicht zu machen. Die neuen Herren verstanden es jedoch schon damals, ihre Taschen zu füllen. Den Neubeginn durch erschwerende Mängel jeglicher Art zu vollziehen, erwies sich als schwieriger, als allgemein angenommen wurde. Allzu viel Bescheidenheit mit erfinderischen Einfällen halfen Hindernisse überwinden. Ein gehobenes Niveau lag noch in weiter Ferne, wie leicht zu erkennen war. Vier Wochen vor meiner Entbindung tauschten wir mit Helga unsere Zimmer, nach Anordnung meines Schwiegervaters. Für viele Frauen lagen erstaunlicherweise, wie sie es nannten, weiße sowie rosafarbene Babykleidung bereit. Keine Minute löste sich in Nutzlosigkeit auf. Von ehemals persönlich gekannten jungen Damen entlieh ich mir die Vornamen. Margitta oder Karin sollte das noch nicht geborene weibliche Baby heißen. Einen dritten Jungen schloss ich aus, obwohl es hinreichende Beispiele dafür gab. Das tägliche fettlose Mittagessen trug ich meinem Mann, zur Ersparnis von weiteren Lebensmitteln, in den Betrieb. Rainer sowie Jürgen fuhr ich stets im Kinderwagen mit. Bald danach meldete sich unser drittes Kind an. Die Hebamme, welche auch den ersten beiden Buben zu ihrer Geburt verholfen hatte, übte ihren

Beruf kenntnisreich und zuverlässig aus. Sie zog einen jungen Gynäkologen hinzu, der die Praxis seines Vaters übernommen hatte. Dies entsprach vielfach den Erfordernissen in jener Zeit. Nach seiner Untersuchung verschrieb er mir Morphium. Mit dem Hinweis: „Eine Klinikentbindung wird unumgänglich", überreichte er mir auch eine Überweisung. Morphium als Medikament zu bekommen, grenzte an Hexerei. Nach Befragung in mehreren Apotheken, gelang es meinem Mann letztlich doch, dieses Pulver in Jena-Süd zu erhalten. Das pulverisierte Morphium, in Wasser aufgelöst, überreichte mir die Hebamme selbst. Nach etwa 70 schlaflosen Stunden schlief ich zwei Stunden ohne Unterbrechung der Wehen. Anschließend brachte mich mein Mann, gemeinsam mit Helga in die Klinik. Auf einem fahrbaren Bett fuhren mich Schwestern in einen kalten großen Raum. Dort legten sie mich auf eine Liege und Scheinwerfer blendeten für Sekunden meine Augen. Das gleißende Licht wirkte wie viele Monde, zielgerichtet strebte es abwärts auf meinem dicken Leib. Eine freundliche Ärztin tastete ihn ab, dabei fragte sie mich: „Warum sind sie so blass?" Diese Frage blieb unbeantwortet im Raum stehen. Ein Schwarm junger angehender Mediziner betrat den Raum, sie blieben in angemessenem Abstand vor mir stehen. Noch nie sah ich eine Wehe wellenförmig über meinen Leib ziehen, nur fühlbar nahm ich sie wahr. Einige Medizinstudenten wurden beauftragt, den Sitz des Kopfes zu diagnostizieren. Jedoch als des Rätsels Lösung befand sich das Köpfchen des Kindes linksseitig in meinem Leib, wie die Ärztin richtig feststellte. Sie bereitete mich indessen wörtlich vor, das Kind während einer Kontraktion zu drehen. Die Schmerzen entwickelten sich dabei so arg, dass ich Wehen vorüber ziehen ließ, was nicht unbemerkt blieb. Schließlich fand die Strapaze vorerst ein Ende. Wie die Ärztin mir sagte, war es ihr immerhin gelungen, das Kind in eine Schräglage zu drehen. Ohne Kontraktion jedoch verhinderte es ihre Weiterarbeit. Inzwischen zeigte die Uhr behäbig aber dennoch unaufhaltsam die Minuten an, ohne dass sich jedwede Regung ankündigte. Mit dem Stethoskop hörte sie an mehreren Stellen meines Leibes noch das zweite Leben, auch ich durfte es danach hören. Ein Wunder der Natur offenbarte sich mir. Mit einer Injektion wurde die erste Phase der Geburt beendet. Wie selbstverständlich richteten sich alle Vorkehrungen für eine Klinikentbindung ein, der ich mich jedoch hartnäckig widersetzte. Sowohl verständnislos wie auch warnend entkam ich dem Krankenhaus, das von Äther durchzogen, einer Folterwerkstatt glich.

Heimwärts fuhren wir abschnittsweise mit der Straßenbahn. Eine kräftige Wehe bewirkte in meinem Leib ein schmerzhaftes Abwärtsrutschen. Anschließend fiel mir das Laufen noch schwerer als vorher. Beim Eintritt in unsere Wohnküche sah mich die strickende Hebamme, Frau Schmidt, ungläubig an. Nach meinem Bericht untersuchte sie mich nochmals. Freudenreich drückte sie ihre Feststellung aus: „Nun brat mir einer einen Storch, das kann doch nicht wahr sein!“ Nach ihren Worten erweiterte sich die Öffnung. Der Kopf des Kindes lag fest im Becken, ohne das er sich rückwärts schieben ließ. Schlafen sollte ich, vor der großen Anstrengung. Am anderen Tag bekam ich eine Geburtseinleitung, die keine wirksamen Fortschritte brachte. Nach drei Tagen wiederholte sich die Maßnahme, jedoch vergebens. Am neunten Tag unternahm die Hebamme einen weiteren Versuch, aber auch der enthielt keine sofortige Änderung.

Der Verzweiflung nahe hoffte ich dennoch, dass der Kampf ums künftige Baby nicht vergebens verlief. Aber mit zwanzig Jahren steht einem die Zuversicht näher als der Tod. Mit dem Trostspruch: „Es wird schon werden!“ verließ mich die Hebamme am Abend. Jürgen lag schlafend im Bettchen. Sein Gesichtchen strahlte unschuldsvoll noch seine Unwissenheit aus. Mit seiner Pflege als auch seiner altersgemäßen Entwicklung zufolge mit dem kommenden Baby gleichermaßen auf einen Nenner zu bringen, stellte ich einen Tagesablauf auf, der nicht im Sand verlief. Dazu gehörte stetige Disziplin sowie Schnelligkeit, die daran geknüpft war. Mit dem Gedanken: ‚Hoffentlich ist der kleine Dickkopf gesund', schlief ich letztlich ein. Genau halb vier Uhr kündete mein kleiner Quälgeist seine Existenz machtvoll an. Schlag auf Schlag setzte er mir zu. Die herbeigeeilte Hebamme bereitete ihre Instrumente und richtete mein Bett für die Geburt vor.

Hilflos saß mein Mann auf einem Küchenstuhl. Schmerzreich lehnte ich mich an ihn, meine Arme lagen um seinen Hals. Ich müsse sterben, der Tod läge bereits auf der Lauer, unkte ich. Kurz danach platzte die Fruchtblase. „Ins Bett, ins Bett!" rief die Hebamme. Der Druck um mein Herz löste sich zwar, aber stattdessen wechselten Presswehen ihn ab, die meine Kraftanstrengungen voll in Anspruch nahmen. Mal zur Natur zurück, mal raus an die frische Luft, lösten einander ab. Unschlüssig verdeutlichte es seine Willensstärke. Wiederum begab es sich auf den Weg nach draußen. Die Quälerei fand acht Uhr fünfzig ihr Ende. Die dreifach gesicherte Nabelschnur, um das Hälschen, färbte den Körper des Babys bläulich. Sein Eigensinn, auf dem Bauch zu liegen, zahlte es auf der Welt mit Hiebe.[41.] Zum Ausgleich ähnelten sowohl meine Oberschenkel als auch mein Bauch eher einem Zitterpudding, als mir gehörig.

Um an dem neuen Erdenbürger sowie mir all das zu vollziehen, was zur Voraussetzung einer sachgemäßen Entbindung gehörte, verlief eine Menge Zeit. Währenddessen stand Jürgen weinend im Bettchen. Sein Vater nahm ihn heraus, um ihm seinen jüngsten Bruder Volker zu zeigen. Jedoch eine belegte

Schnitte erfreute ihn mehr. Seine weitere Pflege überließ mein Mann seiner Mutter, welche es als Frauenbeschäftigung betrachtete. Seine Erziehung war darauf ausgerichtet, häusliche Pflichten, einschließlich Kinderpflege, allein dem weiblichen Geschlecht zu überlassen. Eine andere Alternative existierte nicht. Möglichst angewärmte Pantoffeln, die neueste Zeitung sowie Ruhe und Ordnung garantierten seine gute Laune. Diese patriarchalische Vaterherrschaft beabsichtigte meine Schwiegermutter auch mir aufzupfropfen.

***

Behördliche Gänge schlossen sich nach der Geburt von unserem dritten Jungen an. Zu diesem Anlass schenkte mir mein Mann einen Strauß roter Nelken. Vereinzelte rosa Nelken füllten ihn, sie erschienen mir wie kleine Romanzen. Ich nahm sie in meine Arme und versteckte mein Gesicht darin. Lächelnd wies ich auf die rosa Blumen: „Nach der Farbe der schönen Blüten zu urteilen, scheint es nicht immer die große Liebe gewesen zu sein", spitzbübisch sah ich dabei meinen Mann von der Seite an. Nachdem ich wieder meine Hausarbeit verrichtet hatte, brachten meine Eltern unseren Rainer wieder. In Anbetracht der fröhlichen Stimmung tippte er als zweieinhalbjähriger mit seinem kleinen Zeigefinger „Bieb", an die Stirne, drehte ihn dabei mehrmals um und sagte spontan zu meinem Mann: „Mensch, du musst doch rückt sein, Mensch du!" Die rüden Worte lösten bei meinem Mann Heiterkeit aus, aber nicht lange. Eine Welle der Entrüstung erhob meinen Mann, die sicherlich den rechten Ton vermissen ließ. Unser kleiner Filius erschrak deshalb. Weinend verzog er seinen Mund. Von jener Zeit an rannen unmanierliche Worte über seine Lippen, die er weder verstand noch von uns gehört hatte.

So lief er eines Tages zu seiner Oma hinauf, zupfte sie an der Schürzte und fragte sie: „Ge Oma, Arsch und Scheiße darf man nicht sagen? Arsch und Scheiße sind sehr böse Worte." „Ja mein Junge", antwortete sie. Obwohl ich ihm die derben Worte erklärte, fand er Gefallen sowohl an der Fragerei als auch an der Lauferei. Seiner Wiederholung stand nichts im Weg, das ihn an seinem Vorhaben hindern konnte. Jedoch der Geduldsfaden seiner Oma riss bereits, bei seiner zweiten Erkundung. „Hörst du endlich auf, du Nichtsnutz", zankte sie. Unzufrieden lief er Stufe um Stufe abwärts. Was sich schickte und was nicht, lernte er von mir, auch das sich ein Schwein nicht Matz nannte, wie es ihm seine Oma weismachen wollte.

***

Die Bescheidenheit der Menschen wurzelte in der allgemein umfassenden kärgsten Lebensweise, die gleichfalls die Münder des Volkes in Schach hielt. Der Schwur: „Nie wieder Krieg! Anstelle dessen lieber ein Jahr Trockenbrot essen", verebbte die ersten Jahre nicht. Umso schwerer wog die nervliche Belastbarkeit einer Mutter, die neben ihrem Mann noch mehrere Kleinstkinder pflegte und behütete. Nur ein knappes Jahr trennte Jürgen von seinem kleinen Bruder Volker, aber er rannte und erforschte so sein Umfeld. Vom Willen beseelt, erreichte er alles, was er wollte. Hinzu trat Wut, die mich in eine Zwickmühle brachte, zwischen richtig und falsch zu wählen. Über dieses Thema klafften die Meinungen weit auseinander und Fachliteraturen lagen noch im Argen. Ältere Leute beharrten auf ihrem Standpunkt: Ein Klaps auf den Hintern würde Wunder tun. Doch so eine Schlagfertigkeit besaß ich nicht, außerdem verabscheute ich jene Methode.

***

Tage erwachten, Stunden später tauchten sie wieder in die nächste Dunkelheit zurück. Sie reihten sich aneinander, wie Perlen zu einer Kette. Allmählich erstarrte die Natur. Schneeflecken setzten sich aufs Geäst der Bäume, auf Dächer und Zäune. Auch Straßen bedeckte die weiße Pracht. Vom Schnee befreite Gehwege erfreuten weniger die Kinder, aber desto mehr die Erwachsenen. Während ich Mittagessen zu meinem Mann trug, schlitterte ich mehr den Steingraben hinunter, als das ich lief. Sowohl für Rainer als auch für Jürgen verwirklichte sich ein Winterspaß, der im warmen Kinderwagen für sie reizvoll erschien. Am gleichen Tag winkte uns eine große Wohnung zu, die gleichzeitig mit einem Wechsel der Arbeitsstelle meines Mannes verknüpft war. Die bisherige Inhaberin dieser Wohnung zog als Witwe zu ihren Verwandten in einen Ort bei Nürnberg. Die glückbringende Neuigkeit verbarg aber auch unsichtbare Mängel, die junge unerfahrene Leute wie wir schnell übersahen.

Zwischen Weihnachten und Neujahr vollzogen wir mit einem Pferdefuhrwerk unseren Umzug. Rainer sowie Jürgen packte ich im Kinderwagen warm ein. Mit der letzten Fuhre erlebten die beiden Kinder den Umzug auf einem Leiterwagen. Ebenfalls packte ich Volker warm ein und trug ihn unkompliziert gleich im Korb mit meiner Schwiegermutter in die neue Wohnung. Der baldachinartige Himmel darüber flatterte im Wind. Obwohl sich mein Mann mit dem installieren der Lampen beeilte, dunkelte es bereits. Dem Schlafbedürfnis sowohl von Rainer als auch von Jürgen Rechnung tragend, stellten wir zunächst ihre Betten auf. Unangenehm strömte uns aus jedem Zimmer Kälte entgegen. Unzufrieden mit sich und der Welt brüllte Jürgen in der fremden Umgebung, hingegen ergab sich

Rainer dem ungemütlich kalten Heim. Die Eltern verließen uns inmitten des bunten Kuddelmuddels. In dieser großen Wohnung zogen wir mehrmals um. Wenngleich die Berliner Öfen ihrem Ruf nach kuschelige Wärme verbreiteten, schlummerten die Schornsteine einer Sanierung oder gar einem Neuaufbau entgegen. Die Wohnräume besaßen allerdings eine Höhe von 3,40 m, so dass die erzeugte Wärme insbesondere die obere Schicht temperierte. Wir sannen auf Abhilfe, die mein Mann verwirklichte. Nur ein sehr knapper Heizungsvorrat stand uns zur Verfügung, der einer strengen Einteilung bedurfte. Für die Pflege eines großen Treppenflurs, dazu ein ebenso großes Fenster sowie breite, linoliumbelegte Stufen oblag meinen zusätzlich belegten Aufgaben. Die Eiszapfen schmolzen endlich im zeitigen März 1946, zu unförmigen Gebilden zusammen. In der Natur vollzog sich der Wechsel vom Winter zum Frühling allmählich. Sein kalter Hauch warnte vor allzu voreiligen Schlüssen. Den Kinderwagen fuhr ich in der Rathenaustraße ein ums andere Mal auf und ab, bis meistens unser Vati von der Arbeit kam. Blieb der Wagen stehen, protestierte Volker mit einer Lautstärke, die den stärksten Mann in die Flucht jagte. Jürgen löste Rainer von seinem bisherigen Sitzplatz ab. Als Ältester lief er neben dem Wagen her. Wichtig berichtigte er den Sprachschatz seines jüngeren Bruders.

Man muss die beiden Filiusse gesehen haben, die ihre Wesensmerkmale ins rechte Licht rückten. Nach Monaten trafen wir zufällig Frau Kirchhoff wieder. Neben allgemeinen familiär betreffenden Neuigkeiten, die die Heimkehr ihres Mannes aus der Gefangenschaft mit einschloss, fand sie Jürgen bildschön. „Die Natur bevorzugte deinen Jungen mit kräftigen Farben", sagte sie und zählte auf: „Schwarzes Haar, ebenso lange Wimpern, dunkelbraune aufgeweckte Augen, rosa Wangen, weiße Zähnchen sowie einen bräunlichgelben Teint." „Überhaupt habt ihr schöne Kinder produziert!" fuhr sie fort. Der weiße Pelzbesatz um Jürgens hellblaues Mützchen schmeichelte besonders kontrastreich sein Gesicht. Wie Frau Kirchhoff meine Kinder beurteilte, bezweifelte ich nicht, denn beim Lügen ertappte ich sie noch nie.

Züge fuhren vorläufig eingleisig, denn das zweite Gleis demontierten russische Pioniereinheiten, die zur Besatzung von Ostdeutschland gehörten. An allen Ecken und Enden türmten sich Schwierigkeiten auf. Die Wirtschaft kroch am Boden entlang. Um die Ernährung für die Bevölkerung sicher zu stellen, wurden die Rationen nochmals gekürzt. Für Erwachsenen sowie für alte Leute bestand das tägliche Mittagessen aus Wasser, das durch eine oder zwei roh geriebene Kartoffeln eine Sämigkeit erreichte. Salz und künstlich hergestellter Pfeffer ergänzte die Würze. Soweit es eine Hausfrau ermöglichte, zerkleinerte sie Petersilie oder andere Kräuter, um sie als „Zottelsuppe" vitaminreicher zu gestalten.

Der Mangel an Obst, Gemüse und Fett begann bereits in meinen frühen Kindertagen. Seinen Höhepunkt erreichte er 1946. Das Ende lag noch jahrelang in weiter Ferne. Nur Schieber und Schwarzmarkthändler umgingen die Legalität. Erwischte man sie bei ihrer Gesetzwidrigkeit, stand ihnen eine schwere Strafe bevor. Trotz alledem verstanden es sowohl viele große als auch kleine Gauner durch das Netz der Polizei zu schlüpfen. Seit langer Zeit entbehrten wir zudem Essig, er sickerte in dunkle Kanäle, nur nicht in meine Flasche. Als Ersatz teilte man ausnahmsweise ¼ l Molke auf einen Sonderabschnitt jeder Lebensmittelkarte aus. Da die Bauern meistens nur rote Rüben anbauten, erhielten wir sie über lange Zeit als einziges Gemüse. Obwohl wir nicht wählerisch waren, verabscheuten wir sie dennoch. Ungesäuert verloren sie ihre Geschmacksrichtung. Rote Rüben hin, rote Rüben her, für Jahre jedenfalls mieden wir sie wie Ungeziefer. Nach meinen dicht hintereinander geborenen kleinen Kindern war es nicht leicht nach dem Krieg, einen Neubeginn für unser Leben zu erschließen. Die benötigten Vitamine erhielt ich in in Form von Beeren, Äpfeln und Birnen sowie Pflaumen von einigen Bekannten aus ihren Hausgärten.

***

In der Hoffnung, möglichst bald spürbar bessere Lebensbedingungen verwirklicht zu sehen, fiel statt dessen der wirtschaftliche Aufschwung in die Agonie, welche durch fremde Hilfe nicht überwunden wurde. Der gescheiterte imperialistisch-faschistische Krieg offenbarte in der Welt seine Wesenszüge, aber nur scheinbar lernten viele aus ihm. Als das Zeitalter der Atombombe anbrach, auch Hitler setzte damals seine Hoffnung auf jene „Wunderwaffe“. Von deutschen Wissenschaftlern noch nicht einsatzbereit projektiert, gelangte sie in die Hände der Siegermächte. Am Ende des Zweiten Weltkrieges, im faschistischen Japan, zeigten amerikanische Bombenflugzeuge durch den Abwurf einer Atombombe am 6.8.1945 in Hiroshima ihre militärische Überlegenheit, die sich drei Tage später in der Hafenstadt Nagasaki wiederholte.[42.] In wenigen Sekunden wurden beide Städte mit Tausenden Menschen ausgelöscht. Kilometerweit vom Zentrum der Explosion entfernt, starben oder litten Hunderttausende schwer an Strahlungsschäden, deren Qualen viele Gesichter aufwiesen, gleichviel ungeborenes Leben zeichneten. Die Welt horchte auf. Trotz der eigenen Nöte schrieben Reporter darüber. Dieses grausame Ereignis blieb eine Warnung und ein Schreckgespenst für Jahrzehnte in allen Staaten. Wie auch immer ein militärischer Einsatz zum tragen kam, sah ich an ihm ein Verbrechen an der Menschheit.

***

Im Jahr 1946 kehrten meine Brüder, außer Rolf, aus der Gefangenschaft zurück. Aber noch etwas trat offen an den Tag, menschliche Werte gingen ebenso verloren, wie Häuser in Schutt und Asche versanken. Heimkehrer fanden andere Frauen reizvoller, sowohl Mädchen als auch manche jungen Frauen unterlagen den Verlockungen geheim zu haltenden Liebschaften, die all zu oft nicht ohne Folgen blieben. Für die heranwachsende Jugend stützte sich die ethisch moralische Gesinnung in jener Zeit auf freie Liebe. Das Thema Sexualität lenkte viele Gemüter weg vom Esstisch hin zum Bett.

Mit Beginn der Sommermonate befand ich mich in einem üblen Zustand. Die Diagnose des Arztes gründete sich auf eine weitere Schwangerschaft. Meine Betroffenheit darüber war ebenso groß wie seine. Weinend verließ ich das Untersuchungszimmer. Im jugendlichen Alter von 21 Jahren befand sich eine zierliche Frau mit der vierten Schwangerschaft zumindest in einer ungewöhnlichen Situation. Nach den alten Maßregeln sollte eine Frau ihrem Mann untertan sein und ihm gehorchen, aber sie trüge die alleinige Verantwortung über die Kinderzahl, wie es oftmals meine Schwiegermutter formulierte. Von Generation zu Generation besprach man die Intimsphäre um den heißen Brei. Eine junge Mutter wusste häufig nicht, was während einer Geburt mit ihr geschah. Ein Schleier der Unantastbarkeit lag über dem Thema Sexualität, so dass Heimlichkeiten entstanden, die nicht immer lehrreich verliefen.

Um das Maß unserer Sorgen voll zu machen, entdeckten wir bei dem jüngsten Söhnchen einen doppelten Leistenbruch. Mein Mann warf sich einen Mantel über und trug Volker, noch in Hausschuhen, rüber in die Kinderklinik, unweit von unserer Wohnung entfernt. Auf dem Weg vom Arzt beruhigten wir uns wieder. Am zeitigen Morgen erhielt mein Mann von seinem Vater feines Saffianleder, das er mit dem Rezept im orthopädischen Geschäft abgab.[43.] Am gleichen Abend erhielten wir für Volker maßgerecht drei Bruchbänder. In Anbetracht seiner guten Entwicklung verwuchsen die Brüche. Überhaupt gedieh er prächtig. Im Gegensatz zu Jürgen leuchtete sein Haar hellblond, dazu eine ebensolche Haut. Die sonderbaren Gene wiesen auf Vererbungen hin, die nur sie steuert.

Der akuten Wohnungsnot aktiv entgegen zu wirken, entschlossen wir uns, einer älteren Dame ein sehr großes Zimmer zu vermieten. Teilweise ausgebombt, halfen ihre beiden Söhne, ihr dritter Sohn blieb nach der Gefangenschaft bei einer jungen Witwe hängen, den Restbestand ihres Hausrates aus den Trümmern sicher zu stellen. Hin und her geschubst, verbrachte sie ihre alten Tage im Haushalt ihrer Kinder. Ein eigenes Zimmer verhalf ihr, nach ihrem gewohnten Recht, frei zu walten und zu schalten. An ihrer Tür begann ihre persönliche Freiheit, die sie somit wieder erlangte. Allerdings fließendes Wasser und unsere Abwässer stand sowohl Frau Bierlich als auch mir nur von der Waschküche aus zur Verfügung, die sich gegenüber von ihrem Zimmer befand. Das trug zu ihrer Unabhängigkeit mit bei, die sie brauchte. Vom Treppenhausaufgang führte der Weg durch eine breite verglaste Wohnungstür in ihr Zimmer. Da der Korridor winklig verlief, lagen ihr Wohnraum sowie die Waschküche im dunklen Bereich. Der vordere Teil wurde durch ein großes Fenster erhellt. Davor hing eine kurze Gardine, die mit angenähten Ringen an einer gedrechselten Holzstange befestigt war. Ein kleiner runder Tisch aus Mahagoni mit einem dazugehörigen Stuhl stand daneben. Der durch Bohnerwachs und Schuhcreme glänzende Fußboden täuschte über Bedürfnisse hinweg. In Anbetracht mangelnder Verantwortung, die eigenen Kinder zu verlassen, verziehen die beiden Brüder

Kurt nicht. Diese Schandtat, wie sie es nannten, büßte an Verderbtheit nichts ein. Sie fällten ihr Urteil ohne ihre Mutter, die ihren Rabensohn nicht gänzlich verlieren wollte. Aber der zweite Hieb blieb nicht aus, er trennte sie von ihrem Karl. Was der Krieg nicht erreichte, verbeulte die Nachkriegszeit. Als Wissenschaftler wurde er nach Moskau verpflichtet. Dort sollte er sein Wissen für fünf Jahre zur Verfügung stellen. Kurzfristig erhielt er die Order, die ihn ermächtigte, seine Frau und seine kleine Tochter sowie seine Mutter mitzunehmen. Viel Zeit blieb ihm nicht, zu einer sorgfältigen Überlegung. So flog er allein für fünf Jahre nach Moskau. Ein Nachkommen seiner Familie war von vornherein untersagt. Ähnliches passierte einem Nachbarn, der jedoch kurz entschlossen seine Familie mitnahm. An der Nacht- und Nebelaktion beteiligten sich viele sowjetische Soldaten, die insgesamt den Hausrat schnell verstaut hatten. Das nötige Verpackungsmaterial, einschließlich eines Lastautos, wurde zur Verfügung gestellt. Am Morgen sah man vom Aufbruch der Familie nichts mehr.

Der Verfall vieler Ehen und Verlöbnisse, die mir Bekannte dramatisch mitteilten, verschwieg ich vor meinem Mann nicht, jedoch seine Reaktion darauf weckte Misstrauen in mir, das begründete Tatsachen heraufbeschwor. Die Feststellung seines Fehltrittes traf mich tief ins Herz. Durch all die Kriegsereignisse, Geburten sowie die erneute Schwangerschaft sensibel geworden, fiel ich in eine Leere, die meinen Willen blockierte. Mit verwundeter Seele dämmerte ich dahin. Meine Kinder fielen einer dummen Laune zum Opfer, ihre Pflege brach zusammen. Ich kam ins Krankenhaus, während das Asyl für Obdachlose meinen kleinen Volker aufnahm. Meines Mannes leibliche Tante brachte sowohl Rainer als auch Jürgen nach Leipzig zu meinen Eltern. Um meine Kinder weinte ich viel, denn sie brauchten mich. Wenn mein Mann auch täglich sich über Volkers Pflege überzeugte, so haftete dennoch der Begriff des Heimes für „Ausgestoßene" ein Makel an. Für die Bewohner bedeutete Volker eine willkommene niedliche Abwechslung. Er verbrachte acht Tage dort, dann wechselte er zu meiner Schwägerin über. Auf den üblichen Pflegesatz bestand sie, obwohl Volkers Wäsche mit seinem Spielzeug reichlich ausfiel. Wenn die Sozialfürsorge jedem Kind eine monatliche Unterstützung von 15 Mark zubilligte, aber ohne jedwede Nebenkosten, dann hielten monatlich 35 Mark für ein Ziehkind dem Vergleich nicht stand. Wie auch immer die finanzielle Seite beleuchtet wurde, Volker gehörte baldmöglichst zu seiner Mutter. Meinen Schwiegereltern stieg das Wort „Asyl" sehr in die Nase, zumal Tante Marie mit entrüsteten Worten nicht sparte. Mein Mann holte Jürgen aus Leipzig und übergab ihn seinen Eltern, denn er musste arbeiten, um Geld zu verdienen. Wenn es seine Zeit erlaubte, besuchte er mich. Die drohende Fehlgeburt stabilisierte sich soweit wieder, Vorsicht war dennoch geboten, wenn ich es behalten wollte. So traurig für meine Kinder sich die Auswirkungen vollzogen, das Schicksal behielt trotz allem das Zepter in der Hand. Dank der guten Pflege im Krankenhaus, profitierte ich von den kranken russischen Frauen, die zusätzlich Naturalien den Schwestern gaben. Sowohl von rechter Seite meines Zweibettzimmers aus, als auch linksseitig, vernahm ich durch die Trennwände russische Stimmen. Mir wurde klar, dass ich vorrangig auf dieser Station lag. Anfänglich erbrach ich jede Nahrungsaufnahme, die nach einigen Tagen durch Pudding sowie Brei ersetzt wurde. Langsam steigerte sich die Wertigkeit, die verdünnt zur Anwendung kam. Aber ich weinte viel, was nicht gerade zur Genesung beitrug. Mit der Nahrungsaufnahme aktivierte ich auch meinen Willen, somit besserte sich mein Gesundheitszustand. Meiner Heimkehr stand, außer der Geburt, nichts mehr im Wege.

Nach acht Tagen häuslichen Friedens glaubte ich ohne Hilfe mich im Laufen trainieren zu können, jedoch mit dem Ergebnis, dass ich mit dem Kopf gegen die Kacheln des hohen Ofens fiel. Das Malheur brachte mit einer Gehirnerschütterung erneut ins Krankenhaus. Nach unruhigen Tagen nahm ich meine Umgebung wieder richtig wahr. In den zahlreich aufgestellten Betten lagen teils Frauen mit Fehlgeburten, teils abgetriebene Geburten sowie in Kürze gebärende Mädchen und Frauen. Der Saal bot für insgesamt 12 Betten Platz. Nicht eine einzige Frau davon, außer mir, behielt ihr Kind. In diesem Saal lernte ich soviel schmutzig gesinnte Charaktere kennen, dass ich mich schämte, eine Frau zu sein. Meine Schwiegermutter besuchte mich mit Jürgen. Nach allgemeinen Fragen zeigte mir Jürgen seinen kleinen Handspiegel, der Wunder vollbrachte, wie er glaubte. Seine Zärtlichkeit berührte mich zutiefst. Er fragte mich: „Wann bomst du endlich wieder?" Um ihn abzulenken, sagte ich: „Du bekommst bald ein Schwesterchen oder ein Brüderchen geschenkt." Diese „Neuigkeit" teilte er mehreren Patienten mit. Danach rannte er den langen Saal hin und her. Seine Aktivität unterbrach er einige Male, um mit den Schwestern ein Schwätzchen zu führen. Offenbar amüsierten sie sich darüber, trotzdem rief ich ihn zurück. Er lehnte sich an mein Bett und sah mich von der Seite an. „Jürgelchen", begann ich, „ein Kind antwortet Erwachsenen nur, wenn es gefragt wird." Mit den Worten: „Bleib besser bei der Oma", nahm meine Schwiegermutter Jürgen auf den Schoß. Sowie sich die Tür öffnete, trat meine Schwägerin mit Volker ein. Entfremdet wehrte er meine zärtliche Begrüßung ab. Eine solche Geste bewies mir, dass er mit Zärtlichkeit nicht überhäuft wurde. Ich fühlte mich schuldig. Jürgen lief ums Bett und wieder zurück in die Arme seines kleinen Bruders, der nicht viel größer war als er selbst. Die Frage nach der Ernährung nahm eine Wendung unseres Gespräches an. „Es ist mehr schlecht als recht“, sagte ich. „Zum Frühstück eine Scheibe Trockenbrot sowie eine halbe Scheibe Marmeladenbrot, dazu ausreichend schwarzen Malzkaffee. Mittags einen Teller voll Eintopf, der hier genannt wurde „Was soll es bedeuten ...?“, abends eine Scheibe Butterbrot, eine halbe Scheibe belegt mit Wurst, die andere mit Käse. Zur Abwechslung Wald- und Wiesentee. Rote Wangen bekomme ich davon nicht.“ Bevor eine Schwester das Ende der Besuchszeit ankündigte, bedankte ich mich nochmals für die Pflege meiner Kinder. Jürgen küsste und umarmte mich, zwanghaft ahmte es Volker nach. In seinem Alter formte ihn besonders die Liebesbezeigung. Was es für die Kinder bedeutete, getrennt zu leben, bekam ich erst später zu spüren.

Ruhe kehrte in unserem Krankensaal wieder ein, soweit man überhaupt davon reden konnte. Eine Patientin erzählte ihrer Umgebung derartig schmutzige Witze, die sogar kernige männliche Witze überboten. Meinen Protest darüber, demonstrierte ich ohne jegliches Mienenspiel, mit meiner Rückseite. Das brachte sie in Harnisch, dass sie mir überlaut vorwarf: „Als ich so alt war wie Sie, nahm mir mein Vater noch den Hausschlüssel weg!“ „Vielleicht hatte er es nötig?“, sagte ich. „Überhaupt geht sie mein Alter nichts an. Wegen einer Schwangerschaft musste ich nicht heiraten, falls sie das interessiert!“ Die folgende Stille empfand ich wohltuend. Jedoch danach erzählte Frau Pallenberg munter ihre Witze weiter, die nach jeder Pointe ordinär mit Gelächter begleitet wurden. Wenn ich von ihrer doppelten Moral ausging, die ihr sittliches Verhalten in Frage stellte, dann stand dem Verfall ihrer zweiten Ehe nichts im Weg. Sie wiederholte ihren Hinweis, ihrem Mann nichts darüber verlauten zu lassen, weil er diese Art nicht mochte, wie sie sagte. Dessen ungeachtet hinderte ihn ein Unfall an einem Besuch. Als ihre Tochter kam, fragten teilnahmsvoll einige Patientinnen sie nach ihrem verunglückten Vater. Schroff erwiderte sie: „Mein Vater? Er ist in Stalingrad gefallen." Ihre Mutter beabsichtigte mit ihrer zweiten Ehe, ihrem Ehemann in seine bayerische Heimat zu folgen, während die Tochter bei ihrer Oma (väterlicherseits) bleiben wollte. In jenem Krankensaal lernte ich mehr kennen, als nur die Spreu vom Weizen zu trennen. Verwahrlosung vieler Seelen einerseits, liebesbedürftig andererseits, ließen unterschiedliche Merkmale erkennen, die im grauen Alltag untergingen. In der Erwartung der vierten Geburt, die ich bald zu Hause erwartete, besuchten mich meine Schwiegermutter mit Jürgen sowie meine Schwägerin mit Volker. Als Zwischenmahlzeit bekam er, wie wir sehen konnten statt aus der Tasse, eine Flasche schwarzen Malzkaffee zu trinken, was mich in Rage brachte. Sowohl Mutters als auch mein Protest erreichte nicht ihr Ziel. Auf meine Bemerkung hin: „Nur schwarzen Malzkaffee bekam Volker noch nie, er bekommt doch Voll- und Magermilch?" Schlagfertig stahl sich meine Schwägerin aus der Verantwortung mit den Worten: „Das stopft auch ein Loch, er aß heute Mittag so schön Zottelsuppe mit." Meine Empörung wuchs übermächtig an. Zornig wies ich daraufhin: „Für Volkers Kartoffeln und Möhren sorgten doch wir, die du auch bekamst!" Sie sparte nicht mit Worten: „Denkst du vielleicht, dass sie reichen? Die sind längst verbraucht!" Mit verbissenem Gesicht zeigte meine Schwiegermutter ihren Unmut und schüttelte oftmals den Kopf dabei. „So ein kleines Kind verbraucht doch täglich nur eine bis zwei Kartoffeln", beharrte ich.

Jürgen fuhr mit dem Stubenwagen im Zimmer herum. Sein kindlicher Wissensdurst befasste sich mit einem geschenkten Baby, dass er noch nicht bekam. Ich vertröstete ihn, beim nächsten Besuch. Seine Frage nach Rainer verdeutlichte den Wunsch nach seinem Spielgefährten, wie er allgemein verstanden wurde. Auf die Meinung des Professors der Gynäkologie stützte sich meine Hoffnung, dass sich nach der Entbindung mein Herz und der Kreislauf stabilisieren sowie mein Befinden bessern würde. Dennoch suchte ich fortwährend nach einem Ausweg für Volkers Pflege, die meiner mütterlichen Liebe als auch der Fürsorge entsprach. Doch ich fand keinen. Abwarten, lange kann es nicht mehr dauern, sagte ich mir. Noch in der gleichen Nacht kündigte sich unser Kind an, aber mein Mann wollte die „Pferde nicht gleich scheu machen", wie er sagte. Als er gegen 8 Uhr von der Hebamme wieder zurückkam, lag ich kraftlos über einem Hocker und erbrach. Mit Hilfe der Hebamme sowie dem Beratungsarzt im Hause, wurde unser Mädchen halb 11 Uhr geboren. Die amtlich nötige Anmeldung des neuen Erdenbürgers lautete auf den Namen Sylvia Maria.[44] Diese Botschaft trug mein Mann auch zu seinen Eltern nach Jena-Ost. Laut seinen Aussagen rief Jürgen mehrmals: „Ich habe eine Schwester!" Am nächsten Tag sah er sich das kleine Wesen genau an. Er fragte mich, ob das Geschenk für ihn sei. „Solange sie uns benötigt, gehört sie uns und damit auch zu dir", sagte ich. Am neunten Tag nach der Geburt besuchte mich meine Schwiegermutter mit Jürgen abermals. Sichtlich betreten platzte sie weinerlich hervor: „Ich darf mit Jürgen nicht mehr nach Hause kommen, sonst geht Vater. Mein Mitleid dir gegenüber, Thea, ändert nichts am Entschluss vom Vater." Von ihren einstig erhaltenen Ampullen Traubenzucker durch eine junge Apothekerin, erhielt mein Mann von seinen Eltern nacheinander insgesamt 25 Päckchen. Jedes von ihm enthielt 5 große Ampullen. Die wiedererlangte Energie schrieb ich ihnen zu. Weder mein Mann noch ich hatten sie gezählt, erst später geriet die Anzahl in den Mittelpunkt unserer Aufmerksamkeit. Gegen Brotmarken eingetauscht, erhielten meine Schwiegereltern ein hochwertiges medizinisches Präparat, das sowohl mir als auch meinem Kind gute Dienste geleistet hatte. Das der Jürgen wieder bei uns lebte, bewirkte die beschleunigte Heimkehr Volkers, die auch Rainer nach einigen Tagen dazu bewegte. Nach der ersten Nacht, morgens um 4 Uhr, stand Jürgen in seinem Bett und rief: „Grot, Grot, tinken!" Seine Sturheit fand kein Gehör bei mir. Am nächsten Morgen rief er zur gleichen Zeit: „Grot, Grot, tinken!" Mit seiner Verlogenheit nervte er seinen Opa, aber nicht mich. Ich nahm ihn auf den Arm und deutete mit dem Zeigefinger auf meine Lippen. Im Flüsterton versprach ich ihm, mit der ersten Nahrungsaufnahme vom Baby bekäme er auch zu essen. Kaum lag ich im Bett, stand der kleine Wicht wieder auf und rief ungeniert laut: „Grot, Grot, tinken!" Abermals ermahnte ich ihn, still zu sein. Er legte sich steif nieder, um nach kurzer Zeit seinen Protest halsstarrig von sich zu geben. Wieder zischte ich: „Leise!" Sowohl an jenem als auch weiteren Morgen tyrannisierte er mich, um sein Ziel durchzusetzen, aber vergeblich bemühte er sich darum. Die Worte von Pestalozzi fielen mir ein: „Erziehung ist Liebe und Beispiel, sonst nichts" und ich fügte noch „Konsequenz" hinzu. In Anbetracht, dass auch unser kleiner Volker wieder unter uns weilte, nahm Jürgens schlechte Gewohnheit einen besonderen Platz ein. Bald darauf trafen meine Eltern mit Rainer ein. Meine Mutter beabsichtigte, mich von ihrer Methode eines Gewaltaktes zu überzeugen, die mein Vater ebenso wie ich ablehnte. Unsere Übereinstimmung trug bald Früchte, die leider während ihres kurzen Besuches noch nicht voll wirksam wurde. Mir blutete mein Herz bei der Durchsetzung meiner Art von Erziehung, zumal Jürgens sonstige Lieblichkeit nichts zu wünschen übrig ließ. Weniger lästig sah mein Mann die morgendliche Störung, weil er mit und ohne sie schlief. In unserem gemeinsamen Leben traten auch neue Schwierigkeiten an uns heran, die bewältigt werden mussten.

***

In meinen jungen Jahren dachte ich noch nicht ans Altern, das weit in der Ferne lag, wie ich glaubte und mich mit ihm keineswegs identifizierte. Mein Pensum sowohl an hauswirtschaftlicher Arbeit als auch an Kinderbetreuung nahm ein großes Ausmaß an, das mich nicht schonte, um noch dazu als Aschenbrödel herumzulaufen. Von der hinterlassenen Kleidung meiner verstorbenen Naumann-Großmutter, fertigte ich in den Nachtstunden kleine Kunstwerke an. Auch aus ihren Hüten und einigen Pelzen, soweit sie mir zufielen, entstand schickes Zubehör.

Da die Ehe meines Onkels zerbrach und er sich mit fünf Kindern allein durchs Leben schlagen musste, nahm meine Großmutter, nach der Zerbombung seiner Wohnung 1945, ihn aus Mitgefühl in ihrem Heim auf. Nichts blieb mehr, wie es einmal war, dennoch hätte sie einen leichteren Lebensabend verdient. Mit dem Ableben meines Großvaters ging all ihr Glück dahin. Jedoch ihre Pedanterie gegen Tapsen, Fusseln oder sonstige Unordentlichkeit lebten in mir weiter. Nachlässigkeiten sagte ich den Kampf an. Eigene Initiativen griffen gravierend in mein Leben ein, das im Nachhinein betrachtet, es erschwerend bestimmte. Die Warnung von einem erfahrenen Medizinalrat schlug ich in den Wind. In Anbetracht der elterlichen Erziehung meines Mannes, die elementar den Grundstock bildete, lernte er vor allem zu essen, schlafen und sein körperliches Bedürfnis befriedigen kennen. Seine Arbeit betrachtete er zwar als notwendiges Übel, aber verlässlich, wie die Erde sich um die Sonne dreht, führte er sie aus.

Ehrlichkeit gehörte im Jahre 1947 noch nicht zur brillanten Lebensbedingung, die lag sehr im Argen. Unseriöse Geschäftsleute verfälschten ihre Waren gewinnbringend auf Kosten der Käufer und sie schreckten auch vor vergiftetem Mehl nicht zurück, wie ich erleben musste. In der Kinderklinik traf u. a. aus der Schweiz Babynahrung ein. Täglich holte ich oder mein Mann drei Wochen lang fünf Flaschen Reisschleim ab. Aber diese Schattenseite des Lebens ging auch vorüber und unser Baby erholte sich wieder.

***

Um der Wärme im Sommer zu entgehen, begaben wir uns zur Freude der Kinder ins öffentliche Bad. Auch dort vernarbten die Wunden des ehemals bombardierten Geländes nur langsam. Den Kindern bereitete das kühle Nass im Planschbecken großes Vergnügen. Übermütig rief Rainer: „Ätsch, ich kann schon schwimmen!" Mit Jürgen und Volker an der Hand sahen wir der Schwimmart Rainers zu. Mit seinen Armen ahmte er die typische Bewegung des Brustschwimmens nach, jedoch lief er sich bückend am Boden entlang. „Rainerle, du mogelst!" rief ich. Das Stimmengewirr, Gekreische und der Jubel im Wasser, hinterließ einen freudig erlebten Badetag. Tage darauf schloss sich ein Spaziergang an, der vom Objekt zur Tücke verführte. Ein kleines Mädchen lief neben ihren Eltern langsam einher. Beim gegenseitigen Nähern, purzelten Rainers Gedankengänge streitsüchtig dem Ziel des Stärkeren entgegen. Gleich groß standen sie sich gegenüber. Unverwandten Blickes schauten sie sich neugierig an, was Rainer zum Anlass nahm, sein Spazierstöckchen vor sich niederzulegen. Mit den Worten: „Na, du Kleine?" begann er mit seinem Dialog. Das Mädchen bückte sich, um das Stöckchen aufzuheben. Diese Gelegenheit ließ sich Rainer nicht entgehen. Er entriss mit barschen Worten sein Stöckchen aus den Händen des Mädchens. Dass soviel Raffinesse in einem noch kleinen Bürschchen blühte, erkannte ich zu jener Zeit. Meinen Mann trieb es sonntags in die Natur hinaus, es sei denn, das Wetter verhinderte sein Vorhaben. Ein Steckenpferd von ihm war, die Verkürzung der Wanderwege, allerdings wog dann die Schwierigkeit doppelt schwer. Für abgezählte Scheiben Brot, Waschläppchen, Spielanzüge, Frottiertücher, Fläschchen, Windeln usw. trug ich die Verantwortung, wie auch das Ankleiden der Kinder mir zufiel. Lediglich die Hilfeleistung, den Kinderwagen zwei Etagen hinunterzutragen, führten wir gemeinsam aus. Wir traten dann zu unserer kleinen Karawane an. Mein Mann zog seinen selbstgebauten Holzwagen, der sowohl von Jürgen als auch von Volker besetzt wurde, hinter sich her. Rainer lief neben mir her und hielt sich an der Kinderwagenstange fest. Wanderlustig führte uns der Weg fortwährend aufwärts, bis unser Vati an einem Steilhang anhielt. Jener unbewachsene Hang war besonders glatt. Da hinauf zu gelangen, bot der Vernunft mehr Leichtsinn als Wagemut an. Zuerst krabbelte Rainer auf Händen und Füßen hinauf. Er rutschte mehrmals aus, aber schließlich erreichte er den oberen Weg. Freudig zappelte er mit seinem gesamten Körper. Spontan schnürte mein Mann seinen Hosengürtel ab und hing ihn an die Vorderachse des Kinderwagens. Während er ihn zog, schob ich ihn schimpfend den glatten Hang hinauf, bis auch wir auf dem Weg standen. Die letzte Fuhre wartete ungeduldig auf uns. Wir rutschten mehr, als dass wir liefen. Das gleiche Prinzip wandten wir auch beim Holzwagen an. Der Unterschied bestand darin, dass die verlängerte Deichsel zum besseren Gelingen beitrug. Dennoch verlangte die Anstrengung uns mehr als nur eine Schwitzkur ab. noch schwer keuchend sahen wir durch die Bäume eine weiße Baracke stehen, die sich als Gaststätte erwies. Sie stand mitten auf einer ungepflegten Wiese, wo wir einen idyllischen gelegenen Platz fanden. Das Umkleiden der Kinder in ihre Spielanzüge beanspruchte mich vollauf, so dass ich nicht bemerkte, wie einige Meter von uns entfernt, mein

Mann in einem Buch las. Ich nahm es später ärgerlich zur Kenntnis. Unerwartet brachte mich ein Klageschrei auf die Beine. Es war nicht leicht ihn aufzuspüren, denn vor den glitschig veralteten Stufen eines früheren Kellers wuchsen Büsche, die Jürgen in eine „Fallgrube“ lockten. Er lag schreiend vor einer verquollenen Tür. Schnellfüßig glitt ich abwärts. Trostbringend nahm ich ihn in meine Arme. Soweit ich erkannte, blieb er ohne äußerliche Verletzung, dennoch schloss ich Prellungen nicht aus. Sein Schmerz verging, danach schloss er sich seinen Brüdern wieder an. Unsere Sylvi, wie wir sie nannten, wurde unruhig. Ich bat die Gastwirtin ihr Fläschchen zu wärmen. Nach fünf Minuten rief sie von weitem: „Die Milch säuert!“ Es traf mich wie ein Hammerschlag. Schnell sammelte ich alle Sachen zusammen, rief meine Kinder herbei und wechselte ihre Kleidung. Auch mein Mann bereitete sich auf den Heimweg vor. Doch bestand ich auf dem regulären, befestigten Weg. Vorwurfsvoll rechnete ich ihm die unnötig verbrauchten Kalorien vor. Seine Einsicht änderte nichts an seiner überforderten Route, auf die ich immer wieder hereinfiel. Wo auch immer ich ortsfremd war, erkannte ich vorher nie die wahre Entfernung sowie die erschwerten Abschnitte. Dessen ungeachtet bekam unser kleinstes Kind das, was ihm zustand.

***

Im Hinblick auf neue Lehrer rief die Volksbildung diejenigen auf, welche mit guten Schulnoten den Lehrerberuf auszuüben wünschten. Einem einjährigen Studium in Leipzig, ging eine Aufnahmeprüfung in Erfurt voraus. Nach den Aussagen der Prüfer umfasste das Stipendium für meinen Mann monatlich 200 Mark, die immerhin höher waren, als er in seinem Beruf verdiente. Dennoch waren zwei Haushalte nicht zu finanzieren.

Es blieb uns nur noch der eine Weg, dass ich mit unseren vier Kindern mitzog. Meine Erkundigungen nach dem Preis eines Umzuges lagen astronomisch weit von unseren Geldmitteln entfernt. Aus diesem Grund fanden sich Kirchhoffs bereit, uns 500 Mark zu leihen, was auf gutem Glauben geschah. Mittels der Wohnung ihrer Mutter, die für uns in Leipzig zur Verfügung stand, da weder ein Tausch noch ein Antrag auf Wohnraum von ihr in Jena gestellt wurde, verhalf uns diese Chance zu einer Wohnung. Damals rechnete man noch mit pro „Kopfzahl", die mal ab oder zunahm. Um die Berechtigung für Lebensmittelkarten zu erlangen, benötigte man sowohl eine Zuzugsgenehmigung als auch eine polizeiliche Anmeldung. Die künftigen amtlichen Wege überließ ich vertrauensvoll meinem Mann. Aber noch standen ein paar aufregende Wochen dazwischen. So geschah es, dass ich zur Mittagszeit mit einem Kind auf dem Arm, ein zweites an der Hand, ein weiteres lag im Stubenwagen, nach Rainer rief. Jedoch aus dem verschlossenem Vorgarten antwortete er nicht. Beunruhigt lief ich mit Jürgen sowie Volker die Treppe hinunter, aber nirgends sahen wir ihn. Ergebnislos liefen wir wieder hinauf. Zur Mittagspause kam mein Mann. Ihm fiel Rainers Abwesenheit auf, doch eine Frage nach ihm unterband Jürgens Eigensinn. Er stand neben seinem Kinderstuhl und beharrte auf einen Platz am Esstisch. Mit seinen Füßen stieß er auf den Fußboden, um zu dokumentieren, dass er gehört werden wollte. In jenen oder ähnlichen Fällen äußerte er sich: „Wenn ich arge nein, dann möchte ich auch nicht." Mein Mann ließ ihn stehen, um nach Rainers Verbleib seine Frage erneut zu stellen. Dies nahm ich zum Anlass, um aus dem Zimmer zu huschen. Hastig eilte ich die Treppe abermals hinunter. Im Rahmen aller Möglichkeiten sah ich in die Verstecke, aber er blieb verschwunden. Burschikos lief ich mit einem Fluch auf den Lippen zur verschlossenen Gartentür, um durch die eisernen Stäbe zu blicken. „Er kann sich doch nicht in Luft aufgelöst haben“, durchfuhr es meinen Sinn. Angst kroch an mich heran, von deren Besitz sowohl mein Denken als auch mein Tun beherrscht wurde. Mit zunehmender Sorgenlast betrat ich das Wohnzimmer wieder. Jürgen stand noch immer neben seinem Kinderstuhl. „Und wie lange möchtest du nicht am Kindertisch sitzen?“, fragte ihn mein Mann. „Neben meiner Mutti möchte ich sitzen“, antwortete er. Bevor ich mich auf Rainers Stuhl setzte, fiel der Blick meines Mannes auf mich. Auf seine Frage hin, was denn nun wieder sei, begann ich zu weinen. „Rainer ist weg!“ schluchzte ich. „Na, er kann doch nicht einfach weg sein!“ Nach meinem Protest begab er sich auf die Suche und mehrere Büroangestellte nahmen daran teil. Während dessen aßen Jürgen und Volker jeder zwei Kartoffeln mit Möhrengemüse, als Beigabe die traditionell angerichtete künstliche Sauce. Kummervoll hob ich manchmal Volkers Ellenbogen. Nach dem Essen schmuste Jürgen trostbringend mit mir. Enttäuscht von der erfolglosen Suchaktion wagte ich nicht an einen Unfall zu denken. Während mein Mann wieder arbeitete, entschloss ich mich, die Polizei einzuschalten. Ein Polizist nahm daraufhin meine Vermisstenanzeige entgegen. Mitten in seiner Schreibarbeit vernahm ich im Nebenzimmer ein stürmisches Gelächter, das eine helle Kinderstimme ablöste. Meine Füße wollten mir versagen. In einer Art Traumzustand durchlief ich eine Barriere und öffnete die Tür. Arglos saß mein Söhnchen vergnüglich inmitten von amüsierten Polizisten. Erlöst sagte ich: „Du wurdest doch zu Hause erwartet, Rainerle, die Mittagszeit ist längst vorüber!“ Er stand schnell vom Stuhl auf und sein blondgelocktes Haar fiel ihm schwitzig in die Stirn. Galant stellte er mich vor: „Das ist meine Mutti!“ Mit roten Wangen und sich seiner kleinen wichtigen Person bewusst, schien er älter zu sein, als er war. Höflich verabschiedeter er sich. Scherzworte wechselten von einem zum anderen, so dass sie die Eintönigkeit ihres Dienstes, wie das Salz in der Suppe würzte. Sie riefen uns hinterher: „Mach es gut, Peterle, und besuch uns bald wieder!“ Jene Aufforderung untergrub unsere Erziehung, wie ich empfand. Beim Verlassen der Polizeistation wurden wir mit viel Rederei aufgehalten. Wenn ich davon ausging, dass das Wiederfinden meines „verlorenen Sohnes“ ohne Bürokratismus vor sich ging, so belehrte mich der Irrglaube eines anderen. „Nach deinen Aussagen, Peterle, verbringst du mit noch drei weiteren Geschwistern die Tage? Ich nehme an, du sagst uns die Wahrheit“, begann der Polizist im Vorraum. Unaufhörlich nickte mein Bübchen mit seinem zerzausten Kopf: „Sie können meine Mutti fragen!“ „Wie heißen denn ihre lieben Kleinen, junge Frau?“ Bereitwillig nannte ich ihre Namen. „Donnerwetter! Dieser Zeit trotzen sie viel Mut ab, das sieht man ihnen gar nicht an.“ „Danke“, sagte ich darauf. Sowie der Name Peterle in Rainerle die wahre Identität annahm, unterschrieb ich eine Empfangsbestätigung, die seine kleine Person als Ware deklarierte, um schnellstens zu meinen jüngeren Kindern zu kommen, unterschrieb ich ungelesen einen Tatsachenbericht, der seine Auffindung beinhaltete. In der Straßenbahn nahm ich Rainer auf meinen Schoß und fragte ihn: „Nun sag mir mal mein Junge, wie entkamst du aus dem verschlossenen Garten?“ „Na, ganz einfach Mutti, ich bin über den Zaun geklettert. Jürgen kann das noch nicht!“ „Aber Rainerle, das ist doch ein eiserner Zaun, dessen Enden spitz verlaufen.“ Meine Argumentation enthielt kaum das richtige Maß an Selbsterkenntnis, die eine Wiederholung ausschloss. Nachdem er keinen Zweifel darüber ließ, über den gefährlichen Zaun klettern zu können, fragte ich ihn: „Warum sagst du mir nicht vorher Bescheid?“ „Weil ich nicht weiß, ob ich Lust dazu habe.“ Seine salopp lautende Antwort machte mich sprachlos. Als mir der Naseweis von seinem

Abenteuer erzählte, reichte dies aus, um seinen Verstand anzusprechen. Nach einer kurzen Straßenbahnfahrt begegneten wir im Hausflur einer jungen Büroangestellten. Interessiert fragte sie: „Rainerle, da bist du ja. Wo kommst du denn her?“ Mit Antworten nicht verlegen, sagte er kurz und bündig: „Von den vielen Onkels.“ Ich bat sie, meinem Mann mitzuteilen, dass ich Rainer von der Polizei geholt hätte.
Nach acht Tagen stand ich vor dem gleichen Problem. Mit Vorarbeiten für den bevorstehenden Umzug beschäftigt, hielt ich meine drei Buben in Trab. Sie liefen emsig hin und her. Mal mit einem Buch in der Hand, mal mit einem Bildchen, mal mit irgendeiner anderen Kleinigkeit in der Hand. Um seine Tüchtigkeit hervorzuheben, maß Jürgen dem Gewicht eines Lexikons besondere Bedeutung bei. Seine Hände umfassten es kaum. Glaubhaft überzeugte seine Äußerung: „Das ist swer!“ Von jener Minute an bemerkte ich Rainers Abwesenheit. Die offenstehende Wohnungstür bewies erneut seine Eigenmächtigkeit. Ohne viele Worte nahm ich Jürgen sowie Volker unter meine Arme und hastete die Treppen hinunter. Im Garten ließ ich sie wieder frei. Gemeinsam riefen wir: „Rainer!“, aber er hörte nicht. In Anbetracht der Mittagszeit liefen wir wieder in unsere Wohnung. Nachdem beide Buben gegessen hatten, lagen sie danach ausgekleidet im Bett. Sie flüsterten miteinander, dennoch vernahm ich Jürgens Ausspruch: „So ein Ausreißer!“

Während unser jüngstes Kind sein Fläschchen bekam, stand plötzlich mein „Sorgenkind“ unschuldig blickend neben mir. Er sah im Gesicht schwärzer aus, als der schwärzeste Neger, obwohl seine blonden Locken Zeugnis ablegten, woher er stammte. Wie seine Augen funkelten, so blitzten auch seine Zähne. Meine Schelte schien ihn nicht besonders zu beeindrucken, aber die Mahnung an seinen Wortbruch verlief zu guter Letzt, nicht sang und klanglos. Auf meine Frage: „Findest du auch, dass eine Strafe angebracht wäre?" zählte er verlegen an seinen Fingern. Die Farbe in seinem Gesicht ließ sich sowohl mit Wasser als auch mit Tonseife nicht beseitigen, erst durch etwas Margarine löste sie sich aus den Poren. Allmählich entwickelte sich aus dem Mohr wieder er selbst. Die Kenntnisnahme vom Aufenthalt bei seinen Freunden, wie er mir sagte, ließ die allerdings die Frage offen, wer ihn schwarz gemalt hatte. „Na, russische Soldaten!" Jene Antwort von ihm überraschte mich umso mehr, als ich nur an gleichaltrige Kinder dachte. Hinzu trat mein Mann, er überlegte nicht lange über das Strafmaß. Meine Ansicht musste vor seiner stets weichen. Um Rainers eigenmächtige Entfernung nachhaltig mit einem Denkzettel zu bekräftigen, steckte er ihn mit den Worten ins Kinderzimmer: „Da du ungehorsam unsere Hinweise missachtest, bleibst du heute zu Hause und wir gehen mit deinen Geschwistern allein spazieren." All meine Einwände verhinderten nicht die gefällte Entscheidung. Weder meine Nachsichtigkeit noch die Möglichkeit von unvorhergesehenen Unfällen änderten das Strafmaß nicht. Während ich mit Frau Bierlich sprach, sah sich mein Mann nach versteckten Gefahrenquellen um. Er befestigte mit einem Lederriemen den Fensterwirbel, der ohnehin vor dem Zugriff einer Kinderhand unerreichbar war, obwohl das Wort „unerreichbar" für Rainer nicht existierte, beschlich mich doch eine Beklommenheit. Weder eine Gasleitung noch hohe Möbel regten seine verwegenen Abenteuer an, glaubte ich zumindest. Als ich ihn in sein Bett zum schlafen niederlegte, tuschelte ich in sein Ohr: „Wir kommen bald wieder und Frau Bierlich schaut nach dir." Der Wildfang schlief sogleich ein.

Nach unserer Rückkehr erwartete uns eine Überraschung, die ich nicht für möglich gehalten hätte. Jedoch die Tatsache bewies weit mehr, als nur Unordnung. Frau Bierlich berichtete uns aufgeregt, dass sie einige Male nach Rainer sah, er aber

neuerdings wild an die Wand klopfte. Vergeblich blieb ihr Rufen. Die ungewandte alte Dame traf nicht die richtige Entscheidung, denn sie entsprach einer außergewöhnlichen Handlung, die ich von ihr nicht verlangen konnte. Im Kinderzimmer sah es chaotisch aus. Spielsachen entdeckte ich zwischen heruntergezogenen Federbetten, Kinderstühle, Bilder und Blumentöpfe lagen aufs wüsteste herum. Sogar den Glaslampenschirm verschonte der Wüterich nicht. All das verstieß gegen meine Ordnung, zwangsläufig versuchte er, mir seine aufzubürden. Nach seiner Wissbegier zu urteilen, beschäftigte ihn das Innenleben von dem einzigen elektrischen Schalter im Zimmer sehr. Um sein Vorhaben ausführen zu können, stellte er den Kindertisch direkt darunter. Anstelle eines Hammers erfüllte die hölzerne Lokomotive den gleichen Zweck. Energisch klopfte er auf den Schalter, bis er in kleine Stücke zersprang. Elektrische Drähte ragten gefährlich aus der Wand, die ihn nach seiner Erkundung, woher das Licht kam, nicht mehr interessierten. Ein sauberes einfaches Kinderzimmer in eine Wüstenei zu verwandeln, das stellte ich mir von zwei kleinen Kinderhänden keineswegs vor. Dieser Anblick erinnerte mich an grausame Jahre, die Millionen Menschen noch jahrelang mit sich herumtrugen.
In der Annahme, dass Rainer spielerisch ein Bombardement nachvollzog, warf es dennoch die Frage auf, was hatte er sich dabei gedacht? Jürgen führte Volker an der Hand ins Zimmer und äußerte befremdet: „Ach du meine Güte!“ Volker sah von einem zum anderen, was wir dazu sagten. Sylvia schrie beleidigt im Stubenwagen, dass beide Buben zum Anlass nahmen, ihr verwüstetes Zimmer zu verlassen. Sie fuhren ihr Schwesterchen hin und her, bis sie einschlief. Inzwischen erklärten wir Rainer verständlich die Elektrizität in der Leitung, die besonders für wissbegierige kleine Buben gefährlich werden konnte. Auf seine Verwüstung hin verlor ich keine Worte, jedoch ver-

langte ich, dass er wieder aufräumte, wobei ich ihm dabei half. Die Nacht warf lange Schatten in den beginnenden Tag. Eine notwendige Reinigung fragte nicht nach Wenn und Aber, noch weniger nach Tages und Nachtzeit. Staub, gepaart mit Schmutz, führte nicht zur Wahrnehmung meines Mannes, der nur unnötig übertriebene Arbeit vortäuschte, wie er sagte. Meine Devise lautete: „Mit der Nachlässigkeit beschreitet man den ersten Weg ins Labyrinth einer Irrlehre." Ermüdet vom Reinemachen, schlich ich ins Kinderzimmer, um meinen Kindern am Ende zärtliche Küsse auf ihre Stirn, Wangen und Ohren zu drücken. Sie lagen in ihren Betten wie unschuldige Engel. Ich lief so leise von den kleinen Amors hinaus, dass das Schnarchen meines Mannes ein stärkeres Geräusch verursachte, als ich vorher wahrnahm. Heftig rüttelte ich ihn an seiner Schulter. Schläfrig fragte er mich: „Ist etwas?" „Leg dich noch für ein paar Stunden ins Bett", flüsterte ich.

***

Einen Tag vor dem Umzug nach Leipzig nahmen wir Abschied von meinen Schwiegereltern, der nicht ohne Misstöne verlief. Im Mittelpunkt der Unterhaltung stand unser neuer Lebensabschnitt. Völlig deplaziert ließ sich mein Schwiegervater zu der Bemerkung hinreißen: „Von mir könnt ihr kein Geld erhalten, ich besitze keines." „Wir baten euch auch nicht darum. Nach dem Angebot von Kirchhoffs borgten sie uns bereits 500 Mark", sagte ich. Am nächsten Vormittag fuhren wir mit all unserer Habe im Möbelwagen nach Leipzig-Möckern. Gut vorbereitet wartete Frau Kirchhoffs Mutter ungeduldig auf uns. Sie beschränkte sich aufs Notwendigste, alles andere hatte sie verkauft. Mit dem fast leeren Möbelauto fuhr sie, nachdem wir alles abgeladen hatten, zurück nach Jena. Wie ich feststellte, befanden sich die Wohnung sowie das Treppenhaus in einem guten Zustand, jedoch wies die Wohnung einen beachtlichen Nachteil auf. Von der Dreizimmer-Wohnung bewohnten wir nur zwei Zimmer in den ersten Wochen, die Küche war Bestandteil der Wohnung und demzufolge für uns bewohnbar. Was mir anfänglich verborgen blieb, löste letztendlich die sture Beharrlichkeit meines Mannes. Den Zuzug nach Leipzig verwehrte uns eine Anweisung, die durch den Oberbürgermeister bestand. Somit besaßen wir kein Anrecht auf eine polizeiliche Anmeldung noch auf Lebensmittelmarken. Meine Gutgläubigkeit benutzte er leichtfertig als Spielball für eine gezielte Manipulation. Als Strandgut trieben wir im Fahrwasser der Bürokratie, die uns, mit vier kleinen Kindern, ohne Lebensmittel ließ. Die viele Fahrerei nach Jena klärte sich auf die einfachste Weise auf. Meine Schwiegermutter konservierte Milch und kaufte für den laufenden Monat Lebensmittel ein, welche mein Mann abholte. Das wiederholte sich mehrmals. Beim zweiten Gang ins Leipziger Rathaus erfuhr ich zum ersten Mal von jenem Debakel, das er mir mit allerlei Ausreden von mir fern hielt. Unvermutet trafen mich seine Worte: „Heute fällt die Entscheidung über unseren Verbleib." Mir blieb angesichts der Misslichkeit nur der Wunsch, dass die Erinnerung an unseren Namen siebartig in ein Loch der Vergessenheit geriet.

Nach dem zweiten Antrag, der die vorhergehende Ablehnung verschwieg, gelang unser Husarenstreich. Ohne Verzögerung meldete uns mein Mann polizeilich an. Tags darauf erhielten wir unsere Lebensmittelmarken, die uns die bisherigen Schwierigkeiten vergessen ließen. Mit der Zuweisung einer eigenen Wohnung übernahmen wir das Zimmer von den jungen Untermietern. Obwohl kein Anlass zur Nörgelei mit ihnen bestand, ergriff ich dennoch mit freudigen Herzen Besitz von der gesamten Wohnung.

Trotzdem wir uns in allen Bereichen auf das Notwendigste beschränken mussten, zwangen gesonderte Maßnahmen das einfache Volk gegen Betrüger zu schützen. So erlebte ich Bäckermeister, Fleischer, überhaupt viele aus dem Kreis des Mittelstandes, die über ihre Verhältnisse lebten. Für einen Gegenwert verhökerten sie zentnerweise Zucker, Mehl, Fleisch und andere Produkte. Die harten Zuchthausstrafen für solche Delikte schreckten viele vor Wirtschaftssabotage nicht zurück. Ihre „Privilegien“ ergaunerten und dehnten sie ins uferlose.

***

Zukunftsweise teilten die Siegermächte Deutschland nach dem zweiten Weltkrieg in vier Zonen ein. Thüringen, Sachsen, Brandenburg, Mecklenburg sowie Vorpommern gehörten in der Adenauer-Ära zur "Sowjetzone". Später erlaubte man sich verachtungsvoll von der "Ostzone" zu sprechen. Die Spaltung nahm damit seinen Anfang, wie auch immer Politiker und ihre Landeskinder, von unterschiedlichen Ideologien ausgehend, sie betrachteten. Die Sowjetunion war von den Siegermächten das am meisten verwüstete Land.[45.] Finanzielle Probleme neben politischen Intrigen hemmten dieses Land am Fortschritt. Die Außenministerkonferenz 1947 in Moskau beriet die Bodenreform für ganz Deutschland, jedoch die Westmächte hintertrieben die Durchführung. Nachdem die Pariser Marshallplankonferenz verwirklicht wurde, verhalf man der Rüstungsindustrie in den Westzonen wieder auf die Beine. Nach imperialistischer Manier und mehreren Milliarden Dollar begann ein kapitalistischer Wettbewerb, der unverhohlen seinen geistigen Vater offenbarte. Die meisten Menschen fielen auf das Windei erneut herein, doch die Schuldenberge sahen sie nicht.[46.]

***

Etwa zu dieser Zeit trug mich mein Mann in eine Liste zur Weihnachtsfeier als Tänzerin ein. Zur Bereicherung des Unterhaltungsprogramms verpflichteten sich mehrere Laienkünstler mit unterschiedlich bemerkenswerten Darbietungen. Zwei Cousinen lud mein Mann ebenso dazu ein. Zur Ablenkung ihrer Probleme gerade recht, begrüßten sie die Einladung. Eine von ihnen hatte ihren Mann noch in den letzten Zuckungen der Kriegshandlungen verloren, die ältere wartete sehnsüchtig auf ihren Mann aus norwegischer Gefangenschaft.
Vier Wochen lang übte ich täglich Exerzitien sowie alte Choreographien, dabei konnte keine geschlossene Tür sich rühmen, nur als Durchgang benutzt worden zu sein. Anfänglich quälte mich ein Muskelkater, den ich versuchte energisch zu ignorieren. Er zerbrach schließlich an meinem Willen. Eine traurige Bilanz registrierte ich bei den schweren „Kautschukakten", wie Akrobaten dazu sagten. Jedoch die einstig so unbeschwerte Gelenkigkeit musste ich neu erarbeiten, wenn ich eine außergewöhnliche Leistung bieten wollte. Dabei rann mir der Schweiß am Körper runter. Meine kleinen Buben saßen als Zuschauer seitwärts, während ihr Schwesterchen angegurtet im Sessel mit Papier spielte. Ihre schwarzbraunen Augen schauten manchmal fragend von einem zum anderen. Am Ende blieb ich erschöpft und schwitzend auf dem kühlen Fußboden liegen. Rainer half mir wieder auf die Beine. Seine Hilfsbereitschaft betonte er mit Pathos: „Komm, ich helfe dir!" was mich zum lachen brachte. Glücklicherweise besaß ich noch Stepp- und Ballettschuhe. Aus einem neuen Damasttischtuch, das einmal ein Hochzeitsgeschenk war, nähte ich mir einen knapp sitzenden Dress. Sämtliche Ränder säumte ich mit weißem Kaninchenfell, das ich von meiner liebsten Tante geschenkt bekam. Ihre Kenntnis zur Auf-

bereitung der Felle, ebenfalls die weitere Verarbeitung, erwarb sie sich durch ihre Tochter, einer gelernten Kürschnerin. Zusammengetragene Ergänzungen wie farblos gewordene Boas - mit Tinte aufgefrischt - einst als wirkungsvolle Beiwerke den Reiz hervorhoben. Günstigenfalls bekam ich alte Bestände mit Flitter behaftete Papierblumen zu kaufen. Eines Nachmittags überraschte mich mein Mann während eines schweren Kautschukaktes. Seine Hände umfassten meine Taille, wobei ich lachend zusammenfiel. Empört gab ich ihm eine Ohrfeige, schlagartig erwiderte er sie. Diese Seite von ihm kannte ich noch nicht. Überrascht hielt ich meine schmerzende Wange, bevor mir Worte einfielen. Auf die Möglichkeit eines Kopfleidens wies ich hin. „Vor allem fass mich beim Training nicht an, noch bin ich kitzelig“, sagte ich verärgert. Unsere Kinder saßen ruhig dabei. Sie sahen eine Chance für sich, die einseitige Betätigung in eine eigene aktive zu ändern. Ihr Wunsch, noch zu spielen, war verständlich. Schon allein der gepflasterte und saubere Hof mit seinen Möglichkeiten, in der überdachten Abstellnische Versteck zu spielen, bereitete ihnen Spaß. Außerdem nahmen sie ihr Holzspielzeug mit.
Ein breites geschlossenes Tor trennte den Hof vom Hausflur. Einige Meter weiter wies eine verglaste Pendeltür den Weg zur Haustür hin. Man konnte Kinder vor den Gefahren der Straße nicht genug warnen. Im Zeitalter von Autos, Motorrädern sowie Straßenbahnen erhöhte sich zusehends der Verkehr. Tot geglaubte Fahrbahnen belebten sich wieder. Frau Ziegler, als Hausbesorgerin, rief bestürzt meinen Namen. Geschwind lief ich die Treppe hinab. Mit einem kurzen Blick sah ich nur Jürgen und Volker im Hof spielen. Frau Ziegler stand bleich im Hausflur. Sie nannte Rainers Namen, dabei legte sie ihre Hand aufs Herz. Erregt sauste ich auf die Straße. Ein Bild, das den Gipfel kindlichen Leichtsinns erreichte, bot sich mir. Rainer fuhr mit

seinem Roller in der Straßenbahnschiene. Dabei reimte er sich Geschichten zusammen, die er laut nach seiner Phantasie vor sich hin plapperte. Um ihn am Mantelkragen zu fassen, rannte ich hinter ihm her, bis ich samt und sonders den kleinen Strolch mit seinem Roller auf dem Fußweg in Sicherheit brachte. Auf meine Standpauke hin begann er zu weinen, derweil die Glocken den Abend einläuteten. Im Hausflur stand noch Frau Ziegler, sie hatte ihre entschlossene Tatkraft wieder erlangt. Sie verkniff es sich nicht, mir zu raten, Rainer tüchtig durchzubläuen. Nach seinem verweinten Gesicht zu urteilen, trugen bereits meine Worte zur Einsicht bei, wie immer er es vermochte. Widerspruchslos nahm ich ihn gemeinsam mit Jürgen und Volker rauf in die Wohnung. Ehefrau, Mutter von vier kleinen Kindern mit 22 Jahren zu sein, darüber hinaus grundsätzlich unsere gesamte Kleidung schneidernd, außerdem nebenbei noch Handarbeiten durchzuführen, das alles mit meinem Interesse dauerhaft unter einen Hut zu bringen, blieb eine Illusion. Jene Riesenaufgaben zu bewältigen, gelang nur mit äußerster Disziplin. Der vorübergehende außergewöhnliche Zustand fand mit meinem Auftritt sein Ende.

Am Tag der Aufführung quälte mich sowohl das Lampenfieber als auch Übelkeit, was mit jeder Stunde zunahm. Mit den ersten Schritten verflog das Lampenfieber. Konzentriert richtete sich mein Gehör auf den Takt der Musik. Der Erfolg meines täglichen Trainings wurde letztlich mit einem starken Applaus belohnt. Erfreut darüber, kleidete ich mich zur nächsten Nummer um. Ein paar Übungen lockerten wieder meine Muskeln auf, mit denen ich schwere Akte zu bestehen hatte. Mein Herz klopfte so laut, dass ich meinte, man höre es im Saal. Während der Kautschukdarbietung trat das Gegenteil ein. Es wurde so still, dass der Fall einer Stecknadel hörbar gewesen wäre. Aber alles gehört einmal der Vergangenheit an. Als ich umgekleidet am Tisch für Gäste erschien, begann gerade der unterhaltsame Teil. Inmitten von Musik und vielen Tanzpaaren, vernahm ich trotzdem das „A und O", das mir Galt. Verschüchtert von der Huldigung nahm ich Platz. Belanglose Worte wechselten von einem zum anderen. Dazwischen hielt sich mein Mann überall und nirgendwo auf. Des Öfteren wurde er mit der Frage konfrontiert: „Wo ist eigentlich deine Frau engagiert?" Seine Worte amüsierten mich umso mehr, da ich doch nur zur einfachen kinderreichen Mutter gemacht wurde. Der Spaß brach mit unserem Abschied ab, der auf beide kinderlose Cousinen meines Mannes befremdend wirkte. Ein Kindermädchen stand mir unbemittelt nicht zu. Jener oder ähnliche Berufe starben im Laufe der Zeit aus, zumal weniger Kinder geboren wurden und zukunftsweisend andere Berufe für Mädchen erstrebenswerter erschienen. Mein letzter Auftritt trat in den Hintergrund, an dessen Stelle die tägliche Hausarbeit mit all den mütterlichen Aufgaben den ersten Rang wieder allein einnahm. Und weiter kullerten wir armselig durch die Zeit, an der Bescheidenheit ihre Nahrung fand. Unsere Hoffnung auf einen besseren Lebensstandard wurde auf eine harte Probe gestellt. So lehnten die Westmächte den sowjetischen Vorschlag um Deutschlands „Wiedergeburt" bei einer Außenministerkonferenz in London rundweg ab. Sie stimmten dem „Marshallplan" zu, der im Juni 1948 mit einer separaten Währungsreform in den Westzonen verwirklicht wurde. Dieser Willkürakt widersprach dem Potsdamer Abkommen. Ein ungesundes politisches Klima spaltete Ost- und Westdeutschland. Die Folge von einem uneinigen Europa verdichtete sich. Einige Male besuchten mich meine Cousinen. Wenige Monate später erhofften sie sich im Westen einen kapitalistischen Aufwind in der Wirtschaft. Auf Nimmerwiedersehen verschwanden sie, desto öfter besuchte mich meine Krauß-Großmutter, hin und wieder auch Tante Trudchen.

Durch jenen verwandtschaftlichen Zweig erneuerten sich unsere engen Beziehungen zu einander. Trotzdem blieb meine Verehrung zu den Naumann-Großeltern über ihren Tod hinaus lebendig. Die Erkenntnis führte zu dem Schluss, dass die erstrebenswerten Eigenschaften wie Fleiß, Ordnung sowie Umsichtigkeit als Erbgut meine Naumann-Großmutter mir hinterließ. Bereits von Kindesbeinen an, bekräftigte meine Mutter jene Vorzüge mit Schlägen auf Hände, Mund und anderswo hin. Im Glauben, richtig zu handeln, bedauerte sie auch nichts.

***

Als meine drei Buben an Masern erkrankten, damals überfielen sie noch die Kinder mit hohem Fieber, mahnte uns der Arzt, sofort unsere Sylvia-Maria in Sicherheit zu bringen, weil die Kinderkrankheit gern die Lungen befiel. Mein Mann entschloss sich, meine Eltern zu bitten, unsere Kleine während der Inkubationszeit zu betreuen. Mit ihrem Bettchen stellte ich sie vorerst ins Wohnzimmer. Leider stand die Vernunft meiner Mutter nicht zur Seite. Ihre ablehnende Haltung zeigte sie meinem Mann im Treppenhaus. Burschikos wies sie daraufhin: „Macht mit euren Kindern nicht immer so ein Affentheater, steckt sie gemeinsam in ein Nest, dann seid ihr die Kinderkrankheiten auf einmal los! Wegen solch einem Meerrettich nehme ich eure Kleine nicht!" Enttäuscht lief mein Mann heimwärts. Im Haus boten mir mehrere Frauen ihre Hilfsbereitschaft an, jedoch aus Rücksichtnahme auf die Empfindung meiner Mutter wies ich sie dankend zurück, was ich wenig später bitter bereute. Vergebens verliefen meine Vorsichtsmaßregeln, den Bazillus von meiner Kleinen fern zu halten. Neben der Tür zum Wohnzimmer stellte ich ein geborgtes Waschgestell mit desinfiziertem Wasser hin. Mein einstiger weißer Büromantel hing über der

Stuhllehne. Niemals begab ich mich unvorbereitet zu meiner kleinen Tochter. Der Arzt belehrte mich zwar eines anderen, denn nach seinen Worten flogen die Bazillen unsichtbar fürs bloße Auge, in der Luft herum, das musste ich ihm wohl oder übel glauben, zumal ich medizinisch ungebildet war. Heimtückisch überfiel dann doch jene Kinderkrankheit auch mein einjähriges Kind. Wie ein Opferlämmchen ertrug sie das Letzte in der Nachkriegszeit. Ohne Wadenwickel schnellte das Fieber bei ihr hoch. Der Arzt erlaubte meinen drei Buben, sich außerhalb ihrer Betten aufzuhalten. Während ihre Pusteln vertrockneten, breiteten sie sich am gesamten Körper von Sylvia aus. Über und über von diesen Plagegeistern behaftet, versuchte sie sich zu kratzen, was aber Pappmanschetten weitgehend verhinderten. Auch Puder linderte den Juckreiz. Mit dem Besuch der Krauß-Großmutter sowie von Tante Trudchen, welche stets ein Einweckglas Obst mitbrachte, entstand eine Anhänglichkeit besonderer Art. Die Kinder spürten sowohl ihre Zuneigung als auch die Besorgnis um sie. Die dringend benötigten Medikamente blieben aus. Der verordnete Hustensaft allein gegen Masern, linderte bestenfalls die entzündeten Schleimhäute und den Husten. Die von Generation zu Generation überlieferten Hausmittel nutzte meine Krauß-Großmutter in bedrängten Zeiten. Die Wirksamkeit des Knoblauchs und der Zwiebel sowie des Rettich als auch allerlei Kräuter bildeten die Grundlage zur Bekämpfung von Erkrankungen, erklärte sie mir. Sichtbar nahmen die Masern letztendlich auch bei Sylvia ab. Damit bestärkte sich unsere Hoffnung auf ihre endgültige Heilung.

Einige Tage später bemerkte ich jedoch, dass sie ihre dünne Leberwurstschnitte krampfhaft im Händchen festhielt und auf ein Späßchen hin, es wegzunehmen, sinnwidrig reagierte. Weinerlich verzog sie ihren Mund, wenn sie saß. Ihr Wunsch zu liegen verdeutlichte sie damit, dass sie sich einfach niederlegte.

Sorgenvoll beobachtete ich sie. In der Nacht schaute sie mich hilfesuchend an. Beunruhigt ergriff ich ihr kleines Händchen, das mir fiebrig erschien. Verschlafen wankte mein Mann ins Zimmer. Er neigte sich über sein Kind, das mit glänzend braunen Augen schwer atmend im Bettchen lag. Unerfahren stützte er sich auf ihr Vorhandensein, das seine Zuversicht stärkte. An schlimmeres wollte er nicht glauben. Zurückblickend auf den Tod meines Naumann-Großvaters erfasste mich unheilvoll eine Verzweiflung, welche die Hoffnung in den Schatten stellte. Am zeitigen Morgen bat mein Mann den Arzt um einen Hausbesuch. Er kam sofort und stellte eine doppelseitige Lungenentzündung fest, die weder mit Injektionen noch durch andere medizinisch wirksame Arzneien bekämpft werden konnte. Allein mit der Hilfe der Natur konnte Sylvias Leben nicht gerettet werden. Der Arzt legte seine Hand auf meine Schulter und versuchte mich trostbringend davon zu überzeugen, dass nach dem zweiten Weltkrieg ein Menschenleben wieder etwas wert wäre. Doch seinen Worten misstraute ich. Angesichts ihrer Blässe im Bereich von Mund und Nase, täuschten ihre roten Wangen, die sich scharf abzeichneten vom übrigen Gesichtchen, eine Gesundheit vor, welche die Hausbewohner in die Irre führten. Nach ihrer Meinung trug mein Kind ihre Genesung mit sich herum. So standen sowohl Hoffnung als auch Zweifel dicht bei einander. Am Nachmittag kehrte mein Mann von der Universität zurück. Nach seiner Erkundigung versorgte das Rote Kreuz vorrangig Kinderkrankenhäuser mit Medikamenten. Empört über die Unterlassung des Arztes holte er eine Überweisung für das Kinderkrankenhaus. Taxen fuhren nur vereinzelt, aber die Dringlichkeit ermöglichte die Fahrt. In einem Diakonissenkrankenhaus fand sie Aufnahme. Noch bevor eine junge Ärztin ihren kleinen Patienten empfing, schaute sie

ihrem hin und her laufenden Vati nach, als spürte sie, dass es zum letzten Mal war...
In der Hoffnung, dass ihr Leben im Krankenhaus gerettet würde, verließen wir beruhigten Herzens das Gelände und fuhren mit der Straßenbahn wieder heimwärts. Mit der Absicht, mich am folgenden Vormittag nach Sylvia zu erkundigen, verwirklichte mein Mann hingegen eine Reise nach Jena, um bei seinen Eltern angebotene Kohlen abzuholen, jedoch ein schwerwiegendes Ereignis vereitelte diese Reise. Während ich meine drei kleinen Buben für den Besuch im Krankenhaus ankleidete, klingelte es an der Wohnungstür. Als ich einem Polizisten gegenüber stand und er mir den Tod von Sylvia mitteilte, warf ich ihm im höchstem Grad unhöflich, die Tür vor der Nase zu.[47.] Im Wohnzimmer umfasste ich weinend meine drei Jungen und sagte ihnen: „Unsere kleine Sylvia lebt nicht mehr, sie hat uns für immer verlassen." Darauf fragte mich Jürgen: „Ist sie nun ein Engel?" „Sie war es auf Erden, nun ist sie es auch im Himmel" sagte ich. Rainers Tränen fielen, getrieben aus der Tiefe seines kleinen Kinderherzens, direkt auf meine Hand. Er empfand bereits als ältester seiner Brüder, das volle Ausmaß des Unglücks. Reue nagte an meiner Seele, Sylvia nicht sofort in jenes Kinderkrankenhaus gegeben zu haben. Eine Überlebenschance wäre dort naheliegend gewesen. Da der Tod keine Rücksicht auf Gefühle nimmt, boten mir Frauen aus unserem Wohnhaus Hilfe an. Frau Bäcker übernahm die Aufgabe, meine Eltern zu benachrichtigen. Mitten unter all unseren Hausbewohnern kam unerwartet mein Mann vom Hauptbahnhof nach Hause. Beunruhigt hatte er dort telephonisch das Krankenhaus angerufen. Eine Krankenschwester fragte ihn: „Sie sind wohl nicht daheim?" Von ihr erfuhr er, dass unsere kleine Tochter vor wenigen Minuten verstorben sei. Von jener Nachricht erschüttert, erreichte er gerade noch das Zugabteil, um seinen Rucksack aus

dem anfahrenden Zug zu holen. Heimwärts in der Straßenbahn besann er sich der hoffnungsvollen Stunden, die tragisch ihr Ende fanden. Er verbarg seinen Schmerz im Taschentuch. Unsere drei kleinen Buben saßen einträchtig auf der Couch nebeneinander, sie fühlten auf ihre Art Trauer, die sich in ihrem Flüsterton äußerte.

Ein schwerer Weg lag vor uns, der zu unserem toten Kind führte. Im Krankenhaus brachte der Arzt zum Ausdruck: „Zuvor die Masern, dann gleich darauf die Lungenentzündung, das war zu viel für das kleine Herzchen." Er wies uns den Weg zu einer kleinen weißen Kapelle. Ein Wärter ließ uns allein eintreten. Sie lag gleich vorn neben anderen toten Erwachsenen. Sie fühlte sich an der Schläfengegend noch warm an. Durch die leicht geöffneten Lider wurden ihre dunkelbraunen Augen sichtbar. Auch drei verfärbte Einstiche am rechten Oberschenkel blieben mir nicht verborgen. Jene Injektionen blieben wirkungslos, das zeigte ihr Lebensende. Fassungslos stand ich vor meinem toten Kind. Letztmalig küsste ich sie auf ihre Stirn, aber mein Mann zog mich zurück. Der Gedanke, dass Sylvia noch lebte, überzeugte auch ihn als Vater. Wir sagten es dem Wärter, der sofort kam, aber unsere Hoffnung zerstörte. Wir verließen den Ort wieder und wandten uns unseren drei kleinen Buben zu, die sich in der Obhut unserer Nachbarin befanden. An die Erledigung der behördlich nötigen Wege dachte ich nicht, dies überließ ich meinem Mann. Meine Mutter kam nicht, von ihr abgesehen ließ es sich meine Krauß-Großmutter nicht nehmen, nach Sylvia zu schauen. Ahnungslos fragte sie nach ihr: „Wo ist denn Sylvia?" Rainer sah mich von der Seite fragend an. Vorwitzig stellte sich Jürgen vor seine kleine Urgroßmutter, dabei nahm er ihre Wangen in seine Hände und sagte: „Großmutter, unsere kleine Sylvia kommt nie mehr zu uns, sie ist im Himmel ein Engel geworden." Meiner Tränen wegen verließ ich die Wohnküche. Die Kinder sollten nicht sehen, wie sehr ich litt. Beherrscht, aber verweint, betrat ich erneut den Raum. Wie zu einer Salzsäule erstarrt saß Großmutter auf ihrem Stuhl. Ihre Frage bestand aus drei Worten: „Ist Sylvia wahrhaftig ...?“ Traurig nickte ich mit dem Kopf. Weitere Fragen folgten, dabei vermied sie das Wort verstorben, wie die Pest. Mehr Leid als Freud erlebte sie in ihrem Leben, das sie fraglos annehmen musste. Als Rainer einst zwischen ihren Knien stand, stellte er unverblümt fest: „Großmutter, du hast viele Falten im Gesicht, da stirbst du bald.“ So sprach er lange nicht mehr. Die Erfahrung lehrte ihn, dass auch kleine Kinder sterben konnten.

Inzwischen bekam seine Sprache sowohl Farbe als auch einen wohlüberlegten Sinn, mit der er sich unüberhörbar artikuliert ausdrückte. Nachdem uns die Krauß-Großmutter wieder verließ, malten die Kinder bizarre Gebilde, auf denen sie ihre Empfindungen zum Ausdruck brachten. Undefinierbar malte Volker darauf los. Von allen Seiten ließ sich sein Bild betrachten, so dass er mir seine Malkunst erklären musste. Jürgen benötigte länger für seine liegenden Männlein, die er mit wenigen Strichen, Kreisen sowie Punkten zu Papier brachte. Auf meine Frage: „Weshalb schlafen all jene Menschen?“ „Na, weil das tote Kinder sind“, antwortete er darauf. Ihn davon abzulenken, blieb für mich eine schwere Aufgabe, die durch Rainers ähnliche Malerei erheblich erschwert wurde. Zur Mittagszeit aßen wir das, was uns die magere Lebensmittelration ermöglichte. Vorzugsweise erhielten Kinder eher die Möglichkeit, ihren Kalorienbedarf zu decken, als sonst einer. Sorgfältig unterschieden sich Lebensmittelkarten von den Erschwernissen der Arbeit. Am geringsten maß man Hausfrauen die Lebensmittel zu.

***

Den Termin zur Beerdigung von unserer kleinen Sylvia telegrafierte mein Mann seinen Eltern und ebenso teilte er ihn persönlich meinen Eltern mit. Allabendlich endete der Tag für unsere Kinder mit ihrer Waschung. Jürgen und Volker brauchten noch meine Hilfe. Rainers bisherige Kinkerlitzchen ließ er sein. Zu tief saß bei ihm das traurige Erlebnis, dass der Tod vor seinem Schwesterchen nicht Halt machte. Die Vorbereitung für die Nachtruhe schlossen sie mit einem Gute Nacht Kuss für ihren Vati ab. Nachdem sie im Bett lagen und ich mich mit Aufräumen beschäftigte, suchte uns noch Tante Trudchen auf. Durch ihre mitfühlende Teilnahme flossen Tränen auf meine Wangen, die abwärts in meiner Kleidung versiegten. Jürgen öffnete im Nachthemd die Schlafzimmertür. Um seine Neugier zu befriedigen, sagte er wohlweislich: „Ich wollte nur wissen, wer geklingelt hat. Unsere Sylvi ist nämlich gestorben, Tante Trudchen, das ist sehr traurig und nun weint meine Mutti immer." Seine Brüder kamen ihm eilends nach. Mit Volker auf dem Arm begab sich die Tante ins Wohnzimmer, wohin wir ihr folgten. Dort bot sie mir ihre Hilfe an. Mein Mann verließ seinen Schreibtisch und setzte sich zu uns. Was mir nicht einfiel, fragte er sie. Ihre Zusage, am Beerdigungstag für die beiden jüngsten Buben zu sorgen, versicherte sie uns mit den Worten: „Das ist doch selbstverständlich." Somit war die letzte Besorgnis aus dem Weg geräumt, wenn ich nicht fremde Hilfe in Anspruch nehmen wollte. Nach belanglosen Worten verabschiedete sich Tante Trudchen.

Wie besprochen, brachte mein Mann am Tag der Beerdigung, am 1. März 1948, Jürgen und Volker zu ihr. Auch meine Krauß-Großmutter sah ihre Enkel gern, wie sie versicherte. Vor der Haustür traf mein Mann überraschend mit seiner Mutter sowie

Schwester zusammen, welche vom Möckernschen Bahnhof kamen. Jede von ihnen trug einen Rucksack Briketts, welche die Kälte in den Zimmern lindern sollte. Mit dem Ausruf: „Nun sieh mal, wen ich mitgebracht habe!“ trat mein Mann, gefolgt von seinen Angehörigen, in die Wohnküche. Bewegt verlief die Begrüßung. Meine Schwiegermutter wollte Worte formulieren, doch ihre Stimme versagte. Rainer kleidete ich tränenreich fertig an. Danach kam meine Mutter. Ihre Trübsal unterstrich sie mit einer Abwehr der Hand, die ihre Trauer verdeutlichen sollte. Die hinzugefügten Stoßseufzer: „Ich habe rein gar nichts essen können“, bewegten mich nicht. Desto mehr die Tatsache, dass am Geburtstag meines Schwiegervaters, der durch seine Empfindsamkeit besonders weichherzig gestimmt war, der Tod Sylvias ihn schwer mitnahm. „Erna“, überzeugt bat meine Schwiegermutter, „Thea und Günther müssen hier erst einmal raus, um neue Eindrücke zu gewinnen. Kannst du die Jungen über die Osterfeiertage zu dir nehmen?“ Bereitwillig gab meine Mutter dazu ihre Zustimmung.

Unser totes Kind ließ mein Mann auf den Leipziger Südfriedhof überführen, denn diese riesige Anlage entsprach einer parkähnlich gepflegten Ruhestätte. Wir sahen uns Sylvia-Maria aufgebahrt letztmalig an. Sie lag in einem kleinen weißen Sarg, als schliefe sie. Meine Schwägerin hob Rainer hoch, damit er sein Schwesterchen auch erblicken konnte. Sie lag mangels weißem Laken und Kleidchen in und auf weißem Papier. Dieses nüchtern hergerichtete Kind sollte unsere Sylvia sein? Ich ertrug es kaum, zumal ich vor ihrer Krankheit ein weißes Kleidchen auf „Bezugsschein“ ohne Wahl kaufte und jene Langweiligkeit der Farbe mit zarten Blüten am Saum bestickte. Das dazu benötigte Garn trennte ich mühsam aus einer bestickten Lavavelbluse meiner Naumann-Großmutter. Ihre feine Unterwäsche, die reichlich mit Baumwollspitze versehen war, nähte ich an Sylvias kleines Kopfkissen und Wagendecke. Wo blieb ihr blonder „Hahnenkamm"? Das lieblos mit Wasser gescheitelte Haar, das die widerspenstige Locke beseitigte, verletzte mich. Überflüssigerweise vernahm ich einen Überraschungsausruf meiner Mutter: „Das sie so groß ist, habe ich gar nicht gewusst!" Einen letzten Liebesgruß erwies meine Schwiegermutter Sylvia. Sie streute ihr Maiglöckchen sowie Vergissmeinnicht auf ihre Decke. Ein Sträußchen Frühlingsblumen steckte sie ihr zwischen die gefalteten Händchen.

In einem für Feierlichkeiten angemessenen Saal stand dann vor unseren Plätzen der kleine weiße geschlossene Sarg. Ergriffen hörte ich die zu Herzen gehenden Worte des Redners. Inhaltlich ließ er auch Wesenszüge von Sylvia in seine Rede einfließen. Danach erklang ein Orgelspiel, zarte Violinenklänge folgten mit dem einfühlsamen Lied: „Schlafe mein Prinzchen, schlaf ein!" Zwei Träger trugen unser totes Kind zur letzten Ruhestätte und wir schritten hinterher. Mit sich und der Welt unzufrieden versicherte mir der Redner, dass er lieber sein Leben, anstelle von Sylvias ihrem, hingegeben hätte. Nach dem Krieg sahen ältere Leute kaum sorgenfrei ihren Lebensabend vor sich. Weiter schritten wir, immer weiter. Meine Schwiegermutter sowie meine Schwägerin führten Rainer in der Mitte, bis wir vor dem offenen Grab standen.

Nach der Zeremonie sah ich, wie meine Schwägerin Rainers Händchen mit Erde füllte und er sie langsam auf dem Sarg zerkrümelte. Jene Geste vergaß ich nie. Nach dem Begräbnis, das mich endgültig von meiner kleinen Tochter trennte, strebten wir der Straßenbahnhaltestelle zu. Dort nahm ich sowohl Frau Tutsch (meine Nachbarin) als auch Frau Bäcker erstmals wahr. Mit ihrer Teilnahme bekundeten sie nicht nur ihr Mitgefühl, sondern auch das von den gesamten Hausbewohnern.

***

Später saß Rainer artig unter uns daheim am Esstisch. Er hörte gelangweilt dem geistig überforderten Gespräch zu. Plötzlich lenkte meine Mutter das Gespräch auf Kartoffeln. Nach ihrer Meinung müsste jede Menge von Sylvia übrig sein. Meine Schwiegermutter trat mir auf den Fuß und begab sich in die Küche, ich folgte ihr. Erbost ermahnte sie mich, an meine Kinder zu denken. Als Mutter müsste sie mir nicht sagen, dass der Hunger spitze Ecken aufwies. Mit einer Schüssel Salzkartoffeln in den Händen verließ ich wortlos die Küche. Auf jeden Teller legte ich eine Scheibe Jagdwurst, künstlich zubereitete Soße bedeckte sie. Obwohl stark gesalzene gelbe Butter, mit einem zweifelhaften Herstellungsdatum, beigegeben wurde, verbesserte sie ihren Geschmack erheblich. Anstelle von Petersilie erlangten abgebrühte und zerkleinerte zarte Löwenzahnblätter den Ruf, Vitaminträger zu sein. Nur meine Mutter hob die Zähne, so etwas war ihr Gaumen nicht gewöhnt. Missbilligend brummelte sie: „Du mit deinem Unkraut." Trotzdem aß sie es bis zur Neige. Nach dem Essen verließ sie unsere kleine trauernde Gesellschaft. Zwischen uns stand der Tod Sylvias, das spürte sie so gut wie ich. Dennoch blieb sie meine Mutter, die gegen ihren Willen, vor allem ihr Desinteresse zur Hausarbeit, für eine große Familie sorgen musste. Recht und schlecht bewältigte sie ihre Arbeits- und Lebensbedingungen, die sie geführt hatte. Auch meine Schwiegermutter und meine Schwägerin beendeten ihren Besuch. Es war ein trauriger Anlass, der im Gedächtnis haften blieb. Unserem Versprechen getreu begab sich mein Mann zu meiner Krauß-Großmutter und ihrer Tochter (Tante Trudchen), um unsere zwei Buben wieder von ihnen abzuholen. Sie spielten im Hof, wie einst ich. Ihre Erkundungen ähnelten den meinen, das sich scheinbar generativ wiederholte.

Meine Eltern besuchten wir immer weniger, desto häufiger führten unsere Spaziergänge nach dem Südfriedhof. Seit Sylvia nicht mehr unter uns weilte, vernahm ich von Jürgen als auch von Volker Misstöne, die auf dem Besuch zu meinen Eltern ungeniert zielten. Kamen wir doch, zog meine Mutter ein langes Gesicht. Sie versteckte u.a. aus hellem Mehl gebackene Brötchen, die wir seit Jahren nicht mehr kannten. Trotz ihrer Freundschaft zu Frau Körner fuhr sie als Reinemachefrau zu ihr. Für jene Dienste erhielt sie von ihr „Paschelware" und was sonst noch an den klebrigen Fingern ihrer Freundin hängen blieb. So verstand das „saubere Früchtchen" meine Mutter weidlich auszunutzen, jedoch der Apfel viel nicht weit vom Stamm. Die wohlgenährte Kuh wurde täglich von meiner Mutter „rein freundschaftlich" gemolken. Die Moral nahm dabei keinen Anstoß, sie ging vielerorts verloren oder sie trieb im Strudel der Zeit sowohl heimlich als auch unheimlich Triebe, die das Licht scheuten.

***

Meine Brüder Gerhard, Manfred sowie Günter wurden allmählich aus der Kriegsgefangenschaft entlassen. Günter blieb im Ruhrgebiet hängen, dagegen kehrte Gerhard, nachdem bereits Manfred seine Beine unter den häuslichen Tisch ausstreckte, in sein Elternhaus zurück. Jedoch veränderte Verhältnisse hatten Krauses Kinder geformt, die sie inzwischen nicht mehr waren. Jeder lebte sein Leben irgendwo, gleichviel irgendwie. Es fehlte noch Rolf, welcher von dem Besuch der Hochschule in Moskau, nach schwerer Arbeit, den sibirischen Winter kennengelernt hatte. Angesichts der wachsenden Kriminalität und den Wirtschaftssabotagen erfuhr mein Bruder Gerhard am eigenen Leib die Verkommenheit mancher Menschen. Nach einem „Stelldichein" brachte er seine Dame nach Hause. Auf dem Rückweg sprachen ihn zwei männliche Personen an. Sekunden später sah er eine Pistole auf sich gerichtet, die ihn in Schach hielt. Hinter seinem Rücken spürte er den Atem der zweiten Person. Eine Gegenwehr war zwecklos, jener Falle entkam er nicht, zumal der zweite Mann ihm seine Arme nach hinten drehte. Seine erworbene Theorie klaffte in der Praxis noch weit auseinander. Die Fähigkeit, reaktionsschnell zu handeln, verfehlte er, bevor die Pistole auf ihn zielte. Kurze Kommandos folgten: „Ausziehen!" Mit gelösten Armen zog er seinen Wintermantel aus. „Wenn dir dein Leben lieb ist, ziehst du dich vollständig aus, aber hopp hopp, wenn ich bitten darf!" hörte er vor sich eine Stimme. Wohl oder übel zog er sich aus, bis auf die Unterhose und die Socken. Seine Kleidung ließ er seitwärts fallen, einschließlich unserer Mutter ihre geborgte Uhr, die der hintere, unsichtbar gebliebene Helfer an sich nahm. Jener Ganovenschreck ereignete sich in wenigen Minuten. Die Kälte brachte ihn vom Alptraum in die Wirklichkeit zurück. Er hatte in den letzten Jahren viel erlebt, aber so einen Horror noch nicht.

Um seine persönliche Kleidung beraubt, das meinen Bruder an Wegelagerer im Mittelalter erinnerte, begab er sich schnellstens in seine Dienststelle. Schneebedeckt lag die Straße vor ihm. Im Dauerlauf schlug er seine Arme um sich, weil sein Körper vor Kälte bebte. Als sonderbar sahen ihn seine Kollegen in seinem wenig bekleideten Aufzug an. Gelächter drang an seine kalten Ohren. Im Kostüm zum Maskenball lief er freilich nicht. Langsam beruhigten sich die Gemüter von dem gebotenen Amüsement, was sie in ihren Reihen auf der Polizeiwache nicht jeden Tag erlebten. Einige Kleidungsstücke stellten Kollegen meinem Bruder ersatzweise zusammen, darin sah er wie eine Witzfigur in zu kurzen Hosen aus. Erneut schwoll Gelächter an, das nicht enden wollte. Die Zusammenhänge der komisch zum

Lachen reizenden Tragik schlossen schließlich mit einer Anzeige gegen Unbekannt ab.
Nach einigen Wochen lebte Gerhard mit seiner schwangeren Freundin Jenny zusammen. Eine Heirat verhinderte die bestehende Ehe mit Jennys Mann, der in Gefangenschaft nicht zur Scheidung einwilligte. So lebten sie in zwei Zimmern zusammen, die im Vorderhaus Frau Rudolf vermietete. Mit der Existenz von Hans-Jürgen, dem gemeinsamen Kind von Jenny und Gerhard, verhedderte sich gleichermaßen beider Schicksale, was ausweglos endete. Während eines Besuches wurden wir Zeuge von Jennys unglücklichen Leben. Weinend gestand sie uns ihre unüberlegte Handlung, mit Gerhard ein Verhältnis begonnen zu haben. Ihre Reue empfand sie nicht zu spät, denn die Liebe zu ihrem Ehemann war noch nicht erloschen, wie sich bei seiner Heimkehr herausstellte. Jedoch für meinen Bruder gestaltete sich die verliebte Romanze zu einem bösen Erwachen, besonders des Kindes wegen.

Auch meine Gefühle spielten mir Streiche. So geschah es, dass nach dem Tod von Sylvia meine Zärtlichkeit zu meiner Familie abkühlte. Der Gedanke, dass ich sie verloren hatte, vertiefte meine Sensibilität. Unsere Nachbarin wies meine kühle Art mit den Worten zurecht: „Ihre Kinder sind noch klein, sie brauchen ihre Liebe. Kommen sie zu sich!" Ihr Wachrütteln blieb nicht ohne Erfolg, doch eine gewisse Empfindlichkeit, die mir allzu oft Tränen in die Augen trieben, umschattete jahrelang mein Wesen. Liefen wir den weiten Weg zum Südfriedhof, so saß Jürgen mit Volker in einem kleinen Holzwagen, den mein Mann zog. Als fünfjähriger Bub legte Rainer seine Hand in die meine und wir liefen nebenher. Am Ziel angelangt, ließ ich Rainers Hand los. Erst an Sylvias Grab fand ich vorübergehend meine innere Ruhe wieder. Sowohl ihren Ruf als auch ihren Blick, aus ihren großen braunen Augen, vergaß ich nicht.

An Stelle von Jürgen stieg Rainer heimwärts in den Wagen, aber nach einer Weile wurde die Lauferei auch Jürgen zu viel. Er quetschte sich zwischen seine Brüder. Da der weite Weg für die Kinder nicht akzeptabel erschien, verlegten wir ihn in die Abendstunden. Eine Tour fuhren wir mit der Straßenbahn für 40 Pfennig.

***

An einem warmen Tag bat mich ein Bettler um ein Stück Brot, das ich ihm gutgläubig nicht verwehrte. Er setzte seine Bettelei fort, bis er in der oberen Etage anlangte. Auf seine Bitte hörte ich Frau Zieglers laute krachende Stimme: „Wir haben selber nichts zu fressen!" Ihre Tür flog wie ein Paukenschlag ins Schloss. Zwischen dem Vorfall und dem Verbrauch von Kalorien bestand eine enge Beziehung. Um sie sparsam zu verwerten, blickte ich mit meinem Buben aus dem Fenster. Sehenswert lag die Straße unter uns, auf der der Bettler von einem Haus zum anderen lief. Unser Vati lag im Bett und schlief. Seine Müdigkeit grenzte an Schlafsucht, die er verhätschelte, wo immer er sie anwandte. Unsere Aufmerksamkeit richtete sich auf einen Vorgang, der unwürdig wie zweifelhaft sich ereignete. Sensationell legte sich der bereits genannte Bettler vorsichtig auf den Gehweg, niemand achtete darauf. Ich weckte meinen Mann, ungehalten über die Störung, schaute er schließlich doch zwischen Rainer und Jürgen auf die Straße. Aus einem Nachbarhaus eilte ein Mann dem Bettler zu Hilfe. Wir wurden Zeuge, wie er mit dessen Unterstützung aufstand. Nicht genug, dass die meiste Bevölkerung am Hungertuch nagte, sahen wir einer Schau zu, die es noch übertrieb. Wenn ich davon ausging, dass durch die Bettelei neben Schuhsohlen auch Kraft verbraucht wurde, so hatte die Würde des Menschen stark gelitten.

Eines Tages fielen wir auf den Hinweis markenfreier Suppe herein. In Leipzig erhielten die Gastwirte dafür einen Sack voll zerkleinertes Stroh, das prompt gekocht und mit einem fremdländischen Namen serviert wurde. Gewinnträchtig füllten sich die Kassen, jedoch die Mägen nahmen ebenso wenig wie Gaumen und Speiseröhre, jene stachelige Suppe an. Empört verließen die Gäste das Lokal. Als der Marshallplan in Westdeutschland am 1.6.1948 in Kraft trat, stand mein Mann vor den Prüfungen. Wie er mir sagte, würde er in Thüringen als Lehramtsanwärter in Gotha eingestellt. Somit musste ich mit einem Umzug von Leipzig nach Gotha rechnen, der zwar noch nicht spruchreif den Alltag berührte, aber letzten Endes im Bereich des abgesteckten Zieles lag. Erfolgreich bestand mein Mann seine Prüfung. Am 1. August 1948 begann er in Gotha an der Lukas-Kranach-Schule seine Arbeit. Noch blieben die Pforten für die Schüler geschlossen, aber genügend Vorbereitungsarbeiten fielen an. Ein möbliertes Zimmer in der Nähe vom Bahnhof mietete er sich hier. Die Kosten dafür und außerdem die Miete in Leipzig, überstiegen für eine längere Dauer unsere finanzielle Lage, denn das Monatsgehalt eines Lehramtsanwärters, wie er sich damals nannte, betrug nur 80% von dem Gehalt, was ein voll ausgebildeter Lehrer erhielt. „Friss Vogel oder stirb!" einen anderen Ausweg gab es nicht. Sein damaliges Einkommen mit 3 Kindern in Höhe von 330 Mark monatlich (Netto), entsprach den gesetzlichen Richtlinien. Den Beginn einer Dekade für Lebensmittel bereitete ich gründlich vor. Auf einige sichernde Maßnahmen achtete ich der Kinder wegen besonders. Die Wohnküche bot ausreichend Platz zum Spielen. In das Gedränge von Hausfrauen im Lebensmittelgeschäft gehörten keine kleinen Kinder, das forderte vor allem eine Rücksichtnahme auf sie. Mit den Hinweisen ihres Verhaltens sowie meinem Versprechen auf ein Butterbrot mit Marmelade obendrauf, begab ich mich mit zwei Taschen in das nebenan liegende Geschäft. Einige Schüsseln, Gläser usw. ersetzten das rare Papier. Die Tür zum Laden ließ sich nur halb öffnen. Eine Welle Gemurmel schlug mir entgegen. Ich stellte mich an, jedoch nur langsam näherte ich mich dem Ladentisch. Im Bewusstsein, das Geschäft mit Nahrungsmitteln zu verlassen, stand mir die Geduld hilfreich zur Seite. Dazwischen kreisten tausend Gedanken in meinem Kopf herum. Schließlich wurde auch ich bedient. Unsere Lebensmittelkarten lagen vor mir auf dem Tisch. Die Schere der Verkäuferin schnitt von jeder ein Stück nach dem anderen heraus. Umso weniger von ihnen übrig blieb, desto mehr füllten sich meine Taschen. Zuletzt bezahlte ich und zwängte mich durch die Käufer, hinaus auf die Straße.

Einer Eingebung folgend betrat ich danach die mir bekannte Drogerie. Neben zwei Verkäuferinnen stand auch ein älterer Drogist am Verkaufstisch. Als Eigentümer brachte er mir mit seiner Frau nicht nur Vertrauen entgegen, sondern auch Sympathie. Sie empfingen meine Kinder stets mit Wohlwollen. Seine Frau nannte sie übrigens „entzückende Bübchen". Über die Kenntnisse als Drogist hoffte ich neben meinen Einkäufen, auch einen Rat fürs Abwaschwasser zu erhalten. Von meiner Naumann-Großmutter lernte ich mit leicht angesäuertem Wasser umzugehen, aber Essig gehörte damals zu den nicht existent vorhandenen Waren. So gesehen war ich für einen Hinweis durchaus lernfähig, wenngleich ich an keine Wunder glaubte. Auf meine Frage nach einem lösenden Mittel ins Abwaschwasser - das zur Utopie des Alltags gehörte - sah er mich durch seine Brillengläser bedeutsam an. Er verließ den Verkaufsraum und kam mit einer Tüte Borax wieder. Von diesem weißen, kantigen Gebilde genügte ein kleines Stück, um den Härtegrad des Wassers zu beeinflussen. Zur Täuschung unserer Augen und Zunge schloss ich sowohl mit Nährmittelfarbe als auch mit Süßstoff den Einkauf ab. Der Schwarzhandel stand in voller Blüte. Durch unehrliche Geschäftemacher wurde der reguläre Handel untergraben. Harte Strafen erwarteten solche, die sich auf Kosten des Volkes bereicherten. Wie auch immer die Strafen ausfielen, mehr Empörung als Mitleid prägte den Zorn der Menschen. Im Mittelpunkt einer Anklage standen Zentner von Schmuggelware und nicht einige Kilo zur Debatte. Dessen ungeachtet entgingen viele einer Strafe. Ihre zugrundeliegenden Motive lagen umschattet in dunklen Kanälen, die schwer zugänglich waren. In den Verwaltungen zog allmählich Ordnung ein, aber immer noch trieb ruderlos der Staatsapparat umher.

***

Meine schweren Taschen trug ich zwei Etagen in unsere Wohnung hinauf. Nichtsahnend, was mich erwartete, trat ich in die Diele ein. Auf der Gasuhr saß Rainer. Eine verdächtige Ruhe lag in der Luft. Wie angewurzelt blieb ich an der Tür zur Küche stehen. Den Boden entlang zog sich eine breite Spur Asche, Malzkaffe, künstlich hergestellter Pfeffer und was die Kinder sonst noch in die Finger bekommen hatten. Die Tür zur Speisekammer stand so weit offen, dass sie nahezu an den Küchenschrank reichte. Abwechselnd schauten ein schwarzer und ein blonder Haarschopf hinter ihrem Bollwerk hervor. Statt mich zu ärgern über den vorher blank geputzten Fußboden, verkniff ich mir das Lachen. Die Komik nahm dem Unfug die Schärfe, als solche betrachtete ich sie auch. „Wer von euch kleinen Kobolden war der Anstifter des Unfugs?", fragte ich. Eilfertig bemühten sich meine Buben, den angerichteten Schaden zu beseitigen. Dabei erzählte mir Jürgen: „Wenn ich arge zu schliess, dann ist für Rainer zugeschlossen. Er hört aber nicht auf mich. Als Bruder darf er uns nicht überfallen. Darum habe ich Asche auf den Fußboden gestreut, und Volker Malzkaffee mit anderem Zeug!" „Eine schmutzige Minkemanke habt ihr da fabriziert! Weshalb tatet ihr so etwas?", fragte ich bekümmert. Leichthin lautete die Antwort Jürgens: „Weil mir das so gefällt!" Im Bewusstsein, mir zu helfen, spornte es ihre Emsigkeit in der Tat an. Volker kehrte mit dem Handfeger von einer Seite zur anderen; er glaubte, Wunder was er tat. Rainer nahm den Scheuereimer mit Wasser und wollte ebenfalls seinen Beitrag dazu leisten. Jürgen versuchte mit dem Besen, die Unordnung zu beseitigen, wobei der lange Stiel mich öfters traf. Letztlich blieb die Schweinerei an mir hängen, die nicht so einfach zu beseitigen war. Nach jenem Unfug zu urteilen genügte es nicht, dass ich die Glut aus dem Ofen in Sicherheit brachte, auch die Asche regte unberechenbar die kindliche Fantasie an.

***

Nachdem Sylvia drei Monate nicht mehr unter uns weilte, bekamen Kinder von 0 bis 3 Jahren ein Pfund weißes, feines Mehl zugeteilt. Ein langer Weg führte zu jener Verordnung, die für alle eine sanfte Steigerung qualitativ besserer Lebensbedingungen erhoffen ließ. Wanderten meine Gedanken einige Monate zurück, dann trat folgendes Bild vor meine Augen: Volker schlug Sylvia ärgerlich ins Gesicht und riss ihr Fläschchen blitzschnell an sich. Unterm Tisch trank er sie begierig aus. Dem kleinen Teufel fehlte offenbar der Zucker. Daraufhin steckte ich ihm täglich heimlich einen Teelöffel voll in seinen Mund. Während er noch kaute, überraschte Jürgen ihn. Empört stellte er fest: „Du Nimmersatt, kaust doch wieder Zucker! Oh weia, das ist strengstens untersagt!" – Für die Herstellung von Malzbonbon zeigten jahrelang die Verhältnisse besonders während der Nachkriegsjahre kein Verständnis.

Für uns in Gotha eine Wohnung zu erhalten, verlief ebenso im Sande wie anderswo. Der Krieg hatte mehr Wohnräume verschlungen, als neu entstanden. Uns dennoch um eine solche zu bemühen setzte einiges Glück voraus. Der Zufall kam uns zu Hilfe. Eine Kollegin meines Mannes wurde in einen nahegelegenen Ort nahe Waltershausen versetzt. Sie verließ eine viereinhalb Zimmer Wohnung, dazugehörig Küche und Bad. Im kollegialen Einverständnis wussten nur wenige Menschen von ihrer Versetzung, so dass uns das Glück hold war. Allein auf die Aussage meines Mannes konnte ich mich am Wochenende stützen. Ich sprang ins eiskalte Wasser und was dabei herauskam, schluckte ich hinunter. Der Werbetrommel zufolge versprach eine Spedition preiswert jeden Umzug nach auswärts zu übernehmen. Diesem Lockruf erlag ich wie eben andere Leute auch.

Um den Umzug in die Wege zu leiten, blieben Jürgen und Volker während meiner Abwesenheit in der Obhut von Tante Trudchen und der Krauß-Großmutter. Rainer nahm ich mit. Im Annahmeraum standen viele Menschen. Nach einiger Zeit verließen die meisten Kunden unzufrieden den Raum. Vom Hörensagen angeregt, stellte mir Rainer eine Menge sonderbarer Fragen, die häufig eine gewisse Peinlichkeit in sich bargen. Ein Sachbearbeiter unterbrach ihn, dem ich meine Wünsche vortrug. Meine Aufmerksamkeit richtete sich auf die sachbezogenen Auskünfte, ohne die eine Taxierung von Experten unerlässlich für einen Transport war. Jedoch empfand ich den viel zu hohen Kostenanschlag als unverschämten Betrug, der mit einer seriösen Geschäftsabwicklung nicht das Geringste zu tun hatte. Der Preis verstand sich mit einem zuzüglichen „Geldgeschenk" von fünfhundert Mark, wie mir der hinzugezogene Unternehmer skrupellos mitteilte. Insgesamt überstieg die enorm hohe Summe von 3000 Mark unseren Finanzplan. Meine Empörung über den Wucherer, der rücksichtslos die Minderbemittelten betrog, warf ich vor: „Das sagen Sie mir schamlos ins Gesicht?" „Meine Dame, regen Sie sich nicht auf. Mein Geschäft ist durchaus legal und arbeitet zuverlässig", erwiderte er. „Ja, die Kunden erst nackt ausziehen, nachdem Sie Ihr Schäfchen ins Trockene gebracht haben!", entrüstete ich mich und warf die Spielsachen in meine Tasche. „Komm Rainer, mit so einem Wucherer verhandeln wir nicht über ein Geschäft!" Als wir zur Straßenbahnhaltestelle liefen, fragte mich Rainer: „Wollte der böse Mann uns wirklich nackt ausziehen?" Ich erklärte ihm, dass dies nur eine Redensart sei, worauf er wissen wollte, was eine Redensart ist. Ärgerlich sagte ich: „Ich muss auf den Verkehr achten, wir reden später darüber!" Hinter mir lag eine Auseinandersetzung mit einem Unternehmer, der gewinnsüchtig die eigenen Interessen zu weit in den Vordergrund stellte; sogar durch Betrügereien sein Unternehmen gefährdete, das sicherlich einen solchen Kundendienst in Sachsen nicht lange durchführen würde. Als wir nach Hause kamen, machte Rainer auf seine Art von der Unterhaltung Gebrauch und rief erregt: „Großmutter, Großmutter! Ich muss dir was sagen. Ein böser Mann wollte uns nackt ausziehen." „Welcher böse Mann?", fragte sie verblüfft. „Na der dicke Mann, mit dem sich Mutti zankte!" Ich unterbrach Rainers Redefluss mit den Worten: „Du bist still, Rainer, ich erzähle. Kinder sprechen, wenn sie gefragt werden!" Tante Trudchen kam mit Jürgen und Volker hinzu. Meine morgendlich geführte Auseinandersetzung über die Höhe des kalkulierten Preises für einen Möbeltransport, der mit einem „Geldgeschenk" - wie der Unternehmer es nannte - gekoppelt wurde, fiel wie ein Blitz aus heiterem Himmel in die Ohren der Zuhörer.

Weitere Schritte behielt ich mir vor. Immerhin existierten noch mehr Speditionsunternehmen, die nicht großsprecherisch um Kunden warben und denen ich trotzdem vertrauen konnte. Erwartungsvoll sah ich dem Besuch meines Mannes am folgenden Tag entgegen. Ich hoffte, gemeinsam mit ihm die Frage des Transportes zu lösen. Von einem Hausbewohner erfuhr ich, dass ein Spediteur unweit unseres Mietshauses wohnte. Am gleichen Abend suchten wir ihn auf. Kurzum, die Information enthielt sowohl wertvolle Hinweise als auch kostensparende Gebühren, es sei denn, der schlecht verpackte Hausrat hielt rangierenden Stößen nicht Stand. Mein Mann setzte sich mit dem Transportmeister der Eisenbahn in Verbindung, der einen fahrplanmäßig günstigen Termin aussuchte. Auf sein Versprechen hin, den sorgfältig verladenen Waggon sofort zu plombieren, verließ mein Mann den Güterverkehr. Um Standgeld zu vermeiden, erforderte es eine Übereinstimmung beider Speditionen. Aber noch trennte uns mehr als eine Woche von unerledigten Maßnahmen, die unaufschiebbar waren. Zuerst dachten wir an Sylvias Grab. Mehrere Leute, die ebenfalls um ein Kind trauerten, versicherten uns, sich um das Grab zu kümmern. Mir fiel sofort ein Ausspruch meiner Mutter ein, die mir unverblümt sagte: „Schaff nicht die teuren Blumen aufs Grab deiner Kleinen, sie sieht es sowieso nicht mehr!" Mich trafen diese Worte mitten ins Herz. Am nächsten Morgen fuhr mein Mann wieder nach Gotha. Eine dortige Spedition erklärte sich bereit, unseren Hausrat zeitgebunden aus dem Waggon zu übernehmen. Die übrige Vorarbeit lag in meinen Händen, wie auch der schriftliche Auftrag an die Friedhofsverwaltung zur Grabpflege von mir erteilt wurde.

***

Neben all den großen und kleinen Aufgaben des Umzugs unterlag mir auch die täglich wiederkehrende Arbeit, die meine Kinder mit ihren Streichen erschwerten. Ihres Spiels überdrüssig, suchten sich Jürgen und Volker eine Abwechslung. Bei der Treppenreinigung wurde ich unfreiwillig Zeuge ihrer Eulenspiegelei, die jene Zeit kennzeichnete. Mit der Geheimniskrämerei und dem Heraufkommen meiner zwei jüngsten Kinder bestand ein enger Zusammenhang, den ich ergründen wollte. Die Klingel an Frau Bäckers Wohnungstür war für kleinere Kinder schwer erreichbar. Jürgen hob ein Bein hoch und versuchte, sie zu erwischen; trotz aller Bemühungen gelang es ihm nicht. Dennoch gab er seinen gefassten Entschluss nicht auf, das Vorhaben in die Tat umzusetzen. Er flüsterte mit Volker, denn der tat alles, was Jürgen von ihm verlangte. Seinen Rücken stellte er als Stufe zur Verfügung. Blitzartig stand Jürgen darauf und klingelte. Wie Max und Moritz verhielten sich beide, als Frau Bäcker das vergitterte Fensterchen an ihrer Tür öffnete. Sowohl unschuldig als auch neugierig fragte Jürgen: „Frau Bäcker, ich wollte wissen, wann Sie wieder backen. Ich will nicht betteln, nur fragen." „Ach, ihr seid es, meine Süßen! Etwas anderes hat die Tante für euch", sagte sie. Jürgen drehte verlegen an seinen Fingern. „Nein, Frau Bäcker, wir dürfen nicht betteln, unsere Mutti hat es verboten!" Jene Peinlichkeit zu beenden, eilte ich hinunter, um meine Kinder zu holen. Am Abend vor unserem Umzug liefen wir nach Leipzig-Wahren. Meine Eltern wussten von unserem Umzug und dem damit verbundenen komplizierten Verfahren. Im Glauben, dass sie unsere Ankunft berücksichtigten, standen wir stattdessen vor verschlossener Tür. Enttäuscht entfernten wir uns. Mein Bruder Gerhard bat uns zu sich. Bei ihm warteten wir auf meine Eltern, sehr lange. Währenddessen erfuhren wir von der Hochzeit meines Bruders Manfred, die uns nebenbei mitgeteilt wurde. Jedoch ihr tagelanger Besuch befremdete allgemein. Obendrein zerbrach das gegebene Versprechen, am Vorabend unseres Umzugs eine Übernachtung für meine Buben zu gewähren. Mein Bruder sah oft vergeblich zum Fenster hinaus. Kurzerhand holte er Auflegematratzen vom Boden und breitete sie im Zimmer aus. Den Rest für eine Schlafstätte vollendete Jenny. Somit fand des Rätsels Lösung ein Ende. Im Dämmerschein sprachen wir leise miteinander. Das störte den Schlaf der Buben keineswegs, sie schliefen den Schlaf der Gerechten. Stunde um Stunde verging. Um wenigstens noch kurz zu ruhen, verabschiedeten wir uns. Gerhard beabsichtigte, das Fenster zu schließen, aber plötzlich rief er in die Nacht: „Mama, Thea und Günther wollen gerade gehen, ihre Kinder schlafen hier!" „Na, das fehlt mir noch!" erwiderte meine Mutter. Im Hof standen wir uns gegenüber. Den Mittelpunkt unserer Unterhaltung bildete die Bitte, am Morgen für unsere Kinder zu sorgen. Jene Zumutung, wie es meine Mutter nannte, sollte für etwa eineinhalb bis zwei Stunden sein. Einen anderen Ausweg sah ich nicht. Um halb Vier erwarteten wir die Transportarbeiter, damit der bereitgestellte Waggon rechtzeitig beladen wurde. Die Betreuung meiner Kinder war mir erst gegen 9 Uhr möglich, das aber beschnitt die Bequemlichkeit meiner Mutter. Ihre Vorliebe, bis in den Tag hinein zu schlafen, kannte ich. Trotz ihres inneren Widerstandes verabschiedete sie uns korrekt, während uns mein Vater seine Bereitschaft bekundete. Mir erschien unsere Beziehung eindeutig. Das Barometer ihrer Gefühlsregung fiel zugunsten einer neuen Interessenssphäre aus, der sie unterlag. Die Enttäuschung über das Leben ihrer Tochter verbaute ihnen die Sicht über unabänderliche Geschehnisse. Pünktlich um halb vier begannen die Arbeiter, unseren Hausrat aus der Wohnung zu räumen. Verhältnismäßig schnell verließ ein Stück nach dem anderen seinen gewohnten Platz. Die gute Vorarbeit fügte sich in einen reibungslosen Ablauf ein. Von der fachlich sorgfältigen Unterbringung im Waggon überzeugte sich mein Mann, unterdessen ich die Wohnung reinigte. Während dieser Zeit setzte eine gläubige

Christin von der Sekte Jehova ihre Aufklärung fort. Da die Wohnungstür noch offenstand, vernahm ich Dinge, die Aufruhr erzeugten. Sowie das Wort Gott fiel, hielt ihr eine Hausbewohnerin entgegen: „Wo war denn Gott, als tausende unschuldiger Kinder im Bombenhagel ihr Leben beendeten!" Von einer Diskussion weit entfernt, sprachen weitere Frauen durcheinander, so dass Argumente das christliche Mitglied in die Flucht schlug. Mit dem Abschied von sämtlichen Hausbewohnern endete zugleich das Wohnrecht in Leipzig. Wie abgesprochen kamen wir bei meinen Eltern an. Im Morgenrock weckte meine Mutter meinen Vater. Kurzfristig stand er in der Unterhose vorm Spiegel und rasierte sich. Mit der Zunahme von Kinderstimmen lockte es auch die letzten Unbeteiligten in den Hof. Der Lärm schwoll dermaßen an, das Frau Glück, die Hausmeisterin, dazwischenrief: „Gebt Ruhe, ihr verflixten Wänster! Die Löcher im Sandboden beseitigt ihr, damit sich eure Mütter nicht die Knochen brechen!" Wie eh und je erteilte Frau Glück ihre Anweisungen gebieterisch, jedoch verbarg sich hinter ihrer rauen Schale einen guten Kern. In jener Zeit (1948) wanderten viele Hauseigentümer nach Westdeutschland aus; ihre Häuser hinterließen sie ihrem Schicksal. Mühevoll trugen wir am Vormittag schweres Gepäck ins Abteil des vorgesehenen Schnellzuges, der uns nach Gotha fahren sollte. Dabei trieb uns die Hitze den Schweiß aus allen Poren. Rainer lief mit seinen Brüdern artig vor uns her, jedoch im Abteil stritten sie sich um einen Fensterplatz, der ihnen überschaubar die Abfahrt sowie Signalzeichen zu beobachten ermöglichte. Mit der Abfahrt des Zuges entfernten wir uns von der Stadt Leipzig. Damit hinterließen wir ein Stück Vergangenheit und fuhren in eine ungewisse Zukunft, die es zu meistern galt.

***

Im Bahnhof Gotha schlug uns eine Welle unruhig lautes Leben entgegen. Die einen hasteten dahin, die anderen dorthin. Eine scheinbar quirlig gewordene Menschenmasse drohte in ein Meer von stürmischer Hast unterzugehen. Zeit und Fahrplan regelten den Verkehr in eine geordnete Reihenfolge. Bei der Abfahrt eines Zuges erfolgten meistens Abschiedsküsse mit betrübtem Winken, das sich bei einer Ankunft umgekehrt in Szene setzte. Uns erwartete niemand, aber umso mehr Arbeit in einer unbekannten Wohnung.

Trotz der baldigen Abendruhe erhitzten die Sonnenstrahlen verschwenderisch die Erde. Mitleidig erlaubte uns die Vermieterin meines Mannes, bei ihr zu nächtigen. Ein breites Bett und eine Chaiselongue teilten wir uns zu fünft. Unsere drei Kinder lagen wie eingelegte Heringe im Bett. Nicht anders teilte mein Mann mit mir die Chaiselongue. Ungeachtet der engen Lagerstätte schliefen wir sofort ein. Am Morgen strebten wir dem Güterbahnhof zu. Vor uns liefen Rainer und Jürgen, die eine hitzige Debatte miteinander führten; währenddessen Volker zwischen uns ging. Empört hörte ich Jürgens Stimme: „Du mit deiner Kaupelei!" Wir gelangten auf das Gelände des Güterbahnhofs und wandten uns an den verantwortlichen Leiter. Er teilte uns mit, dass wir tags darauf mit unserem Hausrat rechnen könnten. Die Zeit allerdings blieb ungewiss. Den bezifferten Waggon, wie unsere Quittung auswies, versprach er, an die Seite zu rangieren, um eine ungehinderte Entladung zu gewährleisten. Vorerst zufrieden verließen wir den Güterbahnhof. Die verständliche Wissbegier trieb uns zum zukünftigen Haus, in dem eine Wohnung frei wurde. Den Zugang dorthin versperrte ein großes Schreibwarengeschäft, dessen Inhaber unser Hauseigentümer war. Seitwärts unterbrach eine holprige Gasse die Häuserreihe, die zum Buttermarkt führte. In jener Gasse befand sich unter anderem auch der Eingang von dem Haus, das eine Vorderseite der Straße zuwandte, in der für uns eine Wohnung bestimmt war. Eingeengt und verbaut duckten sich die Häuser eng aneinander. Der Baumeister jener Epoche baute insbesondere für wohlhabende Geschäftsleute und für wenig begüterte Dienstboten. Ein Hauch des ehemaligen Patriziergeschlechtes überzog die Altstadt. Hoch oben stand protzig das riesige Schloss. Noch fremd öffneten wir im erwähnten Buttermarktgäßchen die Haustür. Zögernd durchliefen wir einen langen Flur, der mit ungleichmäßig großen Steinplatten ausgelegt war. Im Dämmerlicht sah ich ein großes bronzefarbenes, gepflegtes Namensschild neben einer Wohnungstür hängen:

Christian Gottschalk
Restaurator

Der Inhaber jener Wohnung schien auf sein Renommee Wert zu legen, wie das Schild auswies. Er restaurierte Gemälde für das Museum im Schloss, besonders alte Werke von Lucas Cranach. Einige Schritte weiter führte eine einfache Holztreppe zu zwei Familien hinauf. Gedanklich malte ich mir aus, welche Feuersbrunst Bomben ausgelöst hätten. Aber das nur nebenbei.

Am Ende des Hausflures blieben wir stehen und schauten in einen schmalen betonierten Hof, der die Sonne nie sah. Weder ein Baum noch Sträucher fanden einen geeigneten Platz darin. Die nüchterne Sachlichkeit entsprach den platzsparenden Geschäftsinteressen. Kinderfeindlich und kühl unterschied sich der Hof kaum von anderen. Eine weitere, rückwärtig kahle Hauswand teilte zugleich mehrere Grundstücke. Aufgeschichtete leere Kisten verstärkten noch den trostlosen Anblick.

Eine etwa 40jährige Frau stand im Hof und scheuerte Stubenstühle ab; bei dieser sehr unsachgemäßen Prozedur schaute ich ihr entsetzt zu. Mein Mann unterhielt sich mit ihr. Aus ihrem

Gespräch entnahm ich, dass sie die Besitzerin unserer zukünftigen Wohnung war. Sie erwartete kurzfristig den Spediteur, der sie in den Ort ihrer Tätigkeit als Lehrerin fahren sollte. Wir hielten uns nicht länger auf, denn jede Störung verhinderte einen reibungslosen Ablauf ihrer Umzugsarbeit. Und richtig, der Spediteur fuhr mit einer knatternden Zugmaschine vor. Sie schnaufte und stöhnte zum Gaudi der vielen Kinder.

Am nächsten Morgen fanden wir uns frühzeitig auf dem Gelände vom Güterverkehr ein, um den Waggon mit unserem Hausrat nicht unnötig mit Standgebühr zu belasten. Der Tag versprach heiß zu werden. Wir suchten uns ein schattiges Plätzchen aus. Auf den ungepflegten Rasen legten wir eine ehemalige Pferdedecke, bevor wir uns setzten und warteten... Andere Züge fuhren ein, Waggons wurden ausrangiert und neue Züge für einen anderen Bestimmungsort zusammengestellt. Es folgte ein langer Zug, der zwei Lokomotiven benötigte, um planmäßig die vielen verschiedenartig genutzten Wagen ans Ziel zu befördern. Die eisernen Kolosse bremsten geräuschvoll schnaufend ab. Ihr überschüssig erzeugter Dampf zischte um sie her, als hülle Nebel sie ein. Meine Müdigkeit verflog, sie machte einer leisen Hoffnung Platz. Jeden Wagen kontrollierte ich nach seiner beschrifteten Nummer, die mit unserer übereinstimmen musste. Hinter mir schritt mein Mann mit rotem Gesicht her. Schweiß rann ihm aus allen Poren, nicht allein der Hitze wegen. Hocherfreut standen wir letztendlich vor dem Waggon, der unseren Hausrat brachte. Wie ein Kind schlug ich meine Hände aneinander und drehte mich um und um. Der herbeigeeilte Rangiermeister zeigte auf ein einsam gelegenes Abstellgleis, dessen Prellbock von der Sonne ausgedörrt war. Die einzelnen Wagen auszusondern, blieb mir kein Phänomen mehr. Wie durch Zauberei und Geisterhände eilten sie auf andere Schie-

nen. Einzig und allein verschoben sie fachlich geschulte Eisenbahner mit Hilfe technischer Anlagen.
Inzwischen kündigte mein Mann den Transport beim Spediteur an, der auch prompt reagierte. Eine Beschädigung unseres Hausrats wies ich weit von mir und begab mich ermutigt zu meinen Kindern. Der Warterei überdrüssig geworden, fragte mich Rainer: „Mutti, fährt der Zug bald ein, auf den wir so lange warten?“ Ich flüsterte ihm die Neuigkeit zu. Jürgen erwachte ebenfalls. Nach seinem Mittagsschlaf wies er sowohl unmutig als auch weinerlich darauf hin, dass Heimlichkeit von anwesenden Personen nicht erlaubt sei. Meine Aufklärung beruhigte beide, wie ich bemerkte. Volker schlief wieder, er ließ sich vom Schrillen des Signalhorns und dem Umsetzen der Eisenbahnwagen nicht stören.

Während ich meine beiden Buben ankleidete, wanderten meine Gedanken zu einem ehemals gestrickten Store, dessen Garn für Kniestrümpfe in sommerlich gelochtem Muster - dem Schweizer Käse ähnlich - aus dem Rahmen fielen. Gelangweilt gähnte Volker und döste vor sich hin. Die Geräusche, welche selbstverständlich von einem Verschiebebahnhof ausgingen, interessierten ihn nicht mehr; dagegen eine Scheibe Brot umso mehr. Nachdem er angekleidet seinem Bruder auf ungenutzten Schienen eilends folgte, holte ich sie allesamt wieder zurück. Einträchtig saßen wir dann nebeneinander. Um sie von den verlockenden Reizen des Eisenbahnverkehrs fernzuhalten, erzählte ich ihnen von unserer zukünftigen Wohnung, die ich ihnen in rosaroten Farben zu Füßen legte. Inmitten meiner bildreich aufgewerteten Erzählung traf mein Mann mit dem Transporteur und einem Möbelauto ein. Mehrere Arbeiter begannen schweißbedeckt mit der Umladung unseres Hausrats. Wir verließen das Gelände des Güterverkehrs, denn für uns gab es noch nichts zu tun.

In der leerstehenden Wohnung entledigten wir uns von der schweren Schlepperei unseres Gepäcks, daneben inspizierten wir sämtliche Räume. Die oberen vier Zimmer und ein winklig breiter Korridor waren mit Linoleum ausgelegt. Einige Treppen tiefer versperrte uns eine Tür den Zutritt in die Küche, einem kleinen Zimmer, Bad und Toilette. Wir öffneten sie, aber nur Dunkelheit hüllte einen langen schmalen Gang ein. Mein Mann stieß die vordere Tür weit auf. Zwei verquollene Fenster, ein halbrunder Ausguss, darüber ein völlig blinder Wasserhahn und ein sehr großer, gekachelter Herd gehörten zum Wahrzeichen der Küche. Verschämt stand ein kleines Türchen in der Ecke. Papier, Stroh und Pappe füllte die sogenannte Speisekammer aus. Der hinterste Teil vom schmalen Gang führte in ein Zimmer, das mit einer schmutzigen Badewanne und einem unbrauchbaren Badeofen ausgestattet war. Im Nebenraum überraschte mich ein altmodisches und vernachlässigtes Klosett. Wir verließen den düsteren Seitenflügel und stiegen die wenigen Stufen zur Hauptwohnung wieder hinauf. Bevor wir durch die Tür traten, betrachtete ich sie mir von außen genauer. Imposant bestanden ihre beiden Unterteile aus verziertem schwerem Eichenholz, in den oberen Teilen begrenzte sie gemustertes Glas. Ein Knauf aus Messing ließ hinter mir die Tür ins Schloss fallen.

Trotz meiner kleinen Kinder gestaltete ich zusätzlich zweckgebundene Dinge, die zwar zeitaufwendig waren, ohne die aber niemals die schwere Nachkriegszeit überwunden worden wäre. Die Nachtruhe meiner Kinder benutzte ich für die zweite Schichtarbeit, die den jeweiligen Erfordernissen angemessen schien, wie ich meinte. Sowohl mein Ehrgeiz als auch mein fester Wille brachen alle Schranken der Vernunft. Nur wenige Stunden Schlaf gönnte ich mir. Dass dies, neben vielen anderen Arbeiten, zur Überlastung führen würde, bedachte ich nicht. Im

Hinblick auf die fremde Umgebung konfrontierte uns der Alltag täglich mit einer Problematik, die wir weder erfanden noch dramatisierten. Der Kampf um den Mietzins war so ein Problem, das gemeinsam mit der Preisbehörde nur lösbar sich entwirren ließ. Anfangs zahlten wir die Miete in voller Höhe von 60 Mark. Teils defekte Öfen, teils überhaupt keine, außerdem einige verquollene Fenster und andere Mängel verminderte die Qualität der Wohnung. Bis zur Wiederherstellung der Bewohnbarkeit aller Räume berechnete die Preisbehörde, im Rahmen der Gesetzlichkeit, die monatlich festgesetzte Miete. Letztendlich einigten wir uns gütlich und unser Hauswirt ließ baldmöglichst die Misslichkeiten beseitigen. Das geräumige elterlich eingerichtete Schlafzimmer besaß immerhin einen Schornstein, aber keinen Ofen. Solange die Kälte nicht einzog, ließen wir Volker bei uns schlafen, denn er ließ sich gar zu leicht stören. Diese Eigenart verlor er im Laufe der Zeit völlig, dafür nahm er die Unarten von seinen Brüdern an. Des Öfteren verglich ich ihn zusammen mit Jürgen mit Max und Moritz. Aus Schabernack schauten Rainer und Jürgen in die Fenster von vis-a-vis hinein. Zu ihrer größten Freude zauberte ihr Blick eine freundliche Dame ans Fenster, wie sie mir freimütig erzählten. Bald stand auch Volker neben Jürgen, um die Zauberei mit ihrem Blick probeweise durchzuführen. Auf meinen Hinweis, dass man nicht in fremde Fenster schaut, entstand nur eine Wortklauberei, die letztlich mich zum Spielverderber stempelte. Die Kinder glaubten an ihre Zauberei, zumal der Erfolg sich einstellte. Auch bei mir versuchten sie ihre Zauberei. Mit ihrem Blick fixierten sie mich, dass meine Lachmuskeln in Tätigkeit gerieten.

***

Obwohl in der Erfurter Straße beidseitig Reihenhäuser standen, die sich in der Marktstraße fortsetzten und dicht gedrängt Geschäfte die Langweiligkeit unterbrachen, gab es nichts, was ihre Aufmerksamkeit fesselnder anzog, als fremde Fenster zu beäugen. Weder die Turbulenz in der Straße noch die Nüchternheit der Schaufenstergestaltung kam ihrer vermeintlichen Zauberei gleich. In einem der vielen Geschäfte, wie ich hörte, verkaufte der Inhaber auch alte Lagerbestände. Etliche Porzellanfiguren stellte man mir zur Auswahl auf den Tisch, die Entscheidung darüber fiel mir sehr schwer. Mein Haushaltsgeld mahnte mich zur Vorsicht, für Extras zeigte es wenig Verständnis. Begierig schaute ich auf eine Figur, die graziös eine Tänzerin darstellte. Ihr Ballettkleid glich dem meinen von einst. Mehrere fein strukturierte Lagen von Tüll als Röckchen und aus schimmernder Seide, das Oberteil hob die Meisterleistung der Porzellanmanufaktur hervor. Mein Mann entschied sich jedoch für eine größere Pferdegruppe, die ich nicht in Zweifel stellen durfte. Das Wort „Kitsch" nahm im Mund der Öffentlichkeit einen großen Raum ein. Die Figur faszinierte mich einerseits, andererseits verzichtete ich vernünftigerweise auf sie. Unsere Wohnung kostete mich viel Energie, bevor sie unsere Heimstätte wurde. Glänzende Fußböden neben Sauberkeit ersetzten all das nicht verfügbare „Etwas". Jede geplante Minute verwirklichte ich. Gedankenlos herummurksen oder die Zeit mit Klatscherei verplempern, verstieß gegen meine auferlegte Regel; ebenso zählte die Unart meiner Vorgängerin dazu, die Tapete um die Lichtschalter herum als Nadelkissen zu missbrauchen. Alle Sorten fand ich darin, oftmals verrieten sie mir auch schmerzhaft ihre Verstecke. Wie im Porzellangeschäft gelangte im Kaufhaus auch Einsatzspitze zu stark herabgesetzten Preisen in meine Hände. Auf Volkers Punktkarte kaufte ich Windeln, die gemeinsam mit der erworbenen Spitze zu Gardinen verarbeitet wurden, um allzu neugierige

Blicke in unsere Betten fernzuhalten. Wie das Salz in der Suppe würzte die damalige Bescheidenheit die Menschen, von dem die heranwachsende Generation nichts mehr wissen möchte. Was später bei ihnen durch den Schornstein flog, hätte ich zuvor einem Verwendungszweck zugeführt. Sehr bald lüftete ich das Geheimnis, aus einer Mark zwei zu machen; aber das entsprach unserer effektvoll geführten Haushaltsplanung, die insbesondere kinderreiche Familien betraf. In Anbetracht der nahenden ungemütlichen Temperaturen nahm der altmodisch gekachelte Küchenherd im unteren Teil der Wohnung einen höheren Stellenwert ein als jemals zuvor. Allerdings, der schadlose Transport verlief ebenso schwer, wie das Ungetüm an Gewicht hatte. Um Fachleute zu beauftragen, zeigte sich unser Girokonto zu schwach, also gaben wir uns selbst einen Schubs und bezwangen den Koloss. Zur Erleichterung unserer Arbeit erteilte mein Mann Kommandos: „Zugleich!" Daraufhin hoben wir ihn an und schoben eiligst, mittels unseres Fußes, einen Bettvorleger unter ihn. So vorbereitet, zwängte ich mich unter das hintere Seitenteil des Herdes. Mit dem Rücken zur Wand stemmte ich meine erhobenen Fäuste gegen die eiserne Platte, um den Standort zu verändern; jedoch er bockte wie ein stur gewordener Esel. Mit den gesamten Muskeln meines Körpers schob ich das achte Weltwunder mit meinem Mann aus dem Raum. Unsere äußerste Kraftanstrengung triumphierte letztlich doch über das Ungeheuer von einem Herd. Kurz entschlossen lief ich in gebückter Haltung über ihn hinweg und setzte mich auf eine Stufe neben meinen Mann. Vor der oberen, offenen Wohnungstür standen meine drei Buben und spaßten miteinander. „Guck!" rief Rainer „Vati küsst Mutti!" Jener Ausspruch veranlasste Volker, hin und her zu tänzeln. Auch wenn ihm das „K" zu sprechen misslang, rief er um so lauter: „Sie tussen sich, sie tussen sich!" Humorvoll nahmen wir seine Trolligkeit zur Kenntnis. Ungeachtet jedweder Rücksicht, die ich später bezahlen musste, gelang uns doch der schwere Transport. Schweißbedeckt hing mir das Haar ins Gesicht, erschöpft setzte ich mich auf einen Stuhl. Befreit von der schweren Arbeit atmete ich wieder ruhiger. Meinem Mann erging es nicht anders. Das Ofenrohr in den Schornstein leiten schob er nicht auf die lange Bank. Auch mir blieben noch genügend Aufräumungsarbeiten übrig.

***

Herbststürme jagten um die Häuser, wie einst mein Lehrer „Kullerpfiff" seine Autorität erzwang. Was nicht niet- und nagelfest war, trieb der Wind wütend vor sich her. Sowohl Fensterläden als auch Türen wimmerten bang um ihre Daseinsberechtigung. Danach regnete es tagelang. Die Kacheln vom Herd erwärmten angenehm das Zimmer, weniger angenehm hörte sich die Streiterei meiner Kinder an. Zwei Kinder spielen meist einträglich miteinander, ein drittes oder gar mehr Kinder stören diese Harmonie häufig. Der Unfriede stellte sich auch zwischen meinen Kindern ein, so dass eine Schlichtung notwendig wurde. Es bedurfte einiger Zeit, bis der Zankapfel ausgeräumt war. „Na, ihr kleinen Vandalen, in meiner Gegenwart könnt ihr nicht bis drei zählen, heraus mit der Sprache!" sagte ich. Jürgen unterbrach Rainers Darlegungen, Volker stand verlegen neben ihm und spielte mit seinen Fingern. „Wir möchten auch so lange schaukeln wie Rainer, er betrügt nämlich!" beklagte sich Jürgen. In Anbetracht seiner Wahrnehmung protestierte er heftig. Nach seiner Meinung beherrschte er die Zählung ebenso gut wie Rainer. Mein Vorschlag ähnelte einem Bumerang, der auf das Ursächliche zurückführte. So gesehen galt es als nicht gerechtfertigt und Jürgen bekam die Aufgabe, zu zählen. Nachdem ich glaubte, die Gemüter besänftigt zu haben, setzte ich mit den Worten „Na, es geht doch!" meine Arbeit fort.

Aber die Schlichtung war ein Trugschluss. Die Streitereien entzündeten sich erneut, keiner von den Buben wollte nachgeben. Inzwischen öffnete mein Mann erstaunt die Wohnungstür. Seine erboste Frage, was denn hier los sei, löste Stillschweigen aus. Eine Aufregung nach der anderen folgte. Mit dem Polizeirevier in Gotha begann es: Durch unseren Umzug verzögerte sich die Anweisung zur Auszahlung des monatlich verbrieften Rechtsanspruchs auf Gehalt. Schließlich vertraten wir nicht die Zahlstelle für irgendein Versorgungsamt. Im Rahmen seiner Möglichkeiten fuhr mein Mann morgens nach Weimar, um seine Geldangelegenheiten zu klären. Sein Platz beim Abendbrot blieb leer. Es wurde 21 Uhr, aber mein Mann blieb verschwunden. Im Zustand meiner Verzweiflung versuchte Frau Gottschalk trostbringend mein Gemüt zu beruhigen und wehrhaft zu beeinflussen. Mit der Stromsperre trat gänzlich die Dunkelheit über mich herein. Sicherlich verfrüht, aber dennoch entschlossen, eilte ich zum Polizeirevier und gab den Polizisten eine Vermisstenmeldung bekannt. Auf meine Schilderung lächelte er nur. Nach seiner Erfahrung tauchten alle Ehemänner nach kurzer Zeit wieder auf, wie er sagte. „Vielleicht macht er eine Sauftour, das kann doch mal vorkommen!“ Erregt widersprach ich ihm: „Nein, nein, das tut er nicht, da verkennen Sie die Ursache!“ „Gut, gut, junge Frau, ich halte die Vermisstenmeldung noch zurück. Wenn Ihr Mann morgen früh noch nicht eingetroffen ist, nimmt die Fahndung ihre Arbeit auf!“ Weinend lief ich nach Hause. Mein Vorstellungsvermögen sah die schlimmsten Ereignisse voraus. Die nahm erklärlicherweise mit dem Erscheinen meines Mannes sein Ende. Durch fehlende Unterschriften, die er hartnäckig einholte, versäumte er zu guter Letzt seinen Zug. Das ewig hinkende Problem Geld zahlte ich mit Zins und Zinseszins zurück. Man muss schon ein Lebenskünstler sein, um all die harten Stöße mit Bravour aufzufangen.

***

Die Kälte kroch in alle Zimmer. Ich redete mir den Mund fusselig: „Schließ bitte die Tür!“ Als die ersten Schneeflocken auf die Erde fielen, rückte das Weihnachtsfest immer näher. Für alle Kinder löste es die gleiche Freude aus; jedoch für Frauen, insbesondere für Mütter, lag die Gestaltung des Festes erwartungsvoll auf ihren Schultern. Monatelang Geld und Lebensmittelmarken sparen war nicht einfach, denn die Lebensgrundlage für die Familie durfte nicht in Gefahr geraten. Die Hausbewohnerin über uns teilte mir mit, dass neue Lieferungen im Spielwarengeschäft abgeladen wurden. Die Gelegenheit nahm ich beim Schopf, um davon etwas zu erhaschen. Was die Firmen wieder zustande brachten war beachtlich, nur leider viel zu wenig. Meine Chance, etwas zu erhaschen war gut, zumal das Geschäft am Buttermarkt lag. Das monatlich gesparte Geld entnahm ich aus einem Krug und steckte es ein. Eine plausible Erklärung für meine Entfernung erfand ich in der Eile: „Seid schön artig, die Mutti möchte etwas beim Weihnachtsmann bestellen, bestimmt bekam er Ware!“ Erstaunt fragte Jürgen: „Das musst du wohl bezahlen?“ Der Inhaber beschäftigte sich noch mit der neu angekommenen Ware, als ich sein Geschäft betrat. In der Tat, meine Wünsche fanden dort ihre Erfüllung. Wenn auch das Spielzeug vorwiegend aus Holz hergestellt war, so bezweifelte ich keinesfalls dessen Haltbarkeit. Meine Kauflust balancierte auf einem dünnen Seil, das zu zerreißen drohte. Doch ein Angebot von jener Güte wollte ich meinen Kindern weder vorenthalten noch hemmungslos einer Laune opfern. Mit den Worten „Na, wollen wir mal die Posten zusammenrechnen, junge Frau!“ holte mich der Verkäufer in die Gegenwart zurück. Während mein Gegenüber schrieb und rechnete, zählte ich seine wenigen Kopfhaare, welche sein tief gebeugtes Haupt noch zierten. Schließlich schaute er auf; durch seine starken Brillengläser blickten mich zwei wässrig-hellblaue Augen traurig an. Aus seinem runden Mund fiel die Summe, die zwei Monate unserer Miete entsprach. Nachdem ich die Ware bezahlt hatte, blieben mir nur ein paar Groschen übrig. Bepackt verließ ich den Spielwarenhändler. Mit einer Schnelligkeit öffnete er mir die Ladentür, die zumindest ungewöhnlich für seine Statur war. Zu Hause versteckte ich das erworbene Spielzeug in der Speisekammer und schloss sie ab. Meine Kinder verhielten sich ruhig, was wohl an der Vorweihnachtszeit lag. Zwangsläufig erweckte sie in ihnen insgeheim all die Wünsche, welche es nur im „Wolkenkuckucksheim" gab. Nach jenem vorweihnachtlichen Einkauf fragte mich Jürgen, weshalb Stiefmütter immer böse wären. „Nur manchmal zählen sie darunter", lautete meine Antwort. Aber seine Fragerei verlor sich ins Endlose, die mich mehr oder minder in ärgste Bedrängnis führten. Ob ich immer verständlich antwortete, bezweifelte ich. Oft zog ich die Antwort aus der Tiefe meiner Vergesslichkeit herauf. Meine Naumann-Großmutter pflegte in einem solchen Fall zu sagen: „Wie die Alten sungen, so zwitschern es die Jungen!" Überhaupt bediente sie sich vieler alter Sprüche, die sie zu passender Gelegenheit anwandte.

Anlässlich des bevorstehenden Weihnachtsabends werkelte mein Mann manche Überraschung für die Kinder. Gleichsam nähte und strickte ich nützliche Dinge, die zwar nicht den verdienten Beifall fanden, aber ihre Geschenke an Volumen zunahmen und somit der allgemeinen Kläglichkeit der Versorgung entgegenwirkte. Schokolade kannten Kinder nicht, dafür begehrten sie Fondant, Gelee-Figuren und Pfefferminze. Südfrüchte vermissten zumeist die Erwachsenen. Das einheimische Obst enthielt ebenso viel Vitamine; es stand allerdings auch nicht ausreichend zur Verfügung. Gartenbesitzer nutzten jedes

Stück Land effektiv aus. Da keine Würste an ihren Obstbäumen hingen, entbehrten auch sie tausende Dinge. Kurz vor Weihnachten nahm ich Volker mit zur Treppenreinigung. Wegen der Kälte zog ich ihm sein Mäntelchen an und setzte ihm eine Mütze auf. Seinen beweglichen Maikäfer aus Holz nahm er mit. Im Laufe der Zeit verschwand Volker still und leise. Schnellstens eilte ich zum Buttermarkt. Viele Leute bat ich um Auskunft, wo jener Zwerg gesehen wurde. Der Schreck in der Morgenstunde machte mich hilflos. Wie ein aufgescheuchtes Huhn lief ich zur Gewerbebank und rief seinen Namen - vergeblich. Doch je mehr ich in Panikstimmung geriet, desto weiter entfernte sich Volker. Ein Polizist versprach mir, auf den Knirps zu achten. Meine Suchaktion setzte ich fort. Im Gewirr der vielen Menschen sah ich ihn endlich. Wenige Schritte trennten mich noch von ihm. Weihnachtlich dekorierte Fenster, wie ein fortwährend nickender Weihnachtsmann, entführten seine Seele in das Märchenland seiner Träume. Den Maikäfer zog er hinter sich her, welcher beim Laufen seine Flügel ausbreitete. Gedankenlos sang er - mal richtig, mal falsch - eine Melodie und folgende Worte: „Brumm, Brumm, Brumm, Käfer fliegt nicht mehr herum." Die Wärme ging uns ganz verloren, dafür fiel nun Schnee und Regen. Auf dem verengten Gehsteig lief ich dicht hinter meinem jüngsten Buben her. Unverständlich blickte ich auf die vielen achtlos vorübergehenden Straßenpassanten. Die Waldbahn fuhr nahe an der Bordsteinkante entlang, aber niemand schenkte dem kleinen Kind in Hausschuhen auch nur einen Blick. Es schien, als beschränkte sich ihr Einfühlungsvermögen nur auf ihren eigenen kleinen Familienkreis. Dann gab ich das Versteckspiel auf und sprach ihn an: „Wohin willst du denn laufen, Volker?" „Ich möchte auch einmal allein patieren gehen!" gab er zur Antwort. Trotz meines Hinweises hinterließ die Gefährlichkeit im Straßenverkehr bei ihm keine nachhaltige Wirkung. Dennoch überließ er mir bereitwillig seine kleine Hand. Ich nahm mir vor, die Verkehrsregeln genau zu beachten, um sie ihm anschaulich nahezubringen. Wir liefen zum Marktbrunnen zurück. Dort rief uns der Polizist entgegen: „Na, da bist du ja, du kleiner Ausreißer!" Erleichtert lief ich mit Volker nach Hause. Jedoch der Gedanke, dass mich dort ein unliebsames Ereignis erwarten könnte, ließ schauderhaft düstere Bilder an meinen Augen vorbeischweben. Vor der Haustür hörten wir keinen einzigen Laut. Diese Stille wirkte auf mich eher befremdend als beruhigend. Weder Rainer noch Jürgen hielten sich in der Küche oder im Wohnzimmer auf. Mit dem Rücken mir zugewandt, stand Rainer im Kinderzimmer und zählte. Seine Hände verbargen die Augen, wie es die Spielregel vorschrieb. Leise schloss ich wieder die Tür. Hinter dem Vorhang, der uns in Jena als Tagesdecke für den Diwan diente, drangen Geräusche an mein Ohr. Erschrocken schaute Jürgens schwarzhaariger Schopf hervor. „Wir spielen Verstecke leise, Mutti!" Mit diesen Worten verschwand auch schnell sein Kopf. Noch einmal raschelte es, dann wurde es wieder still. Ich begab mich mit Volker in die Wohnküche. Beim Verlassen des Kinderzimmers kündigte sich Rainer lautstark an. Erfolglos suchte er in jedem Bereich, der eine Möglichkeit zum Verstecken bot. Mein zur Schau getragenes Desinteresse weckte schließlich in Volker Argwohn. Er wollte hinter den Vorhang sehen, was ich im letzten Moment verhinderte. Mit Rainers Beobachtungsgabe rechnete ich allerdings nicht. „Ah, jetzt finde ich dich, Jürgen!" rief er. Sogar für das Klo erhob er in jenem Fall den Anspruch, ein Geheimkabinett zu sein. Einerseits verbarg sich Jürgen vortrefflich, als wäre er in den Boden gestampft worden, andererseits misstraute ich der Geräuschlosigkeit und hielt inne mit der Putzerei im Korridor. Den Spaß möglicherweise mit einem Unfall zu beenden, ließ mein Gewissen nicht ruhen. Um die Gefahr auszuschließen, griff ich ein. Den Vorhang zum Versteck zog ich beiseite. Ein kurzes Rascheln entstand, Gelächter und Scherze folgten, als Jürgen wohlbehalten aus einem großen Pappkarton stieg. Über sich hatte er ein Bündel alter Zeitungen gelegt, so blieb er für ungeübte Augen unsichtbar. Das nahm Volker zum Anlass, vor Freude herumzuhüpfen.

***

Den Weihnachtsabend erwarteten meine Buben artig und mit Zuversicht. Geheimnisvoll wirkte die Tür zum Wohnzimmer. Dahinter hielten sich für sie märchenhaft große Schätze verborgen, wie Rainer mir sagte. „Und nach Tanne riecht es auch!" fügte er munter hinzu. Als die Glocken läuteten, standen sie festlich gekleidet vor der Tür. Sie sangen mit mir Weihnachtslieder, wie ich sie einst gelernt hatte. Zwischen ihre Sangeslust mischte sich misstönend die Stimme von Volker. Endlich war es soweit. Die Tür öffnete sich und sie liefen in ein Märchen aus Tausendundeiner Nacht. Mitten im Raum blieben sie wie angewurzelt stehen. Vor ihnen stand ein geschmückter Tannenbaum, der bis an die Zimmerdecke reichte. Ein Glanz der vielen Kerzen spiegelte sich in ihren Augen. Rainer stieß Jürgen heimlich an. Die Neugier siegte über ihre Zaghaftigkeit, die Geschenke zu bestaunen. Wie viel Lauferei es gekostet hatte, Kerzen überhaupt zu besorgen und das Beiwerk dazu und schließlich die Geschenke zu erwischen, blieb meinen Buben verborgen. Den monatlich wiederholten Kampf, sowohl um das Dasein als auch die Vorsorge fürs Weihnachtsfest, erkannte mein Mann nicht in vollem Umfang. Seine Meinung über meine Arbeit, nicht zuletzt die unermüdliche Schneiderei, reichte nur für sehr kurze Beine. Während sich meine Kinder mit ihren Spielsachen beschäftigten, erlitt ich einen kleinen Schwächeanfall. Den

Gedanken an unsere kleine verlorene Sylvia sah mein Mann als Ursache dafür. Er legte seinen Kopf nahe an den meinen und tröstete mich mit den Worten: „Du musst dich mit ihrem Tod abfinden, die Lebenden brauchen dich!“ Unbekümmert lenkte Jürgen den an mich herangeschlichenen Zwischenfall ab, indem er meine Hand nahm, um mir seine Spielsachen zu zeigen. „Sieh nur, Mutti, was der Weihnachtsmann mir alles gebracht hat!“ rief er freudetrunken. Währenddessen Volker mit seinem Dreirad den gepflegten Fußboden in eine Rennbahn verwandelt hatte, trugen Rainer und Jürgen durch ihre Rutschen kurvenreich dazu bei. Mithin gehörten kindliche Auswüchse zum Weihnachtsabend.

Nicht nur das Fest, ebenso das Jahr neigten sich ihrem Ende zu. Mit Hoffnung und Zuversicht auf Erleichterung begrüßten wir mit einem kleinen Radio das Jahr 1949, anderswo knallten Sektkorken. Weder hing der Himmel voller Geigen, noch stand mir die heilige Jungfrau zur Seite. Wochenlang trieben Kobolde ihr Unwesen mit mir. Bei dem Unfug meiner Kinder schossen mir sofort Tränen in die Augen; meine Geduld wurde auf eine harte Probe gestellt, der ich mich letztlich beugte. Wiederum bekämpften Traubenzucker und Vitamine meine Widerstandslosigkeit. Jedoch die Herkunft oder aus welcher Hinterpforte jene wertvollen Medikamente zu mir gelangten, blieben im Dunkeln. Danach zu fragen war zwecklos, außerdem verlangte mein ungeborenes Kind sein Recht. Es gibt keinen größeren Irrtum, als zu glauben, ein Baum höre auf zu blühen, wenn sein Stamm noch im Saft steht.

Kurz vor meinem vierundzwanzigsten Geburtstag flatterte mir ein Brief von unserem Hauswirt auf den Tisch. Er wies darauf hin, dass im Hausflur ein neues Fenster eingesetzt wurde. „Neuerdings“, so schrieb er, „pfiff frische kalte Luft durch eine kaputtgegangene Glasscheibe“. Den Clou vom Ganzen verband ein Rat: „Fragen Sie doch mal Ihre Filiusse!“ Auf jenen Brief hin beorderte ich die kleinen Sünder zu mir. Sie schauten mich unschuldig an, als könnten sie kein Wässerchen trüben. Um den Inhalt des Briefes genau zu zitieren, las ich ihn vor. Nach alter Gewohnheit kippte Volker seinen rechten Fuß auf die äußere Kante und spielte verlegen mit seinen Fingern. Auf meine direkte Frage, wer das denn gewesen sei, hätte man einen Vers lernen können, bevor man eine Antwort bekam. Stotternd gab Rainer zu, dass sich sein Schneeball unabsichtlich in das Fenster verirrte. Jürgen versuchte brüderlich, das Missgeschick mit ihm zu teilen, indem er betonte, dass die Fensterscheibe ganz zufällig zerflog. Auf die Frage, wie es denn nun weitergehen sollte, antwortete Rainer gönnerhaft: „Die Scheibe bezahlen wir! Vielleicht befreit uns eine Entschuldigung ja doch von einer Zahlung!“

Unerwartet gratulierte mir mein Mann zum Geburtstag mit einem Bukett Nelken, das vier Wochen zuvor in einer weitab gelegenen Gärtnerei bestellt wurde. Selbst Blumen gehörten zu den Raritäten jener Zeit. Mit einem selbstgemalten Bild gratulierten mir strahlend meine Kinder. Vorausschauend auf seine Schuleinführung schwebten Rainer Zuckertüten vor, die auf Bäumen wachsen, wie er meinte. Dagegen beherrschte die Szenerie auf Jürgens Bild ein reißender Strom. Dahinter erhoben sich bizarre Berge, die im Vordergrund farbige Büsche milderten. Sein Bildnis stellte Jena dar, wie er mir verriet. Unser kleiner Nimmersatt malte einzelne Bonbons. Seine Vorliebe für bunte runde Drops zeigte Volker auf seinem Bild. Wie immer man es drehte, es blieben rote, grüne und gelbe Drops. Am Nachmittag kaufte ich drei kleine Tüten Bonbons für 50 Gramm Zuckermarken.

Ein warmer Wind kokettierte mit dem Sommer, der noch nicht im Kalender stand. In unserer Wohnung verbreitete sich eine verdächtige Stille, die ungute Gefühle in mir weckte. Die Kontrolle im Kinderzimmer ergab, dass das Fenster zum Treppenhaus offenstand. Somit war die Stille erklärt. Seit langem bemerkten meine Kinder, dass ich eine leichte Beute für ihre Streiche darstellte. Und diese Situation nutzten sie weitgehend aus. Inzwischen wuchs mein Leib zu einer Kugel heran, die Rainer als Luftblase bezeichnete. Eine Richtigstellung nahm Zeit in Anspruch, aber sie verfehlte ihre Wirkung nicht. Leise, wie Katzenpfötchen schleichen, standen plötzlich die Kinder im Zimmer. Ohne Überleitung fragte mich Jürgen: „Wenn in deinem dicken Bauch unser Baby in einer Wasserblase wächst, ertrinkt es dann nicht?" Offensichtlich beschäftigte ihn das Baby mehr als die unerlaubte Entfernung. Sprunghaft, wie Kinder sind, gestand er, dass sie im Hof Ball gespielt hätten, sonst nichts. Verlegen stand Rainer mit seinem Ball unterm Arm an der Tür. „Nun hört mal her", sagte ich. „Der schmale Hof stellt nur eine Verbindung zum Treppenaufgang her, infolge dessen ist er kein Spielplatz. Und zweitens sollten sich Kinder nicht unerlaubt von ihrer Mutter entfernen!" Nach wenigen Tagen umgab sie eine neue Umgebung, die mehr oder weniger nur ihre Versorgung sicherstellte. Jedoch hinterließ dieser Eindruck Spuren, die Unordnung in ihre Köpfe trugen, aber eine andere Wahl hatte ich nicht. Außer unseren Eltern bezahlten wir meiner Schwägerin den Lebensunterhalt für Volker sowie ihre Mehrarbeit. Die Bezahlung entsprach dem damaligen gesetzmäßigen Pflegesatz. Die nahegelegenen Unterbringungsmöglichkeiten von Jürgen und Volker wirkten sich zweifelsohne günstig auf ihr Innenleben aus. Um unsere finanzielle Lage nicht zu überfordern, verzichtete ich auf eine private Entbindung, die ohnehin im häuslichen Milieu noch üblich war. Da zeitgemäß die Geburt des neuen Kindes nur durch einen ärztlichen Tastbefund erstellt wurde, so hielt ich irrtümlich wilde Wehen für den

Beginn einer Geburt. Die Neugier des Kindes brachten dennoch einige Male sowohl die Hebamme als auch mich in Schweiß. Nachdem Vorkehrungen getroffen wurden, zog sich der Tausendsassa wieder zurück. An einem Sonntagmorgen begannen mich erneut Wehen zu plagen, die es an Regelmäßigkeit nicht fehlen ließen. Die Luft flimmerte in der Sonne, behäbig deckte sie den Alltag zu. Es gab auf Erden kein Baby, das seine Geburt an Sonn- und Feiertagen rücksichtsvoll mied. Ohne jeden Zweifel erhaben setzte das Baby seinen Ausbruch gerade dort fort, wo ich glaubte, die Ruhe vor dem Sturm begünstige mich. Während mein Mann dringend schriftlich arbeitete, lernte ich die Hilflosigkeit kennen. Um die Mittagszeit bat ich ihn vergeblich um die Hebamme. Nach seiner Meinung bemühte ich sie viel zu oft umsonst. Die Ernsthaftigkeit meiner Lage erreichte ihn nicht. Wie hingemäht saß ich am Tisch, auf ihm ruhte mein Kopf. Zu guter Letzt entstand eine Beule auf meiner Stirn. Die Arme hingen herunter, wobei mir Wasser aus Augen und Nase tropfte. „Hol bitte die Hebamme!" jammerte ich. Vergeblich hörte mein Mann mein Flehen. Stunde um Stunde verging. Die Kontraktionen überwältigten mich. Als ich ihn noch einmal bat, Hilfe zu holen, sagte mein Mann: „Sei still, ich muss noch arbeiten!" Welch eine Ironie! Als wenn ein Baby bei seiner Geburt sich aufhalten ließ. Ich ergab mich einer längst überschrittenen Schmerzempfindung, die stärker war als der Wille meines Mannes. Der Drang des Kindes nach draußen gehörte naturgemäß zu seinem Recht. Meine Forderung nach Beistand kam einem Notsignal gleich, das sowohl die Gesunderhaltung unseres Kindes als auch die meinige rechtfertigte. Seine Unreife in dieser Situation ließ sich an seinen Worten messen. „Ja doch, ich muss nur noch Eintragungen ins Klassenbuch fertig abschreiben." Bis ich auf das vorbereitete Lager niedergelegt wurde, verging noch geraume Zeit. Ich erinnerte mich an die Regeln meiner

bisherigen Geburten, die all meine aktiven Kräfte mobilisierten. Jene Mühen ließen sich nicht mit anderen vergleichen, welche mir fast die Sinne raubten. In meinem Fall trug unser Hausmieter seinen Namen „Storch" zu Recht. Er holte kurzerhand die Hebamme, welche das Übrige erledigte; auch hielt er seine Vorwürfe nicht zurück. Die Schinderei nahm letztendlich mit der Geburt des Babys ein Ende. Das kleine Wesen erwies sich als Mädchen, das fortan mit dem Namen Sylvia Ramona durchs Leben lief.[48.] Sie wog bei der Geburt siebeneinhalb Pfund. Ihre Eitelkeit war so groß, dass sie die Nabelschnur gleich dreifach – wie ein Kollier - um den Hals trug. Ihr bläuliches Gesicht unterschied sich deutlich vom übrigen Körper. Einige Schläge auf den Po durch die Hebamme ermöglichten ihr die Atmung, die sie dadurch mit einem kräftigen Schrei ablöste.
Während mein Mann das kleine Ding glücklich angezogen in den Armen hielt, stand meiner Pflege nichts mehr im Weg. Ermüdet und gesäubert sank ich in tiefen Schlaf. Am zehnten Tag nach der Geburt erfolgte die Heimkehr Rainers mit meiner Mutter. Als sie das Neugeborene sah, fiel ihr die Ähnlichkeit mit meiner Schwägerin Herta auf. Sie fand das kleine Ding sehr niedlich. Nach jeder Mahlzeit schaukelte sie das Baby auf ihrem Arm. Am zweiten Tag ihres Besuchs fuhr sie wieder heim. Seine Hände in den Hosentaschen, suchte Rainer etwas, das er nicht finden konnte. Mehrmals fragte er mich, wann wir seine Brüder erwarteten. Daraufhin erklärte ich ihm: „Morgen, Rainer, an Vatis unterrichtsfreiem Tag!" Er stöhnte: „Ach, wie langweilig ist es doch ohne sie!" Am nächsten Nachmittag schaute er ausdauernd zum Fenster hinaus. Mit seinem Alarmsignal „Sie kommen, sie kommen!" mobilisierte er auch mich. Freudig öffnete ich ihnen die Tür; jedoch meine Erwartung, dass das Baby zuerst ihr Interesse erweckte, zerstörte meine Illusion, die nur in meiner Wunschvorstellung existierte. Als

Herrscher über seine Spielsachen lief Jürgen sogleich mit Volker ins Kinderzimmer, wo vereinsamt sein Kasperletheater stand. Er brachte neue Majestäten mit, wie König und Königin. Zu den Untertanen gehörte eine Genoveva sowie der Täufer Johannes, den seine zwölf Apostel vervollständigten. Sein geliebter Nepomuk trug zwar den Namen eines Schutzheiligen, jedoch verfügte er mehr über Kraft als über Klugheit. Wenn auch Jahrhunderte zwischen Jürgen und den dargestellten Gestalten lagen, so regte es doch seine Phantasie noch lebhafter an. Befriedigt über sein Spielzeug begab er sich mit Volker zum Baby. Beide schauten sich gemeinsam mit Rainer und uns das kleine Püppchen an. Seine Überraschung äußerte er mit den Worten: „Das soll unsere Schwester sein?" Ich erklärte ihm, dass alle Menschen so auf die Welt kommen. Er schaute zweifelhaft an mir hoch. Meine Glaubwürdigkeit schien zu bröckeln, denn er suchte nach der Sichtbarkeit zwischen einem Bruder und einer Schwester. Außerdem bemerkte er, dass sie kein langes Haar hatte. Ereignisreich verlief auch das weitere Jahr 1949. Eine, damals noch gefährliche, Kinderkrankheit verhinderte die Einschulung Rainers. Unsere Ängstlichkeit, die Buben vierteljährlich dem Kinderarzt vorzustellen, schützte sie nicht vor der Infektion. Die schwere Aufgabe, kranke Kinder auch während der Stromsperre aufzusuchen, war für unseren Kinderarzt kein Hindernisgrund. Seine Diagnose zu allen dreien lautete Scharlach. Einige Minuten später fuhr ein Krankenwagen die Kinder in ein dafür eingerichtetes Abteil im Krankenhaus. Die Besorgnis verband sich mit den Gedanken an unsere tote Sylvia. Schonend brachte uns ein Kinderarzt Volkers Krankheitsbild bei. Nicht etwa, dass sein Leben bedroht schien. Nein, der Verlauf seiner Krankheit nahm eine unangenehm schmerzhafte Wendung an, die eine besondere Pflege notwendig machte. Der Weg ins Krankenhaus führte uns stets zuerst in Volkers Nähe, der lag eingehüllt in

Tücher und weinte sehr. Ärztliche Kunst sowie gute Pflege vertrieben schließlich den ungebetenen Gast Rheumatismus. Als Besucher durften wir mit dem Hinweis „Nur fünf Minuten!" zwischen die Tür treten. Auf Zuckermarken kaufte ich Süßigkeiten, außerdem bezog ich von einer Gartenbesitzerin gegen Brot- und Fleischmarken Obst. Mit offenen Ohren und ein bisschen Glück trugen mich meine Füße in ein Gemüsegeschäft, in dem sowohl Tomaten als auch Weintrauben auf Sonderabschnitte der Lebensmittelkarte verkauft wurden. In drei gleiche Teile packte ich die Mitbringsel für unsere drei Buben ein. Sie sollten helfen, sie von der Krankheit abzulenken. Wochenlang wiederholte sich der Weg ins Krankenhaus, so dass Volker in der leidvoll langen Zeit quengelig wurde. Einmal geschah es, dass er die Geschenke für seine Brüder sehen wollte. Die Besichtigung genügte ihm aber nicht; auch die leere Tasche sollte ich umdrehen. Niemals gab es vorher Anlass, mir zu misstrauen. Mein Mitgefühl schnürte mir die Kehle zu beim Anblick seiner kleinen Person. Durch die unterschiedlich schwere Krankheit der Buben wurden Rainer und Jürgen neben anderen Kindern in eine isolierte Baracke überführt, die medizinisch zum Krankenhaus gehörte. Eine übergroße Sichtscheibe sorgte für einen indirekt hergestellten Kontakt. Ihre Genesung erfolgte augenscheinlich von Besuch zu Besuch mehr und mehr. Als Spaßmacher unterhielt Rainer die kleinen Patienten in seinem Zimmer und das medizinische Personal dazu. Eine gebürtige Wienerin, welche auch ihren Sohn besuchte, meinte: „Was ein Häkchen werden will, krümmt sich beizeiten!"

***

Während der Abwesenheit unserer Buben von Zuhause nahm ich mir die Zeit, um Informationen aus Zeitungsartikeln, Nachrichten von Gesamtdeutschland und persönliche Meinungen zu verarbeiten. Viele Rundfunksender verkündeten die Nachricht: „Unter dem Vorsitz von Konrad Adenauer wurde am 20. September 1949 die erste westdeutsche Regierung gebildet!" Dem vorausgegangen war die Erarbeitung des Grundgesetzes sowie eine Währungsreform, die von den Westmächten vorangetrieben und unterstützt wurde.[49.] Der Bruch des Potsdamer Abkommens, das die wirtschaftliche Einheit Deutschlands festlegte, trug dazu bei, dass zwischen West- und Ostdeutschland der tiefer getriebene Keil eine friedliche Koexistenz erschwerte. Durch den Marshallplan begünstigt, hatten indes die Westmächte beschlossen, die Industrie, vorrangig die Rüstungsindustrie, anzutreiben. Somit geriet die westdeutsche Regierung in den Sog der ausländischen Hochfinanz. Freilich dürfen raffgierige Ostdeutsche nicht verschwiegen werden, die den Löffel nach dem Honig warfen. Viele von ihnen liefen auf Schleichwegen nach Westberlin, um ihr Glück zu suchen. Auch schreckten sie vor Menschenhandel nicht zurück, der anderswo mit Drogen ein lukratives Geschäft versprach. Wenn auch ein großes Stück aus der Hauptstadt herausgeschnitten wurde, so blieb es trotzdem eine Tatsache, dass sie nach dem Potsdamer Abkommen einheitlich verwaltet und demokratisch umstrukturiert werden sollte. Aber auch die von den westlichen Siegermächten errichtete Luftbrücke nach Westberlin war vor Missbrauch nicht gefeit.[50.] Der „kalte Krieg" verschärfte sich. Von diesem konnte man nicht sagen, dass er ziellos verlief. Veraltete Lehrbücher für Kinder, Gymnasiasten und Studenten blieben für Jahre in Westdeutschland bestehen. Nur wenige wahre Informationen gelangten unter die westdeutsche Bevölkerung. Auch den doppelten Boden im Zwielicht des Profits, der vor allem den Monopolen zur Stärkung ihrer Macht verhalf, sahen sie nicht. Uneigennützig entstand das Programm des Marshallplanes nicht. Einen fetten Happen verhalf er der Überproduktion ebenso, wie weitere Kapitalausfuhren zu erschließen. Mit der Anhebung des westlichen Lebensstandards war zugleich Arbeitslosigkeit mit eingeschlossen. Die Ostländer besaßen keine Gönner, die ökonomische Hebel in Bewegung setzen konnten. Trotzdem gelang es aus eigener Kraft, die Industrie wieder aufzubauen. Die große UdSSR blutete noch aus tausend Wunden, die der Zweite Weltkrieg geschlagen hatte. Vergleichsweise war in den USA weder ein Gewehrschuss zu vernehmen, noch zerstörte eine Granate Gebäude. Wenn auch das Leben von toten amerikanischen Soldaten nicht wieder zu bringen ist, bleibt zu erwähnen, dass sie dazu beitrugen, den Faschismus zu zerschlagen. Ehre all den Toten, die ihr Leben für diese Sache gaben. Die Geschichte wird zeigen, ob es der letzte Krieg war.

Die Zersetzungsarbeit im geteilten Berlin artete zu einem Gefahrenherd aus, der nicht unerkannt blieb. Theater- und Ferngläser, Mikroskope bis hin zu hochwertigen Medikamenten verließen täglich unterirdisch die am 7. Oktober 1949 gegründete DDR.[51.] Geheimwege endeten in Westberlin, die für Schlepper bekannt waren. Manche Menschen sprachen darüber hinter vorgehaltener Hand, andere schwiegen. Auch die Pelzbranche zeigte großes Interesse für gute Rauchwaren. Neuwertige Nerz-, Persianer-, Nutria- und andere wertvolle Pelzmäntel trugen Frauen nach Westdeutschland. Nach der Grenzstation Bebra beendeten sie ihr vermeintliches Abenteuer und fuhren anschließend zurück.[52.] Der im Ausweis vermerkte Pelzmantel hing auf der Heimreise schamvoll im Zugabteil als ein wertloser, von Motten zerfressener Mantel am Haken.

***

Nach sechs Wochen fuhr ein Krankenwagen unsere drei Buben geheilt nach Hause. Vorsicht in der ersten Woche blieb das oberste Gebot, aber bald danach verliefen die Tage wie ehedem. Bevor Rainer in seine Klasse eingeführt wurde, sprach mein Mann mit dem Klassenlehrer und dem Schulleiter. Die ersten Tage begleitete ich ihn in die Schule, da die verkehrsreiche Erfurter Straße durch Wald und Straßenbahn eine Gefahr bildete. Fleißig lernte Rainer, dass ich glaubte, meine Wissbegier überfordere ihn. Umso mehr staunte ich, als nach einer Elternversammlung sein Klassenlehrer uns seine Streiche berichtete und wie er die Lacher auf seiner Seite zu verbuchen wusste. Zwischen seinen sehr guten Zensuren und der Beurteilung stand am Ende des Schuljahres eine Diskrepanz, die auf mich befremdlich wirkte. Seine kleinen Späße machten aus ihm einen „Hans Guck in die Welt". Als Verfeinerung meines Vaters Ebenbild zog er jeden in seinen Bann. Überdies lüftete meine Krauß-Großmutter viele kleine Geheimnisse aus der Jugendzeit meines Vaters. Was meine Großmutter dazu brachte, mir manche Schelmerei mitzuteilen. Sie hatte den Ärger und ihre Familie das Nachsehen. An jene Worte meiner Großmutter erinnerte ich mich und zog Parallelen zu Rainers Clownerie. Gleich buntfarbigen Regenbogen hielten auch sie meine Wesensart umfangen, die meine früheren Eskapaden mit einem lachenden und einem weinenden Auge sich den Tücken des Lebens widersetzten und Spuren hinterließen. Nach dem unseligen Krieg vermehrten sich die weiblichen Stimmen, ihre Selbstverwirklichung voranzutreiben. In der faschistischen Zeit blieben sie ungehört oder die Forderungen wurden erstickt. Eine neue Eva entstand.

***

„Auferstanden aus Ruinen"
(1949 bis 1959)

In der gegründeten DDR verwirklichten sich schrittweise die Ziele der Frauen, aber noch lange sollten sie in vielerlei Hinsicht den Männern gegenüber benachteiligt sein. Männer verließen sich auf ihre Muskelkraft und folgten ihrem Herrschertrieb. Mit dem Generationswechsel verloren jedoch zahlreiche Tabus ihre Wirksamkeit. Moderne Ansichten verschmolzen mit der Bequemlichkeit oder wurden ihr geopfert. Aufkommende derbe Ausdrücke passierten Revue. Bett- und Schlafzimmergeschichten entbehrten nicht an Witzeleien. Fade gewordener Gesprächsstoff lenkte meist alkoholisierte Gemüter zum Thema Sexualität hin. Die Abnormität kam dabei nicht zu kurz. Wie eine Mimose reagierte ich auf die Redensarten, die auch für die Ohren meiner Kinder unbotmäßig klangen.

Im Hinblick auf die Ernährung trugen Zusatzkarten für werdende Mütter zur Verknappung der Lebensmittel bei. Umso mehr betrachtete ich das Gespräch mit einer jungen Mutter als sinnlos, zumal sie die Besserwisserei gepachtet hatte. Sie stützte sich dabei auf ihre vielen Bekannten, die rieten, am ersten Tag nach der Geburt ihr weibliches Attribut durch Stillen nicht zu verunstalten. Auf meinen einfältigen Hinweis, eine kostenlose Mütterberatung aufzusuchen, antwortete sie: „Ach hören Sie bloß auf mit dem Quatsch. Das Aussehen meiner Tochter bestimme und verantworte ich allein. Die Ratschläge in der Mütterberatung betrachte ich als allgemeines Geschwätz." So konnte nur eine Mutter sprechen, die sachbezogene Erkenntnisse in den Wind schlug. Solche und ähnliche Auswüchse traten in Erscheinung.

Mit zwei Krügen Milch-, Mager- und Vollmilch lief ich in unsere Wohnung. Ramona saß weinend auf einer Wolldecke. Um sie zu beruhigen, nahm ich sie auf meinen Arm. „Haben die bösen Buben dich allein gelassen?" Trostbringend liebkoste ich sie. Tief schluchzte sie noch einmal auf, dann hopste sie auf meinem Arm umher. Im zarten Alter von zehn Monaten hielt ich sie fest, als sie zur Tür strebte, um ihre Brüder aufzusuchen. Beide Buben schauten auf, als sie mich zwischen der Tür sahen. Zärtlich küsste Jürgen seine Schwester und schäkerte mit ihr. „Na, du kleine Heulsuse, bist du wieder lieb?" Auf meine Frage, warum sie sie alleine gelassen hätten, antwortete Jürgen geradeheraus: „Weil sie weinte und ich das nicht vertragen kann!" Am Abend des gleichen Tages ließ ich Näh- und Bügelarbeiten sein. Das vormittägliche Gespräch beschäftigte mich sehr, wie es mich gleichermaßen trieb, den Bleistift zu schwingen, um aufschlussreich eine Berechnung zu lösen. Von angenommen tausend Frauen nämlich, die angeblich stillten und unrechtmäßig mehrere Monate lang dafür Zusatzkarten in Anspruch nahmen, bedachten einige nicht, dass sie anderen Menschen Milchprodukte sowie Butter von einer beachtlichen Größenordnung vorenthielten. Zugleich verminderte sich kontinuierlich eine ärztliche Untersuchung für die Kleinen. Nach meiner Überlegung lag erfahrungsgemäß die Kompetenz zur Bestätigung einer Stillbescheinigung im Bereich der Mütterberatung, die gleichzeitig kostenlose ärztliche Untersuchung der Säuglinge ermöglichte. Wer den Stein ins Rollen brachte, blieb letztlich gleichgültig. Die staatlichen Einrichtungen übernahmen nach einigen Wochen insgesamt die ihnen zugewiesenen Aufgaben. Im Zusammenhang mit Mutter- und Kinderschutz sowie den Rechten der Frau schuf man Voraussetzungen für kommende Generationen. Seitdem ich meinem Mann wieder Mittagessen in die Lucas-Cranach-Schule brachte, gewann jede Minute an

Bedeutung. Eine feste Arbeitsdisziplin geißelte mich mit Härte ebenso wie Schnelligkeit mich plagte. Täglich frisches Wasser aus dem unteren Bad tragen, dabei mehrstufig hinunter springen und wie ein Wirbelwind all die Schwierigkeiten hinwegräumen, die den Alltag versauerten, war nur eine der vielen Aufgaben, die mir oblagen. Schlesisches, erzgebirgisches und sächsisches Blut vereinigten sich in meinen Adern; jedoch die schlesische Art gewann die Oberhand dabei. So unterlagen auch meine Kinder einem Erbgut, das von der thüringischen Mentalität durchzogen sich zum Wanderblut entwickelte.

***

Aus Anlass von Jürgens Schuleinführung besuchte mich meine Mutter in Gotha. Dabei brachte sie unter anderem zum Ausdruck, dass mein Vater während einer Familienfeier die Anstandsregeln derartig verletzt hätte, die sie schamvoll ins Abseits drängte.

Das leidige Thema Erotik brachte die erhitzten Gäste an den Rand des guten Benehmens. Witwen wehrten sich gegen ihr Schicksal, der Egoismus griff um sich. Ansichten, wie man sie Jahre zuvor nicht für möglich gehalten hätte, traten ungeniert an die Oberfläche. Ein Wirrwarr entstand, der den Sinn aller Frauen nach Gleichberechtigung ins Unrecht setzte. Auf meinen Einspruch hin sagte meine Mutter: „Nun hör dir erst mal an, was dein Vater vor allen Gästen tat!“ Sie riss dabei ihre blaugrauen Augen weit auf und erzählte weiter. Es stellte sich heraus, dass im Verlauf der erhitzten Debatte meine Eltern ihr Süppchen auch mitgekocht hatten. Das Pünktchen auf dem ‚i‘ setzte eine 40jährige Witwe, welche sich mit ihrer Meinung aufs Glatteis begab. „Verheiratete Frauen sollten teilen lernen, damit Alleinstehende auch zu ihrem Recht kommen!“ Auf jene Unsinnigkeit demonstrierte mein Vater praxisnah ihre Meinung. Er ging auf sie zu und bot ihr vulgär seine Männlichkeit an. Fluchtartig verließ sie daraufhin das Zimmer. Heimwärts stritten sich meine Eltern, was angebracht und was verletzlich war. „Walter, diese Blamage hättest du ihr ersparen sollen. Dein Anstand entspricht dem eines Ferkels!“ „Wenn ich ein Ferkel sein soll, dann ist Ruth ein Schwein!“ wehrte er sich. „Na und?“ rang ich mir vergnüglich ab. Meine Mutter schaute mich ungläubig an. „Papas anschauliche Lehre wies doch auf einen Irrglauben hin. Man muss kein Christ sein, um den Ehebund zu würdigen.“

In Anbetracht der Unordnung, welche durch die Einschulung Jürgens entstanden war, räumte ich auf und bohnerte den Fußboden. Den Einwand meiner Mutter, das Aufräumen doch sein zu lassen, ignorierte ich. Während mein Mann an Unterrichtsvorbereitungen arbeitet, erzählte mir meine Mutter andere Familiendramen. Schließlich endete die Abendstunde, der man nachsagte, sie sei klüger als der Morgen. Nach einer Woche verlor das Naschwerk seine Spuren, aber keine Macht der Welt befreite mich von der Geissel einer täglich wiederkehrenden Angstpsychose. Dieses Übel zu beseitigen, lag allein an der Veränderung unserer Wohnlage.

Durch die Zusammenballung von Menschen im Stadtzentrum blieb kein Haar in der Suppe unbemerkt. Wie ein Lauffeuer verbreiteten sich Ereignisse, die Aufsehen erregten. Eines Sonntagnachmittags klingelte es an unserer Haustür. Als ich öffnete, stand Frau Storch vor mir. Im Gegensatz zu ihrer sonst ruhigen, feinen Art gestikulierte unsere Hausbewohnerin hitzig zum Treppenfenster hin und hauchte entsetzt: „Hören Sie sich das an!“ Ich hörte ein schreiendes Kind, das mit harten Schlägen vernehmbar bestraft wurde. Frau Storch rief zum Treppenfenster hinaus: „Sie schlagen das Kind doch tot!“ Um das

Schlimmste zu verhindern, griff ich ein. Als Frau Meinhard mich kommen sah, ließ sie von ihrem Kind ab. Die vierjährige Heidi lief weinend die Treppe hinauf. Mit dem Stock in der Hand stand ihre Mutter atemlos in der Tür. „Wenn Sie nicht im Mittelpunkt der Öffentlichkeit stehen wollen, dann unterlassen Sie die Gewalttätigkeiten an Ihrem vierjährigen Kind!" sprach ich sie an. Verstört begründete sie ihre Handlungsweise damit, dass sie Heidi am Vormittag frisch angekleidet hätte, aber vor ihrem beabsichtigten Besuch am Nachmittag die Schuhe Heidis schmutzig waren. „Deshalb müssen Sie Ihr Kind doch nicht halbtot schlagen! Davon werden die Schuhe nicht wieder sauber!" erwiderte ich. Des Vorfalls wegen zutiefst beschämt, hob sie ihr Alleinsein hervor. Ihr Mann blieb im Krieg und die Kleine war eine Hinterlassenschaft einer Verirrung. Tragisch für die vielen Kriegerwitwen, jedoch das eine Unrecht ließ sich nicht mit neuem Unrecht gerade biegen.

In einer Buchhandlung stand auf einem Bücherbord neuerdings ein Buch, das mir schon als Kind Freude bereitet hatte. Plastikbeschichtet hob der Buntdruck die Gestalt des Struwelpeters hervor. Das noch seltene Exemplar kauften wir. Für uns überraschend las Jürgen eines abends fließend die lieb gewordene Geschichte vom Struwwelpeter vor. Seine Wangen färbten sich rot wie Äpfel, dabei warf er seinen schwarzhaarigen Kopf wechselvoll mal nach rechts, mal nach links. Sobald er beim letzten Wort angelangt war, schlug er die Seite um und sprach ohne Unterbrechung Wort für Wort weiter. Unsere Verblüffung entsprach einem unvorhergesehenen Ereignis. Wir gingen davon aus, dass Jürgen erst seit Kurzem die Schule besuchte und uns auch kein Leseautomat narrte. Demzufolge verkörperte er ein kleines Genie, das erzählfreudig seine Geschichte auswendig vortrug. An jenem Abend wurde mir bewusst, wie unterschiedlich die Entwicklung unserer Buben verlief. Jedes Kind trug die Züge seiner Vorväter andersartig.

Auf Beschluss einer Konsultation beim Facharzt für Augenheilkunde sowohl in Gotha als auch in Jena wurde eine Operation Volkers angeraten. Wir entschieden uns für die Augenklinik in Jena. Termingemäß brachte mein Mann Volker ins Krankenhaus. Nach der Operation umgab ihn vorerst Dunkelheit, die sein Gedankenbild in die Märchenwelt führte, wie Krankenschwestern berichteten. Ein wenig tröstete es mich, dass seine Großeltern ihn häufig besuchten. Am Wochenende fuhr mein Mann nach Jena und löste meine Schwiegereltern beim Gang ins Krankenhaus ab. Allerdings war der Besuch für Kinder unter zwölf Jahren untersagt. An diese Bestimmung dachte ich nicht, jedoch verlebte Jürgen seine ersten Schulferien in Jena bei seinen Großeltern, während Volker im Krankenhaus lag. Das warme Herbstwetter zeigte indes seine beste Sonnenseite, die Volker nur durch eine dunkle Sonnenbrille sah. Anders verlebte Jürgen diesen schönen Tag. Ihn schickte meine Schwiegermutter in einen nahegelegenen ‚Tante-Emma-Laden', den ich auch kannte. Er fand eine gähnende Leere vor. Aus allen Ecken kroch im mittäglich träge Müdigkeit entgegen, die vom Gesumme der Bienen und Fliegen gestört wurde. Aber noch etwas brach die Ruhe. Die einzige Kundin flüsterte mit der Verkäuferin über private Dinge, bevor sie den Laden verließ. Die Geheimniskrämerei trug dazu bei, dass Jürgens Neugier ihm ein Schnippchen schlug und er daraufhin seinen Auftrag vergaß. Auf die Frage der Verkäuferin hin, was er denn möchte, schaute er verdattert auf einen liegengebliebenen Käse. Weder mundfaul noch verlegen legte er das Geld und Lebensmittelabschnitte auf den Ladentisch und sagte: „Zwei Käse bitte!" Das übrige Geld rechnete er genau nach. Unverblümt äußerte er zur Verkäuferin: „Mich können Sie nämlich nicht beschummeln, ich passe genau auf!“ Grüßend verließ der kleine Frechdachs das Geschäft. Meine Schwiegermutter wartete schon auf ihn. Letztendlich hörte sie flinke Kinderfüße, die keine Geduld kannten. Mit ihm trat überschäumend Leben in ihre Wohnküche. Er legte das Restgeld zusammen mit dem Käse auf den Tisch. Sprachlos setzte sich seine Oma auf einen Stuhl, der neben dem Küchenherd stand. Ihre Sprachfertigkeit fand sie wieder, indem sie ihm eine Standpauke hielt. Der Raum nahm einen penetrant strengen Geruch an, der weder ein Scherz noch ein Irrtum war. Schmeichlerisch lehnte er sich an sie. Seine Ablenkung vom eigentlichen Kern des Sachverhaltes löste er auf die einfachste Weise. Er lief ein paar Schritte zum Fenster hin, dabei stieß er einige Seufzer aus, als hätte sich die gesamte Welt gegen ihn verschworen: „Ach Oma, was benötigst du schon Gries?“ Ihre errechneten Lebensmittelmarken kamen aus dem Gleise. Auf die Frage, was sie nun ohne Marken machen solle, antwortete Jürgen: „Dann nimmst du eben Neue!“ So oder ähnlich antwortete er immer, wenn sein Rechtsgefühl in Frage gestellt wurde. Mit dem Zusammenleben unserer Kinder änderten sich gleichsam ihre Ansichten. Die unterschiedlichen Eindrücke in ihrer Vergangenheit hinterließen Spuren, die vor allem bei Jürgen charakterlich ihren Herrn fanden. Wie Volker mehr zur Demut neigte, geriet Jürgen öfter mit Rainer in Streitereien, die seine Überlegenheit nicht verleugneten. Ein Zwillingspaar besuchte Rainer an einem regnerischen, kühlen Tag. Ab und zu regnete es so stark, dass der eiserne Fensterladen unseres Hausvermieters wütend ächzte. Mit einem Holzlöffel schlug Ramona im Takt der Regentropfen auf einen Topfdeckel. Mit jedem Schlag schloss sie ihre Augen. Meine Aufmerksamkeit galt insbesondere ihr. Wiederholt hatte sie Kochtöpfe aus dem Küchenschrank herausgezogen. In ihrem Bemühen, sie auf meine Bitte wieder einzuräumen, endete im Chaos. Ich band das unverschließbare

Schrankteil mit Bindfaden zu, um den Inhalt dem Zugriff Ramonas zu entziehen. Bei all dem unterschiedlich verursachten Klamauk vernahm ich Jürgens zornige Stimme. Eine Tür schlug heftig zu. Er suchte Unterstützung bei mir. Erregt brachte er neue Konflikte um seine Spielsachen in den Tagesablauf. Mit seiner Empörung darüber, dass Rainers Freunde seine Spielsachen anfassten, zeigte er eine völlig neue Eigenart. Die Saat, welche meine Schwiegermutter gesät hatte, strebte eigenwillig zum Licht.

***

Seit 1944 hatte ich meinen Bruder Rolf nicht mehr gesehen. Sein Leidensweg begann mit dem Urteil der faschistischen Militärgerichtsbarkeit wegen einer Prügelei mit einem U-Boot-Offizier. Da Hitler damals dringend Soldaten benötigte, lautete das Urteil: Strafbataillon. So war er zwar dem Tod entgangen, ein Zuckerschlecken war das Strafbataillon aber nicht. Nach dem Krieg arbeitete Rolf noch jahrelang in einem fremden Land. Das sibirische Klima und die schwere körperliche Arbeit untergruben seine Gesundheit. Trotzdem verlieh ihm seine Willensstärke Durchhaltevermögen, das ihm ein Wiedersehen in seiner Heimat ermöglichte. Bald nach seiner Rückkehr aus der Gefangenschaft heiratete er eine junge Frau, die ehemals freundschaftlich mit mir verbunden war. Das Wiedersehen mit meinem Bruder stand im Mittelpunkt des Tages. Vertrauensselig scherzten meine Kinder mit ihrem „neuen" Onkel und ihrer Tante, die sie geradezu animierten. Im Zeichen ihrer Zuneigung nahm meine Schwägerin Ramona auf den Arm. Die Zutraulichkeit brachte ihr den Namen „Pippi" ein.

Nach ein paar Tagen verließen uns mein Bruder und seine Frau wieder. Auf dem Fuß folgte mein Bruder Gerhard. Seitdem er sein altes Wohnrecht bei unseren Eltern in Anspruch nahm, geriet ich zweifelsohne in sein eng begrenztes Feld seiner Urlaubszeit. Noch am gleichen Tag stellte er einen Plan auf, in den er uns mit einbezog. Zur Verwirklichung dessen stiegen wir an einem warmen Sonntagmorgen in die Waldbahn nach Tabarz. Mein Bruder hing sich den prallvoll gepackten Rucksack um, der mit vielerlei Dingen für unsere leibliches Wohl versehen war. Insbesondere enthielt er viele unentbehrliche Dinge für meine Kinder. Ein selbst gebautes und oft bewährtes kleines Wägelchen führte mein Mann mit sich. Unweit der Haltestelle in Tabarz kehrten wir in ein Gasthaus ein. Die mitgebrachte Milch ließ ich aufwärmen. Zu unseren Brotschnitten tranken die Männer Bier, die Kinder und ich Limonade.
Als wir aufbrachen, schlug von fern eine Turmuhr die neunte Stunde. Am Ausgang des Ortes wiesen Hinweisschilder uns die Richtung. Der Weg führte an saftigem Weideland vorüber. Dahinter stand der schweigende Wald, eine Biegung des Weges brachte ihm uns näher. Um die Krümmung abzukürzen, nahm Gerhard Volker kurzerhand unter den Arm und sprang über einen Graben. Er rief uns zu: „Wir treffen uns am geraden Weg!" Ehe wir seine Absonderlichkeit begriffen hatten, verschwanden beide im Wald. An der vereinbarten Stelle warteten wir vergebens. Allesamt riefen wir mehrmals, jedoch wie es in den Wald hinein schallte, so kam es wieder heraus. Trieb gar ein Waldgeist seinen Schabernack mit uns? Nur stille Einsamkeit umgab uns. Gerhard und Volker blieben verschwunden. Rainer und Jürgen liefen unbeschwert mit einem Stock in der Hand voraus. Die neue Situation rief Zerrbilder hervor, die den Wald zu einem unheimlich wirkenden Irrgarten werden ließ, der die Vorsicht hervorrief. Verängstigt schaute Jürgen drein. Er sah den

Wald mit seinen Augen. Jene Erfahrung, die er dabei machte, lehrte ihn Grenzen einer möglichen Unberechenbarkeit niemals in Zweifel zu ziehen.

Reuevoll erkannte ich meinen Fehler, unsere nötigen Bedürfnisse im Rucksack verstaut zu haben. Auch meine Befürchtungen sowohl um Volkers als auch um Gerhards Wohl begannen mich sorgenvoll zu peinigen. Unser Schweigen brach Rainer, der sich dicht neben mir hielt. „Mutti, sehen wir Volker und Onkel Gerhard nie mehr wieder?“ „Doch, mein Junge!“ sagte ich. „Man kann sich im Wald verlaufen, aber Onkel Gerhard findet den richtigen Weg schon wieder!“ Jürgen krallte seinen Zeigefinger und ahmte eine Hexe nach: „Kommt in mein Häuschen, dort bekommt ihr zu Essen und zu Trinken!“ Je mehr Wald uns umgab, desto weniger glaubten wir, auf Gerhard und Volker zu stoßen. Überdies blieben wir ohne Nahrung; weder meine Vorwürfe noch mein Wunschdenken verhalfen zu einem ‚Tischlein, deck dich‘. Wegweiser blieben verborgen und so kam es, dass wir uns im Wald verliefen. Der immer schmaler werdende Weg endete schließlich als Trampelpfad. Kein einziger Mensch begegnete uns, der hätte Auskunft geben können. Die Wipfel der Bäume schlossen sich zu einem Dach zusammen, Gräser, Sträucher, Farne vereint mit Moos bedeckten den Boden. Aufgeschreckte Vögel flogen piepsend davon. Die darauf folgende Stille bedrückte. Beeindruckt von der wilden Natur ringsumher flüsterte Jürgen: „Wie im Märchen von Hänsel und Gretel!“ Niemand antwortete darauf. Meine Augen übersahen bisher die vielen Beeren, welche markenfrei und kostenlos an den Büschen hingen. Ramona weinte untröstlich. Wir hielten an, um Beeren zu sammeln, die wir in Ramonas kleinen Mund stopften, bis sie keinen Hunger mehr verspürte. Unsere Buben fassten schon längst mit spitzen Fingern ins Gebüsch. Mein Mann half mir, ihre knurrenden Mägen zu füllen, der ein Fass ohne

Boden blieb. Weiter liefen wir den Pfad entlang, bis er uns auf eine befestigte Straße führte. Bewunderungswürdig verhielten sich Rainer und Jürgen. Dennoch waren auch sie heilfroh, als wir dem Dunkel eines grünen Ungeheuers mit all den zahlreichen stechenden Schnaken entkamen. Mein Mann hoffte, auf einer Hinweistafel unseren Standort zu erfahren; aber nirgendwo nahmen wir eine solche wahr. Um nicht wie Gnome aus dem tiefen Wald einer zivilisierten Welt entgegentreten zu müssen, säuberte ich meine Kinder mit einem Taschentuch und ihrem Speichel. Auch ihr zerzaustes Haar bekam wieder eine ordentliche Frisur. Meine Handtasche blieb unsere einzige Habe, deren Inhalt sich als sehr nutzbringend erwies. Mit einem braunen Stift erneuerte ich an meinen Waden eine vorgetäuschte Strumpfnaht. Nach rechts oder links zu laufen, das war die Frage, die zum Streitfall führte. Ein untrügliches Gefühl zog mich in ein sanftes Gefälle. Zu jener Entscheidung bekannte sich die raue Wirklichkeit zu meinem Gefühl. Neben seinem Vati lief Rainer. Jürgen hielt sich am hinteren Teil des Wägelchens fest, während Ramona darin saß. Gedankenvoll lief ich nebenher. Meine Besorgnis um Volkers Wohlbefinden stieg ins Uferlose, wie nur eine Mutter empfand. Als Brillenträger besonders gefährdet, befürchtete ich das Schlimmste. Jedoch verschwieg ich meinen Gedankengang, der ebenfalls meinen Mann anfiel, wie er später eingestand.

Die Straße bog rechts ab. Was wir dann sahen, glich einer Fata Morgana. All meine heimlichen Verwünschungen gegen meinen Bruder lösten sich wohlgefällig beim Anblick seiner und Volkers Gestalt auf. Durch die Wahrhaftigkeit ihrer Personen brachen wir in ein Freudengeschrei aus. Nie werde ich das glückliche Zusammentreffen vergessen. Nicht einmal die Kleidung, die Volker trug, vergaß ich jemals. Jene irrtümlich begangene Planung am Morgen, welche meinen Bruder bewog, einen kürzeren Weg zu wählen, fand letztlich sein Ende. Nach der ersten Wiedersehensfreude galt unbestritten mein Gedanke den knurrenden Mägen. Meine nächstliegende Frage an meinen Bruder stützte sich auf die Möglichkeit eines essbaren Überbleibsels. Er schien meine Frage nicht zu verstehen. Ich machte ihm deutlich, dass er doch die Speisekammer für uns alle auf dem Rücken trug. Beleidigt wies er die Annahme von sich, dass er oder Volker davon gegessen hätten. Neben der befestigten Straße lief ein Graben entlang. Im Hintergrund stand drohend der dunkle Wald. Wir suchten einen geeigneten Lagerplatz, um unseren Hunger zu stillen. Neben Kartoffelsalat bissen wir hungrig in unsere belegten Brote. Der hastig getrunkene Milchkaffee gluckerte hörbar in unsere Mägen hinunter. Die gesamte Tagesration aßen wir im Nu auf, so dass die Folgen nicht ausblieben. Unsere drei Buben saßen nur wenige Schritte von uns entfernt. Sie erzählten sich erfundene Geschichten, bei denen sie herzhaft lachten. Auch Gerhard amüsierte sich über seine eigenen Witze mehr als wir. Bei diesem Picknick erfuhren wir auch, dass er mit Volker auf dem Inselberg weit ins Land geschaut hätte.

Mit dem Aufbruch hatte die Zeit den Nachmittag weit überholt. Müdigkeit kündigte sich an. Während ich Ramona ins Wägelchen setzte, stieg Volker zu ihr und ließ seine Beine herabbaumeln. Unser Marsch zur Waldbahn lag vor uns wie ein drohendes Gewitter, das zur Eile mahnte. Waldtiere sahen wir nicht, jedoch wunderschön gezeichnete Vögel flogen vor uns davon. Am Rande der abwärts führenden Straße sahen wir Eichelhäher auf einer hohen Kiefer. Sowohl durch ihre Größe als auch die Farbigkeit ihres Gefieders fielen sie allgemein auf. Besonders ihre schwarz-blau-weiß getupften Flügelfedern leuchteten weithin. Bei unserer Annäherung flogen sie mit einem Mordslärm in den Wald. Der scheue Rabenvogel gehört zu einer Art Waldpolizei, der bei drohender Gefahr mit aufgerichteter Haube die Tiere des Waldes warnt.

Wir erreichten das Ende der Straße und liefen auf einem breiten Weg weiter. Ein schmaler Seitenweg endete auf einer Lichtung, die uns liebreizend eine Wunderquelle von Naturlandschaft vermittelte. Sanfte Weiden folgten und gaben der Landschaft einen friedfertigen Charakter. An abgeernteten Feldern vorbei strebten wir dem Ort zu. Je näher wir kamen, desto bekannter wurde mir der Weg, den wir am Morgen fröhlich beschritten und der uns letztlich in die Irre führte. Noch einmal blickte ich zurück und betrachtete den kurvenreichen Weg, der am Beginn des Waldes meinen Blicken entschwand. Bald danach fuhr uns die Waldbahn nach Gotha zurück.

Hinter uns lag ein Tag, der irrtümlicherweise Querelen bereitgehalten hatte. Trotzdem hinterließ er unvergessliche romantische Naturwunder. Mein Bruder blieb einige Tage, welche er für Museumsbesuche nutzte. Vor seiner Heimreise druckste er um den heißen Brei herum. „Na, spuck schon aus, was dir Herzdrücken bereitet!" sagte ich. Finanziell stand ihm das Wasser bis zum Hals, wie er mir gestand. Seine Gutmütigkeit nutzte unsere Mutter weidlich aus. Sie verfügte über sein Sparguthaben und darüber hinaus erbettelte sie wortreich sein gesamtes Bargeld. Dies alles geschah in Form eines zinslosen Kredits, der weder schriftlich fixiert noch die monatlichen Raten festgelegt wurden. Erfahrungsgemäß blieb Gerhard auf der Durststrecke. Ich konnte ihm nur für die letzte Woche mein Wirtschaftsgeld zur Verfügung stellen. Als seine Schwester fühlte ich mich moralisch dazu verpflichtet. Mit seiner Heimreise verschwand auch mein Wirtschaftsgeld. Trotz meiner Briefe ließ er nichts mehr von sich hören. Erst, nachdem uns am Rande von Gotha eine freiwerdende Wohnung winkte, erhielt ich Einblick in Dinge, die das Licht scheuten.

Von jener heimlichen Geldangelegenheit blieb mein Vater in Unkenntnis. Er vergrub sich in seine Arbeit und überließ die finanzielle Handlungsfähigkeit meiner Mutter. Ihre Einstellung zu Geld verlief ohne Lernprozess. Sie versuchte gar nicht erst, Klarheit zu schaffen. Meine Briefe an Gerhard händigte sie ihm nicht aus. Zuvor bat er sie, anstelle der fälligen Raten mir das Geld zu senden, was sie jedoch - nach ihren Worten - vergaß. Auf dem besten Wege, sich in Dinge zu verwickeln, die am Ende nur Verdruss brachten, beteuerte dennoch meine Mutter, dass sie mir Geld zugesandt hätte. Gerhard fühlte kein Misstrauen, ihre Worte anzuzweifeln. Eines Tages fiel ihm ein Brief von mir in die Hände und die Lüge meiner Mutter platzte wie eine Seifenblase. Sein Eingeständnis, aus Bequemlichkeit einer Lüge Vorschub geleistet zu haben, machte den Verlust des Betrages nicht geringer. Aber was soll's - sie blieb trotzdem unsere Mutter. In meinem Brief brachte ich zum Ausdruck, dass das Geld zu verschmerzen sei. Eigentlich hätte sie aus der siebenjährigen Arbeitslosigkeit meines Vaters lernen müssen, wie man mit Geld richtig umgeht. Seine Diskriminierung bis hin zu uns Kindern, einschließlich der Zeit seiner ‚Schutzhaft' ruinierte wirtschaftlich nicht nur meine Eltern, auch für uns Kinder verfehlte das Erbe seine Schläge nicht.

***

Wenige Wochen vor unserem erneuten Umzug 1951 wurde mein Mann in seiner Funktion als Lehrer in Friedrichroda als Leiter eines Kinderferienheimes auf der Ebertswiese eingesetzt. Am Tag seiner Abfahrt zählte ich nachmittags unsere Lebensmittelmarken sowie das Wirtschaftsgeld zusammen. Als ich danach aufstand, spürte ich einen heftigen Schmerz im Kreuz, der eine weitere Bewegung blockierte. Meine Kinder lachten über meine schiefe Haltung. Ihre Unkenntnis zu einer plötzlich aufgetretenen Erkrankung machte sie ratlos. Sie kannten nicht den Namen dafür; peinlich berührt wusste ich es auch nicht. Das hereingebrochene Dilemma zwang mich, die richtige Entscheidung zu treffen. Mein nächstliegender Gedanke stützte sich darauf, dass nur ein Angehöriger der Polizei eine Gewähr für unsere Sicherheit bot. Sowohl Rainer als auch Jürgen setzten diesen Gedanken in die Tat um. Kurze Zeit später stand wahrhaftig ein Polizist neben mir. Auf seinen Vorschlag hin wollte er einen Arzt benachrichtigen. Im Interesse der Kinder verzichtete ich vorläufig auf medizinische Hilfe. Stattdessen bat ich ihn, meinen Mann zu benachrichtigen. Wie er mir sagte, stand die Telefonnummer schwarz auf weiß von einem Skilehrgang in seinem Notizbuch. Wenn ich auch an Wunder nicht glaubte, so hoffte ich trotzdem auf ein gutes Ende. Im Korridor stand ich weiterhin auf derselben Stelle und starrte die Wand an. Von Schmerzen gepeinigt, vernahm ich all den Unfug der Kinder. Meine unbegreifliche Lage zweifelte Volker mit den Worten an: „Sind die Schmerzen wirklich so groß? Es blutet doch nicht!" Durch seine stürmische Umarmung schrie ich auf: „Fass mich nicht an, mein Kind!" Rainer kam sogleich aus dem Kinderzimmer und zog Volker zur Seite. Neben dem unbekannten Schmerz, dessen Ursache ich weder kannte noch vergleichsweise ein Beispiel fand, lastete die Ungewissheit über die Versorgung meiner Kinder schwer auf mir. Mit der Hilfe unserer Hausmieterin Frau Storch konnte ich wegen ihrer Abwesenheit nicht rechnen. Zwangsläufig bat ich Rainer gemeinsam mit Jürgen um eine Unterredung. Volker spielte unterdessen mit Ramona im Kinderzimmer. Sich seiner Verantwortung bewusst begriff Rainer, dass er gebraucht wurde. Deutlich vernahm ich seine Worte: „Volker, du spielst mit Ramona, dass du ja auf sie aufpasst! Jürgen begleitet mich zu einer Konferenz, danach kommen wir sofort wieder!" Um die Wichtigkeit seiner Aufgabe zu dokumentieren, schloss er die Tür ab. Um die Besonderheit unserer Situation den beiden Buben begreiflich zu machen, appellierte ich an ihre Vernunft, mich zu vertreten, bis ihr Vati sie ablöste. Wenngleich meine ältesten Kinder selbst noch Hilfe benötigten, erledigten sie die notwendigen Aufgaben. Rainer öffnete die Tür. Mitleidig bat er mich: „Leg dich auf die Couch!" Wie aber sollte ich sie erreichen? Es war leichter gesagt als getan. Mit seiner Hilfe, so versicherte er mir, würde es schon gehen. Der kleine Gernegroß überschätzte erheblich seine Kräfte. Um mir Mut zu verleihen, ahmte Jürgen gebückt meine Schmerzen nach. „Na, siehst du, wenn ich es schaffe, gelingt es dir auch!" Jene Erkrankung, welche eine Blockade auslöste und dabei meinen Willen ausschaltete, so dass eine unberechenbare fremde Macht über meinen Körper triumphierte, kannte ich bisher nicht. In einem Meer aus Schmerzen gelang es mir, ein paar Schritte zur Couch zu machen, aber sie blieb auch in der vierten Stunde meiner Pein unerreichbar für mich.

Leise schlich der Abend heran, der weitere Probleme mit sich brachte. Meine Verzweiflung wuchs und mit ihr mein Bedürfnis, mich zu legen. Im Rahmen des Möglichen wusch Rainer Ramona. Das Abendbrot bereitete er mit Jürgen, der mich fragte: „Mutti, dürfen wir die restliche noch vorhandene Butter nehmen?" Die ohnehin wenige Butter wollte ich am Nachmittag mit Beginn der neuen Dekade einkaufen. Aber weit mehr bekümmerte mich Rainers Umgang mit der Brotmaschine. Wider Erwarten blieben seine Finger von der Schneide unverletzt. Leise hörte ich Ramona weinen; ihre immer wiederkehrende Bekundung: „Ich will zu meiner Mutti!" beantwortete Rainer kurz und knapp: „Sei endlich still, Mutti ist krank!" Seine energische Stimme übte auf sie eine Gehorsamspflicht aus. Da nach der Vorbereitung zur Nachtruhe gewohntermaßen allabendlich ein Gutenachtkuss folgte, kamen meine Kinder ausnahmsweise ins Wohnzimmer. Jürgen stemmte seine Hände in die Hüfte und stellte fest: „Du stehst doch immer noch hier. So schlimm wird es nicht sein, dich einfach auf die Couch zu legen!" Lautlos, aber gleichviel bedrückt, legten sie sich endlich nieder. Der Tag endete mit einem Fiasko. Es änderte nichts an der Tatsache, dass die Schmerzen mich blind und taub gegenüber äußeren Einflüssen machten. Mein Bestreben, mich auf die Couch zu legen, stand im Widerstreit mit meinem Unvermögen zu laufen. Ebenso wenig flog ein Vogel mit einem gebrochenen Flügel. Trotzdem erzielte ich nach jedem qualvoll gelungenen Schrittchen einen Erfolg, so dass ich endlich vor der Couch stand. Jedoch hinderte eine unsichtbare Barriere mich daran, die Couch einzunehmen. Ich überlegte verzweifelt, wie ich dem Schmerz zu Leibe rücken könnte. Mehrere Versuche misslangen. Ausgerechnet mich mit meinem durchtrainierten Körper musste so eine Geschichte umwerfen, dachte ich. Endlich lag ich mit Gebrüll auf der Couch. Unbedeckt sah ich in die sommerlich ruhige Nacht hinein. Viele Gedanken passierten vor meinem geistigen Auge Revue. Meine Gedankenfülle unterbrach ein Schlüssel im Schloss. Leise Schritte näherten sich mir. Meine Hoffnung erhellte die Problematik unserer Situation, welche insgesamt die Familie erfasst hatte. Auf die Frage nämlich, wohin mit vier Kindern und einer unvermutet hilflosen Frau blieb die Antwort ein Buch mit sieben Siegeln. Nach dem Willen meines Mannes sollte ich die mühselig erreichte Couch verlassen und mich im Schlafzimmer ins Bett legen. Dorthin zu gelangen bestimmte aber eine schmerzreiche Macht, die im medizinischen Bereich zu suchen war. Unerfahren mit solchen Leiden trug mich mein Mann ins Bett, was von einem einzigen Schmerzensschrei begleitet wurde. Infolge meiner plötzlichen Erkrankung lagen unsere Kinder im Bett, wie ihr Vati kritisierte. Unter Berücksichtigung Rainers und Jürgens Kindlichkeit verlief ihre Hilfeleistung nach den Regeln ihres Könnens, immerhin anerkennenswert. Bereits frühmorgens erteilte ein Hausarzt seine Anweisungen. Eine Nachbarin bot ihre sofortige Hilfe an. Sie betreute mich vor und nach ihrer Arbeitszeit. Außerdem wusch sie fortan unsere Wäsche. Die Berührung mit dem scharfen Seifenwasser erwies den Händen auf dem Rumpelbrett keinen guten Dienst. Unsere Sorgen um Ramonas Unterbringung erwiesen sich als unbegründet. Mit Hilfe eines Telefonats bekam mein Mann von einer Erzieherin die Zusicherung für ihre Obhut. Mit vier Kindern fuhr mein Mann nach Tabarz. Ohne große Verzögerung nahm er seine Arbeit wieder auf. Unsere Buben blieben in einer Gruppe zusammen, dagegen beanspruchte Ramona mit ihren zwei Jahren aufwendigere Betreuung. Mit sofortiger Wirkung fungierte die offene Tür zu unserer Wohnung als freier Zugang, was mir keine Gewähr für meine Sicherheit bot. Im Vordergrund stand meine Wiederherstellung, die mein Arzt zielstrebig vorantrieb. Soziale Belange ergänzte meine Nachbarin. Sie wusch mich, richtete mir mein Bett, lüftete, räumte auf, säuberte den Fußboden und das Treppenhaus, danach radelte sie zu ihrer Arbeitsstelle. Ihre kleine Familie bestand aus einem sechzehnjährigen Sohn und ihrem Ehemann, die sie gewohnheitsmäßig nach dem Strickmuster ihrer Bequemlichkeit in Trapp hielten.

Nach vierwöchiger Abwesenheit meiner Familie kehrten sie nach Hause zurück. Bei nicht allzu heftiger Bewegung lief ich bereits wieder; noch unterstand ich ärztlicher Betreuung. Freudig nahmen meine Buben ihr gewohntes Domizil in ihren Besitz, wobei Ramona schüchtern im Korridor blieb. Mit ausgebreiteten Armen trat ich auf sie zu und sprach: „Na, meine kleine Ramona, mein Schätzchen, bist du froh, dass du wieder zu Hause sein kannst?“ Danach drückte ich sie an mich, um ihre zarten Wangen zu küssen. In der allgemeinen Wiedersehensfreude nahm ich mein Töchterchen an die Hand und führte sie an ihr Bett, wo ihre gesamte Menagerie von Stofftieren gemeinsam mit den Puppen saß. Viele Nächte lang fertigte ich naturgetreue Tiere aus Afrika an. Zu ihnen hatten kleine Kinder ein besonderes Verhältnis. Stoffreste, Glasknöpfe, Perlen und Strickgarn besaßen alle phantasiereich begabten Hausfrauen. Ihre Liebe erfand tausend Wege, um die Seele eines Kindes zu erfreuen. Als Geburtstagsgeschenk erhielt Ramona von ihren Großeltern in Jena eine Garnitur buntfarbener Hühner aus Holz, die auf einer fahrbaren Plattform saßen. Die wechselseitig pickenden Hühner reagierten auf jede Bewegung, die ein Mechanismus auslöste. Da es ein Produkt aus Bürgel war und die Spielzeugindustrie keine Möglichkeit zur Massenherstellung bekam, blieb es eine Rarität. Auf die Besichtigung hin mit Ramonas Puppen, sowie all ihren Tieren, erfolgte meine Ermahnung, sorgfältig mit ihnen umzugehen. Sie warf ihre Menagerie samt und sonders auf einen Haufen. Mit ihrer gern zitierten Ausrede beendete sie die Umschau: „Kann Mona nicht!" Dennoch diente die anschauliche Darstellung ihrer Figuren als Lehrmaterial, das sowohl ihre Kenntnisse erweiterte als auch die Liebe zu Tieren formte.

***

Unsere gefährliche Wohnlage machte eine Veränderung notwendig, die durch eine Kollegin meines Mannes möglich wurde. Sie wohnte hinter dem Schloss, in einer Genossenschaftssiedlung am schmalen Rain. Die Reihenhäuser bildeten einen offenen Ring, den in der Mitte Geschäftshäuser auf Säulen teilten. Im ersten Haus wohnte unsere Vorgängerin. Ihre Einladung nahmen wir mit Interesse dankend an. Bei unserem Besuch konnten wir uns von der Wohnung ein Urteil bilden. Durch den Krieg verschlug es die Offizierswitwe mit ihren beiden halbwüchsigen Söhnen von Ostpreußen nach Gotha. Ruhelos zog sie es vor, zu einer Familie nach Westberlin umzusiedeln. Sie verwirklichte ihren Entschluss mit einem staatlich verbrieften Recht.

Reibungslos verlief die Zuweisung ihrer Wohnung an uns nicht. Mit allen uns zu Gebote stehenden Mitteln durchkreuzten wir eine Schieberei, die vor unserer Nase sich vollzogen hätte. Bevor die Kollegin meines Mannes ihre Brücken hinter sich abbrach, verkaufte sie uns ein paar Dinge für den Haushalt, zu denen eine unverwüstliche eiserne Stehlampe gehörte, die wir noch heute haben. Am 1. Oktober 1951 zogen wir in die Wohnung am schmalen Rain; das erforderte eine Umschulung in eine näherliegende Schule für unsere Kinder. Bei der Umschulung versuchte mich Jürgens Lehrerin von diesem Vorhaben abzubringen, weil er eine schöne Erzählweise hätte und positiven Einfluss auf die gesamte Klasse ausübte. Im Hinblick auf den weiten Schulweg, der Gefahren in sich barg, stimmte sie mir aber letztlich zu.

***

Der Frühling 1952 kündigte sich vorerst sorgenvoll an. Nach dem Winter blühte und grünte es, wie auch ein neues Leben in mir wuchs. Die Beliebtheit eines Gynäkologen drang auch an mein Ohr, der irrtümlich glaubte, dass Zwillinge zu unserem Kinderglück beitragen würden. Noch weniger trug eine männlich angebundene Unterhose am Bett dazu bei, meinen Zustand zu verändern. Meine Mutter prägte ihre Worte bei der sechsten Schwangerschaft. Nur durch ihre strenge Erziehung könnte ich die an mich gestellten Aufgaben lösen. Ihre Worte reichten zwar weit in meine Vergangenheit hinein, dennoch waren sie bemerkenswert und aufschlussreich. Als unbedeutendes Flüsschen, das normalerweise wie ein Bächlein dahinplätscherte, verwandelte sich der schmale Rain über Nacht in einen reißenden Fluss. Gewalttätig überflutete er nahegelegene Gärten sowie das Bahngelände. Die von den Wassermassen unterspülte Bahnunterführung schnitt außerdem den Schulweg ab. Sowie die kleine hölzerne Brücke passierbar war, erstreckte sich der Schulweg auf einer Umgehungsstraße doppelt so lang dahin. Nach einigen Tagen blieben nur noch Schlammreste davon übrig, die den Gärten ein hässliches Aussehen verliehen. Während sich meine Kinder an der Brücke aufhielten, stand fahrbereit das Wägelchen vor der Haustür. Das sonnige Wetter lockte uns in die Parkanlage. Nach wenigen Minuten eilte Rainer mit einem nassen Etwas uns entgegen. Ich empfing Jürgen und lief mit ihm schleunigst in unsere Wohnung. Im Bad kleidete ich ihn frisch ein, dabei verheimlichte er mir keinesfalls seine Unvorsichtigkeit. Beim Versuch, schöne Pflanzen zu erreichen, verlor er das Gleichgewicht, so dass er schneller als gedacht ins Wasser fiel. Er schrie um sein Leben, jedoch sein Bruder zog ihn wieder heraus.

Einem Spaziergang stand endlich nichts mehr im Weg. Eine Nachbarin rief mir lachend zu: „Na gut, dass Sie für den nassen Pudel noch weitere Kleidung haben!" Aus einer umfangreichen Hose meines Naumann-Großvaters arbeitete ich linksseitig einen Anzug für Jürgen. Um ihn zu komplettieren, nähte ich aus zwei feinen baumwollenen Hemden entzückende Hemdblusen. Was für das heutige Leben nur wie eine Bagatelle erscheinen mag, war in den fünfziger Jahren eine wertvolle Bereicherung, soweit die zusätzliche Nachtarbeit überhaupt nachzuvollziehen ist.

***

Die Langeweile trieb Rainer und Jürgen eines Tages unter die hölzerne Brücke. Ihr Vorhaben spazierte am Rand übermütiger Dummheit, die ihnen dabei noch Spaß verlieh. Sie banden ein Portemonnaie an einen langen Zwirnsfaden und warteten auf einen Finder. Mit einer alten Frau trieben sie ihren Schabernack, der soweit ging, dass die liegende Geldbörse sich ihrem Zugriff immer mehr entfernte. Sobald sie zufasste, verschwand der begehrte Fund, bis er endgültig ihren Blicken entschwand. Veralbert sah sich die Frau um; sie nahm zwischen den alten Brettern die beiden Frechdachse wahr. „Ihr Rotznasen, mit mir alten Frau Schindluder zu treiben! Das erzähl ich euren Eltern!" schimpfte sie. Mit allerlei unflätigen Worten lief sie weiter. Bedenklich geworden von dem Streich verließ Jürgen lustlos das Versteck.
Einige Tage später wiederholten sie ihren Streich. An mehreren Leuten probierten sie ihren Spaß aus, der ihnen immer mehr Schadensfreude bereitete. Ihre Eulenspiegelei verführte alte und junge Menschen gleichermaßen zu ihrer Erheiterung. Mit wippenden Beinen bewegte sich ein weiteres Opfer auf die Brücke zu. Der junge Mann blickte durch sehr starke Brillengläser, die seine abstehenden Ohren noch größer erscheinen ließ. Sein dunkelblondes Haar wuchs zu einer Halbglatze heran, die ihm Gewichtigkeit verlieh. Nichtsahnend bückte er sich, wie vor ihm andere Leute auch. Das Portemonnaie entzog sich jedoch seinem Zugriff.

Um die Täter auf frischer Tat ertappen zu können, beugte er sich übers Brückengeländer. Einen achtjährigen blonden Lockenkopf sah er, der sich gerade blitzschnell zurückzog. Geschickt sprang der junge Mann den Abhang hinunter und rief: „Hab ich euch erwischt, ihr Lausejungen. Mit solch einem Schabernack glaubt ihr mich hereinlegen zu können. Eure Eltern sollten davon erfahren, was für schwarze Raben ihr seid. Eurem

Vater gereicht es nicht zur Ehre, dass sich seine Jungen mit Lümmeleien hervortun!" Froh, jener unbehaglichen Begegnung entkommen zu sein, eilten sie nach Hause.

Artig wuschen sie sich die Hände und setzten sich an den Tisch. Zuweilen stießen sie sich gegenseitig an, um sich ihren Beistand zu bekräftigen. Meinen Augen entging ihre Heimlichkeit nicht. Allerdings bemühte ich mich vergeblich, ihr Geheimnis zu ergründen. Tags darauf hörte ich von einer Nachbarin diese Lausbubengeschichte.
Die Kenntnis von ihrer Eselei gestand mir Rainer daraufhin wortkarg ein. Jürgens Antwort war dagegen der Mühe wert, sie sich auf der Zunge zergehen zu lassen. Nach seinen Worten könne er habgierige Menschen nicht leiden, sie zu beobachten fand er spaßig. Später nahm ich eine sonderbare Entdeckung wahr. Das laufende Portemonnaie fand bei Kindern ein lebhaftes Interesse, der Langeweile den Garaus zu machen.

***

Das Geschäft mit den Geburten blühte in jener Zeit für die Hebammen. Jedoch scheiterte die Bereitschaft nach einem dritten oder vierten Kind nicht zuletzt am gebundenen Leben, was weniger Freiheit versprach. In der DDR entstand später ein legales Abtreibungsgesetz, was viele Frauen geradezu dazu ermunterte.[53.]

***

Um alle Hausbewohner näher kennenzulernen, fehlte mir die Zeit. Zufällige Begegnungen im Treppenhaus ließen keinen Zweifel daran, dass meine redegewandten Kinder sich als Plaudertaschen erwiesen. Im Haus übernahm Frau Greiner die Aufgabe, den Familien Lebensmittelmarken zuzustellen. Bei dieser Gelegenheit fragte sie mich, ob ich kunstgewerblich tätig gewesen sei; angesichts der Raumgestaltung unserer Wohnung. Meine kargen Antworten darauf in Verbindung mit ihrem erfüllten Auftrag mahnte sie die Zeit zum Aufbruch, jedoch ihr Hinterteil blieb im Sessel gefangen. Das peinliche Anhängsel abzuschütteln misslang. Mit einem Hauruck löste sie ihr monströses Hinterteil aus der Umklammerung des Sessels; künftig saß sie auf der Kante unserer Polstergarnitur. Jede Lebensgemeinschaft nahm einen anderen Verlauf. Die Biederkeit mancher Hausbewohner bis hin zu skrupellosem Verhalten verlieh einigen Familien kunterbunt ihren Leumund. Wie auch immer das Gerede seine Kreise zog, der Alltag forderte von uns allen die Pflichterfüllung mit einem mehr oder minder großen Arbeitsbereich. Ein Pferdewagen mit gesägtem Holz vor der Haustür bereitete uns Zufriedenheit, auch gleich viel Freude, was mit einem Fiasko endete. Sowohl durch die weit geöffnete Flügeltür im Hausflur als auch durch die sonst geschlossene Haustür erhellte ausnahmsweise das Tageslicht den Eingang. Der entfernte Kellerrost zwischen beiden Haustüren wurde zur Fallgrube für einen Hausbewohner. Weder die ungewöhnliche Helligkeit noch das Fuhrwerk, noch das aufgestellte Warnsignal nahm der hastig laufende Eisenbahner wahr. Sein Zug wartete natürlich nicht auf ihn. So kam es, wie es kommen musste; er fiel wie ein blinder Bär in das ein Meter tiefe Loch. Ein verstauchter Fuß war die Folge. Fluchend kletterte er wieder an die Oberfläche und hastete weiter zum Dienst. Am Tag darauf meldete er sich krank. Ein Kollege fügte später einer gerichtlichen Aussage in Erfurt hinzu, dass der Eisenbahner am Tag seines Unfalls auf den letzten Waggon des Zuges aufgesprungen wäre. Nach Anhörung beider Parteien sowie der Rekonstruktion des Unfallhergangs durch Vertreter der Versicherungsgesellschaft erklärte uns das Gericht für schuldlos. Die Gewerkschaft der Deutschen Reichsbahn strebte ein zufriedenstellendes Endergebnis zwischen dem Beklagten und dem Kläger an, so dass die Krankmeldung auf dem Weg zur Arbeit als Unfall betrachtet wurde. Einige Zeit vor der Gerichtsverhandlung versuchte die Ehefrau des Eisenbahners durch Bettelei von Zigaretten uns zum Werkzeug ihrer asozialen Verhaltensweise auszunutzen. Zu immer mehr Dreistigkeit ermutigt, wagte sie schließlich unverschämterweise Geldforderungen zu stellen, die wir nicht akzeptierten. Durch den Gerichtsbeschluss blieb die Erpressung unerwähnt und wiederholte sich nicht.

Meine sichtbar gewordene Schwangerschaft löste Frau Brahmel-Schmidts Zunge. Reuevoll erzählte sie von ihrer Kinderlosigkeit. Während des Krieges verwehte sie der Wind zu einem Künstler-Ehepaar in den Schwarzwald. In jener Zeit ließ sie sich zu einigen Abtreibungen überreden. Nach dem Krieg wurde ihr Mann in einem Thüringer Theater engagiert, aber der Wunsch nach einem Kind blieb ihnen versagt. Viele Frauen hörte ich ähnlich sprechen; sie forderten von der Natur, was sie vorher verweigerten. Im Hinblick auf die bevorstehende Geburt meines sechsten Kindes sowie dem sonnigen Spätherbst verband mein Mann die Zweckmäßigkeit, für seinen Unterricht Informationen einzuholen, mit einem Spaziergang. Im Arm hielt Rainer seinen unentbehrlichen Fußball. Schwatzend strebten sie fröhlich dem Park zu, während ich Kinderwäsche wusch. Der Stubenwagen stand ausgeschmückt zweckgebunden bereit. Das neue Erzeugnis ‚Perlon', ein vielversprechendes durchsichtiges Gewebe, nähte ich zu einer Kinderwagengarnitur. Darunter schimmerte die feine Stickerei noch zarter unter dem Bezug hervor.[54.]

Ungeduldig wartete ich auf die Heimkehr meines Mannes und der Kinder. Meine Unruhe wuchs zusehends mit der alltäglichen Stromsperre. Die Dunkelheit kroch in alle Räume. Schwarze Schatten warfen auf meine Seele eine schwere Last, der ich weder entrinnen noch mich ihrer erwehren konnte. Böse Ahnungen schürten meine Vorstellungen noch an. Endlich vernahm ich Geräusche an der Haustür. Mit dem Kerzenlicht sah ich in ernste Gesichter. Bevor ich mich äußerte, nahm ich Ramonas Verlust wahr. Mir schien das Herz stehen zu bleiben. Sonderbarerweise jagten Nebensächlichkeiten durch meinen Sinn. Frau Greiners Beschreibung von ihrem übertriebenen Herzstillstand fand noch Raum in meinen Schrecksekunden. Neben all diesen Nebensächlichkeiten durchzog eine Frage, meine Gedanken: Was ist mit Ramona geschehen? Obwohl ich mich an der Tischkante festhielt, versagten meine Beine. Ein Stuhl verhinderte, dass ich in eine dunkle Nacht fiel. Langsam begriff ich das volle Ausmaß. Die Unachtsamkeit meines Mannes brachte mich in eine desolate Lage. Wenn auch das Unglück seine Gesichtszüge gezeichnet hatte, verstand ich doch seine Unaufmerksamkeit nicht. Nach seinen Worten spielten die drei Buben mit ihren Freunden Fußball. Im inneren Schlossflügel unterhielt sich mein Mann mit dem Galerieleiter. Vor dem Schlosshof spielte Ramona allein im Sand. Jeder war mit sich beschäftigt. Die Jungen jagten besessen dem Fußball nach. Im Taumel ihrer wilden Jagd überhörten sie das Weinen Ramonas. Eine fremde Frau entfernte sich immer mehr mit Ramona. Sie durchlief den Schlosshof, um außerhalb in einem Gebäudeteil zu verschwinden. Eine große Suchaktion begann mit Hilfe der Polizei, jedoch Ramona blieb verschwunden. Uns telefonisch zu benachrichtigen, erachteten wir als eine Notwendigkeit. Da wir selbst kein Telefon besaßen, stand uns nur die Gehörlosenschule für polizeiliche Meldungen in dieser makabren Angelegenheit zur Verfügung. Nach dem Bericht verließ mein Mann unverzüglich unsere Wohnung. Die Kinder liefen ihm hinterher, denn auch sie fühlten sich mitschuldig am Verlust Ramonas. Bevor sie mich verließen, flehte ich verzweifelt: „Bringt mir meine Kleine wieder!" Mein Kopf fiel auf meine Arme, dazu flossen meine Tränen reichlich. Die schwärzesten Gedanken überfielen mich. Sollte ich nach Sylvias Tod auch noch Ramona verlieren? Mein gesunder Menschenverstand wehrte sich gegen jedes Negativbild einer inneren Zerstörung. Doch die Vorstellung, meine kleine Tochter könnte in einem Gewässer ertrunken sein, kehrte immer wieder.

Die Untätigkeit zu Hause hielt ich nicht mehr aus. Das fertige Abendbrot packte ich in eine Tasche und lief damit in die Gehörlosenschule. Jener Weg war von Sorgen begleitet, wie ich sie niemals vorher kannte. Ein Hinweis führte in das Empfangszimmer. Einige Stühle standen an der Wand. Rechts- und linksseitig lud jeweils eine Bank zum Sitzen ein. Die Sachlichkeit unterstrich ein Telefon im Zimmer. Auf einer Bank saßen unsere Buben wie Orgelpfeifen einträchtig nebeneinander. Appetitlos knabberten sie widerwillig an ihrem Abendbrot herum. Meine Meinung, sie müssten ihre Nachtruhe einhalten, wiesen sie beleidigt zurück. Ihr geschwisterliches Empfinden zeugte von ihrem Miteinander, das Beachtung und Anerkennung verdiente. Auch mein Mann wies Nahrung weit von sich. Hart traf ihn das unauffindbare Verschwinden Ramonas. Er wartete auf eine zufriedenstellende Lösung, die uns von der Ungewissheit befreite.

Meine Erregung nahm mit jeder Stunde zu. Ich bat meinen Mann, die Polizeiwache nach dem letzten Stand der Ermittlungen zu befragen. Er wurde mit dem Kommissariat verbunden. Das Gespräch hörte ich mit an; es konnte mich allerdings nicht beruhigen. Dennoch gab der Kommissar nicht auf, nach Ramona zu fahnden. Mit rauer Stimme forderte er meinen Mann auf: „Gehen Sie bitte aus der Leitung, ich rufe zurück, sobald sich etwas Neues ergibt." Deprimiert legte er den Hörer auf.

In der Aufregung übersah ich das Licht mitten in der Stromsperre. Erst durch den Zutritt des Hausmeisters und seiner Frau fiel mir das Licht im Zimmer auf. Die Schule besaß ein Aggregat, das im Notfall Strom erzeugte. Der Hausmeister und seine Frau gingen davon aus, dass im Rahmen der Möglichkeiten brauchbare Hinweise erzielt würden. Auf unsere Verneinung hin versuchten sie, unsere Niedergeschlagenheit günstig zu beeinflussen. „Die Aufregung in Ihrem Zustand untergräbt sowohl Ihre Gesundheit als auch die ihres Kindes!" Darauf wusste ich nichts zu sagen. Mit gekreuzten Armen unter ihrem üppigen Busen fügte die Hausmeisterfrau hinzu: „Die Mutterliebe erhöht sich mit der Kinderzahl. So hat es die Natur eingerichtet. Wir besitzen nur drei Kinder, aber wir möchten keinesfalls eines missen. Gelle Vater, es ist doch so?" Sie wandte sich ihrem Mann zu und hob ihren Busen dabei hoch, als wäre er ihr zu schwer. Nachdem wir wieder allein waren, wechselte ich ständig meinen Platz. Mal setzte ich mich, mal lief ich hin und her, wie mein Mann. Den angestauten Dampf in mir ließ ich an ihm ab. „Bei mir wäre die Kleine nicht abhanden gekommen", stichelte ich. „Wenn sie ertrunken ist, sterbe ich auch!" Obwohl mein Mann ebenso erregt war wie ich, hinderte es ihn nicht, mir zu sagen: „Du bist ja übergeschnappt und weißt nicht, was du redest!" Erzürnt erwiderte ich: „Wie kann man auch ein dreijähriges Kind allein lassen?" „Gefahrlos verließ ich Ramona für ein paar Augenblicke!" rechtfertigte sich mein Mann. „Ja, was aus dem Augenblick geworden ist, beweist ja faktisch deine Intelligenz!" Er schlug mir zornig vor: „Dann werde doch du Lehrerin!" Wir warfen uns noch einige Zeit Beleidigungen zu, dann setzte ich mich neben Volker auf die Bank und nahm seinen Kopf auf meinen Schoß. Danach wartete ich schmerzlich und hoffend auf eine frohe Botschaft, die noch fernab aller Bemühungen lag.

Inzwischen erzählte Rainer seinem Bruder Jürgen eine Geschichte von einer bösen Frau, die mit klosettdeckelgroßen Händen und ebensolchen Zähnen kleine Kinder holte. Jürgen revanchierte sich mit einer nicht minder gruseligen Geschichte. Ihr Gemurmel wurde vom Schrillen des Telefons übertönt. Während mein Mann den Hörer abnahm, sahen vier Augenpaare gespannt in sein Gesicht. Sichtlich erleichtert setzte er sich mit strahlender Miene auf einen Stuhl. Fortwährend hörte ich die vielsagenden Worte: „Ja, ja, na so was, ja, ja. Nehmen Sie unseren tiefen Dank entgegen!" Damit war das Gespräch beendet. Von tausend Ängsten befreit teilte uns mein Mann mit, dass Ramona unversehrt an ihrem Aufenthaltsort ermittelt wurde. Die Dunkelheit hüllte uns ein, als wir nach Hause strebten. Ermüdung stellte sich ein. Die nötigen Handgriffe erledigte ich im Handumdrehen. Auch das kleine Wägelchen stand fahrbereit. Etwas Nahrung legte ich in die Tasche hinein. Im Eiltempo beschritten wir den Weg zum ehemaligen Gesindehaus, das außerhalb des Schlosses stand. Hinter uns lagen menschenleere Straßen, die nur vom Mond beleuchtet wurden. Wir liefen durch den großen Schlosshof. Links vor dem zweiten Tor stand das besagte Gesindehaus. Wir wurden bereits erwartet. Eine Frau mit einem Kind auf dem Arm sah ich im Lichtschein stehen. In mir hüpfte das Herz freudig beim Anblick Ramonas. Eine unrasierte männliche Person in nachlässiger Kleidung führte eine Stall-Laterne mit sich, in deren Schein eine Frau mit unserem Töchterchen folgte. Ungeduldig rief sie: „Vati, Vati, Mutti, Mutti!" Sie strebte von der Frau weg, direkt lief sie in meine Arme. Im Wägelchen aß sie sofort heißhungrig die belegte Butterschnitte. Erstaunt stellte die Frau ihren Appetit fest. Sie sagte: „Oftmals bot ich ihr Nahrung an, aber weder das Eine noch das Andere wollte sie essen oder trinken!" Im Schein der Laterne sah ich, wie mein Mann Geldscheine in die schmutzige Hand des unheimlichen Mannes legte. Heimwärts atmete Ramona auf: „Ach, ich bin froh, dass ich wieder bei dich bin!" Jene Worte prägten sich tief in meine Seele ein. Am folgenden Morgen, als ich das Bett verließ, ergoss sich unvermutet das gesamte Fruchtwasser ins Schlafzimmer. Um die Liebesfrucht existenziell dort zu belassen, wo sie war, ordnete mein Gynäkologe an, flach zu liegen. Am gleichen Abend stellte sich eine Wirtschaftshilfe bei uns vor, ohne mein Wissen, versteht sich. Eine ärztliche Forderung beim Sozialamt ermöglicht mir eine sofortige zuverlässige Frau für die Zeit eines halben Jahres die ich kostenlos in Anspruch nehmen durfte. In Anbetracht der kritischen Situation brachte mein Mann die beiden Jüngsten vorübergehend ins Kinderheim nach Tabarz. Für Nichtangehörige von Carl Zeiss Jena erhöhten sich die täglichen Kosten pro Kind um fast das Doppelte. Dennoch berücksichtigten wir die Tatsache, dass die Betreuung im städtischen Kinderheim zwar kostenlos war, aber ‚Stundenhalter' ihre Arbeit verrichteten. Wenig Liebe umgab die Kleinen dort. Hingegen verband sich im Zeiss-Kinderheim in Tabarz Liebe und Zärtlichkeit mit ihrer Tagesordnung vortrefflich. Mein Mann durfte die Kinder besuchen, wann immer er wollte. Inzwischen lag ich den fünften Tag flach im Bett. Für die tägliche Hausarbeit vertrat Frau Jähnisch mich vorzüglich. Von acht Uhr morgens bis zum Nachmittag wirtschaftete sie selbständig in unserem Haushalt herum. Sie lachte mit Rainer und Jürgen über jede Kleinigkeit. Nach der dritten Geburtseinleitung geschah keine Besonderheit, die eine Geburt vorantrieb. Zunehmend rochen meine dicken Unterlagen nach fauligem Fruchtwasser, das sich immer wieder ansammelte und abfloss. Ihre Befürchtung darüber teilte Frau Jähnisch meinem Mann mit. Nachdem dreizehn ergebnislose Tage hinter mir lagen, fragte mein Mann telefonisch den Gynäkologen, wer denn nun dafür die Verantwortung trug. Der Arzt sagte ihm, dass er genauso verantwortlich sei wie mein Mann. Außerdem fügte er hinzu, dass ein Krankenwagen bereitstände, wenn ich nicht gebar. Für diese Voraussicht packte mein Mann sowohl die notwendige Wäsche als auch persönliche Dinge ein, die mich in die Lage versetzten, für den nächsten Tag vorbereitet zu sein. Punkt siebzehn Uhr begann der „Unhold Schmerz“ urplötzlich von mir Besitz zu ergreifen. Weder schwoll er an noch nahm er ab. Die Stärke glich einem Vulkanausbruch, der sich nicht aufhalten ließ. Frau Meier versuchte die Hebamme zu erreichen, welche mit dem Gynäkologen in Verbindung stand und mich jeden zweiten Tag besuchte. Doch die gute Frau ließ sich Zeit. Frau Meier saß so lange neben mir, bis die Hebamme eingetroffen war. Unvermindert hielt der Schmerz an. Manchmal verlor ich die Besinnung, aber die Hebamme holte mich mit ein paar Schlägen auf die Wange in die Wirklichkeit zurück. Zuerst erschien der Po. Er sah glanzvoller aus als eine Glatze, sagte mein Mann. Die Füßchen folgten hintereinander. Nachdem der Rumpf strapaziös den Ausgang verlassen hatte, blieb der Kopf hängen. Mit Hilfe der Hebamme trat auch dieser schließlich ans Licht der Welt. Erschöpft schloss ich meine Augen. Der gequälte Leib und die Oberschenkel zitterten wie Espenlaub. Schweißbedeckt vernahm ich eine Stimme: „Jeder andere Gynäkologe hätte Ihr Kind operativ geholt!“ Voller Stolz legte mir die Hebamme das Neugeborene auf die Brust.[55.] Wie ein Wunder empfand ich die Lebendigkeit des kleinen Wesens. Dass das Kind geboren wurde, noch bevor die ärztliche Entscheidung seine Wirksamkeit verlor, beglückte mich. Die Aufregung um Ramonas Verschwinden trug zweifelsohne vorzeitig zum Sprung der Fruchtblase bei. Auch die Lage des Kindes blieb mir verborgen, die eine Normalität verhindert hatte. Die Hebamme nahm mein Baby, um das Gewicht auf ihren Händen zu schätzen. Von einem Metermaß las sie die Länge ab. Sowohl das Kind als auch ich lagen später gesäubert im Bett. Putzmunter sahen sich Rainer und Jürgen ihren kleinen Bruder an. Mein Mann fragte sie: „Seid ihr mit dem Namen Andreas einverstanden!“ Kein Einspruch erfolgte. Ihre Aufmerksamkeit widmeten sie dem Puppengesicht des Neugeborenen. Der kleine Mann steckte gefräßig seine Hand in den Mund und sog geräuschvoll daran. Die Annahme, dass er hungere, zerstreute die Hebamme. Wenn auch die Ausstattung des Stubenwagens seinem Geschlecht widersprach, so trug die Farbe seiner sonstigen Kleidung einen neutralen Charakter. Jedoch gemessen an den Schmerzen der Geburt blieb die Farbe der Ausstattung eine Nebensächlichkeit, die erst später an Bedeutung gewann. Hinter mir lagen qualvolle Tage und Stunden, die ich versuchte abzuschütteln. Jürgen legte seinen Kopf auf meine Brust und fragte: „Beginnen alle Menschen ihr Leben so klein?“ Rainer klärte ihn auf. Zum Schluss brach zwischen ihnen ein Streit aus, den mein Mann schlichtete. Da unser sechstes Kind mit dem Po zuerst auf die Welt kam, ordnete der Arzt eine längere Liegezeit an. Wir verschoben daraufhin das Weihnachtsfest um einige Tage. Überraschend und plötzlich hörte ich von der Stationsschwester, dass Frau Jähnisch mit einer Nierenkolik in das Krankenhaus eingeliefert wurde. Nur eine Operation konnte helfen. Jene unglückliche Wendung in unserer Situation machte eine Soforthilfe notwendig. Binnen kürzester Zeit nahm eine andere Frau die Hausarbeit auf. Die Weihnachtsfeier fand dann am 29. Dezember 1952 statt; meine Schwiegereltern nahmen daran teil. Zuvor hatte mein Mann Volker und Ramona aus dem Kinderheim nach Hause geholt. Wir sparten monatelang die noch seltenen Handelsartikel auf.

***

Seitdem unterschiedliche klassenbedingte Auffassungen im geteilten Deutschland die Politik beherrschten, glaubten viele Bürger, die knappen Waren hätten ein Ende gefunden. Angesichts des florierenden Kapitalismus vor der ostdeutschen Haustür prallten die Meinungen aufeinander. Konrad Adenauer, der als Kanzler die damaligen Westzonen zusammenschloss, war nicht nur der Wegbereiter der Remilitarisierung in Westdeutschland, er missachtete auch die Abkommen von Jalta und Potsdam. Er lehnte jegliche Verständigung mit dem östlichen Teil Deutschlands ab. Desgleichen rüttelte er an der Oder-Neiße-Grenze, was den Kalten Krieg noch verschärfte.[56.] Die Gegensätzlichkeit der zwei Staaten im geteilten Deutschland verhärteten sich immer mehr, so dass eine Koexistenz in weite Ferne rückte.

***

Ein sonniger Wintertag erhellte unser Gemüt. Ahnungsvoll hing der Frühling in der Luft, was mich dazu bewegte, den Stubenwagen mit Andreas darin auf den Balkon zu stellen. Während ich seine Wäsche aufhing, schaute Frau Meier um die Balkontrennwand. Was ich von ihr zu hören bekam, verschlug mir die Sprache. Ihre Kenntnis fand in mir eine aufmerksame Zuhörerin. Nach dem Unterricht meines Mannes berichtete ich ihm von der Verbreitung verständnislosen und obszönen Gewäschs Frau Greiners: „Mir sterbenskranker Frau verweigert man jede Unterstützung, dagegen stellt der Staat für junge Weiber kostenlos Arbeitskräfte zur Verfügung, wie man es bei der Nachbarin sieht. Sie hecken drauflos, so dass ihre Stube überquillt von Bälgern. Mit dem charmanten Wesen meiner hübschen Nachbarin verdreht sie ihrem armen Mann wahrscheinlich seinen Kopf, verstehen Sie? Die Kinder sind zwar sehr nett, dennoch wundere ich mich über die schöne Kleidung und die ihrer Mutter. Unsere Nachbarn können ihre Pakete aus Westdeutschland kaum verbergen, das verriet mir ihr blitzblank bearbeiteter Fußboden, von dem man essen könnte." Weitere Ausführungen erübrigten sich, die an unserem Entschluss sowieso nichts änderten. Solange ich keine Nachfolgerin für Frau Klinger nachwies, fühlte sie sich für mich verantwortlich; bis dahin blieb sie. Des Öfteren versuchte sie mich umzustimmen. Sie erinnerte an das alleinige niedrige Einkommen meines Mannes. Aus dem dummen Gerede sollte ich keine voreiligen Entschlüsse ziehen.

Unsere Anzeige stand sehr bald in der Zeitung, worauf sich eine Mittvierzigerin meldete. Niemals bereute ich diese Veränderung. Frau Stapf behandelte unsere Kinder verständnis- und liebevoll. Mir stand sie umsichtig zur Seite. Ihre gut gemeinten Ratschläge erwiesen sich stets vorteilhaft. Der Wechsel der Haushälterinnen verlief reibungslos. Meine Dankbarkeit äußerte ich gebührend Frau Klinger, welche uns ungern verließ. In unserer Nähe wartete aber eine dringende neue Aufgabe auf sie. Über sechs mutterlos gewordene Kinder brach das Unheil herein. Ihr Vater suchte pietätlos sein Vergnügen anderswo, was er weder leugnete noch verheimlichte. Seine Ehefrau lag noch nicht unter der Erde, da überließ er die Kinder bereits ihrem Schicksal.

***

Ein Ereignis überschattete meine eigenen Unterleibschmerzen, die sich kurz nach der Geburt von Andreas bemerkbar machten. Kurz entschlossen lief ich mit Ramona zu Doktor Tauschke, jedoch schreckte mich die Fülle von Patienten ab. Zum Glück fiel mir die noch wenig bekannte Poliklinik ein. Schnurstracks suchten wir sie auf. Dort musste ich nicht einmal warten! Kaum blieb mir Zeit, Ramona mit Spielzeug zu beschäftigen, da vernahm ich auch schon meinen Namen. Vertrauenerweckend untersuchte mich eine Ärztin. Auf dem Nachhauseweg klangen mir ihre Worte noch nachhaltig im Ohr. Zu Hause angekommen, erkundigte sich Frau Stapf nach dem Ergebnis, dem ich weniger Bedeutung zumaß, als ihm zustand. Mit den Worten „Was glauben Sie, wo wir herkommen?“ unterbrach ich sie. „Ich denke, von ihrem behandelnden Arzt?“ sagte sie. „Denken Sie nicht voreilig, sondern hören Sie mir erst mal zu!"“erwiderte ich. Auf meine Begründung hin schaute sie mich erst einmal an, als käme ich von einem anderen Planeten. Weiter fuhr ich fort: „Durch die letzte Geburt entstand nicht allein ein wild zusammengewachsener Riss, auch ein Darmbruch bedingt eine Operation. Aber nicht vor einem halben Jahr, sagte mir die Ärztin!“ Auf jene Aussicht hin verzog Frau Stapf ihr Gesicht und meinte: „Na, verwunderlich ist es nicht. Oft stellen sich während der Operation noch unvorhergesehene Dinge ein!“ Nacheinander kamen unsere Buben und mein Mann aus der Schule. Viel Aufsehen erregte meine Darlegung nicht, vielmehr versank sie im täglichen Einmaleins.

***

In der Tat entschied über das persönliche Geschick eines Jeden stets ein anderer Mensch. Es saßen die Kriegswunden noch zu tief in den Menschen, als das nicht auch die Nachkriegszeit, in der wir immer noch lebten, seine Gebrechen zeigte. Nach und nach verbesserten sich zwar die Lebensbedingungen, aber das versprochene Ziel der Regierung lag noch in weiter Ferne. Weder der Militarismus noch die Rüstungsindustrie ließen sich zur

Einsicht bekehren. Mit Argwohn schauten die Völker auf die Großmächte, verlogen verkündeten jene ihre jeweils allein richtige Ideologie. Trotzdem loderten die Flammen des Krieges an anderer Stelle auf. Auch in der damaligen ‚Ostzone' revoltierten aufgebrachte Gegner.[57.] Bereit, die Knarre umzudrehen, um nach Osten zu ziehen, wie Zeiss-Arbeiter in Jena sagten. Statt ihre Kraft für die Allgemeinheit einzusetzen, stürzten sie sich in kleine Abenteuer. Nur wenige äußerten ihren Unmut offen auf der Straße. Das daraus allein nicht Revolutionen entstanden und entstehen, gab westlichen Medien die Waffen in die Hand, welche den Aufruhr zusammenhanglos wiedergaben.

***

Auf dem Weg zur Mütterberatung begleitete uns Ramona. Ihr Händchen umfasste die Stange vom Kinderwagen. Aus dem Wartezimmer klang uns das Geschrei von vielen Babys entgegen. Bald saßen wir auf einer Bank, bis unser Baby namentlich aufgerufen wurde. Ramona flüsterte mir ins Ohr: „Unser Schätzchen ist am schönsten!" „Alle Kinder sind niedlich, wenn man sie liebt" antwortete ich. Letztendlich untersuchte und wog ein Kinderarzt meinen kleinen Schwerenöter. Doch wie staunte ich, als er aktenkundig das Geburtsgewicht von acht Pfund und 382 Gramm mit seinem Befund verglich. „Soviel kann das Baby nicht zugenommen haben!" stutzte er. Er bezweifelte das Geburtsgewicht. Einige Tage später teilte mir eine Hausbewohnerin Ramonas Missgeschick mit. Ich sprach eindringlich mit Ramona darüber. Sie bekräftigte mit ihrem kindlichen Ehrenwort beim Umgang mit dem Baby vorsichtiger zu sein. In meiner Abwesenheit trieb sie auf dem Balkon ihre Kinkerlitzchen so weit, dass ihr kleiner Bruder im Stubenwagen

mitsamt seinem Bettchen nach vorn hinausfiel. Beim Anblick jener Akrobatik musste es jedem Zuschauer Angst und Bange werden. Wie sie das Baby wieder in die vorherige Lage brachte, blieb ein Geheimnis zwischen dem Geschwisterpaar.
Unsere Mahlzeiten regelte noch immer die Rationierung. Obwohl der Engpass vor allem bei Fleischwaren, Fisch, Obst und Gemüse sich auswirkte, behauptete der fleischlose Eintopf vorrangig seinen Platz. Mit ein paar Tropfen Öl gaukelte ich Fettaugen hinein. Diesen Tipp gab mir Frau Stapf, ihrer Meinung nach würden die Augen mitessen.

Im Hinblick auf Sonderangebote besuchten wir das Kaufhaus. In der Kurzwarenabteilung verhalf mir der Zufall zum Erwerb von Lederknebeln, die einen Seltenheitswert besaßen. Dem Vorhaben, für meine Buben Wintermäntel zu nähen, stand nun nichts mehr im Weg, zumal ich auch Lodenstoff bekam. Die Ausstattung fürs Innenleben eines Mantels verlief im Handel problemlos. Als wir das Kaufhaus wieder verließen, wehte ein laues Lüftchen uns den Duft von Bratwürsten in die Nase. Wir stellten uns an die Reihe. Jede Bratwurst kostete neben Fleischmarken 85 Pfennig. Die halb gar gebratenen Würste lagen dicht nebeneinander, zusehends schrumpften sie jedoch zusammen. Zwischendurch wurde die glühende Holzkohle neu entfacht. Wie ein Luchs beobachtete Volker die kleinen Würste. Er wandte sich an den Mann und sagte: „Die Würste sind mir zu kurz, so eine möchte ich bitte, wie sie in dieser Schüssel liegen!" „Die sollst du haben, mein Junge", versicherte ihm der Mann. Volkers Freude über die versprochene Wurst war nicht von langer Dauer. Er schaute unablässig auf die stetige Veränderung der selbst ausgewählten Wurst, die kurz und kürzer wurde, bis sie sich vom Anblick her nicht mehr von den anderen Würsten unterschied. Für ihn war es ein unerklärlicher Vorgang, den er mit seiner Wurst verdaute. Während der Schleckerei ahmte er seinen Vati nach, wobei seine Jacke befleckt wurde. Damit gab er mir Anlass, ihn zu tadeln. Zufrieden strebten wir nach Hause. Unsere drei Buben liefen plaudernd voran, während Ramona mit ihrem Brüderchen im Kinderwagen spaßte.

Mit meinen Aufgaben am Morgen überfiel mich ein Schmerz im linken Wadenbein, der stündlich zunahm. Als Frau Stapf ihre Arbeit aufgenommen hatte, schlug sie mir sinnigerweise vor, mein schmerzendes Bein in Ruhestellung hoch zu lagern. Jener Vorschlag prallte mit meinem Unvermögen zusammen, aufzutreten, so dass er sich schließlich als erhebliche Erleichterung erwies. Damit allein war das Problem jedoch nicht gelöst. Die Hände einer Mutter sind unentbehrlich, sie fehlen überall. Eine sofortige Unterbringung unserer Kinder stand zur Debatte. Frau Stapf sicherte mir ihre Hilfe zu, indem sie die Kinder, außer Ramona zu sich nahm. Der Berufswechsel ihrer Tochter ermöglichte eine Unterstützung sowohl im Haus als auch im Garten. Nach der Einweisung Ramonas in ein nahegelegenes evangelisches Kinderheim, das für drei Wochen ihr Zuhause ersetzen sollte, stellte sich eine schnelle Besserung meiner Nervenentzündung ein. Sobald ich in der Lage war, mit Hilfe eines Stockes zu laufen, lebten auch meine Kinder wieder bei uns. Jedoch wirkte sich die Behinderung als Störenfried aus, der meinem Anspruch auf die bisherige Gepflegtheit nicht gerecht wurde. Unbeugsam gewann mein Wille die Oberhand, um den Stock in die Ecke zu verbannen. Die Unterstützung durch Frau Stapf stellte ich dabei nicht unter den Scheffel; sie begünstigte vielmehr die Möglichkeit, mich aufzurappeln.

***

Mit der Beendigung des Schuljahres legten mir meine Buben ihre Zensurbücher des Jahres 1953 zur Unterschrift vor. Jürgens

Zensuren, aber auch seine Beurteilung, erfreuten mein Herz. Rainers Beurteilung fiel hingegen mit einer Kritik aus. Ich sagte zu ihm, dass seine Unlust zum Lernen ihm später nicht sehr viel nutzen würde. Jürgen fügte meinen Worten selbstbewusst hinzu: „Rainer wird Spaßvogel und ich Arzt, das liegt klar auf der Hand!" „Sei still, du Klugredner, dafür spiel ich besser Fußball. So ein Gernegroß will mein Bruder sein!" Frau Stapf versuchte, ihre Streiterei zu beenden, indem sie mit ihrem Urteil den Nagel auf dem Kopf traf: „Zankt euch nicht! Der eine ist schlau, der andere klug. Was soll es, es liegen noch viele Schuljahre vor euch!"

Des Öfteren sprach mein Mann von einem neuen Schulsystem ab dem neuen Schuljahr, das seine Verwirklichung in der Zentralisierung der Berufe finden sollte. Damit entzog die Volksbildung meinem Mann und seinem Kollegen Habedank ihre Fachklassen. Fortan waren sie gezwungen, allgemeinbildenden Unterricht zu erteilen. Eine verstärkte Weiterbildung, insbesondere für Mathematik, Deutsch und Geschichte erfolgte.

Während sich unsere drei Buben an der Ostsee erholten, drückte mein Mann die Schulbank. In dieser Zeit besuchte mich mein Bruder Manfred mit seiner Frau. Sie bedauerten, unsere Kinder nicht angetroffen zu haben. Ein Grund mehr für sie, die Aufmerksamkeit auf den gering zu zahlenden Beitrag für das Ferienlager zu lenken, der aus Unkenntnis heraus zum Streitfall führte. Manfred und Marga begriffen nicht, dass wir pro Kind 60 Mark bezahlten, sie hingegen nur Zwölf. Sie glaubten, wir würden uns irren. „Ihr vergesst, dass der Gewerkschaftstopf unterschiedlich groß ist, außerdem die Kinder eines Lehrers vor allen anderen vorbildlich sein müssen. Ihre Visitenkarte tragen sie nämlich symbolisch auf ihrer Stirn. Ein Sprichwort sagt ‚Lehrers Kinder und Pfarrers Vieh gedeihen selten oder nie!'" „Aber Schwester, so zynisch kenne ich dich gar nicht" sagte mein Bruder. Mit dem bekannten Zeichen an dem bewussten Piepmatz beendigte ich das leidige Thema. Zum Streithammel artete mein Bruder öfter aus, das war nicht neu. Unser Gespräch plätscherte seicht dahin, so, als verlief unser Leben sorglos. Ramona kam aus dem Kinderzimmer und beschwerte sich: „Immer muss ich allein spielen!" „Na freilisch, de kleene Ramona is ja ooch noch da! Komm, meine Kleene, zum Onkel!" Seine Aussprache verriet deutlich unsere Herkunft. Gutmütig nahm er Ramona auf den Schoß, was ihr sichtliches Wohlbehagen bereitete. Wenige Tage später kehrten unsere Buben aus dem Ferienlager zurück. Die Spuren vom Sand am Meer führten in die Koffer, Hosentaschen und Beutel und überall dorthin, wo er erwünscht war.

Während seines vierwöchigen Urlaubs besuchte mein Mann mit Jürgen und Volker seine Eltern. Der Zufall trieb ihn in Jena einem ehemaligen Kollegen zu, der ihm verheißungsvoll einen Hinweis für eine bessere Verdienstmöglichkeit gab. Die Tatsache, dass in der Fachschule für Feinmechanik und Optik in Jena sowohl Lehrkräfte als auch Unterrichtsräume benötigt wurden, erkannte mein Mann als Chance, um in eine höhere Gehaltsklasse zu avancieren. Weder meine Leistung noch die damit verbundene fremde Umgebung insbesondere für unsere Kinder fanden dabei Beachtung. Mit der Einstellung meines Mannes versicherte ihm der Schulleiter goldene Berge, die sich ein paar Jahre später als Trümmerhaufen erwiesen. Die anfänglichen Schwierigkeiten, in Jena eine Wohnung für uns zu finden, löste mein Mann mit Beharrlichkeit. Wieder überschattete mich ein Umzug, für den ich allein die Verantwortung trug. Kaum lag eine Nervenentzündung hinter mir, wartete die nächste auftreibende Aufgabe auf mich. Der Sprung ins kalte Wasser erfolgte Ende August 1953. Nach den Worten meines Mannes standen uns in Jena vier Zimmer und eine große Küche, Speisekammer sowie ein großer Balkon zur Verfügung. Ein langer Korridor trennte uns von einer jungen Familie, die im letzten Teil jener Wohnung zwei zusätzliche Zimmer bewohnte. Nach dem Sportstudium des jungen Mannes wurde ihnen eine eigene Wohnung zugesichert. Mit dieser Information musste ich mich begnügen, denn sie entschied über ein friedliches Familienleben. Für eine weitere Beschäftigung für Frau Stapf war gesorgt. Ihr Abschied verlief tränenreich, insbesondere der Kinder wegen. Einige Tage vor unserem Umzug bemerkte ich ihre rot verweinten Augen, die sie dem Zerkleinern von Zwiebeln zuschob.

***

Nach unserem Umzug verlief der Neubeginn durchaus nicht wie geplant. Unsere Möbel standen mehrere Wochen übereinander. Der lange Korridor glich einem Lagerraum, aber keiner Wohnung. Für die alten Leute, die die Wohnung noch blockierten, bot die Behörde statt einer altersgerechten Wohnung Bodenräume mit Dachluken an. Mit all ihren noch verbliebenen Kräften wehrten sie sich gegen das ihnen zugewiesene Loch, bis sie endlich eine menschenfreundlichere Wohnung erhielten. Danach begann die eigentlich schwere Arbeit, die die Grenze des Machbaren überschritt und die Nächte zum Tag werden ließ. Wir kauften Vorstreich- und Lackfarbe für acht große Fensterrahmen und ebenso viele Türen. Diese Erneuerung überließ mein Mann mir, die Säuberung fiel sowieso in meinen Bereich. Er montierte die Treppenbeleuchtung, die er als notwendig erachtete.

Nach dem Gewaltakt erkrankte Andreas an Keuchhusten, der rechtzeitig bekämpft wurde; nunmehr bedrohte ihn jedoch eine beginnende Lungenentzündung. Gemeinsam mit dem Arzt packten wir nach wenigen Tagen das Übel an der Wurzel.

Wenngleich der Herbst mit seinen Stürmen und viel Regen den nahenden Winter ankündigte, erhielt Andreas seine völlige Genesung zurück. Mit ihm auf dem Arm, Ramona lief neben mir, überquerten wir eine symmetrisch angeordnete Straßenkreuzung, die mehr einem Platz glich. Mehrere Straßen und Wege nahmen hier ihren Anfang oder endeten hier. Ein kleines unterirdisches Flüsschen nahm seinen Lauf wieder auf, daneben führte ein breiter Weg entlang. Einige Villen standen direkt am Wegesrand. In einer solchen Villa wohnte und praktizierte unser Hausarzt. Zielstrebig besuchten wir ihn in seiner Sprechstunde. Nachdem er beide Kinder untersucht hatte, lautete seine Diagnose: Vollkommen gesund! Zufrieden verließ ich ihn. Vor dem Haus sprach mich seine Frau an. Ihre drei Buben bereiteten ihr Sorgen, sagte sie. Die sechsjährige Tochter des über ihnen wohnenden Kinderarztes unterschied sich von ihren Söhnen, denen sie täglich die Ohren langziehen musste. Wir liefen nach diesem Gespräch die wenigen Schritte heimwärts, vorbei am plätschernden Flüsschen sowie am Gemüsehändler, der einen Teil seiner Ware mit steifen Händen vor dem Geschäft verkaufte. Seine rote Nase trotzte dem Wind, der kalt über die Straßenkreuzung fegte. Bald folgte die Weihnachtszeit. mit all ihren Heimlichkeiten. Manche Wünsche, die der Handel noch nicht für uns bereithielt, blieben unerfüllt. Die Duldsamkeit maß sich mit der Torpedierung von Waren, welche als bewirkende Kraft den friedlichen Handel behinderten. Kurz vor Weihnachten besuchte mich ein älterer Herr. Er warf mir eine Lizenz auf den Tisch, die besagte, dass er die unter uns liegenden Räume zu einer Kneipe umfunktionieren dürfe. Unsere Wohnung gehörte dazu, sie wäre ihm bereits zugesprochen, behauptete er. Mit brutaler Manier verlangte er: „Kurz und bündig, Sie müssen hier raus und die Familie da hinten ebenfalls!“ Ich hielt ihm entgegen: „Und wenn ich mich weigere?“ „Dann bin ich morgen mit dem zuständigen Angestellten vom Wohnungsamt und dem Räumungsbefehl wieder hier!" Tatsächlich stand ich ihm und dem Beamten vom Wohnungsamt am nächsten Tag gegenüber. Ein Schriftstück mit der Zusicherung unserer Wohnung hielt mir unser Nachfolger unter die Nase. Mein Protest verlief nutzlos. Angesichts seiner kompetenten Begleitung gelang es ihm, mich ins Bockshorn zu jagen. „So kurz nach unserem Umzug von Gotha nach Jena, der mit Schwierigkeiten unser Leben erschwerte; die Renovierung uns auch nicht erheiterte. Gleichwohl die anschließende Erkrankung meines Kindes uns aus dem Gleichgewicht brachte. Und nun haben Sie beschlossen, dass wir unsere sieben Sachen packen?" Andreas hielt ich an seinem Händchen fest, während Ramona auf einem Sessel saß. Sie schaute interessiert von einem zum anderen. Auf meine Aufzählung hin blieb mir der ältere Herr nichts schuldig. Herzlos erwiderte er: „Mich geht das gar nichts an, was Sie und Ihre Familie betrifft!" „Aber mich!" sagte ich. Er zog seine prall gefüllte Brieftasche aus dem Mantel und warf mir einen Fünfzig-Mark-Schein auf den Tisch. Mit einer Gönnermiene fügte er großtuerisch hinzu: „Das wird wohl für Ihre Auslagen genügen!" „Nehmen Sie Ihren schmutzigen Geldschein von meinem Tisch, Sie geldgieriges Ungeheuer. Wo der Zimmermann das Loch gelassen hat, werden Sie wohl wissen. Und nun raus, raus. Noch ist das hier unsere Wohnung!" Empört entließ ich beide Herren und warf die Tür hinter ihnen zu. Ich umarmte meine verängstigten Kinder. Ramona flüsterte in mein Ohr: „Waren das böse Männer?" „Ja, einer so böse wie der andere!" sagte ich. Um die Mittagszeit erwartete ich meinen Mann mit unseren Kindern vom Weihnachtsmarkt zurück. Nach längerer Pause am Mittagstisch wies ich auf den unfreundlichen Besuch hin. Nach den Worten meines Mannes stand das Recht auf unserer Seite und war somit nicht anfechtbar. Eine ernsthafte Bedrohung sah er in dem Besuch nicht. Seine Sorglosigkeit hing an einem dünnen Faden, der die Bestechlichkeit außer Acht ließ. Mit den Werktagen nach dem Weihnachtsfest öffnete auch das Wohnungsamt seine Türen. Trotz meines vorherigen Rausschmisses wagte sich der Angestellte mit drei Wohnungsangeboten gutgelaunt zu uns. Weisungsgemäß mussten wir wohl oder übel einem Angebot zustimmen, wenn wir eine Zwangsräumung verhindern wollten. Um denen das Handwerk zu legen, die unseriöse Handlungen betrieben, fehlte uns die Erfahrung. Während Andreas pünktlich seinen Mittagsschlaf hielt, besichtigten wir mit Ramona eine Wohnung, die nur wenige Minuten von unserer entfernt lag. Vier Zimmer, Küche mit Speisekammer, ferner einen langen Raum mit Toilette umfasste sie. Die Wohnung wies auf pflegende Vorgänger hin. Möglichst bald sollte der Umzug erfolgen, wie uns befohlen wurde. Kurz vor Neujahr zogen wir in die Maxim-Gorki-Straße um. Unsere schulpflichtigen Kinder mussten ihre Schulklassen nicht wechseln; das entsprach auch unserem Interesse. Die Speditionsrechnung übergab mein Mann der Wohnungsbehörde. Im Nachhinein wurde mir bewusst, mit welch einem rücksichtslosen korrupten Subjekt wir verhandelten und somit in sein gesponnenes Netz liefen. Die durch ihn verursachte Eigennützigkeit blieb jedoch nicht im Verborgenen, wie wir später durch seine Amtsenthebung erfuhren.

Nach einigen Tagen lief Ramona in ihren Hausschuhen bis an die nächste Straßenecke. Weinend gestand sie einem patrouillierenden Polizisten ihren Namen und dass sie in der „Gurkenstraße mit der großen Nummer“ wohne. „So, so, dann zeig sie mir mal!“ sagte er. Von allen anderen Hausnummern unterschied sich unsere tatsächlich in der Größe. Allein erkundete Ramona ihre Umgebung gar zu gerne. Ein halbes Jahr später trug ich ihr zuweilen auf, ihren kleinen Bruder für kurze

Zeit zu beaufsichtigen. Sein Temperament überflügelte noch Jürgens Phantasie. Andis kleine Eskapaden hielten mich oftmals in Atem, was in mir Gewissenskonflikte um meine gewaltlose Erziehung hervorrief. Zu oft standen meine Methoden im Mittelpunkt fremder, aber auch familiärer Kritik. „Wo der Verstand fehlt, tritt die Gewalt an dessen Stelle" sagten die einen. Andere wieder vertraten ihren Standpunkt nach der modernen Linie: „Die Finger eines Kindes zu züchtigen, verhindert seine Überlegung!" Nach meiner Erfahrung erreichte ich mehr durch eine nie müde gewordene Erklärung, Gerechtigkeit und Konsequenz, wobei ich dabei manchmal mogelte. Eine aufgestellte Erkenntnistheorie besagte: „Die mit lockeren Handgelenken und Riemen erzogenen Kinder wiederholen es als Erwachsene bei ihren Kindern!" Jene Meinungen trugen bei mir weder Früchte, noch unterdrückte ich einen Nachahmungstrieb.

***

Während eines Besuchs erzürnte sich meine Mutter, einerseits über die Zahl meiner Geburten, andererseits über meine Dummheit, eine Abtreibung moralisch anzuzweifeln. Nach ihren Worten fänden auf der Welt millionenfach Abtreibungen statt. Um die Familien weniger umfangreich anwachsen zu lassen, wäre eine Abtreibung immer noch das kleinere Übel. „Nein!" widersetzte ich mich, „Ich verabscheue so etwas!" „Und wenn keine staatlichen Querschläger deine Karriere verhindert hätten?" Verärgert antwortete ich: „Frag besser, wer Hitler zur Macht verhalf und so einen unsinnigen Krieg anzettelte, der 50 Millionen Menschen das Leben kostete. Die Geschädigten an Körper und Geist dabei gar nicht inbegriffen!" Meine Mutter ging zu ihrem Thema zurück. Sie ging davon aus, dass ein bis drei Kinder in den Ehen seit langem die Regel wären. Mehr davon belasteten das Portemonnaie sowie die Frauen. Diese Worte klangen nicht freundlich in meinem Ohr, zumal ich hieraus einen Vorwurf entnahm. „Wenn alle Kinder geboren wären, die gezeugt wurden, gäbe es mehr von ihnen in den Familien. Leichtsinn oder gar Haltlosigkeit lassen sich aus den Geburten nicht entnehmen." sagte ich. Damit war das Thema beendet.

Nachdem meine Mutter abgefahren war, erachtete es der Konsum für zweckmäßig, dass seine Kundschaft auf die neuen Öffnungszeiten hingewiesen wurde. Der Verkauf von Lebensmitteln fand im ständig belebten Laden statt. Darum verlegte ich die Einkäufe in die Nachmittagsstunden, weil dies auch für meinen Arbeitsablauf günstiger war. Nach kurzer Zeit ergänzte ein zweites, noch größeres Schild die Tür: „Hier werden Nichtberufstätige nur in der Zeit von 7 bis 12 Uhr bedient!" Jener missverständliche Hinweis brachte mein Blut in Wallung. Meine persönliche Beschwerde fiel in taube Ohren. Daraufhin verlangte ich von der Verkaufsstellenleiterin das Beschwerdebuch, das sie mir nicht gern aushändigte. Am folgenden Morgen stand ich mit zwei Milchkrügen im Gedränge der Frauen. Mal geriet ich auf die rechte Seite, mal auf die linke. Resolut forderten berufstätige Frauen über meinen Kopf hinweg ihre Wünsche. Eine Wanduhr zeigte auf halb acht, was sofort in mir eine Kehrtwendung auslöste. Ergebnislos lief ich aus dem Geschäft. Im Hausflur öffnete unsere Hauswirtin die Tür. Sie teilte mir mit, dass mein Jüngster seinen Nachttopf aus dem Fenster entleerte. Meine Entschuldigung nahm sie mit den Worten an, dass dies nicht das erste Mal gewesen sei. Eilig stieg ich in die zweite Etage hinauf; je mehr ich mich der Wohnungstür näherte, desto stärker vernahm ich zwei Hitzköpfe streiten. Es krachte an der Tür, das Schlurfen von Füßen war hörbar. Die beiden Raufbolde hielten inne, als ich die Tür öffnete. Ihr zerzaustes Haar sprach Bände. Volker und Ramona spuckten zielgerichtet an einen Pfosten. Die meisten Treffer gehörten dem Sieger, wie sie mir erklärten. Andi rannte mit seinem leeren Nachttopf in die Küche. „Was ist denn hier los? Das ist ja ein schöner Budenzauber, bevor der Unterricht beginnt!" rief ich.

***

Im Mai 1954 zerplatzte eine Seifenblase im Amtsbereich des Direktors meines Mannes. Manipulation sowie die zum Steigbügelhalter bestochenen Mitarbeiter bedeckten die Machenschaften ihres Direktors, die trotz aller Verschleierungstaktik eine Revision gründlich aufdeckte. Die Waage von Justitia zeigte für die umfangreich veruntreuten Gelder keine Nachsicht. Das Gericht verurteilte den Gesetzesbrecher zu einer mehrjährigen Zuchthausstrafe. Eine neue Stellenbesetzung des Lehrkörpers war die Folge. Die Wahl zwischen einem Direktstudium in Plauen oder der Lehrtätigkeit als Berufsschullehrer fiel meinem Mann nicht schwer. Er wechselte wieder in die Gewerbeschule über. Im Spätherbst erhielten wir eine Nachricht, welche uns zu einem Grundstück berechtigte. Es lag über den Mühltaler Gartenanlagen romantisch von Wald umgeben. Ein hoher Holzzaun, der zu angrenzendem Privatbesitz führte, versperrte den Eingang. Während Andi schlief und mein Mann drei unterrichtsfreie Stunden zu verzeichnen hatte, besichtigten wir mit Ramona das arg verwilderte Grundstück. Am Ende der Maxim-Gorki-Straße führte linksseitig ein breiter, steiler Weg durch einen steinigen Tunnel. Danach reihte sich Garten an Garten. So weit das Auge reichte, begrenzte ein hoher Zaun die einseitig rückwärtig liegenden Gärten bis zum Wald. Vor dem Zaun schlängelte sich ein schmaler Graben entlang. Er trennte durch einen breiten Weg die gegenüber liegenden Gärten. Den Zutritt zu ihnen unterbrachen mehr oder weniger ansehnliche Pforten. Wir liefen jenen Gartenweg aufwärts, vorbei an einem privaten Zugang, der zu einem hübschen Häuschen gehörte. Davor bearbeiteten die Besitzer ihr Land für ihren eigenen Bedarf. Hinter ihrem Haus lag eine Viehweide, die sie auch als solche benutzten. Die Grenze begradigte das Grundstück, was uns zugewiesen wurde. Dorthin gelangte man nur durch das private Anwesen einer Bewohnerin. Als Witwe bewohnte sie hoch oben ein kleines verträumtes Häuschen, das von Bäumen und Büschen umgeben, einen gewissen Reiz ausstrahlte. Es wirkte wie ein Puppenhaus am nahen Kiefernwald, der sich dunkel dahinter abhob. Unweit davon erreichte man das ehemalige Kinderferienlager. Das Waldgebiet ‚Stern' gehörte zu meinem schönsten Kinderparadies.

Bevor wir an der Gartentür des Besitzers klingelten, nahmen wir ein großes Warnschild wahr: „Vorsicht, bissiger Hund!" Darüber stand ein kleines Namensschild, das unser Begehren rechtfertigte. Erwartungsvoll schauten wir über die vergitterte Tür. Ihrer Größe entsprechend schaute Ramona zwischen den Latten hindurch. Eine Stimme bat uns, näher zu treten. „Na, wird der Hund uns auch nicht beißen?" fragte ich zurück. Wir stiegen einige Stufen hinauf. Neben einem verglasten Wintergarten wartete Frau Schelde auf uns; ihren Schäferhund hielt sie am Halsband fest. Er bellte uns Unbekannte an, bis die Stimme seiner Herrin ihn mahnte. Unsere Bekanntschaft mit der Bewohnerin verlief freundlich, jedoch im Wesentlichen sachbezogen. An einer ungehobelten Gattertür, die neben Buschwerk ihr verborgenes Dasein fristete, hing ein verrostetes Vorhängeschloss, das sie uns öffnete. Wir liefen einen Trampelpfad steil abwärts und standen mitten in einem abfallenden, terrassenförmigen Grundstück, das ein Garten werden sollte. Die obere Begrenzung reichte direkt bis zum Wald. Eine alte Linde bedeckte mit ihren Zweigen einen baufälligen Steinunterstand. Ein schöner breiter Weg teilte den oberen Hang vom unteren, und ein ebenflächig angelegtes Erdbeerfeld sowie weitere Nutzung folgte. Frau Schelde wies stolz darauf hin, stellte sie doch sowohl ihre Arbeitskraft als auch Düngung und Wasser zur Verfügung. Auf meine Frage, ob denn der Vorgänger keine Frau besaß, antwortete sie: „Ach, die bekam ich ja nur selten zu Gesicht. Weder beschmutzte sie sich ihre Hände noch krümmte sie ihren Rücken!" Und sie fügte hinzu: „Aber ihr Mann verachtete die Arbeit nicht. Der schöne Weg hat ihm gewiss viel Schweiß und Mühe gekostet!" Der Weg verlief schnurgerade im schrägen Gelände. Der untere gerodete Teil brachte viele Steine an den Tag. Wie man einen Komposthaufen anlegt und seine Wertigkeit einschätzte, lernte ich erst später. Mehrere Pflaumenbäume, Holunder- und Weißdornbüsche markierten die untere Grenze, darunter befand sich ein steiler, kurzer Hang. Gegenüber lag der Landgraf, der sich als beliebtes Ausflugsziel für viele Jenaer darbot. Überhaupt umgab das Grundstück eine Umgebung, die märchenhaft war. Sie bewirkte, die Abenteuerlust unserer Kinder anzuregen. Heimwärts schmiedeten wir Zukunftspläne. Ramonas Plappermäulchen floss über wie ein Wasserfall.

Zu Hause erwarteten wir unsere Kinder aus der Schule. Einer nach dem anderen klingelte. Ramona öffnete die Tür und flüsterte jedem die Neuigkeit ins Ohr. Rainer suchte bei mir die Bestätigung für ihre Flüsterpropaganda. Während wir zu Mittag aßen, überraschte uns Andreas im Nachthemd. Er begründete seine Selbständigkeit damit, dass er jetzt ausgeschlafen hätte. Mit nackten Füßen versuchte er die Tür zu schließen. Ich fragte mich dennoch, wie er wohl aus seinem hohen Bettchen geklettert sein könnte.

Um die Vorstellungskraft unserer Kinder in die Wirklichkeit umzusetzen, zogen wir nach dem Nachmittagsunterricht meines Mannes mit Handwerkszeug in den Garten. Da ohnehin die Ernte vorüber war und der Winter nahte, sollte der Eingang an der hinteren Seite seine Berechtigung erhalten. Wir liefen den gleichen Weg wie morgens, jedoch erkannten wir die Zweckmäßigkeit, vor dem ersten Häuschen abzubiegen. Nach einer breiten grasigen Zufahrt verengte sich der Weg, bis er sich durch wild wachsende Büsche gabelte. Es folgte ein ebener Boden, der zu einem weiteren Grundstück führte. Der Nutzeffekt entsprach gleich Null. Hohe Gräser und Unkraut breiteten sich in wilder Unordnung aus. Den Eigentümer schien sein Naturreich wenig zu stören, die Umzäunung war im sichtlich wichtiger. Um einen unabhängigen Zugang zu unserem Garten zu schaffen, sägten wir einen Pflaumenbaum am Boden ab. Die erforderliche Breite begradigten wir und setzten zwei Pfosten für eine Tür; einige Nachmittage benötigten wir dafür.

Danach fuhr mein Mann kurzfristig nach Berlin. Seine Unterrichtsstunden beinhalteten zusätzlich das Fach Geschichte, welches ein Extrastudium voraussetzte. In jener Zeit unterlag mein Dasein mehr denn je einer Stresssituation. Darüber sprach ich zwar nicht, dennoch begann sie zu nagen. Im Februar 1955 zog ich Ramona in aller Frühe auf dem Schlitten zum Bahnhof. Die Kälte biss ins Gesicht und der Schnee knirschte unter meinen Füßen. Mitfühlend ließ der Bahnhofsvorsteher die durchgefrorenen Kinder mit ihren Müttern in einen geheizten Barackenraum eintreten, bis der vorgesehene Zug einfuhr. In dem Raum schlug uns eine Hitzewelle entgegen. Wenn auch der eiserne runde Ofen darin altmodisch wirkte, so erzeugte er doch eine Wärmekapazität für zwei Räume. Die unterschiedliche Außen-

und Innentemperatur spornte die Fürsorglichkeit vieler Mütter geradezu an. Nachdem sich die Kleinen aufgewärmt hatten, fuhr der Zug ein. Das Erholungsheim, in dem Ramona vier Wochen verbringen sollte, um durch die Luftveränderung ihr Ekzem in der Armbeuge zu kurieren, lag auf der Insel Rügen. Zwei Erzieherinnen begleiteten die Kinder. In größeren Bahnhöfen verabreichten Rote-Kreuz-Schwestern heißen Tee, Milch oder Kakao, so dass für ihr leibliches Wohl gesorgt war. Für die vierwöchige Erholung bezahlten wir wohlgemerkt keinen einzigen Pfennig!

***

Die erste Maht neigte sich dem Ende zu, auch in unserem Garten wäre sie zweifelsohne notwendig gewesen. Eine Sense bezog ich deshalb in meine Überlegungen mit ein. Die Zugänglichkeit einer solchen verlangte viel Geduld. Fragte ich im Eisenwarenhandel danach, bekam ich häufig eine wohlbekannte Antwort: „Haben wir nicht, fragen Sie später wieder nach!" Inzwischen wuchsen die Brennnesseln vom Eingang aufwärts zu einem gefürchteten Ungeheuer heran. Weder gärtnerische Erfahrungen noch Lehrbücher erweiterten meine Kenntnisse, noch standen mir Sämereien oder Blumenzwiebeln zur Verfügung, um das Grundstück fachgerecht zu gestalten.

Als die großen Schulferien begonnen hatten, beendete auch mein Mann sein Studium in Berlin. Er setzte fort, was ich durch Beharrlichkeit in Bewegung gebracht hatte. Nach einer langen Wartezeit bekam er glücklicherweise eine Sense angeboten. Sein erster Versuch damit misslang. Auch Sensen will gelernt sein. Besonders über das Dengeln besaß er keinerlei Vorkenntnisse, was ja für einen guten Schnitt die Voraussetzung ist. Das stümperhafte Drauflosschlagen währte nur kurze Zeit, denn die lang ersehnte Sense hielt mein Mann halbiert in Händen. Entsetzt sahen wir auf die andere Hälfte im Boden. Stolz stand der hohe Wuchs der Brennnesseln immer noch. Die Dringlichkeit für eine zweite Sense war das Resultat, jedoch fiel auch diese einem Ungeschick zum Opfer. Der Ratschlag, die Sense aus der Hüfte heraus zu schwingen, hatte sein Ziel verfehlt. Die dritte Sense und eine Sichel erleichterten zwar unser Portemonnaie, aber dafür fielen endlich die Brennnesseln zu Boden. Danach hängte mein Mann die Sense an den berühmten Nagel und legte sich in die Hängematte, die zwischen zwei ausgewachsenen Kirschbäumen hing.

Die Buben verließen freudestrahlend das Gartengelände. Sie eilten den Berg hinauf und verschwanden im Wald. Ramona lief ihnen weinend nach. An der Gartentür blieb sie stehen, wohl sah sie ein, dass ihre Brüder ohne sie das Weite suchten. Betrübt kam sie den schmalen Weg zurück. Unlustig nahm sie Andreas wahr, der für sie aber nur das notwendige Übel darstellte. Zwischen einem Baby und dem temperamentvollen Quengler lagen immerhin zweieinhalb Jahre, die in ihrem Alter eine lange Zeit bedeuteten. Offensichtlich stand ihrem Interesse nichts mehr im Weg. Nach ihrem Sinneswandel folgte schließlich eine praktikable Lösung, die sowohl ihr als auch ihrem kleinen Brüderchen vielerlei Möglichkeiten zum Spielen bot. Auf dem oberen Hang begann ich Rasen zu mähen. Nach jeder Reihe schärfte ich die funkelnagelneue Sichel. Um die erwünschte Schnittlänge zu erreichen, schlug ich mehrmals auf die Grashalme ein. Dazwischen alarmierte mich die Zänkerei der beiden Kinder. In unmittelbarer Nähe des Erdbeerfeldes wuchs die Rasenfläche so sehr in die Höhe, dass ich es nicht mehr ansehen konnte. Wehleidigkeit half da nicht, die Hände rühren erreichte mehr. Auch die intensiven Sonnenstrahlen hielten mich nicht von meinem Vorhaben ab, den ungepflegten Wiesenrain mit der Sichel zu bearbeiten. Schweißbedeckt und erschöpft setzte ich mich danach unter einen schattigen Baum. Mein Blick fiel auf das ausgetrocknete, ungepflegte Erdbeerfeld. Mit neuem Elan lief ich zu meinem Mann, der noch immer in der Hängematte lag. Ärgerlich sagte ich: „Du könntest dich nützlich erweisen und gemeinsam mit mir das Erdbeerfeld bearbeiten!“ Seine bequeme Ausrede lautete: „Insbesondere widme ich mich hier den erholsamen Stunden, um neue Kraft für meine Unterrichtsstunden zu schöpfen. Also bitte, lass mich in Ruhe!“ „Immer schöpfe, schöpfe nur. Du möchtest weder in der Sonne braten noch deine Hände beschmutzen!“ sagte ich enttäuscht. Ich wandte mich allein der Feldarbeit zu, um den Boden zu jäten, der ebenso viele Steine wie Erde aufwies. Während ich fast verdörrte, hörte ich schwatzend unsere drei Buben die Gartentür öffnen. Auf dem Pfad fragte mich Jürgen: „Wir sind doch pünktlich zur Vesperzeit gekommen, Mutti?“ Unter der alten Linde aßen wir unser Vesperbrot und tranken Malzkaffee dazu. Hinsichtlich des Planes für eine Laube, die uns sowohl vor Überraschungen schützen als auch für persönliche Zwecke dienen sollte, mangelte es uns nicht an Gesprächsthemen. Obwohl die einzelnen Teile dazu schwer zu beschaffen waren, begann mein Mann mit der Vorarbeit. Neben dem geraden Weg erhob sich eine Anhöhe, die zum Wald führte. Seine Grenze markierten Holzpflöcke, die ein einfacher Draht miteinander verband. Nach der Skizze meines Mannes musste er an jenem Hang Erde abtragen, um einen Freiraum für die vorgesehene Laube zu schaffen. Mein Blick schweifte hinüber zum Landgrafen. Überwältigt von der waldreichen Umgebung sprach ich meine Kinder an: „Seht nur, wie friedlich der Wald vor uns liegt. So sah er nicht immer aus. Im Krieg wurde auch er gezeichnet. Fesselballons erhoben sich bei Alarm in die Lüfte, um feindliche Bomber zum Absturz zu bringen. Ihre Aufgabe stand wenig wirksam dem verheerenden Bombenhagel gegenüber, die zerstörten, was fleißige Hände einst errichteten. Strom-, Gas- und Wasserrohre, Eisenbahnen, Schienennetze, Bahnhöfe, Häuser und Zivilisten fielen den Bomben zum Opfer. Die Armeen in allen Staaten operieren nach ihren eigenen Plänen, egal wie viele Zivilisten getötet, verwundet oder besitzlos gemacht wurden. Für die Rüstungsindustrie erwies sich stets eine kriegerische Auseinandersetzung als ein lukratives Geschäft." Wir beendeten die Vesper, zumal die Buben meinen Worten nicht mehr zuhörten. Sie rannten aus dem Garten. Der Wald verschluckte bald ihre Stimmen; was sie dort trieben, hinterließ Spuren an ihren Hosen. In den großen Ferien gingen wir beizeiten in den Garten. Unermüdlich arbeitete mein Mann an unserer Behausung, wobei ihn niemand daran hinderte. Ungeahnte Reserven trugen im Hochsommer zur Fertigstellung der Laube bei. Wir nahmen sie freudig in Besitz, aber meine Begutachtung verlief wenig diplomatisch. Ich setzte das Wort ‚schief' an den Anfang meiner Kritik, die Missfallen auslöste. Mit einem primitiven Lot versuchte mich mein Mann wortreich von dem gelungenen Bauwerk zu überzeugen. Er rief die Kinder zu sich und fragte: „Ist die Laube schön?" Einhellig riefen sie: „Ja, sogar sehr schön!" Zur Zufriedenheit seiner Betrachtungsweise formulierte ich meine Worte wohlklingender. „Beachtlich ist die Laube gebaut, die zudem auch niedlich aussieht. Bis auf die Kleinigkeit, dass sie nicht ganz senkrecht steht." Der Besitzer des unteren Häuschens harkte seine moosige Wiese, die an unser Grundstück angrenzte. Er war ein Mann der Tat, den die Fertigstellung unserer Laube interessierte. Wohlwollend begutachtete er sie von allen Seiten, um letztlich festzustellen, dass sie schief sei. Hässlich erwies sich der kleine Schönheitsfehler zwar nicht, dennoch ließ er sich auch bei genauer Betrachtung nicht wegmogeln. Sowie mein Mann die Laube beendet hatte, legte er sein Werkzeug beiseite und ruhte erneut in der Hängematte. In jener Zeit überließen die Ehemänner wie eh und je sowohl die Hausarbeiten als auch die Betreuung der Kinder den Frauen. Die unterschiedliche Geschicklichkeit einer Frau gepaart mit ihrem persönlichen Fluidum regte häufig die Eitelkeit des Mannes an. Noch heute ist die Frage bekannt: „Trägst du zuhause die Hose oder deine Frau? Du Pantoffelheld!"

***

Nach wie vor ordnete man eine Familie mit vier Kindern begrenzt zum Kinderreichtum, mit fünf und mehr uneingeschränkt dazu. Sowohl die Erziehung als auch die Sauberkeit neben einer gewissen Eleganz prägte jede Frau auf ihre eigene Art selbst. Im November kündigte sich meine Mutter an. So oft sah sie ihre Enkelkinder nicht, als dass ihr Wachstum unbemerkt für sie blieb. Bereits seit Tagen schwärmten die Buben von einem märchenhaft schönen Spielfilm. Ramonas Interesse war geweckt. Um ihren Betteleien ein Ende zu setzen, erlaubte meine Mutter ihr, sich den Spielfilm gemeinsam mit ihren Brüdern anzusehen. Beflissentlich fügte sie hinzu: „Die Jungen sind doch alt genug, um auf Ramona zu achten!" Darauf erwiderte ich: „Kinder reagieren unberechenbar!" Mit diesen Worten trat ich ins Fettnäpfchen. Beleidigt begehrte sie auf: „Ach, ich habe ja nur fünf Kinder geboren und großgezogen, um nicht auch deine klugen Sprüche zu kennen!" „Entschuldige, Mama, aber dich zu kränken beabsichtigte ich nicht!" Fieberhaft erwarteten die Kinder den Augenblick, als ich sie mit hundert Ermahnungen aus der verschlossenen Haustür entließ. Andreas tollte im Korridor herum. Mein Mann saß am Schreibtisch und war für niemanden zu sprechen.

In der Küche vernahm ich die Stimme meiner Mutter: „Andi, sei nicht so wild, andernfalls kommt der schwarze Mann!“ „Was für ein schwarzer Mann?“ fragte er. Ihre Spötteleien vom pädagogischen Fehlgriff überhörte ich, aber das kleine Fragezeichen ließ ihr keine Ruhe. Unter anderem wollte Andreas nun wissen, was ein Fehlgriff sei. Ihre Antworten hatten eine Fragerei heraufbeschworen, die ihr lästig wurde. Daraufhin bat ich Andi zu mir. Im Wohnzimmer lehnte er sich erwartungsvoll an den Tisch und sah mich an. Nach uns betrat meine Mutter das Zimmer: „Ist denn ein Spaß nicht erlaubt?“ „Natürlich, Mama, wenn er sinnvoll Andis Fragen beantwortet!“ sagte ich.
Um zwölf Uhr erschien mein Mann in der Küche. Seine Sorge um die ausgebliebenen Kinder erfasste auch mich. „Was soll denn passiert sein, sie verspäten sich eben!“ Meine Mutter versuchte uns damit zu beruhigen. Umso länger sie ausblieben, desto unruhiger wurde ich. Das schrille Klingelzeichen schreckte mich aus meiner Schwarzmalerei. „Endlich sind sie da!“ stieß ich hervor. Mein Mann lief gehetzt die Treppe hinunter, um ihnen zu öffnen. Jedoch mit bleichem Gesicht betrat er die Küche allein. Entsetzt sah ich ihn an, der niedergeschlagen die Hände vor sein Gesicht hielt. Kaum seiner Sprache mächtig, wiederholte er, was an der Haustür vorgefallen war. Anstelle unserer Kinder empfing er eine polizeiliche Nachricht, dass Rainer von einem Krankenwagen ins Krankenhaus gefahren wurde. Durch Spielerei, die Unachtsamkeit nach sich zog, ereignete sich direkt vor dem Haupteingang des Carl-Zeiss-Werkes der Unfall. Eine Straßenbahn hatte Rainer erfasst, dabei verhinderte die schnelle Reaktion des Fahrers schlimmere Verletzungen. Erregt wandte ich mich mit der Bitte an meine Mutter, sie möge Andi betreuen, während wir Rainer im Krankenhaus aufsuchten. Dann eilten wir dorthin, wo unser Söhnchen in den besten Händen war.

Im Krankenhaus trat ein Arzt mit der Frage an uns heran: „Sind Sie die Eltern von Rainer Theilig?“ Unser Herz schwieg erst einmal bei seiner Diagnose. Die Röntgenaufnahmen wiesen weder Knochenbrüche noch innere Verletzungen auf. Die Worte des Arztes linderten unseren Kummer. Daraufhin baten wir ihn um eine kurze Besuchserlaubnis. Insbesondere wegen Rainers Schock lehnte er unsere Bitte ab und appellierte an unser Verständnis. Im Verlauf der Unterredung brachte der Arzt unsere anderen Kinder ins Gespräch: „Getreu ihrer Verantwortung nahmen ihre beiden Söhne die kleine Schwester an die Hand“ hob er hervor und fuhr fort: „Der schwarzhaarige Junge, ich nehme an, es ist ihr zweiter Sohn, bat mich, ich möchte doch die Wahrheit sagen, ob ihr großer Bruder sterben müsste.“ Seine Darlegung warf die Frage auf: Wo waren denn unsere anderen Kinder abgeblieben? Die Antwort darauf wusste der Arzt. Nach seinen Worten verließen sie kurz vor uns betrübt das Krankenhaus, um nach Hause zu gehen. Unser Dank galt sowohl dem Straßenbahnfahrer als auch zwei russischen Offizieren, die das verletzte Kind unter der Straßenbahn hervorgezogen hatten.

Meine Mutter fuhr am folgenden Tag mit leichtem Herzen wieder ab, da Rainer nicht ernsthaft verletzt wurde. Hingegen hinterließ der Unfall bei unseren Kindern ein Schreckensbild, das sie so schnell nicht vergaßen. Wir beruhigten sie und lobten ihre verantwortungsvolle Handlung, die Zeugnis ablegte von ihrer geschwisterlichen Sorge. Nach zehntägigem Krankenhausaufenthalt Rainers hatten sich die Wogen etwas geglättet, dennoch erwarteten die Kinder seine Heimkehr spannungsgeladen. Als Banalität betrachtete ich den Unfall durchaus nicht. Inzwischen besuchte Rainer den Unterricht wieder, der für ihn einige Tage ruhen musste. Andreas war noch zu unverständig, als dass ihn die Vorgänge um seinen Bruder schon belastet hätten. Seine Esslust rangierte an erster Stelle, die er ungeniert überall dort zur Geltung brachte, wo die Freigebigkeit in sein kleines Händchen Gaben hineinlegte.

In der ersten Etage bewohnte eine etwa achtzigjährige alte Dame ein separates Zimmer. Ihr Lieblingskind Andreas verwöhnte sie täglich mit einem Brötchen oder Süßigkeiten. Alle meine Bitten, sie möge ihm nichts geben, schlugen fehl. Von so einem niedlichen kleinen Buben ließ sich die alte Dame gern das Fell über die Ohren ziehen. Er wusste sehr wohl, wie Vorteile erreichen möglich war. Nach seiner heimlichen Entfernung pochte er an ihre Tür, die sie mit den Worten öffnete: „Ach, wer besucht mich denn da?" „Ich bin doch der Andi - bitte ein Brötchen, Tante!" Nach alter Gewohnheit gab sie ihm, was er begehrte. Ihre Güte triumphierte über den erhobenen Zeigefinger, zu dem er keine Beziehung fand. So, wie Andreas unbemerkt entwich, kehrte er auch zurück. Gelegentlich sprach ich mit Frau Schmidt über seine Besuche, die er ihr abstattete. Seine liebenswerte Erscheinung, die mit großen goldblonden Locken von der Natur bedacht wurde, warf auf die alte Dame einen Lichtblick in ihr karg bemessenes Leben.

***

Allwöchentlich bohnerte ich auf den Knien den Fußboden im Kinderzimmer. Am Ende der Arbeit überblickte ich noch einmal den Raum. Der Geruch von Bohnerwachs vermischt mit Urin stieg in meine Nase. Des Rätsels Lösung glaubte ich gefunden zu haben. Ein kleines Rinnsal kroch unter dem Schrank hervor, dass ich zwar aufwischte; aber am nächsten Morgen war es wieder sichtbar. Die Ursache jener Teufelei blieb mir vorerst unerklärlich, doch suchte ich die Quelle des Ärgernisses im Kleiderschrank, die ich jedoch dort nicht fand. Um dem Rinnsal auf den Grund zu gehen, gesellte sich die Gründlichkeit dazu, die mir zur Seite stand. Vom Oberteil des Schrankes zog ich einen Koffer herunter, dabei ergoss sich überraschend übelriechendes Wasser über mich. Der Deckel des Koffers wies eine dunkel verfärbte Eindellung auf und war somit unbrauchbar geworden. Ekelerregend klärte sich das Geheimnis auf. Mein Klettermax Andreas erklomm von seinem Bettchen aus den Kleiderschrank. Um seine Geschicklichkeit beweiskräftig zu prägen, hinterließ er seine Duftnote.

***

Die Adventszeit näherte sich mit Riesenschritten. Die Geschenkartikel fanden ihre Anfänge bereits im September, denn ein Verdiener vermochte die umfangreichen Wünsche mehrerer Kinder in kurzer Zeit nicht zu verwirklichen. Mit dem Kauf eines Fahrrades für ältere Kinder berappten wir ein Achtel unseres monatlichen Einkommens. Auf dem kürzesten Weg eilten wir vom Geschäft nach Hause. Unser verkehrswidriges Verhalten nahm ein Hüter des Gesetzes zum Anlass, uns als Straftäter zu belangen. Unkenntnis schützt nicht vor Strafe, wenngleich wir das Kinderfahrrad in einer Einbahnstraße schoben. Ein Geschenk nach dem anderen versteckten wir. Auf einer großen Holzplatte montierte mein Mann ein Schienennetz für eine Eisenbahn. Signale, Bogenlampen und einige vorgesehene Haltepunkte installierte er. Ein Transformator erzeugte den notwendigen Strom. Die vielen Drähte unter der Platte verwirrten mich, aber auch die bunten Lampen am Transformator. Um die Landschaft zu modellieren, wurde meine Hilfe benötigt. Mit Packpapier, viel Gips und Farbe gestaltete ich naturgetreu eine bergige Landschaft, auf deren Anhöhe ein Tunnel zur Durchfahrt des Zuges wirklichkeitsnah eingebaut wurde. Bäume und Büsche fügten sich reizvoll in die Landschaft ein. Neben einem

Wasserrad, Federvieh, Kühe und Schafe, Ziegen und Hirten, die teils aus Ton, teils aus Holz gefertigt waren, belebte die Ansicht. Auch ein beschilderter Bahnhof stand im Blickfeld der Eisenbahnlinie. Kleine weiße Bänke und Figuren als Fahrgäste vermittelten den Reisebetrieb. So fehlte auch nicht der tonangebende Bahnhofsvorsteher mit Trillerpfeife sowie einem Schild in der Hand, das dem Zugführer das Signal zur Abfahrt erteilte. Vor uns lagen noch viele Vorbereitungen, so dass wir die Zeit dafür, nach den uns verbliebenen Möglichkeiten, errechneten und fest einplanten. Allein für eine mehrteilige Puppenstube raubten die elektrischen Miniaturlichtschalter und Steckdosen viel kostbare Zeit, zumal ein elektrisch beheizter Wasserkessel für das Bad angeschlossen wurde. In jenen Jahren bot uns der Handel durch Privatinitiative in begrenztem Umfang vielseitige Miniaturausgaben und Zubehörteile für Puppenstuben, Kaufmannsläden und Tankstellen an. Mal entfernten wir uns vom Schaufenster, mal zog es uns wieder magisch an. Wir besprachen gemeinsam jene Geldschneiderei, die ein riesengroßes Loch in unserem Finanzplan verursachte. Die erwartungsvoll durchlebte Adventszeit, die insbesondere für Kinder viele Wünsche bereithielt, blieb bei uns nicht ohne Resonanz. Den Küchenherd stellten wir auf den eigens dafür gefertigten und gestrichenen Unterbau. Die Möglichkeit für den Abwasch war gegeben. Um Matsch oder Ferkeleien vorzubeugen, legte ich einen abwaschbaren Fußbodenbelag vor die Kücheneinrichtung.

Einen Tag vor dem Weihnachtsabend stellten wir den Tannenbaum auf. Seine Höhe reichte vom Fußboden bis zur Decke hinauf. Ihn zu schmücken, blieb mir vorbehalten; nur die Kerzen aufzustecken, fiel in das Ressort meines Mannes. Dabei erwachte das Kind im Manne in ihm. Zum Zeichen seines Interesses spielte er mit der Eisenbahn; den Bau einer solchen Anlage setzte er später in einem Interessentenzirkel mit Jugendlichen fort. Der Schönheit wegen hängte ich das Lametta Faden für Faden über die Zweige des Tannebaums. Ein dumpf dröhnender Plautz riss mich von meiner Arbeit weg, in die Küche. Auch mein Mann unterbrach sogleich seine Spielerei. Wie von einer Tarantel gestochen erhob er sich von seinem Stuhl. Die Küche sah wüst aus. Jürgen stand fahl neben mir. Sprachlos zählte ich zuerst meine Kinder, die wohlbehalten am Tisch saßen. Erleichtert darüber, dass ihnen nichts zugestoßen war, sah ich gelassen zu, wie aus einem unbeschädigten Ballon kostbarer Wein auslief. In seiner Benommenheit versuchte mein Mann, den auslaufenden Wein zu retten, indem er ihn mit dem Scheuertuch vom Fußboden wischte. Auf meinen und Rainers Protest hielt er inne und antwortete: „Der Schmutz setzt sich doch ab." Das Chaos entstand durch mein Versäumnis, den Tisch vollständig zu decken. Für jedes Kind stellte ich am Abend einen Teller mit belegten Schnitten auf den Tisch, sowie Tassen mit der Teekanne dazu. Der Zucker blieb unglücklicherweise im Schrank stehen. Im Hinblick auf die Vorbereitungen für das Weihnachtsfest löste die alleinige Einnahme des Abendbrotes durch meine Kinder ein unvorhergesehenes Missgeschick aus. Um der fehlenden Zuckerdose habhaft zu werden, stieg Jürgen auf das Unterteil des Küchenschrankes und hielt sich am Oberteil fest. Damit begann das Unheil. Das Oberteil löste sich und fiel nach vorn auf den Fußboden, insgesamt drei Ballons mit reifen Wein dazu. Jürgen hatte Glück im Unglück, denn er brachte sich rechtzeitig in Sicherheit. Das Fazit von jenem halsbrecherischen Zwischenfall nötigte uns den letzten Fünf-Mark-Schein ab. Der Zufall führte uns in ein Geschäft, das preisgünstig Porzellan anbot. Wegen Auflösung verkaufte der Inhaber seine Waren zu Schleuderpreisen, die wiederum unsere Situation erleichterten. Weihnachten verlief freudenreich und in festlicher Stimmung. Nur mein Schwiegervater schluckte eine bittere Pille beim Anblick der Geschenke und dem herrlich großen Weihnachtsbaum. Die Preise erwähnten wir vorsichtshalber nicht. Der interessante Eisenbahnbetrieb zog allmählich auch ihn in seinen Bann, so dass der kleine Andreas ihm erst die Bedienung erläuterte, bevor sich die Lokomotive in Bewegung setzte. Dennoch gipfelte seine Einstellung zum Wert der Geschenke vorbehaltlos in den Worten: „So eine verschwenderische Geldangelegenheit!" Prinzipiell verstießen die Geschenke gegen seine Sparsamkeit, die manchmal den Geiz heraufbeschwor.

***

Der Winter verlor seine weiße Schneedecke. Mit den ersten zarten Blüten hüllten uns spürbar wärmere Tage ein. Jenen Umstand nahm Andreas zum Anlass, die versprochene Busfahrt mit seinem Vater allein zu verwirklichen. Seine Ungeduld kannte keinen Aufschub. Mit einem viel zu großen Hut auf dem Kopf und Spielgeld in der Schürzentasche stellte er sich an die Bushaltestelle. Niemand achtete auf den kleinen Wicht. Seine Abwesenheit bemerkte ich zwar sofort, dennoch genügte ein Moment der Unachtsamkeit, dass ich ihn aus den Augen verlor. Seine Eigenmächtigkeit löste eine Suchaktion aus. Am Ende einer Seitenstraße sah mein Mann Andreas stehen. Sein Wort getreu fuhr er mit ihm bis zur Endstation und wieder zurück. Über den Zusammenhang informierte mich Jürgen.

***

Es regnete stark und oft. Da es uns im Garten an Wasser mangelte, kam uns ein geschenktes Fass gerade recht. Im Garten gab es mehr Arbeit, als mir gut tat. Erschwerend trat hinzu, dass ich den Tick von Ordnung und Sauberkeit auch im Garten fortsetzte. Das Nichtstun war mir ein Gräuel, deshalb bekämpfte ich es, wo immer es auftrat.

***

Im guten Glauben, richtig zu handeln, meldeten wir Ramona zum Ballettunterricht an. Die Leitung jener Einrichtung übertrug man Frau Bornhake, die als Tänzerin einst auf der Bühne gestanden hatte. Die Methode ihrer Lehrtätigkeit lernte ich bald kennen. Etwa gleichaltrige Kinder nahmen am Unterricht teil, der für alle kostenlos abgehalten wurde. Viel Geld gab der Staat zur Förderung von Kindern und Jugendlichen aus. Talente verkümmerten auf jene Art nicht, im Gegenteil, ihre Fähigkeiten wurden frühzeitig einer gründlichen Ausbildung zugeführt. Anfangs lehrte Frau Bornhake Lockerungsübungen, die allmählich übergingen zu obligatorischen Positionen. Unnachgiebig achtete sie dabei auf eine gute Körperhaltung. Verbesserungsfähige Bewegungsabläufe korrigierte sie energisch bei den kleinen Eleven. Ohne viel Aufheben nahm Jürgen später interessiert in einer Klasse für ältere Kinder ebenfalls teil. Es diente nicht von vornherein einem Berufsziel, vielmehr einer allgemeinen Ertüchtigung, die ihm viel Spaß bereitete. Rainers Sportlichkeit hingegen war klar umrissen. Seine Liebe galt dem Sport, besonders dem Geräteturnen. Bei ihm stand eine andere Variante zur Diskussion. Durch die Unterrichtsmethoden im Ballett überwand Ramona ihre Scheu gänzlich, die sie letztlich zu einem Freundeskreis führte, der positiv auf ihr Wesen Einfluss nahm.

Als Schulanfängerin begleitete ich sie täglich bis zum Portal des Gebäudekomplexes. Diese Maßnahme war zwingend notwendig, wenn ich sie vor Schaden bewahren wollte. Einige flegelhafte Buben aus der Parallelklasse trieben gewaltvoll ihre Späße, die ich als solche nicht akzeptieren konnte. Die kleinen Ungeheuer tyrannisierten schon ihren Lehrer. Der Ruf jener Lümmel eilte ihnen voraus. So war es nicht verwunderlich, dass die weiblichen Lehrkräfte sich weigerten, jene Chaoten in ihren Klassen mitzuführen. Zwei Möglichkeiten boten Ramona einen relativ sicheren Schutz auf dem Heimweg, entweder holte ich sie von der Schule ab oder ihre Brüder spielten die Beschützer.

Ein außergewöhnliches Tagesereignis belebte bereits am Morgen unsere Stimmung. Mit einer Leistungsschau ihrer Klassen zielte die Ballettmeisterin darauf ab, die Öffentlichkeit von ihrer Arbeit zu informieren. Viel Energie steckte in jedem Detail, das ihre Führung sachkundig nachwies. Vor Beginn der Aufführung im Volkshaus begab ich mich hinter die Bühne. Im Hinblick auf die teilweise kostümierten kleinen Eleven, welche noch einer Hilfeleistung bedurften, bot ich meine Unterstützung an. Bald bemerkte ich, dass in den Garderoben Nervosität einzog, die insbesondere ältere Kinder befiel. Erinnerungen an meine Vergangenheit wurden lebendig. Das erste Klingelzeichen ermahnte mich, meinen Platz im Zuschauerraum wieder einzunehmen. Die gelungene Aufführung brachte einige Überraschungen für mich. Heimlich, ganz heimlich studierte Jürgen mit einer Schülerin nach einer Choreografie der Ballettmeisterin Frau Bornhake einen klassischen Tanz aus dem 18. Jahrhundert ein, wobei sie im Rokokostil kostümiert waren. Mehrere Blitzlichter hielten das reizende Paar auf Bildern fest, die sowohl bei mir als auch bei den Medien im Zusammenhang mit einem Bericht gewürdigt wurden.

Einige Wochen später hatte ich eine Aussprache mit Ramonas Lehrerin. Nach ihren Worten überforderte ich Ramona sehr, so dass der Ballettunterricht sich negativ auf ihre schulischen Leistungen auswirken würde. Gemäß ihrem Rat nahm Ramona nicht mehr daran teil. Ihre Konzentration richtete sich ausschließlich auf schulische Leistungen. Dagegen vereinigte sich bei Jürgen die zweifache Belastung ohne Fehl und Tadel. Durch den abrupt getroffenen Entschluss erlitt Ramonas Freundeskreis einen herben Riss. Mit dem Weggang von Christiane, deren Vater als Kapellmeister nach Berlin berufen wurde, begann sich ein Glied zu lösen, das Ramona fortsetzte. Die folgende Zeit glitt mit einem lachenden und einem weinenden Auge an uns vorüber.

***

Bereits im neuen Jahr veränderte sich unser Leben zusehends. Etwas Unruhe bereiteten mir schon die ständigen ärztlichen Untersuchungen. Ich glaubte eher an einen Tumor als an ein Baby. Die für mich noch immer peinliche Untersuchung enthüllte die Ursache meines Unwohlseins. Der durch mich äußerlich ertastete Tumor erwies sich als ein werdendes Menschlein, das mich absolut zum Narren gehalten hatte. Allerdings ließ mich der Gynäkologe wochenlang im Unklaren, so dass für mich irrtümlicherweise ein Tumor die beste Erklärung bot. Auf dem Nachhauseweg lief Andreas übermüdet an meiner Hand, während mir die unfassbare Diagnose den Kopf schwer machte. Mit der Heimkehr nahmen mich meine Pflichten wieder voll und ganz in Anspruch. Davon merkten weder meine Kinder noch mein Mann etwas. Solange ihre Bedürfnisse befriedigt wurden, stand ich als ‚graue Eminenz' in ihrem Schatten.
Den zu erwartenden Nachwuchs offenbarte ich meinem Mann, als er vom Schulunterricht nach Hause kam. Seine lachende Gebärde darauf verblüffte mich. Mit einer militärischen Kehrtwendung verbarg er sein Gesicht. Bereits am Tag darauf besann ich

mich auf das werdende Wesen und vermied alle negativen Einflüsse, was nicht immer leicht war.

***

Hinsichtlich eines Theater-Abonnements, das ich erst wenige Male in Anspruch genommen hatte, widersetzte sich das Kulturleben gegen meine zu enge Kleidung. Das Geld, um Stoff zu kaufen, um ein festliches Kleid oder eine Bluse zu nähen, lag im Bereich eines Monatsgehalts. Durch ein Missverständnis verkaufte mein Mann mit der Theaterkarte auch mein Abonnement. Das Vetorecht änderte zwar nichts daran, doch handelte es mir eine Auseinandersetzung ein, der ich nicht gewachsen war.

Das vielmalige Erbrechen zehrte an meinen Kräften, so dass sich dies im Gesicht widerspiegelte. So trug ich meine Beschwerden einem Arzt vor, dessen Befund mich für einen Kuraufenthalt reif machte. Da aber sämtliche Plätze dafür schon belegt waren, blieb nur ein Ausweg durch die Beratungsstelle für schwangere Frauen. Ein Telefonat genügte, um eine positive Lösung zu finden. Nur wenige Schritte von der Medizin entfernt lag das Universitätsgebäude für Gynäkologie. Eine weniger bedürftige schwangere Frau wurde zurückgestellt. Der Tausch ermöglichte mir ohne bürokratischen Amtsschimmel kurzfristig und kostenlos einen erholsamen Aufenthalt im Mütterheim in Pößneck. Um meiner Gesundheit willen verwies mich die Beratungsstelle in die Zahnklinik. Sie befand sich auf dem gleichen Gelände. Dort wurde ich zahnärztlich untersucht, aber kompliziert und unerwartet unter ihre Fittiche genommen. In einem Saal standen fünf oder sechs Behandlungsstühle. Eine Schwester bat mich freundlich, auf einem dieser Stühle Platz zu nehmen. Mit Hilfe meiner Röntgenaufnahme zog mir eine Zahnärztin sowohl einen Weisheitszahn als auch einen Backenzahn, die beide abbrachen. Vom weiteren Verlauf erst einmal im Unklaren gelassen, vernahm ich einen Wortwechsel zwischen der Zahnärztin, einem Assistenzarzt und der Schwester. Mit den Worten: „Nicht wahr, wir wollen doch die abgebrochenen Wurzeln nicht im Kiefer belassen?“ traten sie auf mich zu. Bevor ich begriff, was vor sich ging, waren die Vorbereitungen für eine Operation präzise beendet. Mir wurde angst und bange. Wegzulaufen änderte nichts am Fakt, obwohl ich dies in Erwägung gezogen hatte. Die Feigheit bekämpfte ich tapfer und ergab mich. Die Vernunft trug den Sieg davon, die mich verständig in ihre Arme nahm. Die Operation nahm seinen Anfang. Schon das unnormal viele Blut verhinderte die Sicht zur Verkrüppelung der Wurzeln, die in den Kiefer hineingewachsen waren. Andere Ärzte sahen sich das Phänomen ungläubig an. Sie hielten einen Schnitt in die Wange als einzigen Ausweg. Ungern befolgte meine Ärztin diesen Plan, der zudem ihren ästhetischen Grundsätzen widersprach. Mit geschickten Händen und großer Geduld zog sie die Wurzel heraus. Ein äußerer Schnitt in die Wange stand somit nicht mehr zur Debatte. Die große Wunde musste nur noch genäht werden. Als ich erleichtert den herunterhängenden Faden spürte, trat die zweite abgebrochene Zahnwurzel in den Mittelpunkt meiner Überlegungen. Depression durchzog wie ein roter Faden meinen Gedankengang. Jedoch auch jener Quälgeist musste weichen. Ihr mitleidvoller Hinweis, für einige Tage klinisch versorgt zu werden, schlug fehl. Auch die Benachrichtigung meines Mannes lehnte ich ab. So handfest, wie ich mich gab, fühlte ich mich indes nicht. Mit weichen Knien und vernebeltem Blick verließ ich den Behandlungsraum. Chloroformiert schloss ich mich danach in die Toilette ein. Tränen schwemmten den angestauten Druck hinweg, danach war mir wohler. Als ich das Krankenhaus verließ, schlug die Turmuhr bereits 14 Uhr. Eilig lief ich heimwärts. Meine Kinder spielten ruhig miteinander. Dabei war nicht zu verkennen, dass Rainer und Jürgen Regie führten, um die jüngeren Geschwister in Zaum zu halten. Zuvor versprach mein Mann, sie während der Mittagszeit zu betreuen. Anhand seiner Instruktionen verlief die Zeit ohne mich friedlich. Am nächsten Morgen nahm ich Andreas mit ins Krankenhaus. Da ich ohnehin nicht warten brauchte, erwiesen sich die Mitbringsel für ihn als überflüssig. Mit stark geschwollener Wange verarztete mich die gleiche Ärztin wie am Vortag. Auf ihre Frage: „Riechen Sie sich?“ verneinte ich erstaunt durch Kopfschütteln. „Dachte ich mir doch! Sie stinken nämlich, aber in einigen Tagen können Sie wieder riechen!“ fügte sie hinzu. Bis zum Fäden ziehen bestellte sie mich täglich in die Klinik.

Eine Schwester aus der Schwangerenberatung bereitete die nötigen Papiere für die vierwöchentliche Müttererholung vor, so dass wir keine Laufereien damit hatten. Wir konzentrierten uns auf die Unterbringung der beiden jüngsten Kinder. Das evangelische Kinderheim in Ziegenhain fand sich bereit, vier Wochen für Ramona zu sorgen. Jedoch war für Andreas kein Platz mehr frei; ihn brachten wir in einem Jenaer Kinderheim unter. Mein Mann behielt die drei ältesten Buben. Sie besuchten lediglich den Hort, um das Mittagsmahl einzunehmen und sinnvoll ihre freie Zeit unter Aufsicht zu verbringen. Die Vögel zwitscherten es von den Dächern, dass mit dem Frühlingsanfang auch die Schulferien begannen. So verblieb mir nur, Abschied zu nehmen und mit gemischten Gefühlen abzufahren.

Meine Wunden heilten gut. Dennoch blieb das Kauen für längere Zeit eine schmerzhafte Behinderung. Unter Berücksichtigung meiner misslichen Lage bekam ich nur dünne Speisen. Später kaute ich auch Brot ohne Rinde mit Appetit. Neben der allmorgendlichen Schwangerengymnastik standen wir 27 Frauen unter ärztlicher Kontrolle. Um den Erholungsbedürftigen das Mitspracherecht zu sichern, wählte man mich zur Vertreterin ihres Vertrauens. Korrekt und im besten Sinne führte ich dieses Amt aus. Den Wankelmut einiger Frauen lernte ich auf sonderbare Weise kennen, die ich als Laune ihres Zustandes bewertete. Wenn ich von 27 Frauen ausging, so erwartete nur eine von ihnen ein fünftes Kind. Nach meiner Feststellung sahen aber gerade kinderreiche Mütter in die Röhre. Sie mussten vielfach im Abseits stehen, wegen der Unterbringung ihrer Kinder. Schließlich war es auch eine finanzielle Frage, die zu lösen nicht immer einfach war. In einer Zeit, da die Gleichberechtigung der Frau zaghaft zu blühen begann, zogen es Ehepaare vor, keine oder nur ein bis zwei Kinder aufzuziehen. Die folgende Berufstätigkeit hob man besonders hervor und honorierte sie damit. Den kinderreichen Frauen aber, die nicht berufstätig sein konnten, haftete fortan ein Makel an, gegen den kein Kraut gewachsen war. Es alterierten sich einige Leute manchmal über die ‚zurückgebliebenen Dummen', wie sie sagten. Wie auch immer die Geburtenbeschränkung manipuliert wurde, die Frau blieb stets das Opfer. Sie allein musste die angebrannte Suppe auslöffeln. Trotzdem pfiff ich nicht auf dem letzten Loch und haderte nicht mit dem Schicksal. Schuldlos reifte ein Menschlein heran, das zu schützen mich meine Mutterliebe mahnte.

Die sorgfältig getroffenen Vorbereitungen für das Baby nahmen mich so in Anspruch, dass die letzten erholsamen Tage schnell dem Ende zustrebten. Das Heimweh schlug Alarm und ließ mich nicht mehr los. Bei der einen oder anderen Frau verlief der Abschied mehr oder weniger fröhlich. In allen Richtungen fuhr uns der Zug nach Hause. Am Bahnhof stand mein Mann und erwartete mich. Wieder in Jena zu Hause, da, wo die Luft nach Rostbratwurst roch. Unser erster Besuch galt dem

Kinderheim. Die Sonne blinzelte durch den Hochnebel, sie gab den Kampf mit der kühlen Jahreszeit nicht auf, denn nach ihrer Wärme sehnten sich Menschen, Tiere und Pflanzen. Wir liefen kurzerhand zum Kinderheim und klingelten. Eine Erzieherin öffnete die breite, schwere Tür. Auf unseren Wunsch hin holte sie Andreas herbei. Als er uns sah, eilte er die Straße abwärts. Seine kleinen Beinchen liefen so schnell, als wäre der Teufel hinter ihm her. Schließlich bekam ich ihn zu fassen. Flehentlich sah er mich an, dann verbarg er seinen Kopf in meinen Schoß und umfasste meine Beine, als wolle er sie nie wieder loslassen. Dumpf klangen seine Worte: „Ich will bei euch zu Hause sein!“ In mir regten sich die Muttergefühle. Zärtlich küsste ich ihn auf Stirn, Augen und Wangen. Mein Versprechen, dass wir ihn sofort mit nach Hause nehmen würden, besänftigte seine kleine Seele. Vertrauensvoll legte er seine Hand in die meine und ließ sie nicht mehr los. Er war nicht dazu zu bewegen, ins Heim mitzugehen, um Straßenschuhe und Oberbekleidung anzuziehen. Mein Versprechen durfte ich nicht in Frage stellen, das er wörtlich genommen hatte. Mit der Heimkehr Ramonas am nächsten Tag war unsere Familie wieder komplett.

***

Unser gemeinsames Leben trug unterschiedliche Züge, bei dem niemand im Voraus ein Unheil vermuten konnte. Meine dringlichste Aufgabe war neben der Hausarbeit und der Erziehung der Kinder vor allem die Sorge um das heranwachsende Früchtchen in mir. Auf einem Blatt Papier errechnete ich den zukünftigen Tagesablauf, dem ich auch Minuten für Tolpatschigkeiten und Liebkosungen hinzurechnete. Theorie und Praxis klafften zwar oft auseinander, dennoch hielt ich einen gezielten Plan für angebracht, wenn ich mit einem Baby mehr die große Aufgabe bewältigen wollte.

Zur Freude aller Kinder schlossen die Schulen ihre Pforten Anfang Juli 1957 und damit das alte Schuljahr. Jenes Ereignis war Grund genug, um verheißungsvoll der nachfolgenden Zeit freudig entgegenzusehen. Manche riefen kleinlaut, andere schrien erleichtert: „Heute gibt es Giftblätter!" Für Langeweile ließen Schüler keinen Raum. Durch Anregung der Volksbildung gestalteten Lehrer und Erzieher die Ferienspiele täglich vielseitig und abwechslungsreich. Was in den unteren Klassen noch spielerisch vermittelt wurde, erweiterten in den oberen Klassen die Schüler zu einem höheren Wissen über die unrühmliche Vergangenheit des vergangenen Dritten Reiches. Anhand von Fotografien und Besuchen von Gedenkstätten des Grauens erhielten sie umfangreiche Kenntnis über die vergangene Zeit. Nach den Ferienspielen begannen für unsere Buben drei lustige Wochen im Ostseebad. Erholt kehrten sie danach wieder nach Hause zurück, gerade zu einem Zeitpunkt, als meine Mutter mich besuchte. Ihre Geste, die einer Missbilligung gleichkam - angesichts meines kugelrund gewordenen Leibes - war nicht zu übersehen. Temperamentvoll begrüßten uns die Buben, welche erlebnisreich zu berichten wussten. Kaum wieder zu Hause, fuhr Rainer am nächsten Tag mit meiner Mutter nach Leipzig. In der Obhut des evangelischen Kinderheimes in Ziegenhain verbrachte Ramona drei Wochen. Während meiner Abwesenheit betreuten tagsüber Horterzieherinnen Jürgen und Volker. Bereits seit Wochen wurde ich auf eine Entbindung in der Klinik hingewiesen. Kurz darauf fuhr ich mit meinem Mann am 10. August 1957 frühmorgens gegen vier Uhr mit dem Krankenwagen in die Klinik. Auf Anraten des Arztes wurde ich sogleich in den Kreißsaal gebracht. Ärzte und Hebammen waren der Meinung, dass eine siebente Entbindung schnell erfolgen könnte. Sowohl der Uhrzeiger im Kreißsaal als auch das Kind bewegten sich nur langsam vorwärts. Ich hing schon längst am Sauerstoffapparat. Entgegen ihrer Diagnose nahm sich der Chefarzt noch die Zeit, sein Bein zu verarzten. „Wenn etwas eintritt, rufen Sie mich bitte!" sagte er. Da ich in der Nähe von Tür, Wanduhr und Telefon lag, vernahm ich später den Ruf: „Wir müssen nun doch die Zange ansetzen!" Im Hinblick auf diese Schinderei verlor ich den Mut. Die Wehen überfluteten mich. Ich empfand die Zange wie ein Stück glühendheißes Eisen. Nicht lange danach lag ein Menschlein auf meiner Brust und schrie aus vollem Halse. Die Geburt war vollzogen. Pflichtgemäß wurde das Baby gemessen und gewogen. Zum ersten Mal in seinem jungen Leben kleidete eine Hebamme den Jungen an. Sie bettete ihn in einen fahrbaren Korb und stellte ihn neben mich mit seinen 52 cm Länge und 8 dreiviertel Pfund Gewicht. Wir nannten ihn Michael.[58.] Leises Weinen hörte ich neben mir. Eine Schwester trat zu mir, um den Sauerstoffapparat zu kontrollieren. Dabei erklärte sie mir flüsternd, dass die Frau neben mir zum vierten Male ein totes Kind geboren hatte. Dann sagte sie: „Das hätte Ihnen auch passieren können. Ihr Kleiner trug seine Nabelschnur nämlich dreimal um seinen Hals!" Ich hörte die Frau neben mir immer noch weinen. Ihr Schicksal ging mir nah. Wenn ich einstmals auch einen anderen Weg beschreiten wollte, als sieben Kinder zu gebären, so wollte ich doch keines mehr missen.

***

Mein Spitzname ‚Tänzerin von Amanulla' haftete mir lange Jahre an, bevor er sich mit der Zeit verlor. Meine Gedanken machten im Halbschlaf Luftsprünge, die ich nicht für möglich hielt. Das Jammertal lag glimpflich hinter mir, dagegen die Genesung nunmehr vor mir. Ausnahmsweise ließ der Arzt meinen Mann zu mir und dem Baby. Seine aufgesetzt wirkende Miene wirkte auf mich enttäuschend, da unser Baby reizend anzusehen war. Gegensätzlich zur weißen Wäsche sah sein bräunlich gesunder Teint aus, von dem ich annahm, dass die von mir verzehrten rohen Möhren dazu beitrugen. Vor dem Gebäude des Krankenhauses stand eine Bank, auf dieser saßen Jürgen und Volker. Als ihr Vati mit der Neuigkeit kam, dass sie nunmehr ein weiteres Brüderchen hätten, freuten sich beide. Sie sahen sofort ein Mitglied mehr für ihre Fußballmannschaft. Vom Säugling bis dahin lagen jedoch noch lange Jahre, die auch größere Veränderungen mit sich brachten.

Dem Genesungsprozess stand nichts mehr im Weg. Gegenüber der Neugeborenenstation legte man mich in ein Zweibettzimmer, das bereits mit einer Wöchnerin belegt war. Sie gebar am gleichen Tag wie ich, nur ein paar Stunden früher. In ihrer angenehmen Gegenwart vergingen die Tage schneller, wie mir schien. Am ersten Tag, nachdem sich auf meinem Körper und im Gesicht rote Pusteln ausgebreitet hatten, zerstreute sie meine Befürchtungen. Um mich genauestens zu informieren, bat ich den Arzt, mir zu sagen, ob ich die Röteln hätte. Er zerstreute jedoch meine Befürchtungen. Beruhigt wandte ich mich meiner Nachbarin zu. Tage darauf zeigten sich ihre Brüste prall gefüllt mit Milch. Nach dem Stillen steckte eine Pflegerin ihren Kopf zur Tür herein und verriet uns die Menge der getrunkenen Milch, aber die Preisgabe wurde danach untersagt. Nach einer unruhigen Nacht teilte ich Frau Altermann mit, dass mein Söhnchen ein nächtliches Konzert veranstaltet hätte. Sie bezweifelte es und sagte: „Wie wollen Sie wissen, ob es Ihr Söhnchen war?“ Als das Pflegepersonal mit unseren hungrigen Säuglingen kam, äußerte eine von ihnen: „Der kleine Mann hier terrorisierte uns in der vergangenen Nacht ganz schön!" Unbefriedigt begann mein Baby zu schreien, aber mit einer Stimme, die dem stärksten Mann das Fürchten lehrte. An seinen kleinen Wurstfingern saugte er unaufhörlich, als suche er da die Quelle seines Lebenselixiers. Mit zehn Milligramm sättigte ich ihn freilich nicht. Mehr Nahrung produzierten meine Milchdrüsen nicht. Anders bei Frau Altermann. Sie war in der Lage, drei Säuglinge zu stillen. Ihre abgepumpte Milch gab sie ab, davon profitierte auch mein Kleiner. Trotzdem nahm er an Körpergewicht mehr ab als zu. Der Arzt beruhigte mich mit den Worten: „Ihr Kind wiegt noch genug!" Der kleine Schreihals verursachte mir dennoch Sorgen.

Die Zeit verflog wie im Flug. Frau Altermann durfte entlassen werden. Eine Krankenschwester löste mein Alleinsein auf einfache Weise. Sie fuhr mich in ein Zimmer, in dem schon zwei Wöchnerinnen lagen, aber dort gefiel es mir nicht. Sowohl die Anschauungen meiner Nachbarin als auch ihre Mäkelei über Alles und Jeden fanden bei mir kein Echo. Sogar in Gegenwart der Schwester setzte sie haarsträubend ihre Nörgelei fort. Unter anderem auch, dass manche alles bekämen und sie nichts. Zwei Stunden später verabreichte ihr die Schwester eine Spritze, worauf sie empfindlich reagierte und froh war, dass es bei der einen blieb. Dennoch registrierte sie mit Argusaugen meine Medizin und Spritzen. Die Fürsorglichkeit der Ärzte, Krankenschwestern und dem Pflegepersonal bekam jede Patientin zu spüren.

***

Meine Ankunft mit dem Baby zu Hause gestaltete sich unkonventionell. Es roch nach Staub und verbrauchter Luft. Die Sofakissen lagen nicht auf ihrem Platz. Auf dem Fußboden vermisste ich den Glanz, aber auch auf dem Schreibtisch tummelten sich Reste von Radierern und zusammengeknülltes Papier. Der Schreibtischsessel stand unordentlich mitten im Raum. Eine schöne Wirtschaft erwartete mich! Meinen kleinen Michael legte ich in den vorbereiteten Stubenwagen; dort schlief er ein. Sowohl drei Fläschchen mit Babynahrung als auch gute Ratschläge, insbesondere Nährmittel betreffend, hatte ich vorsichtshalber mitbekommen. Beim ersten Einwickeln meines Kindes stellte ich einen Leistenbruch fest, der durch seine Größe nicht zu übersehen war. Die bisherige Schreierei bekam Konturen, die erklärbaren Formen annahmen. Wenn auch Leistenbrüche angeboren im Dunkel vor sich hinschmorten, bis zum geeigneten Moment der Wahrnehmung, so muss ein Schreien des Kindes vermieden werden. Die Feststellung des Leistenbruchs zwang mich, Mittel anzuwenden, die eine Verwöhnung förderte. In der Kinderklinik praktizierte eine Ärztin, welche mir auch nichts anderes sagte. Allerdings verschrieb sie mir Bruchbänder für Säuglinge als vorläufige Lösung. Ebenfalls erhielt ich Tropfen zur Anregung der Milchdrüsen. Mein aufgestellter Plan für die tägliche Hausarbeit geriet aus den Fugen. Mit der aufwendigen Pflege verlor ich zwar kostbare Zeit, dennoch stand das Wohlbefinden meines Kindes mir näher als der Zeitverlust. Eine noch schnellere Arbeitsweise forderte die Notwendigkeit von mir ab, wenn ich die bisherige Ordnung und Sauberkeit beibehalten wollte.

In diesem Zeitraum besuchte mich im Namen des Präsidenten Wilhelm Pieck der stellvertretende Oberbürgermeister von Jena in Begleitung einer Schwester, mit der ich bereits vor einigen Wochen bei einer unvorhergesehenen Inspektion in unserem Haushalt bekannt wurde. Sie schrieb bis dahin noch keinen solchen Bericht, wie sie sagte, der Zeugnis ablegen sollte über einen makellosen kinderreichen Haushalt. Der höchste Repräsentant des Staates übernahm die Patenschaft über mein jüngstes Kind. In seinem Namen überreichte mir der stellvertretende Oberbürgermeister einen großen Strauß Rosen, ein Paket mit Wäsche, ein Sparbuch im Wert von einhundert Mark und eine Urkunde, die die Patenschaft bestätigte. Im Hinblick auf die Patenschaft versprachen sie mir Hilfe in Notfällen. Dass ich durch einen schweren Schicksalsschlag davon Gebrauch machen musste, ahnte ich zu diesem Zeitpunkt nicht. Im Verlauf eines dreiviertel Jahres, indem Michaels Entwicklung durch eine Bruchoperation beeinträchtigt wurde und Rainers Jugendweihe bevorstand, hing unsere Lebenslage an einem seidenen Faden. Unerwartet erfolgte die Suspendierung meines Mannes vom Unterricht. Eine Ohrfeige, die er einem im Unterricht unverschämten Jugendlichen verabreicht hatte, war die Ursache einer Disziplinarstrafe. Selbstkritisch stellte sich mein Mann zu diesem Ereignis, das ein Verstoß gegen die Schulordnung war. Dass der besagte Schüler als Raubein und Provokateur bekannt war, wie die Eintragungen auch anderer Kollegen im Klassenbuch bestätigten, wurde nicht berücksichtigt, sondern ausschließlich sein Verstoß gegen die Schulordnung. Eine Ohrfeige war die Anwendung der Prügelstrafe! Obwohl der Rechtsbeistand des Oberbürgermeisters meinem Mann Hoffnung machte auf einen Verweis, wurde durch den Leiter der Abteilung Berufsausbildung eine ‚Bewährung in der Produktion' durchgesetzt. In diesem Zusammenhang ist es nicht uninteressant darauf hinzuweisen, dass eben dieser Leiter avancierte und in das Ministerium nach Berlin versetzt wurde.

Für unsere Familie mit sechs Kindern begann eine schwere Zeit. Mein Mann nahm seine Arbeit als Schriftsetzer in seinem ehemaligen Betrieb wieder auf. Mit einem Nettolohn von 333,- Mark und monatlicher Miete von 54,- Mark zuzüglich allgemeiner Kosten blieb davon für den Lebensunterhalt nicht viel übrig. Zu unserem Glück senkte die Bank die Raten für unseren Möbelkredit. Das bedeutete zwar mehr Zinsen, aber wir konnten unsere Möbel behalten. Daraufhin suchte ich nach einem Ausweg, der uns das Kleingeld vermehren sollte. Da ich bereits sechzehn Jahre aus dem Beruf der Kontoristin heraus war, wollte ich durch Kurse meine Kenntnisse wieder auffrischen. In der Arbeiter- und Bauern-Fakultät gab es solche Fortbildungskurse in Buchführung, Stenografie und Maschinenschreiben. Aber auf meine Anfrage bekam ich zur Antwort: „Da müssen Sie mindestens sechs Wochen in einem Betrieb arbeiten, bevor eine Delegierung erfolgen kann!" Auf meine Anfrage bei der Leiterin von Kindergarten und Krippe wurde mir erklärt, dass die häusliche Erziehung der Kinder durch nichts zu ersetzen sei. Außerdem hätte sie die Anweisung, Mütter mit wenigen Kindern zu bevorzugen, da damit mehr Frauen die Möglichkeit zur Arbeit hätten. Während einer eventuellen Arbeit meine Kinder unterzubringen, blieb eine Utopie, die ich mir schnellstens abschminken musste. Einige Wochen später sagte meine Mutter zu unserer Situation: „Seine Hände hätte er in die Tasche stecken müssen, dann wäre euch diese Situation erspart geblieben!" Eine Einmischung meinerseits wies mein Mann mit den Worten zurück: „Misch dich nicht ein, das ist meine Angelegenheit!" Und dennoch lag ich ihm täglich mit meiner Unzufriedenheit in den Ohren. Um existieren zu können, verkauften wir einige Kindermöbel, eine neuwertige Badewanne und einige historische Kleinmöbel aus dem Jahr 1835, die vormals auf dem Boden meiner Schwiegereltern ihr Dasein fristeten. Vor der Suspendierung meines Mannes erregten zwei Pfarrer die Öffentlichkeit. Im Religionsunterricht wurde ihnen ihr lockeres Handgelenk zum Verhängnis, da sie wiederholt von der Prügelstrafe Gebrauch gemacht hatten. Sie wanderten für vier Monate hinter Gitter. In der Bestrafung meines Mannes sah ich, dass man an ihm ein Exempel statuieren wollte. In der schriftlichen Entlassung wurde erklärt, dass er in „einem Fall von der Prügelstrafe Gebrauch gemacht" habe.

***

Zum zweiten Mal bat mein Mann um Wiedereingliederung in den Schuldienst. Beide Gesuche wurden abgelehnt. Die Sekretärin im Ministerium war das Barometer, das ihm eine Zustimmung oder Ablehnung voraussagte. Nach einem halben Jahr erachtete man es für angemessen, ihn als Erzieher in Pößneck einzustellen. Sein Monatsgehalt betrug 450,- Mark netto. Es war zwar mehr als in seinem einstigen Beruf, aber immer noch etwa 200 Mark weniger, als er als Lehrer verdient hatte. Wir entschieden uns für einen Umzug nach Pößneck. Auf Anhieb gelang uns ein Ringtausch, der nur selten zum Ziel führte. Wir zogen in die Villa der ehemaligen Besitzerin der Volltuchwerke Pößneck. Sie gab noch nie einer solch großen Familie eine Wohnung. In der Erwartung, ebensolche Räume vorzufinden, wie wir in Jena verlassen hatten, sah ich mich getäuscht. Sowohl alte Zeitungen, Papier, Pappe als auch Spinnweben warteten auf mich. Das war aber noch nicht alles. Der prunkhaft große Treppenaufgang mit seinen Fluren bedurfte dringend einer Reinigung. Auch der untere Wasch- und Toilettenraum sowie das Kellergeschoß mit ausreichend Nebengelass wurden zum Prüfstein meiner Kräfte. Die Besitzerin, Frau Schubert, dankte es mir mit einem vollen Korb wohlschmeckender Apfel. Nach ihrer Meinung frischten sie den Verlust an Vitaminen auf. Ihre verblüffende Nachsicht gegenüber Kindern traf ich bisher noch nicht an.

Unser Andi war in dem Alter, wo er die meisten Eseleien beging, trotz seiner manierlich zurückhaltenden Art. So sah er beispielsweise dem Gärtner ab, wie er die Obstbäume und Büsche verschnitt. Auf seine Frage, warum er das tat, erfolgte die logische Antwort: „Damit es besser blüht, mein Kleiner!“ Frau Schubert pflegte einige große Zimmerpflanzen auf die Stufen zum Portal zu stellen. Andi okulierte sie, weil er glaubte, dass sie bald blühen würden. Ein anderes Mal tauchte in der Krone einer alten Birke ein blaues Wunder auf, das sich in Wirklichkeit als weiß-blau gestreifter Bub erwies. Frau Schubert stand bereits vor der Birke und lockte ihn mit etwas Süßem herunter. Ihre ruhige Sprechweise äußerte sich wie folgt: „Immer schön von einem Ast zum anderen fassen, dabei aufmerksam auf die Sicherheit achten!“ Inzwischen stand ich neben ihr, mein Herz schlug Alarm. Es sah sehr waghalsig aus, was der kleine Bub veranstaltete. Auf dem Boden angekommen, erklärte ich ihm die Gefährlichkeit seines Handelns. Ein weiteres Mal bohrte er mit einem stumpfen Gegenstand ein Loch ins Gemäuer. Seine Tätigkeit bewog Frau Schubert, ihn nach seiner Wissbegier zu fragen. „Die Pampe zwischen den Steinen ist erst weich, wieso wird sie hart?“ Hinter dem Phänomen der Baukunst verbarg sich für ihn ein Geheimnis, das er zu entdecken beabsichtigte. Auch blieb es für ihn beispielsweise ein Rätsel, wie der kleine Speisenaufzug funktionierte und für welche Tätigkeit er benutzt wurde. Seine Entdeckungsreise führte ihn auf- und abwärts.

Während ich vor unserer Haustür den Fußboden wischte, vernahm ich aus dem Aufzugsschacht ein Geräusch, das dort nicht hingehörte. Beim Öffnen der Tür lachte mir ein blonder Lockenkopf entgegen. Seine ersten Worte sprach er hastig: „Ich weiß jetzt, wie es funktioniert!“ Die kleine Wissbegierde in Person hob ich aus dem Schacht heraus und klärte ihn über die möglichen Folgen auf. Um seinen Tatendrang zu bremsen, stellte ich Lebensmittel auf das Brett und Frau Schubert sorgte für eine Blockade am Schacht. Frau Schubert ließ einmal im Jahr den Parkettfußboden von einem Fachmann abziehen. Ich erachtete es nicht als zweckmäßig. Jeder Wassertropfen hinterließ einen Fleck. Vorsorglich legte ich Vorleger auf die empfindlich reagierenden Flächen. Blitzsauber sahen die Böden zwar aus, aber sie kosteten mich auch viel Schweiß.

***

Anstelle meiner Eltern überraschte mich mein Bruder Gerhard mit seiner Frau sowie ihren drei- bis vierjährigen Buben. Die Jugendweihe von Jürgen 1959 fiel an Geschenken noch mager aus. Dafür waren unsere Gäste hingerissen von der Eleganz in der Villa. Sie brachten zum Ausdruck, dass sie ihnen prachtvoll erscheinen würde und sie sich mitten in einem Film wähnten. Die Feier lag hinter uns, damit verlor sich auch der Trubel. Neue unliebsame Überraschungen warteten auf mich. Wenn ich auch vieles erlebt hatte, aber dies noch nicht. Eine Heimlichkeit hatte meine Gutgläubigkeit überlistet. Die Aufdeckung ließ nicht lange auf sich warten. Nach alter Tradition behielt das Bügelzimmer seinen Namen, wenngleich daraus ein großer Abstellraum für alle Hausbewohner entstanden war. Die Parkanlage hinterließ genug Raum für Heu, das Frau Schubert verkaufte. Ramona schwänzte die Schule! Durch unterdrücktes Lachen und Wispern geriet Frau Schubert, die sich zufällig in der Nähe aufhielt, ins Grübeln. Sie rief: „Ramona, was macht ihr denn da?“ Wenn sie auch sofort geantwortet hatte, so sah Frau Schubert sich genötigt, mich zu informieren. Wir schoben Heu zur Seite und sahen Ramona mit Andi quietsch vergnügt eingeweckte Pflaumen essen. Der Schulranzen lag an der Seite. Als ihre Gemütlichkeit ein jähes Ende fand, gerieten sie in Panik und sie entschwanden wie ein Blitz unseren Augen.

Der Hund „Smutje" unserer Nachbarn, den Landskrons, spielte im Leben unserer Kinder eine beachtliche Rolle, die auf Gleichseitigkeit beruhte. Gut dressiert jagte er Fremde mit Bellen und Beißen vom Grundstück. So erging es auch Rainers Freund. Als er merkte, dass Smutje ihn beißen wollte, geriet er angstvoll in eine peinliche Situation. Diese befähigte ihn, schnellstens über den eisernen Zaun Reißaus zu nehmen. Jedoch war Smutje flink genug, ihm ein Stück vom Hosenboden abzuziehen. Das Warnschild an der Pforte ‚Vorsicht bissiger Hund!' zog er fortan nicht mehr in Zweifel. Täglich kratzte Smutje an unserer Tür, um Einlass zu erbitten. Saßen wir gerade beim Abendbrot, dann verkroch er sich unter den Tisch und verhielt sich still, bis Andi und Michael ihre Wurstbrote mit ihm teilten. Happen für Happen verschwand auf diese Weise in seinem Maul. Er ließ die beiden auf sich reiten oder sie balgten sich miteinander. Ihre Freundschaft beruhte auf gegenseitigem Vertrauen. Solange wir in der Villa wohnten, war Smutje der einzige Freund unserer Kinder.

Mit dem Regen kam der Gedanke, mich schriftlich an den Präsidenten Wilhelm Pieck zu wenden. Ich schilderte ihm den Sachverhalt unserer Lage und bat ihn, uns zu helfen. Als mein Mann spät vom Dienst nach Hause kam, gab ich ihm das Duplikat zu lesen. Er reagierte darauf ungehalten. Seine Gutgläubigkeit, in einigen Monaten wieder als Lehrer eingestellt zu werden, bezweifelte ich. Das Gerede von der Selbstkritik führte zu nichts, deshalb unterbrach ich ihn mit den Worten: „Behalt deine Missbilligung, das Original liegt bereits im Briefkasten. Morgen früh sechs Uhr wird geleert! Von einer Strafe abgesehen tat ich das, was schon längst nötig gewesen wäre. In einigen Wochen wissen wir mehr von meiner Initiative!"

Unerwartet erhielt mein Mann die Nachricht von der Einstellung als Lehrer im Werkhof Hummelshain.[59.] Die Krönung

meines Gesuchs fand am vierten Tag nach der Absendung seine Vollendung; alle Benachrichtigungen waren fernmündlich erfolgt. Meine drei großen Buben balgten sich vor Freude mit mir auf der Couch herum. Das gewohnte Leben sollte dort fortgesetzt werden, wo es einst abrupt abbrach. Bei näherer Betrachtung brachte die Wiedereinstellung in den Schuldienst auch einen Hauch Zwiespältigkeit mit sich. Eine so schöne Wohnung gibt man nicht gern auf, aber ich bestimmte nicht allein über unseren Wohnsitz.
Einige Monate später zogen wir nach Hummelshain. Von Anfang an stand fest, dass wir uns in einer Übergangswohnung niederließen. Leicht fiel mir der Sprung ins kalte Wasser nicht. Obwohl die Wohnung renoviert und meine Wünsche berücksichtigt wurden, hielt sie einem Vergleich mit der Wohnung in Pößneck auch nicht annähernd stand. Ich machte mit dem, was mir zur Verfügung stand, das Beste daraus.

***

„Ein Refugium in Hummelshain“

Im Spätsommer 1959 verband ich einen Einkauf mit dem Besuch bei Landskrons. Andreas und Michael begleiteten mich. Smutje stand mit seinem Hinterteil zur Eingangstür. Als wir ihn riefen, drehte er sich blitzschnell herum. Er erkannte uns sofort wieder. Sein kurzes Schwänzchen wedelte freudig hin und her. Freudig sprang er in die Luft. Sein Winseln war Ausdruck des Willkommens, das mich tief bewegte. Smutje zeigte seine Freude so heftig, dass er Andreas beinahe umstieß. Beide Kinder riefen zärtlich seinen Namen, wobei Michael seinen älteren Bruder nachahmte. Mal legte Smutje seine Vorderpfoten auf Michaels Schulter und leckte ihn ab, mal lief er unter das Fenster der Landskrons, um unseren Besuch durch kräftiges Bellen anzukündigen. Der weithin klingende Laut blieb nicht ohne Wirkung. Fräulein Landskron schaute zum Fenster heraus. Freundlich wie immer, ließ sie uns ins Haus eintreten. Smutje lief zwischen Andreas und Michael hin und her. Später saßen die Buben auf Landskrons Sofa, der Hund lag daneben auf dem Fußboden. Vater Landskron erzählte uns vom Hundeleben, das Smutje seit unserem Wegzug geführt hatte. Er suchte seine Spielkameraden, die mit einem Mal nicht mehr da waren. Auch fraß er nicht mehr, seinen Kummer brachte er durch Heulen zum Ausdruck. Die neuen Mieter fiel er bisswütig an. Wie auch immer sein Zustand sich normalisierte, die Güte seiner Besitzer stand ihm stets zur Seite. Die treue Ergebenheit, aber auch den Gehorsam erlebten nur die Landskrons. Nach wie vor gestaltete sich das Leben zwischen den neuen Mietern und Smutje gespannt. Nach deren Meinung wäre der Hund lebensgefährlich. Herr Landskron sagte dazu nur: „Ich weiß gar nicht, was die wollen! Er erkennt genau, wer gut oder bösartig ist!“ Endlos verlief unser Besuch nicht, das spürte auch Smutje beim Abschied. Auf seine Art weinte er. Erbarmungslos ergriff der Schmerz von mir Besitz, der nicht eher ruhte, als bis ich mich ins Wartezimmer eines Gynäkologen begab. Das bisher gestellte Gutachten, mich einer Operation zu unterziehen, schlug ich in den Wind. Aber auch die häuslich bedingte Veränderung spielte dabei eine tragende Rolle. So schob ich die Operation vor mir her, bis das Gebot der Stunde schlug. Vom hiesigen Arzt bekam ich eine Überweisung nach Jena, die ich nicht hinter den Spiegel steckte. Michael und Andreas nahm ich mit. Im Wartezimmer entstand eine hitzig geführte Debatte. Eine Patientin äußerte: „Wie kann man heute noch sieben Kinder in die Welt setzen?" Meine Frauenehre litt schwer darunter. Bereit, sie zu verteidigen, stellte ich mich vor sie hin und sagte: „Glauben Sie, ich habe meine Kinder im Tischkasten gefunden? Sie fielen mir wahrlich auch nicht in den Schoß!" Mein Name wurde aufgerufen. Kurz danach stand ich vor dem Arzt. Nach der Untersuchung schüttelte er den Kopf und fragte mich: „Wie haben Sie nur Ihr letztes Kind gebären können? Das ist mir ein Rätsel!" Auf die Gefahr hin, dass ich künftig meine weiblichen Organe verlieren könnte, sagte er, dass nur eine Operation helfen könne, meine Schmerzen zu beseitigen. Er wies an, dass ich zwei Tage später im Krankenhaus erscheinen müsste. Die Unterbringung der Kinder dürfe kein Hindernis sein, fügte er hinzu. Im Kinderheim Ziegenhain brachten wir sowohl Michael als auch Andreas unter. Unsere schulpflichtigen Kinder besuchten für einige Wochen den Hort in Hummelshain. Im Hinblick auf einen unwillkommenen Aufenthalt im Krankenhaus traf ich pünktlich dort ein. Die nochmalige Untersuchung in Anwesenheit der Operateure entschied über den chirurgisch notwendigen Eingriff. An einer Wandtafel skizzierte der Professor sachkundig die drei zu machenden Schnitte. Eingehüllt in Zigarettenrauch verließ ich danach den Raum. Frühmorgens bereiteten mich die Schwestern auf die Operation vor, die zuerst vorgenommen wurde. Im Nachhinein erzählten mir andere Patienten sie hätten sich gewundert, dass ich so lange weggeblieben wäre. Erstaunlich war es nicht, denn die Flickerei nahm mehr Zeit in Anspruch, als vorgesehen war. Nur bedingt reagierte ich am nächsten Tag, was dazu führte, dass ich auch während der Visite das kurioseste Gefasel von mir gab, was allgemein zur Erheiterung beitrug. Als ich wieder ansprechbar im Krankenbett lag, teilte mir mein Mann mit, dass wir die Baugenehmigung erhalten hätten.

Ein Hickhack um Grund und Boden begann, das ein Rechtsanwalt rechtlich klärte und wir an drei Vorbesitzer die Kaufsummen bezahlten. Insgesamt 630 Quadratmeter Bauland ging in unseren Besitz über und wurde im Grundbuch auf unseren Namen eingetragen. Die Ausschachtungsarbeiten für unser Wohnhaus erlebte ich mit umwickelten Beinen, um Krampfadern nach der Operation vorzubeugen, wie mir ärztlich angeraten wurde. Spitzhacke, Schaufel und Brecheisen blieben die einzigen Werkzeuge für jene schwere Arbeit. Zu Bergen türmten sich die Steine, die mit jedem Hackenschlag herausgeholt werden mussten. Ein Bagger stand uns damals nicht zur Verfügung. Erst drei Jahre später wurden sie beim Eigenheimbau eingesetzt. Der Baumeister kalkulierte unsere „Hundehütte" wie er sich beliebte auszudrücken, auf das Genaueste. Seine vier Maurer legten den Grundstein und zogen eine 36er Außenwand fristgemäß hoch. Weitere Facharbeiter wie Zimmerleute, Ofensetzer, Installateure, Elektriker, Dachdecker, Schornsteinfeger und Fliesenleger stellten das Haus nach unserem Organisationstalent und Hilfsarbeiten in acht Monaten fertig. Dabei zählten unsere Arbeiten zu den schwersten. Entsprechend der Kalkulation erbrachten wir den Nachweis durch unsere Eigenleistungen, die neben einem Kredit zur Finanzierung beitrugen. Zu den umfangreichen Ausbauarbeiten gehörten auch das Streichen der Wände, Türen, Doppelfenster sowie einer Holztreppe mit Geländer dazu. Narben an meinen Handgelenken legen noch heute Zeugnis ab von der scharfen Kalkfarbe, mit der sämtliche Wände des Hauses gestrichen werden mussten. Mehrere Liter Firnis, 45 Liter Vorstreichfarbe sowie 30 Liter Lackfarbe wurden von mir allein verarbeitet. Hinzu kamen noch viele Bogen Sandpapier, die ich zum Abschmirgeln benötigte. Zu guter Letzt bekamen die Fußböden in den oberen Räumen einen unterschiedlichen Farbanstrich. Für jene Arbeiten war ich zuständig, für andere Ausbauarbeiten mein Mann.

Unsere drei Söhne halfen nach ihrer Arbeitsfähigkeit mit, den Garten zu bearbeiten. Zwei alte Apfelbäume standen im Weg. Ihre Beseitigung war erforderlich. Die weit verzweigten Wurzeln wuchsen tief in den Boden. Jene Mammutbäume kosteten uns viel Kraft. Unter dem massigen Erdreich lagen viele große Steine, die sich zum Bau einer Mauer eigneten, die wir unterhalb unseres Grundstücks errichteten. Außerdem fanden sie auch zur Befestigung eines Weges Anwendung. Viel Wert legte ich auf unsere alte Wohnung nicht mehr. Schmutzige Wäsche nahm ich mit zum Neubau und kochte dort auch unser Essen.

Meine Zeit war bemessen, wie man sich denken kann. Nach der Hausarbeit, so gegen zehn Uhr, arbeitete ich im Neubau weiter. Die stürmische Fertigstellung des Hauses verlangte mir viel Kraft ab. So geschah es, dass ich am späten Abend im weichen Verpackungsmaterial zusammenklappte und erschöpft liegenblieb. Meine verschmutzte Mütze saß mir noch auf dem Kopf, als ob sie dahin gehörte. Weder die gut gemeinten Worte meines Mannes noch die Sorge um Andreas und Michael bewegten mich, aufzustehen. Daraufhin übernahm mein Mann die Sorgepflicht. Die Leiterin des Kindergartens - die sich zufällig gegenüber unserem Neubau befand - bot mir einen Platz für Michael an. Dankbar nahm ich ihr Angebot wahr. Das monatlich zu zahlende Essensgeld entsprach der gesetzlichen Norm und war für jeden bezahlbar. Da mein Mann die meiste Zeit in der Schule verbrachte und seine freie Zeit mit Gewerkschaftsversammlungen und Lehrerkonferenzen belastet wurde, lag ein Großteil schwerster Arbeit auf mir. Die Folgen bedachte ich damals noch nicht. Als wir letztendlich das neue Haus bewohnten, gab es zwar hier und da Extraarbeiten, aber die Hauptbeschäftigung galt der Gartengestaltung. Sämereien gab es genug zu kaufen, jedoch Blumenzwiebeln bot der Handel noch nicht an. Ein und das andere Mal quälte mich ein Hexenschuss, wie er im Volksmund genannt wir. Alle ärztlichen Bemühungen schlugen fehl, bis die Ursache im Teilkrankenhaus Eisenberg erkannt wurde. Während einer Chefvisite erklärte mir der Professor, dass nur eine vorübergehende Besserung erzielt werden könnte. Eine Operation brächte ein Ende meiner Quälerei. Bald danach kam ich in das Waldkrankenhaus nach Eisenberg und wurde dort zwischen dem dritten und vierten Wirbel operiert. Ganz erholte ich mich nie mehr. Trotzdem wagte ich mich an Arbeiten heran, um die ich besser einen Bogen gemacht hätte. Doch die einen können es, die anderen nicht. Zu den Letzteren gehörte ich. Jahre durchlebte meine Familie bescheiden mit mir. Aber eines Tages flogen meine Täubchen jedes in eine andere Richtung. Nur Andreas und Michael blieben noch im heimatlichen Nest. Doch auch ihre Flügel spreizten sich bereits. Während dieser Phase, es war zur Mittagszeit, lief Michael unruhig hin und her. Nach seiner Meinung hätte Andreas seinen „Pflichtsturz“ mit dem Motorrad erwischt, wie er es nannte. Seine Worte drangen an taube Ohren, deren Bedeutung ich erst mit seiner Ruhelosigkeit erfasste. Kleinlaut sagte ich: „Male den

Teufel nicht an die Wand!“ Bald darauf klingelte es und ich spürte, dass es nicht Andreas war. Die folgende Hiobsbotschaft ließ mich zur Salzsäure erstarren. Allmählich gewann ich meine Fassung wieder und ich erinnerte mich an Sylvias Tod, der ihr Lebenslicht für immer ausblies. Volkers Motorradunfall erlebte ich auch im Sonnenschein, der glimpflich ablief, jedoch brachte es ihm sechs Wochen Klinikaufenthalt ein. Die Nachricht vom Unfall von Andreas ließ die Frage offen, wie schwer war er verletzt? Mein Mann fuhr sofort mit mir ins Krankenhaus nach Jena. Ein Arzt informierte uns über den Grad der Verletzung, die eine Trümmerfraktur des Fußes nachwies. Mindestens dreizehn Brüche lagen dicht nebeneinander, sagte er. Danach besuchten wir unseren Sohn.

Er lag noch auf der Krankenbahre, nachdem er geröntgt worden war. Heimlich blickte er unter seine Decke. Sein linker Fuß lag unförmig und blitzeblau darunter. So gut es ging verbarg ich meine Betroffenheit. Unsere Befürchtung, dass er seinen Fuß einbüßen würde, raubte mir die Zuversicht. Nur wenige Minuten währte unser Besuch, er musste erst seine Lage in Ruhe überdenken können.

Beim nächsten Besuch lag Andreas mit dem verletzten Bein bis zur Leiste in Gips. Ein ehemaliger Schulkamerad stand an seinem Bett. Als Pfleger arbeitete er in dem Krankenhaus. Jener Schulkamerad erlitt etwa ein Jahr später selbst einen schwerwiegenden Unfall, der ihn für immer an den Rollstuhl fesselte. Der lange Aufenthalt im Krankenhaus nahm Andreas den Mut, mit seinem Motorrad wieder zu fahren. Im Gegenteil. Er fragte uns: „Hat denn Michael mein Motorrad sichergestellt und eingefettet?“ Bevor er nach Hause durfte, stellten wir eine Liege ins Wohnzimmer, damit er am Tagesverlauf teilnehmen konnte und das Fernsehen für seine Unterhaltung sorgte. Zuweilen fuhr mein Mann mit ihm ins Krankenhaus nach Jena, da er im

Laufgips war und noch immer geröntgt werden musste. Seine Pflege übernahm ich gern. Wir waren heilfroh, dass er seinen Fuß behielt. Allerdings musste Andreas den Besuch an der Ingenieurschule auf einen späteren Zeitpunkt verschieben. Der BGL-Vorsitzende zeigte bei seinem Besuch volles Verständnis für ihn. Da er länger als ein Vierteljahr in Gips zubrachte, verliefen alle seine Termine im Sand. Nach der letzten Röntgenaufnahme trat ein Hoffnungsschimmer auf, der pessimistischen Redereien trotzte. Nach ein paar Wochen kam er ohne Gipsbein nach Hause. Humpelnd auf einen Stock gestützt, rief er freudig aus: „Hurra, hurra, hurra! Ich habe es geschafft!" Nichts währt ewig, im Großen wie im Kleinen. Das Leben ist ein Karussell, einmal rauf und einmal runter, das wussten meine Großeltern auch zu erzählen. In jedem Kochtopf brodelt es, sagten die einen und andere wiederum meinten: „Jeder ist seines Glückes Schmied!" Noch andere trugen die Weisheit auf den Lippen: „Wie man sich bettet, so liegt man!" Glück und Zufall mischen im Leben beträchtlich die Karten, wie man es weiß.

***

An einem frühlingshaften schönen Sonntag 1975 öffnete Michael einem älteren Herrn und einem jungen Mädchen die Tür. Ich war noch nicht genesen von einem vermeintlichen Nervenzusammenbruch und einer Herzattacke, als unerwartet ein Ereignis an uns herantrat, das eine Verquickung von Umständen und gleichzeitig Platzmangel mit sich brachte.

Eine schwache Stunde blieb nicht ohne Folgen für Andreas und sein Mädchen. Wir gaben ihnen vorläufig eine kleine Wohnung, in der sie ihr junges Glück erlebten und in die Lage versetzt wurden, ein Dach über dem Kopf zu haben. Die Hochzeitsfeier fand hier in der Dorfkneipe in kleinem Kreis statt. Sowohl mein Mann als auch Michael nahmen daran teil. In jener Zeit begann schleichend mein jetziges Leiden, von dem ich nichts ahnte, dass es mich hilflos in den Rollstuhl zwingen sollte.

Nach einigen Monaten verschaffte sich unser neues Enkelkind mit einer kräftigen Stimme Gehör. Es wuchs zu einem kleinen süßen Mädelchen heran.[60.]

Der Bedarf nach einer größeren Wohnung für Andreas und seine Familie wurde nach dreijähriger Einschränkung notwendig. Die Vergabe für eine Neubauwohnung erfolgte nach Fertigstellung eines Komplexes in Neustadt.

Im tiefsten Winterschlaf 1978 stellte sich ein zweites Mädchen ein, das im neuen Heim aufwuchs.[61.] Meinem Mann und mir fiel es nicht schwer, die leerstehende Wohnung nutzbringend anzuwenden. Einige Kleinmöbel, Gardinen sowie Dekostoff kauften wir dazu. Es entstand für uns ein Kleinod, dem eine Besonderheit anhaftete. Aber keine lange Freude daran erwartete uns. Michael rückte 1979 nach. Er übernahm mit einer jungen Frau die oberen Räume, als vorläufige Lösung.

***

Bis zum letzten Tag wirtschaftete ich in Haushalt und Garten herum. Dann ereilte mich eine schwere Krankheit, die keine Rücksicht nahm und kein Mitleid kannte. Meine Hände ruhten für immer aus. Hoffnungsvoll glaubte ich viele Jahre, der Spuk ginge vorüber, aber mir zeigte die Chance nur eine kalte Schulter. Den Rest meines Lebens werde ich ohne die Fähigkeit, mich fortzubewegen, verbringen müssen. Auch meine Hände fassen ungenau und kraftlos nach irgendeinem Gegenstand. Ebenfalls klingt meine Stimme verwaschen. Sie unterliegt nicht mehr meinem Willen. Trotzdem schreibe ich täglich und bringe die Vergangenheit mühevoll zu Papier. Mein Mann überträgt es wortgetreu auf der Schreibmaschine.

Unser Sohn Andreas starb 1984 leider 31jährig an Lungenkrebs.[62.] An seinem Verlust trug ich schwer. Er hinterließ eine junge Frau und zwei Kinder. Die Erinnerung an ihn wird mich bis an mein Ende begleiten.

***

„Von Krankheit gezeichnet“ (1979 bis 1999 von Günther Theilig)

Für die Festveranstaltung zum Gründungstag der DDR am 7. Oktober 1979 musste ich mich als Lehrer im Jugendwerkhof Hummelshain entschuldigen, um den Notarzt um Hilfe für meine Frau zu bitten. Durch die untersuchende Ärztin wurde sie in einem angeforderten Krankenwagen wegen einer Nervenentzündung in die Klinik nach Jena überwiesen. Nach dem ersten Tag ihrer Einlieferung besuchte ich sie in Jena. Aber was musste ich bei meinem Besuch erleben? Mit den Worten: „Hier bleibe ich nicht!“ wurde ich von ihr empfangen. „Bitte, nimm mich wieder mit!“ Der Oberarzt hatte sie aufstehen lassen, um ihren Krankenzustand zu überprüfen. Er ließ sie aber einfach abstürzen, so dass sie seine Beine umklammern musste. Diese unwürdige Behandlung ließ sie sich nicht bieten. Andere Patienten bestätigten die Aussage meiner Frau, halb empört, zum anderen amüsiert. Ich setzte die Assistenzärztin von meiner Absicht in Kenntnis und sie erwiderte: „Ihre Frau braucht aber ärztliche Hilfe!“ „Die hat sie auch in Hummelshain!“ entgegnete ich. „Was kann dieser Dorfarzt schon tun?“ war ihre Gegenfrage.

Am darauffolgenden Tag war ich wieder in Jena, um meine Frau abzuholen. Vom Oberarzt war natürlich nichts zu sehen. Die Assistenzärztin aber entschuldigte sich für den „Dorfarzt“, nachdem sie erfahren hatte, dass dieser der Oberarzt der Röntgenabteilung des Bezirkskrankenhauses Stadtroda war, der nebenberuflich die Patienten im Pflegeheim Hummelshain und im Ort betreute.

Obwohl meine Frau angeblich laufen konnte, half mir die Krankenschwester und holte einen Krankenfahrstuhl, mit dem ich meine Thea in unser Auto brachte. Nachdem ich Theas behandelnden Arzt in Stadtroda angerufen hatte, er war Facharzt für Neurologie und Psychiatrie, bedauerte er das Ergebnis, da es sehr schwer wäre, einen Platz in Jena zu bekommen. Sein Bemühen, Thea in Stadtroda unterzubringen, dauerte fast zwei Monate.

Vom 27.11. bis zum 7.12.1979 war ihr Aufenthalt in der Neurologie. Er selbst führte bei ihr das „EEG“ und eine „große Punktion“ durch. Festgestellt wurde bei ihr eine Erkrankung des Kleinhirns mit dem lateinischen Befund „ausgeprägte spinocerebrale Ataxie“. Der Name war bekannt, als Ursache vermutlich eine Rückenmarkentzündung. Da Thea nicht ihm, sondern dem Oberarzt der Neurologie unterstand, wollte sich dieser noch Gewissheit über die Entstehung der Krankheit verschaffen. Auf meine Frage an unseren Arzt: „Kann dieser Befund etwas an ihrer Krankheit ändern?“ antwortete er: „Eigentlich nicht!“ „Da kann ich ja ihre Entlassung fordern?“ „Das können Sie, es wäre ja sonst Freiheitsberaubung!“ antwortete er. Also forderte ich die Entlassung meiner Frau und unterschrieb: „Auf eigene Verantwortung!“

„Aber so schnell bekommen Sie doch keinen Krankenwagen!“ erwiderte er. Und ich: „Habe ich meine Frau mit meinem eigenen Auto hergefahren, so bringe ich sie auch wieder nach Hause!“ Die Freude war groß!

Unterwegs nahmen wir in der Apotheke in Stadtroda die Medikamente mit. Unser Arzt wurde offiziell beauftragt, die Weiterbehandlung in Hummelshain zu übernehmen. Weit über zehn Jahre versorgte er meine Thea, bis er selbst aus gesundheitlichen Gründen seine Tätigkeit in Hummelshain aufgeben musste. Ich bin davon überzeugt, ihm verdanke ich das Leben meiner lieben Frau.

Im Dezember verschlechterte sich ihr Zustand. Zum Weihnachtsfest kam ihre Mutter auf Besuch von Leipzig nach Hummelshain, weinend hielt sie ihre Tochter im Arm, aber eine Änderung trat nicht ein. Zu Anfang des Jahres 1980 hatte ihr psychischer Zustand einen Grad erreicht, dass ich um ihr Leben bangte. Am 31. Januar 1980 erhielten wir den Besuch des Kreisgutachters. Wir saßen in der Küche und ich half ihr, eine Nudelsuppe zu essen. Er ließ ihr einen Teelöffel ohne Essen an den Mund führen und stellte fest, dass dieser an der Nase landete. Nach einer Unterhaltung, die er allein mit ihr führte, eröffnete er mir, dass sie von ihm verlangt habe, in die Klinik überwiesen zu werden. Das erzeugte meinen Protest, da ich das nicht glaubte. Daraufhin holte er die Hummelshainer Ärztin für Allgemeine Medizin, die behauptete, meine Frau litt an einer Medikamentenvergiftung, als Vorwurf für den behandelnden Neurologen. Ich protestierte erneut gegen eine Einweisung in die Klinik und machte von meinem Hausrecht Gebrauch. Dieser „Rausschmiss" bewirkte, dass er mir in aller Ruhe erklärte, dann wäre er in einer halben Stunde mit dem Staatsanwalt wieder hier. Also musste ich meine Einwilligung geben. Unmittelbar danach kam der Krankenwagen und überführte meine Frau nach Stadtroda in die Psychiatrie. Dort blieb sie vom 31.1. bis 24.2.1980.

Bei einem Gespräch mit unserem Neurologen über die „Medikamentenvergiftung" lächelte er und sagte, ich weiß schon, warum sie gegen Stadtroda ist. Im Ort war es übrigens herausgekommen, dass die Frau Doktor in Stadtroda eine Entziehungskur hinter sich hatte. Trotz diesem „Zusammenstoß" mit dem Kreisgutachter hat er mir diesen Vorfall nicht nachgetragen und ich habe in den nachfolgenden Jahren seine vollste Unterstützung bekommen.

Nach den Weihnachtsferien begann mein Dienst als Lehrer im Jugendwerkhof. Kurz zuvor traf ich meinen Heimleiter in der Ambulanz in Hummelshain und er fragte mich: „Kommst du morgen zum Dienst oder bist du freigestellt?" „Das erfahre ich heute!" Anschließend erhielt ich eine begrenzte Freistellung von drei Monaten.
In der Psychiatrie in Stadtroda bestätigte mir der Oberarzt, dass Thea nicht in die Klinik eingewiesen werden wollte bzw. dass es nur ein Einfall von ihr gewesen sein könnte. Unter den „wirklich Verrückten" stellte sie eine Glanzrolle dar. Der ständige Besuch meiner Kinder und die Zuneigung zu ihr blieben nicht ohne Eindruck. Besonders schon deshalb, weil jedes Mal ihr Bett in den Besucherraum gefahren werden musste, und das war aus Platzmangel gar nicht so einfach. Auch hier konnte ich sie selbst abholen (diesmal mit Zustimmung des Arztes). In einem Campingsessel, von mir mit Rädern versehen, trugen wir sie über die Treppe zum Auto. Also glücklich wieder zu Hause gelandet.

Zur Lösung meiner Probleme schlug mir der Heimleiter vor, meine Frau für die letzten 5 Jahre vor meiner Rente im Pflegeheim unterzubringen. Ob er das wohl bei seiner eigenen Frau getan hätte? Meine zeitlich begrenzte Freistellung und der Klinikaufenthalt von Thea gab mir die Möglichkeit, nach einem Ausweg zu suchen. Mit Hilfe meines ältesten Sohnes Rainer gelang es mir, in Gera den verantwortlichen Leiter für den Jugendwerkhof zu sprechen. Da ihm bekannt war, dass in Hummelshain ein männlicher Nachterzieher fehlte und die Erzieher mit Überstunden die Planstelle abdeckten, schlug er vor, mich als Lehrer freizustellen und für diese Planstelle einzusetzen.

Eine kurze telefonische Rücksprache mit dem Heimleiter in Hummelshain und wir hatten eine Lösung. Nachts von 22 Uhr bis morgens 6 Uhr ging mein Dienst und ich konnte am Tag meine Thea versorgen und den Haushalt führen. Früh versorgte ich sie und lag anschließend neben ihr im Bett. Und sie war eine liebe und rücksichtsvolle Patientin. Nachts schlich ich mich möglichst unbemerkt für eine halbe Stunde (maximal) nach Hause, denn die Jugendlichen wurden ohne Aufsicht recht mobil und passten auf, wenn ich nachts meinen Kontrollgang im Heimgelände machte. Aber mit Absprache mit meiner Kollegin, die bei den Mädchen den Nachtdienst durchführte, verlief alles ohne großes Aufsehen. So konnte ich jede Nacht Thea einmal aufs „Töpfchen" - einen Toilettenstuhl - setzen.

So vergingen vier Jahre. Im letzten Jahr vor meiner Rente stellte ich den Antrag um Verkürzung meiner Arbeitszeit, da die Doppelbelastung für mich nicht unerheblich war. Mit Unterstützung des BGL-Vorsitzenden lehnte der Heimleiter meinen Antrag ab. Da ich den Kreisgutachter von diesem Vorfall in Kenntnis setzte, konnte ich bei meiner Anwesenheit hören, wie er telefonisch meinem Heimleiter sagte, er solle sich diese Ablehnung gut überlegen. Wörtlich formulierte er „Bedenken Sie, ein halber Soldat ist immer besser als gar keiner!" Das war deutlich und ich erhielt seine Zustimmung für eine verkürzte Arbeitszeit.

Drei Monate vor meiner Pensionierung passierte es, dass mehrere Jungen in der Nacht im Mädcheninternat eingestiegen waren. Zum Glück nicht während meines Nachtdienstes. Daraufhin informierte mich der Erziehungsleiter über die Anweisung des Heimleiters: „Günther, du darfst ab sofort nachts nicht mehr zu deiner Frau nach Hause gehen, nur noch heute Nacht." Später fragte er mich: „Hast du inzwischen eine Lösung gefunden?" Meine Antwort war: „Ja, ab morgen komme ich nicht mehr zum Dienst!" Da ich tatsächlich erkältet war, meldete ich mich krank. Nach vier Wochen musste ich nach Kahla, um mich bei der Beratungskommission vorzustellen. Diese verlängerte meine Krankschreibung, ohne dass ich eine erneute Aufforderung bis zum Antritt meiner Rente erhielt. Die verkürzte Arbeitszeit verminderte zwar meine Rente um 50 Mark, aber was soll's, ich hatte es geschafft!

Die nachfolgenden Jahre verlebten wir glücklich, soweit man es sagen kann, wenn ein Mensch völlig hilflos ist. Das heißt, er kann nicht laufen, nicht aufstehen, muss gewaschen werden, kann seine Notdurft nicht allein befriedigen, und einen heruntergefallenen Kuli kann er selbst nicht aufheben.

Aber im Laufe der Zeit trat doch eine gewisse Stagnation der Erkrankung ein. Technische Hilfe erhielt ich in vorbildlicher Weise durch die Krankenkasse mit Hausrollstuhl, elektrischem Rollstuhl, Hebegeräte, Toilettenrollstuhl und „Treppensteiger", um in den Garten zu gelangen. Da bei ihrer Erkrankung zum Glück keine Beeinträchtigung ihrer geistigen Fähigkeiten eingetreten war, verstand sie es, ihr Leben auszufüllen. So blieb ihr Hobby ihre „Lebenserinnerung" zu verfassen, die Gartengestaltung zu organisieren, die Blumen zu betrachten, die politische Interessiertheit, Kreuzworträtsel, Film und Musik und nicht zuletzt ihre Hygiene und Gepflegtheit, die immer mehr zu meinem Aufgabengebiet wurde.

Im Mai 1996 kehrte Michael mit seiner zweiten Frau und ihrer Tochter Sylvia in unser Haus zurück. Bereits im Januar hatte er begonnen, durch Umbau und Ausbau des Hauses seiner Familie eine eigene Wohnung zu schaffen. So entstand im Untergeschoß zusätzlich eine Terrasse, Wohnzimmer, Küche und Toilette, sowie im Anbau eine große Garage, Waschküche und ein Büro für seine „neue Selbständigkeit". Das bedeutete gleichzeitig für uns im Erdgeschoß ebenfalls eine große Terrasse mit Blumen und Springbrunnen sowie ein „Balkonzimmer", das in Wirklichkeit ein Wintergarten war. Voller Blumen und rings herum Fenster. Für Thea mit einem herrlichen Ausblick zum Wald und in den Garten.

Mit dem ersten sichtbaren Grün der Birken kündigten sich der Frühling an und die Hoffnung auf schöne Sommertage. Die zwei ausgewählten Gedichte von Thea lassen erkennen, dass im Hintergrund jedoch immer die Sorge um das zukünftige Leben stand.

1997 erfolgte in Blankenhain eine Krebsoperation des Darms, die sie bis auf eine Engstelle des Darms gut überstand und den Krebs beseitigte. Ein Jahr später, bei einer Routineuntersuchung in Blankenhain, stellte sich erneut eine Krebserkrankung heraus, diesmal an Leber und Bauspeicheldrüse. Eine nachfolgende Behandlung in Jena-Lobeda vom 30.3. bis 15.4.1999 brachte keine Hoffnung und ließ eine Operation nicht zu.

So wussten wir beide , das wir von einander Abschied nehmen mussten. Sie kämpfte sich mit eisernem Lebenswillen bis zu meinem 80. Geburtstag durch. Am Abend des 26. Mai 1999 half ich ihr beim einnehmen des Abendessens. Ich konnte ihre Hand halten. Eine Stunde später verstarb sie an Herzversagen infolge einer inneren Blutung. So verlor ich das liebste, was ich je besessen habe.

***

Wenn du mich verlässt

Wenn du mich verlässt,
keine Blume mehr für mich wächst.
Der Winter kehrt dann ein in mein Herz,
nie gäbe es für mich mehr einen März.

Ich fühle, wie heimlich der Winter kommt,
meine Seele von dir Abschied nimmt.
Ein kalter Atem mir schon entgegen weht,
doch die Hoffnung noch dazwischen steht.

Letzte Rosen schmücken meinen Tisch,
ich sehe in ihr Angesicht.
Auch ihre Schönheit wird bald vergehen,
im nächsten Jahr werden neue blühen.

Wenn der Lenz den Winter besiegt,
die erste Blume sich im Wind bewegt,
in meinem Herzen wird neu keimen,
bei Sonne und Regen bei dir doch noch zu bleiben.

Abschied

Weit, weit im All,
ziehen Planeten ohne Schall.

Lautlos für ewig werde ich dort wohnen,
als kleiner Stern mit meinem Lichte leuchten.

Gläubig ist dein Herze nicht,
eines Tages auch dein Leib zerbricht.

Deine Seele irrt allein umher,
ich werde sie finden und wir leuchten zu zwein.

Einst sahest du mein Gesicht,
es war noch jung, gezeichnet vom Leben nicht.

Das Alter saß sehr weit gerückt,
so hatte es dich entzückt.

Die Monde gingen wie sie kamen,
mein Körper fing an zu lahmen.

Enttäuschung und Verzicht,
schauen jetzt in mein Angesicht.

Anmerkungen

1. Thea Theilig wurde am 26.05.1925 als Tochter von Werner und Erna Krauss (geb. Naumann) in Leipzig geboren.

2. Ihre Brüder waren Manfred, Günter, Gerhard und Rolf Krauss.

3. Indanthren-Häuser waren Geschäftshäuser von I.G. Farben, die Indanthren-gefärbte und -bedruckte Textilien verkauften. Das bekannteste Beispiel in Leipzig war das Kaufhaus Ebert in der Innenstadt, das noch heute als wichtiger Jugendstilbau gilt.

4. Die Nationalsozialisten übernahmen am 30. Januar 1933 die Macht und begannen mit der Verfolgung politischer Gegner. Die KPD wurde von Demonstrations- und Publikationsverboten betroffen und ihre Parteizentrale, das Karl-Liebknecht-Haus, besetzt. Tausende kommunistische Funktionäre wurden innerhalb weniger Wochen von der SA inhaftiert, ermordet oder gezwungen, ins Ausland zu fliehen. Trotz Terror und eingeschränkter Wahlmöglichkeiten erreichte die KPD bei der Reichstagswahl am 5. März 1933 12,3%. Die 81 kommunistischen Abgeordneten konnten jedoch ihre Mandate nicht ausüben, da diese aufgrund der Reichstagsbrandverordnung am 8. März 1933 annulliert wurden. Das NS-Regime zerstörte die Strukturen der KPD und trieb ihre Mitglieder ins Exil oder in den Untergrund.

5. Seit 1933 war Joseph Goebbels (1897-1945) Reichsminister für Volksaufklärung und Propaganda sowie Präsident der Reichskulturkammer.

6. Der Verweis auf die Unbekanntheit der NS-Verbrechen muss mit Vorsicht verstanden werden, denn an zahlreichen Stellen verweist Thea Theilig aus eigener Lebenserfahrung auf selbst erlebte bzw. geschehene Gräuel. Zu dem Thema der verdrängten Wahrnehmung in der Öffentlichkeit, insbesondere der offen sichtbaren Verfolgungen und Repressionen zwischen 1933 und 1945 ist eine umfangreiche Studie von Robert Gellately erschienen: „Hingeschaut und weggesehen. Hitler und sein Volk“ (München 2002).

7. Erna Abendroth war beachtete Tänzerin, Tanzpädagogin sowie bis 1942 verantwortliche Ballettmeisterin der Tanzgruppe am Leipziger Opernhaus.

8. Marcelle-Marie lebte mit ihrem Vater im nördlichen Grenzgebiet Kataloniens zu Frankreich. Daher stammen an dieser Stelle ver-

mutlich auch die Bezüge zum Spanischen Bürgerkrieg, die erst später hinzugefügt wurden.

9. Gemeint ist hier zum Einen das Münchener Abkommen. Das Münchner Abkommen war ein politisches Abkommen, das 1938 von den Regierungen Deutschlands, Frankreichs, Großbritanniens und Italiens in München unterzeichnet wurde. Es ermöglichte Hitler, dass er das sudetendeutsche Gebiet in Tschechien annehmen konnte, ohne dass es zu einem Krieg kam. Das Abkommen galt als politischer Triumph für Hitler und wurde von ihm genutzt, um seine Aggression gegen andere europäische Länder fortzusetzen. Es wurde später als ein Fehler angesehen, weil es den Weg für den Zweiten Weltkrieg ebnete. Zum Anderen ist hier der Hitler-Stalin Pakt gemeint. Der Hitler-Stalin-Pakt war ein Nichtangriffspakt, der 1939 zwischen Nazi-Deutschland und der Sowjetunion unterzeichnet wurde. Dieser Pakt ermöglichte es beiden Regierungen, ihre territorialen Ansprüche in Europa ungestört auszubauen, ohne Angst vor gegenseitigen Angriffen zu haben. Hitler nutzte den Pakt, um Polen zu überfallen und den Zweiten Weltkrieg zu starten, während Stalin die Gelegenheit nutzte, um die baltischen Staaten zu besetzen und ihre Eingliederung in die Sowjetunion vorzubereiten. Der Pakt endete 1941, als Hitler die Sowjetunion überfiel.

10. Darüber hinaus gab es weitere Anzeichen, dass der Angriff auf Polen längst geplant war: diplomatische Spannungen und Bruch des Münchner Abkommens, militärische Vorbereitungen, einschließlich der Massierung von Truppen an der polnischen Grenze, Propagandakampagnen, die Polen diskreditierten und den Fall eines Angriffs rechtfertigen sollten sowie geheime Vorbereitungen, wie codierte Übertragung von Befehlen zu mobilen Einheiten.

11. Das „Pflichtjahr“ war ein obligatorisches Arbeitsjahr für Deutsche im Alter bis 25 Jahren, das im Dritten Reich eingeführt wurde. Ziel war es, Arbeitskräfte für die Landwirtschaft und andere Bereiche bereitzustellen, in denen ein Mangel an Arbeitskräften bestand. Teilnehmer des Pflichtjahrs mussten ein Jahr lang in einem ihnen zugewiesenen Arbeitsbereich arbeiten. Es war ein Teil des nationalsozialistischen Arbeitsdienst-Systems und für Männer eine Vorstufe zur Rekrutierung für die Wehrmacht.

12. Thea Theilig beschreibt an dieser Stelle einen der ersten Luftangriffe auf Leipzig. Das genaue Datum ist jedoch nicht überliefert.

13. „Schmal“ bedeutete früher sowohl „eng“ als auch „knapp und sparsam“. Die Redewendung „Schmalhans“ entstand durch die Verbindung des Begriffs „schmal“ mit dem häufigen Vornamen Hans und bezieht sich auf die Vorstellung, dass ein dünner Koch ein Indiz für schlechtes und knappes Essen oder einen geizigen Dienstherrn war.

14. Dieser Satz ist so von Goebbels nicht überliefert. Er spricht jedoch mehrfach von der „Kornkammer“ für Deutschland. Vgl. z.B. S. 557 in: Die Tagebücher von Joseph Goebbels: 1.1.1940-8.7.1941. München 1987, Bd. 4.

15. Es handelte sich um ihren späteren Ehemann Günther (Erich) Theilig, geboren am 26.05.1919 in Jena als Sohn von Erich Richard Theilig und Gertrud Luise, geb. Walther.

16. Aus späteren Erzählungen ging hervor, dass es sich um einen Gefangenentransport handelte, der zeitgleich „abgefertigt“ wurde.

17. Der Ausdruck „Barras“ bezeichnet in der Soldatensprache seit etwa 1870 die Armee, das Militär, in Deutschland auch die Wehrmacht.

18. Die Schlacht um Stalingrad war ein entscheidender Moment im Zweiten Weltkrieg und fand vom 17. Juli 1942 bis zum 2. Februar 1943 in der russischen Stadt Stalingrad (heute Wolgograd) statt. Die deutsche Wehrmacht und ihre Verbündeten griffen die Stadt an, die von den sowjetischen Streitkräften verteidigt wurde. Die Schlacht gilt als eine der blutigsten des Krieges und endete mit der Einkesselung und letztlichen Kapitulation der 6. Armee. Es ist schwer zu sagen, wie viele Soldaten bei Stalingrad fielen oder verwundet wurden. Zu den Gefangenenzahlen gibt es unterschiedliche Schätzungen. Einige Quellen berichten von bis zu 91.000 deutschen Soldaten, die im Rahmen der Schlacht von Stalingrad gefangen genommen wurden, während andere Quellen diese Zahl auf rund 100.000 schätzen. Es ist jedoch wichtig zu beachten, dass diese Zahlen ungenau sein können und dass es nicht möglich ist, eine genaue Zahl zu bestimmen. Die Schlacht

von Stalingrad markierte den Wendepunkt des Krieges auf dem europäischen Kriegsschauplatz zugunsten der Alliierten.

19. In dieser Passage ist die politisch stark geprägte spätere Persönlichkeit von Thea Theilig deutlich herauslesbar. Inwieweit hier die tatsächlichen Erinnerungen an damalige Überlegungen einer jungen Frau eingeflossen sind, muss offen bleiben.

20. Die Kapitulation erfolgte am 2. Februar 1943, vgl. weiter oben.

21. Das Nationalkomitee Freies Deutschland (NKFD) war eine Vereinigung, die 1943 in der Sowjetunion gegründet wurde und bis Ende 1945 bestand. Es bestand aus deutschen Kriegsgefangenen, Offizieren und kommunistischen Emigranten, die den Nationalsozialismus bekämpfen und ein neues Konzept für Deutschland entwickeln wollten.

22. Rainer Theilig, geboren am 21.03.1943.

23. Der Begriff „Grude“ steht für eine eingelassene Vertiefung auf dem Herd, in die man heiße Asche gab, um darin vorgekochte Speisen langsam fertig zu garen und warmzuhalten.

24. Seit 1940 war Weimar auf einer britischen Zielliste als "Gwyniad" (Große Maräne) verzeichnet. 1942 plante der britische Luftmarschall Arthur Harris monatliche 2000-Bomber-Angriffe auf Ziele in Deutschland, darunter auch einen Zielkomplex, der die Städte Eisenach, Erfurt, Gotha, Jena und Weimar umfasste. Weimar stand auch auf einer britischen Liste geplanter „Einäscherungsbombardements“, die jedoch aus strategischen Gründen von Churchill zurückgezogen wurde.

25. Im April 1936 wurde unter dem Namen Buna-Werke GmbH Schkopau ein Synthesekautschukwerk gegründet, um die Abhängigkeit der Wirtschaft im nationalsozialistischen Deutschland von Importen von Naturkautschuk zu reduzieren. Das Werk, das in Schkopau zwischen Merseburg und Halle (Saale) lag, war eine Tochtergesellschaft der I.G. Farben.Während des Zweiten Weltkriegs wurde ein Zweigwerk im an Schlesien angeschlossenen Auschwitz betrieben, das Zwangsarbeiter und KZ-Häftlinge beschäftigte. Auf dem Gelände dieses Zweigwerkes wurde das KZ Auschwitz-Monowitz von der I.G. Farben errichtet.

26. Insbesondere im Februar und im Sommer 1944 waren Leipzig und Leuna Ziel alliierter Luftangriffe, die besonders der Rüstungsindustrie galten. Im Februar wurden während der sogenannten „big week" mehrere tausend Tonnen Bomben abgeworfen.

27. Am 20. Juli 1944 zündete Oberst Claus Schenk Graf von Stauffenberg eine Bombe im „Führerhauptquartier" in Ostpreußen, in einem Versuch, Adolf Hitler zu töten. Jedoch verfehlte die Bombe ihr Ziel und Hitler überlebte. Stauffenberg wurde noch in derselben Nacht für seine Tat hingerichtet. Der 20. Juli 1944 wurde zum Symbol des deutschen Widerstands gegen die Diktatur des Nationalsozialismus und die Schreckensherrschaft Hitlers. Dieses Ereignis ging als der „Aufstand des Gewissens" in die Geschichte ein. Diese Bezeichnung verdeckt jedoch die Tatsache, dass große Teile des Militärs sich erst gegen Hitler wandten, als der deutsche Angriffskrieg nicht mehr zu gewinnen war.

28. Der Warschauer Aufstand begann am 1. August 1944 und dauerte fast zwei Monate, bis er am 2. Oktober 1944 von den deutschen Streitkräften niedergeschlagen wurde. Das Ziel des Aufstands war es, die deutsche Besatzungsmacht zu vertreiben und eine unabhängige polnische Regierung zu etablieren. Die polnischen Widerstandskämpfer hatten aufgrund der sowjetischen Armee im Osten mit einer baldigen Unterstützung gerechnet. Diese Unterstützung blieb jedoch aus, da die Sowjetunion ihre Truppen zurückhielt und die Rote Armee nicht aktiv in den Kampf eingriff. Die deutschen Truppen unterdrückten den Aufstand mit brutaler Gewalt und zerstörten weite Teile der Stadt. Es wird geschätzt, dass während des Aufstands etwa 200.000 Menschen getötet wurden, darunter viele Zivilisten. Der Warschauer Aufstand war ein tragischer und verlustreicher Kampf für die polnische Bevölkerung und führte letztendlich nicht zu den erhofften Ergebnissen. Die Niederschlagung des Aufstands hatte jedoch eine starke symbolische Bedeutung und zeigte den Widerstandswillen der polnischen Bevölkerung gegen die deutschen Besatzer. Bis heute wird eine Debatte über die Sinnhaftigkeit des Aufstands geführt, da besonders viele junge Menschen und auch Kinder in den Kampf mit einbezogen worden waren.

29. Die Partisanenbewegungen während des Zweiten Weltkriegs waren Widerstandsbewegungen, die in vielen von den Achsenmächten besetzten Ländern entstanden. Sie bestanden aus zivilen Widerstandskämpfern, die sich dem Feind widersetzten, indem sie Sabotageakte durchführten, Informationsgewinnung betrieben, Versorgungslinien unterbrachen und Angriffe gegen die Besatzungstruppen durchführten. Die Partisanenbewegungen spielten eine bedeutende Rolle im Widerstand gegen die Besatzer und trugen dazu bei, den Kriegsverlauf zu beeinflussen.

30. Die „Operation Overlord" war eine amphibische Invasion, die von den Alliierten im Zweiten Weltkrieg durchgeführt wurde. Sie begann am 6. Juni 1944 und war ein entscheidender Moment im Krieg. Ziel der Operation war es, eine zweite Front auf dem europäischen Kontinent zu eröffnen und die deutsche Besetzung in Westeuropa zu bekämpfen. Die Landung erfolgte an den Stränden der Normandie in Nordfrankreich. Fünf Landungsabschnitte wurden festgelegt: Utah, Omaha, Gold, Juno und Sword, die von den USA, Großbritannien und Kanada übernommen wurden. Über 150.000 alliierte Soldaten, unterstützt von Tausenden von Schiffen, Flugzeugen und Fallschirmjägern, waren an der Invasion beteiligt. Die Landung war von starkem deutschen Widerstand geprägt, aber die Alliierten schafften es, einen Brückenkopf zu bilden. Der Erfolg der Operation ermöglichte es den Alliierten, weiter in Frankreich und schließlich in ganz Europa vorzurücken. Die Invasion markierte den Beginn der Befreiung Westeuropas von der deutschen Besetzung und trug maßgeblich zum Sieg der Alliierten im Zweiten Weltkrieg bei.

31. Jürgen Theilig, geboren am 31.10.1944.

32. Der besagte Schwager diente im Deutschen Afrikakorps. Dies war eine deutsche Einheit im Zweiten Weltkrieg, die unter General Erwin Rommel im nordafrikanischen Kriegsschauplatz kämpfte. Es wurde 1941 aufgestellt, um die italienischen Truppen zu unterstützen und die britischen Streitkräfte im Mittelmeerraum zu bekämpfen. Rommel, als "Wüstenfuchs" bekannt, führte das Korps zu einigen anfänglichen Erfolgen, aber es erlitt später schwere Niederlagen gegen die Alliierten, insbesondere in der Schlacht von El Alamein. Im Mai 1943 kapitulierte das Afrikakorps in Tunesien.

33. Wohl wissend um die eigene deutsche Kriegsführung verwendete Thea Theilig hier das Adjektiv „listig" und wertet damit die alliierten Vorgehen bewusst negativ. Ähnliches ist bei den Beschreibungen des Vorgehens deutscher Truppen zu bemerken, die meist als „faschistisch" beschrieben werden, der alltägliche militärische Dienst ihres Ehemanns Günther wird dagegen neutral bis positiv gedeutet, obwohl er in eben diesen „faschistischen Verbänden" diente.

34. Am 19. März 1945, in einem verheerenden Großangriff, erlebte Jena den „schwärzesten Tag in seiner Geschichte". Die Bombardierungen führten zu schweren Schäden und Totalverlusten, insbesondere in der Innenstadt. Das jahrhundertealte Erscheinungsbild von Jena wurde dadurch grundlegend verändert. Mehr als 4.000 Wohnungen in 1.187 Gebäuden und 140 Geschäfte wurden vollständig zerstört. Die Zeiss-Werke erlitten einen Verlust von 25 %, die Universität einen Verlust von 40 % und zahlreiche historische Kulturbauten wurden ebenfalls schwer getroffen. Unter den Städten Thüringens galt Jena - nach Nordhausen - als die am zweitstärksten zerstörte Stadt. Etwa 709 (möglicherweise mehr) Jenaer Einwohner verloren ihr Leben, während über 2.000 weitere teils schwer verletzt wurden.

35. Diese Aussagen müssten u.U. kritisch hinterfragt werden, denn Kenntnisse von der „nationalsozialistischen Lagerlandschaft" waren allgemein vorhanden. Bereits 1933 wurde öffentlich von der Gründung der Konzentrationslager berichtet. Neuere Untersuchungen weisen eine Dichte von 20.000 unterschiedlichen Lagern innerhalb des Reichsgebietes nach. Auch Thea Theilig berichtete mehrfach von der Inhaftierung ihres Vaters in einem Lager.

36. Die Organisation „Werwolf" war eine nationalsozialistische Untergrundbewegung, die am Ende des Zweiten Weltkrieges gegründet wurde. Heinrich Himmler, der zu dieser Zeit Minister und Reichsführer der SS war, gründete die Organisation im September 1944. Trotz Aufrufen zur Bildung von Werwolf-Gruppen erlangte die Bewegung sowohl in der Bevölkerung als auch unter den Angehörigen der Wehrmacht nur geringen Zuspruch. Nach dem Tod Adolf Hitlers am 5. Mai 1945 erklärte Karl Dönitz, dass weitere Werwolf-Aktionen als illegale Kampftätigkeit untersagt seien.

37. An dieser Stelle ist die Wortwahl von Thea Theilig sehr drastisch und erscheint fast unmenschlich. Die Wortwahl kann nur im Kontext der Zeit erklärt werden. Die Zeit unmittelbar nach dem Ende des Zweiten Weltkriegs im Jahr 1945 war für Deutschland eine Zeit des Umbruchs inmitten von Zerstörung. Millionen von Menschen waren von den Folgen des Krieges betroffen, darunter ehemalige KZ-Häftlinge und Flüchtlinge. Der Umgang der deutschen Bevölkerung mit diesen war uneinheitlich. Während einige Deutsche Mitgefühl zeigten und versuchten, den Überlebenden zu helfen, gab es auch eine beträchtliche Anzahl von Menschen, die diese ehemaligen Häftlinge ablehnten oder sogar feindlich behandelten. Einige Deutsche wussten nichts von den Gräueltaten in den Konzentrationslagern oder wählten, sie zu ignorieren, um ihre eigene Rolle im Krieg zu rechtfertigen. Die meisten deutschen Städte und Gemeinden waren nach Kriegsende mit einer großen Zahl von Flüchtlingen überfüllt. Diese Flüchtlinge waren oft Vertriebene aus den ehemaligen deutschen Ostgebieten, die von der Roten Armee oder anderen alliierten Streitkräften erobert wurden. Die Situation war chaotisch und viele Deutsche hatten selbst mit den Nöten der Nachkriegszeit zu kämpfen, wodurch die Aufnahme und Integration der Flüchtlinge erschwert wurde. Die Versorgung mit Nahrung, Unterkunft und medizinischer Versorgung war knapp, und es gab eine große Unsicherheit und Angst vor der Zukunft. Einige Flüchtlinge wurden in provisorischen Lagern untergebracht, wo die Lebensbedingungen äußerst schwierig waren. Andere fanden bei Verwandten oder in bereits überfüllten Haushalten Unterschlupf. Es ist wichtig zu beachten, dass die Situation in den verschiedenen Regionen Deutschlands durchaus unterschiedlich war. In einigen Fällen wurden Flüchtlinge und ehemalige KZ-Häftlinge von den lokalen Behörden unterstützt und in die Gemeinschaften integriert, während es in anderen Regionen zu Spannungen und Konflikten kam. Mit der Zeit und dem Wiederaufbau entwickelte sich jedoch auch eine gewisse Solidarität und Mitgefühl gegenüber den Opfern des Krieges. Organisationen wie das Rote Kreuz und andere humanitäre Hilfsorganisationen leisteten wichtige Arbeit, um den Bedürftigen zu helfen. Darüber hinaus spielte die allmähliche Aufarbeitung der NS-Verbrechen und die Konfrontation mit der Schuld des Holocausts eine Rolle bei der Verände-

rung der Einstellungen in der deutschen Gesellschaft.

38. „Paulys Nährspeise“ ist der Vorläufer des heute als „Milupa“ bekannten Babynahrungsherstellers.

39. Die Strecke von Eisenberg nach Porstendorf beträgt etwa 23 Kilometer.

40. Der Begriff „Persilschein“ bezieht sich auf eine Bescheinigung oder ein Dokument, das von den Alliierten an deutsche Zivilisten oder ehemalige Mitglieder der Wehrmacht im Zuge der Entnazifizierungsmaßnahmen ausgestellt wurde, um ihre Vergangenheit zu bereinigen oder sie von jeglicher Schuld oder Verantwortung für Verbrechen während des Krieges freizusprechen. Allerdings waren diese Entnazifizierungsmaßnahmen nicht immer so umfassend, wie es sich manche erhofft hatten. Viele ehemalige Nazis oder Kollaborateure konnten durch verschiedene Mittel entkommen oder ihre Rolle im Krieg herunterspielen. Teilweise wurden sie von Mitbürgern oder ehemaligen Kollegen gedeckt, oder sie erhielten Dokumente, die ihre Vergangenheit bereinigten oder sie als „unpolitisch“ oder „Mitläufer“ darstellten. Die ursprüngliche Bezeichnung geht auf eine Werbekampagne der Firma Henkel zurück, die das Waschmittel „Persil“ in den 1920er Jahren bewarb. In der Werbung wurde betont, dass Persil die Wäsche so sauber machen könne, dass sie selbst für schwierige Flecken einen „Persilschein“ erhalten würde. Der „Persilschein“ wurde somit als Symbol für absolute Reinheit und Unschuld verwendet.

41. Volker Theilig, geboren am 27.10.1945.

42. Am 6. August 1945 warf ein B-29-Bomber der US-Luftwaffe namens „Enola Gay“ eine Atombombe mit dem Codenamen „Little Boy“ auf die japanische Stadt Hiroshima ab. Die Bombe explodierte etwa 600 Meter über dem Boden und verursachte eine enorme Detonation. Die Hitze und die Druckwelle führten zur totalen Zerstörung der Stadt und töteten schätzungsweise 70.000 Menschen sofort. Drei Tage später, am 9. August 1945, wurde eine zweite Atombombe mit dem Codenamen „Fat Man“ von einem B-29-Bomber namens „Bockscar“ über Nagasaki abgeworfen. Die Bombe detonierte nahe dem Stadtzentrum und verursachte ähnlich wie in Hiroshima massive Zerstörung. Ungefähr

40.000 Menschen wurden sofort getötet.

43. Saffianleder, auch bekannt als Saffianoleder, ist ein hochwertiges Leder, das durch eine spezielle Prägetechnik hergestellt wird. Es wurde erstmals von Mario Prada, dem Gründer des berühmten italienischen Modeunternehmens Prada, in den frühen 1900er Jahren entwickelt und wird seitdem in der Modeindustrie weit verbreitet verwendet.

44. Sylvia Maria Theilig, geboren am 11.02.1947.

45. Die Sowjetunion hatte mit Abstand die höchsten Opferzahlen während des Krieges. Schätzungsweise 26 bis 27 Millionen Menschen verloren ihr Leben, darunter Soldaten und Zivilisten. Die Kämpfe an der Ostfront waren besonders grausam und führten zu massiven Verlusten auf beiden Seiten. Während der deutschen Invasion der Sowjetunion im Jahr 1941 wurden zahlreiche Städte und Dörfer in den Anfangsphasen des Krieges erobert und weitgehend zerstört. Dies betraf besonders Gebiete des heutigen Weißrusslands und der Ukraine. Der Krieg verursachte zudem massive wirtschaftliche Schäden in der Sowjetunion. Produktionsanlagen wurden zerstört, Landwirtschaft und Industrie waren stark beeinträchtigt, und die Kriegsanstrengungen belasteten die sowjetische Wirtschaft stark. Es dauerte viele Jahre, bis das Land sich von den wirtschaftlichen Auswirkungen des Krieges erholen konnte, was auch auf die Reparationen und Deindustrialisierungen in der Sowjetzone zurückzuführen ist. Es entstand eine erhebliche Ressourcenknappheiten in der Sowjetunion. Es mangelte an Nahrungsmitteln, Treibstoff, Kleidung und anderen lebenswichtigen Gütern. Die sowjetische Bevölkerung musste große Entbehrungen hinnehmen, und Hunger war weit verbreitet.

46. An dieser Stelle verfällt Thea Theilig stark in den ideologischen Gegensatz, der mit der Teilung Deutschlands entstand und Teil des Kalten Krieges war, der Gegensatz zwischen Sozialismus und Kapitalismus. Zunehmend wurden neue Feindbilder auf beiden Seiten der Zonengrenzen generiert, die sich im Zuge der Implementierung neuer Wirtschaftsformen verstetigten. Die Bodenreform von 1947 in der sowjetischen Besatzungszone (SBZ) Deutschlands war eine entscheidende Maßnahme zur Umvertei-

lung des Bodens und zur Enteignung von Großgrundbesitzern. Ziel war es, eine sozialistische Agrarstruktur zu schaffen und die Bauern zu begünstigen. Dabei wurden landwirtschaftliche Großbetriebe enteignet und das Land auf landlose Bauern und landarme Bauern verteilt, um die Agrarstruktur zu reformieren und eine breite Bauernschaft zu schaffen. Der Marshallplan war ein umfassendes Wirtschaftshilfe-Programm der USA nach dem Zweiten Weltkrieg. Es wurde nach dem damaligen US-Außenminister George C. Marshall benannt und 1947 ins Leben gerufen. Ziel des Plans war es, die europäischen Länder, insbesondere Deutschland und andere Kriegsverlierer, wirtschaftlich zu unterstützen und den Wiederaufbau zu fördern, um die Ausbreitung des Kommunismus einzudämmen und den Frieden in Europa zu sichern. Über einen Zeitraum von vier Jahren wurden rund 13 Milliarden US-Dollar (heute etwa 135 Milliarden US-Dollar) an Wirtschaftshilfe bereitgestellt, was den beteiligten Ländern half, sich von den Kriegsfolgen zu erholen und ihre Wirtschaft wieder aufzubauen.

47. Sylvia Maria verstarb im Alter von einem Jahr am 27.02.1947.

48. Sylvia Ramona Theilig, geboren am 10.07.1949.

49. Die Währungsreform in der Bundesrepublik Deutschland (BRD) fand am 20. Juni 1948 statt und führte zur Einführung der Deutschen Mark (DM) als offizielle Währung in den westlichen Besatzungszonen (amerikanische, britische und französische Zone) sowie in West-Berlin. Die sowjetische Besatzungszone in Ostdeutschland führte hingegen weiterhin die Ostmark (später Deutsche Mark der DDR) ein. Die Währungsreform war eine Reaktion auf die schwere Wirtschaftskrise und Hyperinflation in der Nachkriegszeit, die die deutsche Wirtschaft destabilisierte. Die alte Reichsmark verlor dramatisch an Wert, was die wirtschaftliche Erholung behinderte. Mit der Einführung der Deutschen Mark sollte das Vertrauen in die Währung wiederhergestellt und die wirtschaftliche Stabilität gefördert werden. Die eigentliche Gründung der Bundesrepublik Deutschland (BRD) erfolgte am 23. Mai 1949. Dieser Schritt erfolgte, nachdem die Verhandlungen über eine gesamtdeutsche Verfassung mit der sowjetischen Besatzungszone gescheitert waren und sich die westlichen Besatzungszonen zu einem eigenständigen Staatswesen

zusammenschlossen. Konrad Adenauer (1876 – 1967) wurde der erste Bundeskanzler der BRD.

50. Die Luftbrücke von Berlin war eine massive humanitäre und logistische Operation, die zwischen dem 24. Juni 1948 und dem 12. Mai 1949 stattfand. Sie war eine Reaktion auf die sowjetische Blockade von West-Berlin nach dem Ende des Zweiten Weltkriegs. Nachdem Deutschland in vier Besatzungszonen aufgeteilt worden war, wurde auch Berlin in vier Sektoren aufgeteilt, obwohl die Stadt selbst im sowjetischen Sektor lag. Die Spannungen zwischen den Westalliierten (USA, Großbritannien und Frankreich) und der Sowjetunion verschärften sich jedoch, und die Sowjets blockierten im Juni 1948 die Zugangswege nach West-Berlin, um die Westmächte zu zwingen, die Stadt aufzugeben oder einen Teil ihrer Besatzungsrechte aufzugeben. Die Blockade schnitt West-Berlin von den wichtigen Versorgungswegen ab, und die Einwohner der Stadt waren von lebenswichtigen Gütern wie Nahrungsmitteln, Brennstoffen und Medikamenten abgeschnitten. Die Westalliierten entschieden sich, die Stadt nicht aufzugeben und eine militärische Konfrontation mit der Sowjetunion zu vermeiden. Stattdessen starteten sie die Luftbrücke, um die Bevölkerung von West-Berlin zu versorgen. Tausende von Flugzeugen, vor allem Transportflugzeuge, wurden eingesetzt, um Versorgungsgüter in die Stadt zu bringen. Die Flugzeuge landeten im Minutentakt auf den Flughäfen in West-Berlin und brachten lebenswichtige Güter und Treibstoffe. Die Luftbrücke war ein Erfolg, und die Sowjets hoben schließlich die Blockade im Mai 1949 auf.

51. Die Gründung der Deutschen Demokratischen Republik (DDR) erfolgte am 7. Oktober 1949, nachdem sich die sowjetische Besatzungszone in Ostdeutschland von den westlichen Besatzungszonen abgespalten hatte. Die DDR wurde als sozialistischer Staat auf dem Gebiet der ehemaligen deutschen Ostgebiete und der sowjetischen Besatzungszone gegründet. Die politische Grundlage für die Gründung der DDR war der zunehmende ideologische Konflikt zwischen den Alliierten (USA, Großbritannien, Frankreich) und der Sowjetunion nach dem Ende des Zweiten Weltkriegs. Während die Westalliierten eine demokratische und kapitalistische Ordnung in ihren Besatzungszonen einführten,

verfolgten die sowjetischen Behörden in ihrer Zone ein sozialistisches System und förderten kommunistische Parteien. Die Sowjetische Militäradministration in Deutschland (SMAD) setzte eine provisorische Verfassung für die DDR ein, die die Grundlagen für einen sozialistischen Staat legte. Nachdem die DDR offiziell gegründet worden war, wurde Wilhelm Pieck zum ersten Präsidenten und Otto Grotewohl zum ersten Ministerpräsidenten ernannt.

52. Die Grenzstation Bebra war ein bedeutender Eisenbahnknotenpunkt und ehemaliger Grenzbahnhof zwischen den westlichen und der östlichen Besatzungszone. Während der Zeit der deutschen Teilung von 1949 bis 1990 war die Grenzstation Bebra ein wichtiger Kontrollpunkt für den Zugverkehr zwischen der BRD und DDR. Die Züge, die von Westdeutschland in Richtung Berlin fuhren oder von Berlin in den Westen, mussten hier gestoppt werden, um Passagiere und Fracht zu überprüfen und den Grenzübergang zu vollziehen. Checkpoint Alpha war als militärischer Beobachtungspunkt in der Nähe von Bebra relevant, da die dortige Grenzkontrolle und Überwachung Teil des Gesamtsystems war, das die innerdeutsche Grenze sicherte und die Bewegungsfreiheit zwischen den beiden deutschen Staaten einschränkte. Point Alpha diente als strategischer Aussichtspunkt für die Überwachung der innerdeutschen Grenze. Von hier aus konnten die amerikanischen Soldaten die Aktivitäten an der innerdeutschen Grenze beobachten und gegebenenfalls die Entwicklung potenzieller Konflikte einschätzen.

53. In den ersten Jahren nach der Gründung der DDR galt noch das restriktive deutsche Abtreibungsrecht von 1871, das Abtreibungen weitgehend kriminalisierte. Die DDR-Regierung betrachtete das Problem der illegalen und unsicheren Abtreibungen jedoch als gesundheitliches und soziales Problem und setzte sich für eine Reform des Abtreibungsrechts ein. Ab 1965 reformierte die DDR-Regierung das Abtreibungsrecht und legalisierte Abtreibungen in bestimmten Fällen. Abtreibungen wurden fortan erlaubt, wenn gesundheitliche oder soziale Gründe vorlagen, die von medizinischen Fachleuten bestätigt wurden. Dies war ein bedeutender Schritt, der die Abtreibungen sicherer machte und den Zugang zu medizinischer Versorgung erleichterte.

54. Perlon ist eine Handelsmarke und ein Kunstfasername, der für eine spezielle Art von synthetischem Faden oder Garn steht. Es handelt sich um eine hochfeste, reißfeste und langlebige Kunstfaser, die oft in der Textilindustrie für verschiedene Anwendungen wie Bekleidung, Unterwäsche, Strümpfe, aber auch in technischen Textilien und Industrieprodukten eingesetzt wird. Perlon wurde erstmals in den 1930er Jahren von der Firma DuPont entwickelt und hergestellt. Es zählt zu den Polyamiden, die auch als Nylon bekannt sind, und weist ähnliche Eigenschaften wie Flexibilität, Elastizität und Beständigkeit auf.

55. Andreas Theilig, geboren am 16.12.1952.

56. Thea Theilig bezieht sich hier auf den Alleinvertretungsanspruch der BRD und die Hallstein-Doktrin. Die Hallstein-Doktrin war eine politische Strategie in den 1950er und 1960er Jahren. Benannt nach dem damaligen (west-)deutschen Außenminister Walter Hallstein, besagte diese Doktrin, dass die Bundesrepublik diplomatische Beziehungen zu Staaten ablehnen würde, die die Deutsche Demokratische Republik (DDR, Ostdeutschland) als unabhängigen Staat anerkannten. Ziel war es, die internationale Anerkennung der DDR zu unterminieren und diplomatischen Druck auf Länder auszuüben, um sie von der Anerkennung der DDR abzuhalten. Was den Vorwurf der Remilitarisierung angeht, so ignoriert Thea Theilig an dieser Stelle die Remilitarisierung der DDR im Zuge des „Kalten Krieges“. Die DDR baute ihrerseits eigene Streitkräfte auf, darunter Landstreitkräfte, Luftstreitkräfte und Marine, die eng mit der Sowjetunion kooperierten.

57. Gemeint ist hier der 17. Juni 1953. An diesem Tag fand ein Volksaufstand in der DDR statt. Es war eine massive Demonstration und Protestaktion. Die Menschen protestierten gegen das autoritäre kommunistische Regime der DDR, hohe Arbeitsnormen, schlechte Lebensbedingungen und politische Unterdrückung. Die Proteste begannen als Arbeitsniederlegungen in Ost-Berlin und weiteten sich schnell auf andere Städte der DDR aus. Die Demonstrationen wurden gewaltsam von den Behörden unterdrückt, wobei sowohl Polizei als auch sowjetische Truppen eingesetzt wurden, um die Protestierenden zu besiegen. Es kam zu Zusammenstößen, Verhaftungen und Todesfällen.

58. Michael Theilig, geboren am 11.08.1957.

59. Der Jugendwerkhof bildete einen Bestandteil des Spezialheim-Systems für Jugendhilfe in der DDR. Jugendliche beider Geschlechter im Altersbereich von 14 bis gelegentlich 20 Jahren wurden dort aufgenommen. Diese Jugendlichen wurden nach den Grundsätzen der DDR-Pädagogik als schwierig in der Erziehung angesehen. Sie entsprachen nicht dem angestrebten Ideal der sozialistischen Persönlichkeit oder wurden von verschiedenen staatlichen Instanzen wie Schulen, Betrieben, Volkspolizei, Staatssicherheit und Jugendhilfe-Kommissionen als nicht konform mit dem DDR-Gesellschaftsbild betrachtet. Der Zweck des Jugendwerkhofs bestand darin, diese Jugendlichen umzuerziehen, um sie zu aktiven Mitgliedern der sozialistischen Gesellschaft zu formen und zu bewussten Bürgern der Deutschen Demokratischen Republik heranzubilden. In diesen Einrichtungen herrschten teilweise menschenunwürdige Bedingungen. Die Insassen waren praktisch ohne rechtlichen Schutz und wurden häufig Gewalt, Schikane und Misshandlungen ausgesetzt. Zahlreiche ehemalige Insassen leiden bis heute unter den Folgen von posttraumatischen Belastungsstörungen. Ein spezifisches Beispiel war der Jugendwerkhof "Ehre der Arbeit" im Neuen Schloss in Hummelshain, der der zweitgrößte Jugendwerkhof in der DDR war. Er bot Platz für 190 Jugendliche. Innerhalb der DDR-Jugendwerkhöfe nahm dieser eine besondere Position ein: Er galt im Kontext der DDR-Heimerziehung als fortschrittlich und vorbildlich, da er bereits in den 1960er Jahren eine dreitägige Berufsschulbildung pro Woche eingeführt hatte. Das pädagogische Personal war relativ gut qualifiziert, und die materielle Ausstattung der Einrichtung war besser im Vergleich zu anderen Institutionen. Körperliche Bestrafungen und Züchtigungen wie in anderen Jugendwerkhöfen kamen in Hummelshain nicht vor.

60. Conny Theilig, geboren am 15.10.1975. Thea Theilig hat in ihren Erinnerungen die Hochzeiten und Kinder von Rainer, Jürgen, Volker und Ramona nicht erwähnt.

61. Anja Theilig, geboren am 18.01.1978.

62. Andreas Theilig verstarb am 13.05.1984 im Alter von 31 Jahren.

Schriftenreihe des ICATAT

(1) Hotopp-Riecke, Mieste / Theilig, Stephan (Hrsg.): Fremde, Nähe, Heimat. 200 Jahre Napoleon-Kriege: Deutsch-Tatarische Interkulturkontakte, Konflikte und Translationen. Berlin: Pro-Business, Schriftenreihe des ICATAT Nr. 1, 2014, ISBN 978-3-86386-693-8 / 3-86386-693-2, 228 S.

(2) Hotopp-Riecke, Mieste / Kurshutov, Temur / Hotopp, Anja / Czerwonnaja, Swietłana / Khamzin, Ali / Kalimullina, Läisän: Jubiläumsfestschrift – Aus Anlass des 65. Geburtstages des anerkannten Bürgerrechtlers und Dissidenten Mustafa Dschemilew. Berlin/Göttingen: ICATAT/GfbV, (2009), 2. Aufl. 2018, Schriftenreihe des ICATAT Nr. 2, ISBN 978-3-9819118-0-0, 78 S.

(3) Hotopp-Riecke, Mieste (Co-Autoren: Theilig, Stephan / Kharissov, Ildar): Tatar Materials in German Archives / Документы по истории Татар в архивохранилищах Германи Issue 1 / «Язма Мирас. Письменное наследие». Textual Heritage Series Vol. 3. Kasan: Sh.Mardshani Institute of History of the Tatarstan Academy of Sciences & Institut for Caucasica-, Tatarica- and Turkestan-Studies (Magdeburg) / Schriftenreihe des ICATAT Nr. 3, 2016, Herausgegeben für das ICATAT von Hotopp-Riecke, Mieste / Theilig, Stephan / Gibatdinov, Marat. ISBN 978-3-9819118-1-7, 231 S.

(4) Awaniy, Ammar: Fackel der Angst. Von Homs nach Magdeburg. Roman einer Flucht. – Mit einem Vorwort von Dr. Mieste Hotopp-Riecke. Oschersleben: Dr. Ziethen-Verlag, Schriftenreihe des ICATAT Nr. 4, 2017, ISBN 978-3-86289-157-3, 200 S.

(5) Турки, Мавры, Татары – мусульмане в Пруссии и Германии. (Türken, Mohren und Tataren - Muslime in Brandenburg-Preußen. Katalog zur Ausstellung Juni-Juli 2017), Kasan/Wustrau/Magdeburg: Mardshani-Institut für Geschichte / Akademie der Wissenschaften der Republik Tatarstan, Brandenburg-Preußen-Museum u. ICATAT, Schriftenreihe des ICATAT Nr. 5, Herausgegeben für das ICATAT von Theilig, Stephan / Hotopp-Riecke, Mieste / Gibatdinov, Marat. 2017, ISBN 978-3-9819118-2-4, 65 S.

(6) „Beyond the Tartaros". A Muslim world in the heart of Europe between Elbe, Bug and Kama / "Jenseits des Tartaros". Muslimische Welten im Herzen Europas zwischen Elbe, Bug und Kama. (Sammelband von Artikeln und Archiv-Dokumenten zu tatarischer Kultur und Geschichte). Schriftenreihe des ICATAT Nr. 6, Magdeburg/Kasan: ICATAT u. Akademie der Wissenschaften der Republik Tatarstan, 2018. Herausgegeben für das ICATAT von Hotopp-Riecke, Mieste / Theilig, Stephan / Gibatdinov, Marat. ISBN 978-3-9819118-3-1, 479 S.

(7) Der Pascha von Magdeburg. Der Orient in Mitteldeutschland. Schriftenreihe des ICATAT Nr. 7; Herausgegeben von Mieste Hotopp-Riecke für das ICATAT und die Landesvereinigung kulturelle Kinder- und Jugendbildung Sachsen-Anhalt e.V. zugl. OstNordOst-Verlag Magdeburg. ICATAT-ISBN 978-3-9819118-4-8, 2019, 324 S.

(8) Hotopp-Riecke, Mieste / Sowada, Torsten (Hrsg.): Auf dem Lande alles dicht? Ein interdisziplinäres Lesebuch über die kreative Füllung von Leerstand. Schriftenreihe des ICATAT Nr. 8, Berlin: hirnkost, 2020, ISBN 978-3-948675-56-1, 359 S.

(9) Hotopp-Riecke, Mieste / Theilig, Stephan (Hrsg): Zweiheimisch. Die Erben des Paschas von Magdeburg. Berlin: hirnkost, 2022. Schriftenreihe des ICATAT Nr. 9, ISBN 978-3-949452-58-1, 296 S.

(10) Theilig, Stephan (Hrsg): Im Spiegel der Vergangenheit. Erinnerungen von Thea Theilig. Schriftenreihe des ICATAT Nr. 10 / Edition Selbstzeugnisse & Mentalitätsgeschichte I, Magdeburg: ICATAT, 2023, ISBN 978-3-9819118-5-5, 500 S.